筚路蓝缕

新中国外交风云录

周晓沛　主编

李肇星　田曾佩　等　著

人民出版社

目　录

前　言

　　百年披荆斩棘，百年沧桑巨变。在中国共产党的英明领导下，历经磨难的中国人民终于赢得了革命胜利，新中国迎来了从站起来、富起来到强起来的伟大飞跃，中国特色社会主义进入新时代。新中国成立以来，我们始终坚持中国共产党领导、坚持走社会主义道路，始终奉行独立自主的和平外交政策，始终倡导以和平共处五项原则为核心的国际关系基本准则，始终反对霸权主义和强权政治，始终坚定地同广大发展中国家站在一起，始终坚持维护国家主权、安全、发展利益，始终坚持将维护自身利益与促进人类共同发展相结合，始终坚持实事求是、与时俱进、开拓创新，中国外交取得了一系列举世瞩目的成就。

　　众所周知，我们敬爱的毛泽东主席和周恩来总理是新中国外交的创始人、奠基者。外交部的优良传统作风是周总理兼外长、陈毅元帅兼外长等老一辈革命家和外交家亲手培育和缔造的，是一代代外交官在笃志前行、艰苦奋斗中薪火相传和发扬光大的。"站稳立场，掌握政策，熟悉业务，严守纪律"，这是周总理亲自制定的外事工作传家之宝，也是衡量外交官是否合格的主要标准。外交人员核心价值观——"忠诚、使命、奉献"，就是对外交人优良传统的精辟概括。

本书作者李肇星、田曾佩等 41 位外交部老领导和资深外交官，都是在党的亲切关怀、培养和教育下成长起来的，都亲历见证并积极参与了新中国诸多重大外交事件。他们结合自己几十年外交生涯中的各种案例和故事，叙述了外事工作者苦乐人生中一个个精彩瞬间和深刻感悟，折射不同时代党和国家领导同志在错综复杂国际背景下的英明决策及外交事业不断开拓创新的风雨历程，展示这个特殊群体忠诚爱国、不辱使命、甘于奉献的风范魅力。书稿贯穿外交战线上"文装解放军"不忘初心使命的红线，体现思想性和艺术性相统一，内容翔实，情节生动，文笔流畅，富有可读性和传承教育意义，为宣示新时代中国特色大国外交传递满满的正能量。在隆重庆祝我们党百年华诞、喜迎党的二十大胜利召开之际，编撰出版本书稿更有着特殊的意义。这些珍贵的外交回忆对存史、资政、育人具有重要价值，有助于广大读者及后继外交人了解新中国外交工作的艰辛历程及宝贵经验，尤其会使青年一代受益匪浅。

"人生最美夕阳红，何须惆怅近黄昏。"我们这些老同志都曾是久经沙场、饱览国际风云的"朝阳"，离退休后初心未改、老骥伏枥，依旧放眼世界、笔耕不辍，为弘扬中外人民传统友谊，为中国特色大国外交添写厚重、美丽的色彩。外交部老干部笔会成立近 30 年来，撰写发表了大量外交题材和国际问题的文章、评论，编辑出版了《中国外交官》、《外交风云亲历记》等 200 多部专著，"见证历史：共和国大使讲述"、"我们和你们"等 10 多套系列丛书，共 1 亿多字，产生了积极的社会效应。

党的十八大以来，在习近平外交思想指引下，外交工作全面开拓、积极进取，取得了历史性成就，进一步走出了一条中国特色大国外交之路。这条道路的实质，就是在当今世界百年未有之大变局中，中国通过全方位开放合作，通过走和平发展道路，在实现中华民族伟大复兴的同时，与世界各国一道共建共享"一带一路"，携手推动构建人类命运共同体。让我们在以习近平同志为核心的党中央领导下，团结一心，再接再厉，作出无愧于新时代、不辜负党和人民的新贡献，为中国特色大国外交谱写新的壮丽篇章！

| 作 | 者 | 简 | 介 |

　　李肇星，1940 年生。山东胶南人。1964 年北京大学西语系毕业后到北京外国语学院外交部翻译班进修。1967—1968 年任中国人民外交学会科员。1968—1970 年在山西离石、江西上高等地干校和广州军区汕头牛田洋农场劳动锻炼。

　　1970—1998 年历任驻肯尼亚使馆职员、随员，外交部新闻司随员、副处长，驻莱索托使馆一秘，新闻司副司长、司长、外交部发言人，外交部部长助理。1993—1995 年任常驻联合国代表，特命全权大使。1995—1998 年任外交部副部长。1998—2001 年任驻美国大使。2001—2003 年任外交部党委书记、副部长。2004—2007 年任外交部长。2008—2013 年任第十一届全国人大外事委员会主任委员。

　　现任中国人民外交学会名誉会长、中国翻译协会会长。著有回忆录《说不尽的外交》、诗歌散文集《青春中国》等。

说不尽的外交

李肇星

(外交部原部长，驻美国大使)

我出生在一个贫穷山村。1950 年第一次见到汽车，萌发了当汽车司机的梦。1953 年上初中，开始天天读报，做起了当记者的梦。但做梦从未梦到过干外交。无意中进了这一行，从科员到外长，一干就是 49 年，经历的事说不清、道不完，真所谓说不尽的外交。

我当过新中国第六任驻美国大使，长期参与对美工作，对中美关系有不少亲身感受，有说不完的话……在我担任驻美大使的三年里，最难的日子莫过于 1999 年处理以美国为首的北约轰炸我驻南斯拉夫联盟使馆这一重大事件。人们常说，外交是没有硝烟的战场。作为驻美大使，当时我真有如履薄冰、如临深渊的感觉。在处理"炸馆事件"过程中，驻美使馆处在风口浪尖；对我个人来说，这是一次严峻考验。多年的外交经历告诉我，对坏人坏事既要疾恶如仇，又要从容冷静。我心里明白，光有愤怒是解决不了问题的，在巨大挑战面前，需要严格执行国内指示，依靠使馆同志，还要有应对复杂局面的智慧与能力。

"逼"出来的道歉

"炸馆事件"后，第一个和我打交道的美国政府官员是副国务卿皮克林，时间是 5 月 8 日晚。他向我递交了北约关于"炸馆事件"的声明和美国国务院发言人的谈话稿。我说，美方对事件所作的种种辩解是完全站不住脚的，也是中方根本不能接受的。美方轻描淡写地把事件说成"意外事故"，而且没说过一句公开道歉的话，怎能不令中国人民感到气愤？美国一向以所谓人权卫士自居，却做出如此野蛮的行径，请问美国人权何在？良知何在？

皮克林离开使馆没多久，美方就提出奥尔布赖特国务卿紧急要求深夜来使馆见中国大使，并说国务卿已在赶往使馆的路上。这很罕见，因为平时都是大使去国务院见国务卿。不一会儿，奥尔布赖特就带着皮克林、美国参谋长联席会议副主席罗斯顿、白宫国安会亚洲事务高级主任李侃如和几个保镖来到使馆。

我没有马上出来，而是先让何亚非公使衔参赞与其周旋——我要等中国驻华盛顿的记者赶到后再见她。奥尔布赖特好像有预感，一见到我就郑重其事地提出，她今晚奉总统之命来使馆，只见大使一人，不见记者。我心里本来就有气，听了她的话更不想给这位在联合国共过事的老朋友好脸色。我神情严肃，口气强硬，当即回应道：你见不见记者不是我的事，但你知道，在"炸馆事件"中遇难的三名中国公民当中，邵云环是中国最大通讯社新华社的一位女记者，许杏虎是《光明日报》的年轻记者，他们的同行们能不关心这次事件吗？

奥尔布赖特说，这次事件是一起非常严重的意外，克林顿总统、她本人和美国政府对发生这一不幸事件深感痛心和遗憾。总统对记者的谈话和她致唐家璇外长的信都表达了这种心情。总统还提出希望与江泽民主席通电话，直接向江主席解释。事件发生后，她一直想和唐外长通话，但未获中方答复。奥尔布赖特还表示，美方关切美国驻华使领馆人员的安全。我听了她的话，对她没有首先表示道歉很气愤。我说，美国自诩人权卫士，却完全无视中国人民的人权，将屠杀中国人的罪行轻描淡写说成是所谓意外，不但不立即向中国政府和人民公开道歉，反而阻挠联合国安理会谴责这一暴行。我严肃地要求奥尔布赖特代表美国政府向中国人民正式道歉。奥尔布赖特要求休会五分钟，好让她和助手们商量商量。她商量完之后对我说，为表示美方的重视和歉意，请我再次报告北京，克林顿总统和她愿分别同江主席和唐外长通话，向中方表示道歉。

这时，中国驻华盛顿的记者都赶来了，围在会客室外面。奥尔布赖特得知这一情况后就问我，使馆有没有后门。她的意思是想走后门，避开会客室外面的中国记者。我心想：哼，这回你还想溜掉，没门儿！我故意很认真地告诉奥尔布赖特："在中国使馆，你的安全是有保证的，我们没有后门。"会见一结束，我顾不上送奥尔布赖特出门，立刻跑回办公室向国内汇报。奥尔布赖特在回忆录中称，她同我告别后，一群中国记者挡住了她的去路，"严厉责问美国为何杀害他们的同事"。她见状退回会客室，后来通过手下告诉中国记者，她将发表一个简短声明，但不回答提问，记者可以摄像和拍照。

奥尔布赖特在声明中说：我今天来这里，是要重申美国政府早些时候对中国人员在贝尔格莱德的死难所表达的深深歉意。我们并没有轰炸中国大使馆的意图。今天早些时候，我已经向唐外长发出一封道歉信，信中说我理解这一事件在中国人民中间引起的强烈情绪。我也与李大使

讨论了我国外交官在中国使领馆的安全问题。这是美国政府主要官员在
"炸馆事件"后第一次公开表示道歉，是我们迫使美方在公开道歉问题
上走出的第一步。

5月9日，克林顿就"炸馆事件"给江主席写信，表示"对发生在
中国驻贝尔格莱德使馆的悲惨场面和人员伤亡表示道歉和诚挚的哀悼"。
克林顿还希望在江主席方便的情况下通电话。为了表示自己的诚意，克
林顿决定在白宫会见中国大使。

5月13日，我和刘晓明公使、何亚非公参一起去白宫。出发前，
我们带了一本吊唁簿。一坐下来，克林顿就郑重地要求我转达他对遇难
者家属的道歉和慰问。我允予转达，又明确表示：这三位遇难同胞不只
是他们父母的儿女，还是中国人民的儿女，所以总统先生应该向中国

时任驻美大使李肇星要求克林顿亲笔道歉

政府和中国人民道歉。我还一字一句地说："中国人特别重视白纸黑字，所以请总统先生将道歉写下来。"随后，我将带去的吊唁簿交给克林顿。克林顿沉默了一会儿，拿起笔在吊唁簿上写下了一句话："对死难者表示深切的哀悼，对其家属和中国人民表示真诚的歉意。"签名后，克林顿对我说，他心情格外沉重，愿再次向中国政府和人民及死难者家属表示深切的哀悼。他和美国人民都对这一事件深感不安，这绝不是美国和北约蓄意所为。他保证，美国将进行全面、彻底的调查，并及时公布调查结果。

不知什么原因，这件事被美国报纸知晓并予以报道。报道说，克林顿在吊唁簿上写了道歉词，且附有照片为证。有家报纸添油加醋，评论说李肇星逼克林顿写检讨，美国总统像个犯了错误的小学生在老师面前写检讨。我当时看到报道心里还有点儿不高兴，那家报纸的记者凭什么这么看低中国人，把中国大使比成一名小学老师，我即使当不了美国大学教授，起码也够得上中学老师。可美国朋友后来安慰我说：说你像小学老师是很高的评价。在美国，只有小学生才最听老师的话，最尊敬老师。

"吵"出来的尊重

除了与美国政府严正交涉，我和使馆的同事们还积极主动争取美国人民的理解和同情。我们想方设法争取美国舆论，让更多的美国人了解事件的真相，了解中国政府的立场和中国人民的愤怒，积极配合国内，迫使美国政府真心实意地向中国人民道歉。我知道，美国媒体不是那么好打交道的。但是为了做工作，只能"明知山有虎，偏向虎山行"。

在短短的一周内，我分别接受了美国几乎所有主要电视台的采访。

第一场采访是美国公共广播公司（PBS）著名节目吉姆·莱勒的《新闻时间》。主持人一上来就问：你相信"炸馆事件"是一次错误和意外吗？难道你不相信美国总统、国务卿、国防部长迄今所作的解释吗？我一听就感觉到，这是美国人的普遍想法，必须进行有理、有力的回击，就有意放慢语速一字一句地说：在进行彻底的调查之前，没有人会相信这是一次"误炸"。美国是世界上最强大的军事大国，北约有世界上最强大的军队，你们一向自诩情报如何准确，难道会犯这样的低级错误吗？美方必须认清这一事件的实质，这是对中国主权的严重侵犯，也是对国际法和国际关系准则的挑战，已经引起中国人民的强烈愤慨和普遍抗议。中国外长唐家璇已经向美国政府提出正式道歉、调查、公布结果并处罚责任人的四项要求。

5月8日，我来到美国广播公司《本周》专题节目直播室，较量的对手是美国电视界最负盛名的"铁嘴"之一山姆·唐纳德。10日，我与美国有线电视新闻网名牌主持人拉里·金在电视上"打擂台"。

16日，我接受美国全国广播公司（NBC）著名新闻评论家、金牌电视主持人拉瑟特的采访。那时，江泽民主席已应约与克林顿总统通话，围绕"炸馆事件"的较量已从美方正式道歉转到调查真相和惩处相关责任人。"中国驻南斯拉夫使馆被炸后，美国总统至少已经向中国道歉五次。中国是否接受了美国的道歉？"听得出来，拉瑟特的发问有指责中国之意。我必须抓住最有理的地方与对方进行辩论，便理直气壮地说："对中国驻南斯拉夫使馆的轰炸，不是一个普通的事件。这是暴行，是以美国为首的北约犯下的恐怖暴行，在世界外交史上是罕见的。美国总统与中国国家主席通电话时，承诺要进行彻底、全面的调查。现在，

7

中国人民在等待着这样的调查。""那么，你们还没有接受美国总统的道歉？"拉瑟特紧追不舍地问。我没有直接回答他的问题，而是义正词严地指出："我所说的是，当务之急是进行全面、彻底的调查。中国人民有权知道调查的结果，有权知道这场暴行的背后隐藏着什么。"拉瑟特开始进攻，他说："在美国，现在有许多对中国反应的议论。让我念几段《华盛顿邮报》的社论：中国对这次轰炸的反应就像一个极权主义国家。国家控制的媒体用不真实和不全面的报道煽动老百姓的怒火，政府为示威者提供汽车、布告和事先批准的口号。中国政府是否在煽动老百姓？"这番话让我很生气。我这人有个毛病，越生气，嘴就越快。我连珠炮似的以最强烈、最直接的语言表达一个中国人的愤怒："只有精神变态和扭曲的人才会说出这样颠倒黑白的话。自5月7日那个黑色的星期五以来，我一直在读这类东西。在那一天，中国人民受到伤害，中国的主权遭到侵犯。那一天，将作为以美国为首的北约破坏国际法和侵犯人权的日子而被载入史册。"我不能被动防守，必须进行反击。我接着说："有些人说，是中国政府'煽动'老百姓示威。你认为中国老百姓还要由政府来'煽动'吗？是这一暴行本身引发了这场示威。中国人民被激怒了。这是理性和合法的行为。关于对轰炸的调查，我对这个国家的一些政客，包括国会山上一些人的做法感到非常吃惊。这是一个擅长调查的国家，有一个擅长调查的国会。但是这样一场暴行发生了，造成那么多死伤，他们在做什么？试问，他们为什么那么沉默、那么冷漠？"拉瑟特又提出了"政治献金"、"中国间谍"等问题，我不让他牵着鼻子走，不掉进他设下的陷阱，始终把对话集中在谴责美国轰炸中国驻南使馆的主题上。采访结束前，早有准备的拉瑟特拿出美国国务院的年度人权报告，念完有关段落后说："让我转到另一个问题，在进入下一个千年的时候，中国是否允许人们有宗教信仰自由，是否会允许妇女不被强迫堕胎和绝育？"我毫不客气地说："如果你读过中国的《宪法》，你就会知道我们的法律保证公民的宗教信仰自由。我们的计划生育政策符合国家利益，受到绝大多数老百姓的赞同。至于人权问题，全中国、全世界人民都对你们杀害中国无辜平民的人权记录感到震惊。这就是你们所要提倡的人权吗？"

在舌战美国媒体的同时，我注意利用我们自己的媒体发出声音，以正视听。5 月 17 日，我接受了驻美中国记者的联合采访，批驳了美国一些政府高官及西方媒体在"炸馆事件"上的奇谈怪论，全面介绍我们的立场和要求。

在这次危机中，我和美国人展开了一场又一场的较量。我作为中国驻美大使被美国媒体描绘成"强硬派"，美国报纸形容当时的我经常脸上"极具哀容与愤怒"。也正是在这次事件后，我被媒体形容为"铁嘴钢牙"，一个咄咄逼人、不肯退让半步的斗士。其实，我真不是什么铁嘴钢牙，我的心和嘴都是肉长的，我嘴里说的只是普通好人的心里话。

在向美国群众阐述我们的立场时，我心平气和。在一次宴会上，一位美国女士见到我开口便问："我们美国说过对不起了，怎么中国还没完没了？我们炸了你们使馆，你们的大学生也砸了我们使馆的玻璃。我们错了，你们也错了。"我说："我们的学生是扔石头砸了玻璃，这是中国政府不愿看到的事情，而且毕竟你们使领馆人员是安全的，怎么能与你们军队的导弹袭击我们使馆造成重大伤亡相提并论？"那位美国女士说："砸玻璃也不对嘛。"我回答："你很有教养，阅历也丰富。我只想知道你是不是母亲，有没有孩子。你可以不回答……"听到美国女士说有孩子后，我接着说："那好。假如你的孩子在自己的使馆无端地被别国导弹炸死，我相信，作为母亲你不会将孩子被炸死与个别人砸坏几块玻璃当作一回事，你同意吗？"她点了点头，没再说什么。

"斗"出来的赔偿

使馆身处一线，是国内决策的参谋。"炸馆事件"发生后，驻美使馆时刻与首都北京保持着密切联系，及时与美方进行交涉，注意广泛接触美国各界人士，了解情况，调查研究，尽可能对形势作出准确分析与判断。我和使馆的同事们化悲痛为力量，全力以赴做好各方面的工作。

在我们的强大压力和坚决斗争下，美国政府纠正了危机初期的错误，逐步满足我方提出的基本要求。克林顿本人和美国政府高官多次表示道歉。5月12日，我会见了美国总统国家安全事务助理伯杰。他说，凭他对克林顿的人品、对华政策和美国政府决策机制的了解，美国总统绝不会故意下令轰炸中国使馆。克林顿致信江主席并公开表示道歉是真诚的。据他所知，克林顿上台六年多来就美国的过失行为向外国政府和人民道歉，这还是头一次。

一个星期后，美方向我方提出解决"炸馆事件"的"四步方案"：副国务卿皮克林作为美国总统特使来北京，报告调查结果；一个月后奥尔布赖特访华；再一个月后伯杰访华；9月克林顿在亚太经合组织领导人非正式会议期间同江主席举行会晤，全面恢复两国关系。

6月份，中方接待了美国政府特使皮克林访华，美方向中方表示道歉，并通报了其对事件的调查结果。后来，美方解聘了一名责任人，处分了其他六名责任人。我们与美方经过多轮谈判，于2000年初就赔偿问题达成协议，美方支付中方伤亡人员赔偿金 450 万美元、中国驻南使馆财产损失赔偿金 2800 万美元。中国人是讲道理的，我们也赔偿了美驻华使领馆的财产损失。

从某种意义上说，应对"炸馆事件"是一场生动的爱国主义教育课。对外交官来说，永远是祖国和人民利益至上。当祖国母亲受到欺凌的时候，我们作为她的孩子无不怒火万丈，恨不得马上针锋相对、以牙还牙。但在处理具体问题的时候，我们又要牢记，我们是外交官，必须服从大局，服从组织，要想大事、谋大局。

中国的大局是什么？无疑是经济建设和改革开放，实现中华民族的伟大复兴。我们外交官的首要任务是为国内建设创造有利的外部条件。作为祖国的儿女，我们要做的就是以自强不息的精神，把满腔的爱国主义热情转化为维护国家利益、促进祖国发展的实际行动。我们国家只有发展了、强大了，才能在国际斗争中赢得更大主动权，立于不败之地。

| 作 | 者 | 简 | 介 |

廉正保，1941 年生。江苏无锡人。1965 年 7 月外交学院毕业后进入外交部。曾任中国驻纽约总领馆、驻休斯敦总领馆副总领事，中国驻纳米比亚大使和外交部档案馆馆长。2007 年 1 月退休。现任外交笔会副会长。

曾为毛泽东、周恩来、邓小平、江泽民三代领导人会见外宾做速记记录。参加了基辛格秘密访华、尼克松总统访华、周恩来与柯西金机场密会谈判，中美建交谈判等重要外事活动的速记工作。曾随同周恩来总理多次公开、秘密访问越南、朝鲜，随同邓小平副总理访问法国和美国。陪同习仲勋率领的中国省长代表团访问美国。多次率外交部档案代表团分别与美国、俄罗斯等国外交部档案局进行档案磋商。

发表了《基辛格秘密访华》、《周恩来与柯西金北京机场会谈》、《习仲勋率省长代表团第一次访问美国》、《熊向晖到访外交部档案馆》等文章。

乒乓外交打开中美关系的大门

廉正保

（外交部档案馆原馆长，驻纳米比亚大使）

1971 年春，长期以来处于对抗状态的中美关系正在酝酿着重大变化。中美双方都以不同方式表示两国领导人有意举行会晤的意向，都在寻找一个合适的突破口。3 月下旬到 4 月上旬，在日本名古屋举行的第三十一届世界乒乓球锦标赛提供了机会，中国邀请美国乒乓球队访华。这件事引起很大轰动，被誉为"乒乓外交"。小球转动了大球，这是毛泽东主席的外交大手笔，不仅打开了中美民间友好交往的大门，而且一举改变了全球的战略地图。当时，我在外交部美大司美国处工作，亲历了"乒乓外交"全过程。

乒乓球运动在中国非常普及，有人称它为中国的"国球"。毛主席也喜欢打乒乓球，非常重视和关心乒乓球运动的发展，并于 1962 年会见了中国乒乓球队的教练和运动员。

从 1966 年以来，在世界乒坛享有盛誉的中国乒乓球队已连续几年没有在国际大赛中露面。日本乒乓球协会会长后藤钾二长期致力于中日友好，鉴于第三十一届世界乒乓球锦标赛将在日本名古屋举行，他专程来华邀请中国派团参赛。中日两国乒乓球协会进行了会谈，中方表示同意应邀派团参赛。双方准备签订一个会谈纪要，中方代表坚持要把台湾问题写入纪要。当时中日关系还没有正常化，日本国内情况也比较复杂，后藤感到为难。周恩来总理得知后，严厉批评了中方人员的做法。周总理说，你们对这样的朋友要求太过分了。会谈要看对象，台湾问题在这里没有必要提，你们不要给后藤出难题。在周总理直接关怀下，中日乒乓球协会会谈纪要于1971年2月1日在北京签字。随后，中国乒乓球代表团成立，正式向第三十一届世界乒乓球锦标赛组委会报名参赛。

中国乒乓球队一向受到周总理的关怀。过去几次出国比赛归来，他常设家宴招待参赛队员和教练员，说："我请你们到我家吃饭，钱我出，但要自带粮票。"席间，周总理和大家谈笑风生。饭后，有时还和大家一起打球。

1971年3月中旬，中国乒乓球队各项参赛工作准备完毕。3月14日，周总理召集外交部、国家体委等部门负责人开会，听取关于中国队赴日参赛问题汇报。当时，体委内部出现去和不去两种不同意见，不赞成去的还占多数，理由是得知国外有几股敌对势力想破坏中国队的参赛，去了危险性很大。周总理沉思片刻后说："不去怎么能行？我们怎么能不守信用呢？"接着，他耐心地阐明派队参赛的理由，果断地表示，我们信守诺言，参加第三十一届世乒赛。此次出国参赛，已成为一次严重的国际斗争，并提出"友谊第一，比赛第二"，即使输了也不要紧，反正政治上占了上风。随后，他给毛泽东主席写报告。3月15日，毛主席在周总理的报告上批示："照办。我队应去，要一不怕苦，二不怕死。"

3月28日至4月7日，中国乒乓球队如期赴日参赛，一举荣获四项冠军，使世界为之震动。在短短的几天时间里，中国运动员同美国运动员进行了友好接触。4月4日那天，自称是"嬉皮士"的19岁美国球员格伦·科恩稀里糊涂地误搭了中国代表团的大巴士。中国运动员庄则栋看到大家都用好奇的眼光注视着科恩，车上没有一个人和他搭讪，便过去同他说了几句话，还向科恩赠送了杭州丝绸。这两名运动员握手的照片顿时成了日本报纸的头条，此事立即成为轰动性的大新闻，被各国媒体广泛报道。

庄则栋与科恩（右一）互赠礼物

在日本参赛的美国队向中方提出访华请求。消息传回北京，外交部和国家体委联合起草《关于不邀请美国乒乓球队访华的报告》上呈总理，认为目前邀请美国队的机会尚不成熟。4月4日，总理在报告上批注"拟同意"后，呈报主席。4月6日，主席圈阅报告，退外交部办理。

美国乒乓球队无缘来访似成定局，因为 4 月 7 日世乒赛就闭幕了，各国代表团将陆续回国。然而，转瞬间却发生了 180 度的大转弯。事情的起因，源于中美两国乒乓球手的一次偶遇。毛主席从《参考消息》上得知这个消息，笑着赞许说，这个庄则栋，不但球打得好，还会办外交。此人有点政治头脑。4 月 6 日晚上，毛主席吃了安眠药，打算睡觉。突然，他对护士长吴旭君说，大意是：打电话——王海容——美国队——访华！赶快办，来不及了！护士长立即给王海容打电话。1972 年 7 月 24 日，毛主席在一次与总理等人谈中德建交问题时，提到了这次临时改变决定一事。毛主席说，那个文件（指不邀请美国队的报告），我本来也是看了的，画了圈。后来到了晚上，考虑到还是要请，就叫打电话。结果那边他们也是没有准备，就去请示东京的大使馆，马上发护照，就来了。

邀请美国乒乓球队访华的消息一传到名古屋，立刻在全世界引起震动。日本各大报纸都在头版显要位置登出有关报道，并大加评论。这个事产生的影响，已"超过三十一届国际比赛的消息"。消息很快传到白宫，美国总统尼克松后来回忆道：这个消息使我又惊又喜。我从未料到对华的主动行动会以乒乓球访问的形式得以实现。我们立即批准接受了邀请。中方作出的响应是发给几名西方记者签证，以采访球队的访问。4 月 14 日，我宣布结束已存在 20 年的对我们两国间贸易的禁令。我还下令采取一系列新的步骤，放宽对中华人民共和国的货币和航运管制。同一天在北京，周恩来亲自欢迎了我们的乒乓球运动员。

是的，4 月 14 日，周恩来总理在北京人民大会堂接见了由美国乒乓球协会主席格雷厄姆·斯廷霍文率领的美国乒乓球代表团全体成员。周总理同时接见的还有应邀来访的加拿大、哥伦比亚、英格兰、尼日利亚乒乓球代表团。

对这次接见，周总理交代外交部礼宾司和国家体委国际司作了精心组织和安排。显然，总理重点放在美国乒乓球代表团，但为了不分主次，平等相待，要求礼宾司巧妙安排在同一个大厅接见，把各国代表团分坐各边，围成一个圆圈，按国别字母先后分别接见。周总理同每一个代表团合影留念，同他们谈一刻钟左右。我当时被安排为周总理接见美国代表团和哥伦比亚代表团作谈话记录。

周总理来到美国代表团面前，代表团全体成员起立鼓掌欢迎。谈话开始后，周总理问斯廷霍文："团长先生是第一次到中国来吧？"斯廷霍文说："是的。我们代表团的每一个成员都是第一次到中国来。"周总理说："中国有句古话：'有朋自远方来，不亦乐乎。'"斯廷霍文说："在美国也有这样的说法，不论在哪个地方都可以找到很好的朋友。我们欢迎中国朋友去美国访问。"周总理说："是啊，罗德里克先生就来过中国。我和他比较熟悉。我和你们国家的一些新闻记者比较熟悉，他们都要求来中国。当然，一次不能都来，就分批来嘛。过去有很多美国朋友来过中国，以后还会有不少朋友来。"斯廷霍文说："我想，如果能够受到像我们这样的热情欢迎和款待，碰到这样好的中国朋友的话，一定会有很多美国人要来中国访问。"

谈到昨天中美两国乒乓球队的友谊比赛，周总理说："你们的球打得不错。"斯廷霍文说："我们的选手是尽力而为。同时，我们从你们选手那里学到不少东西，对我们很有帮助。你们选手花了很长时间教我们年轻选手技术。他们对我们非常照顾，而且很有礼貌。"

美国乒乓球队的领队杰克·霍华德说："我希望中国乒乓球队能够在最近的将来访问美国，以便给我们一个机会来报答你们的好客精神并在美国进行友谊比赛。"周总理说："你的希望是好的。这个问题要决定于你们的团长。他是有权威的，所以还是保留给团长来回答。"斯廷霍文表示同意。

果然，1972年4月，尼克松总统访华以后不久，由庄则栋率领的中国乒乓球代表团访问了美国。这是中美关系解冻后访问美国的第一个中国代表团，引人关注。庄则栋一生坎坷，是位传奇式的人物。由于他在"乒乓外交"中的不俗表现，2009年1月中国人民外交学会邀请他出席了在人民大会堂举行的纪念中美建交30周年招待会。我见到这位当年叱咤乒坛风云、现今脸上布满沧桑的世界冠军，"乒乓外交"的共同亲历驱使我邀他合影留念。

会见中，美国队员格伦·科恩询问周总理对目前在美国青年中流行很广泛的"嬉皮士"运动有什么看法。周总理说，第一，我对这个运动不很清楚。第二，如果要问的话，我只能说一点我粗浅的、表面的观察。可能现在世界青年对现状有点不满，想寻求真理，青年思想波动时会表现为各种形式，但各种表现形式不一定都是成熟的或固定的。因为，寻求真理的途径总要通过各种实践来证明是对还是不对。这在青年时代是许可的，各种思想都要通过实践检验一下。我们年轻的时候也是这样，所以我们懂得青年人的心理：特别好奇。周总理列举来访的英国、日本等国青年也有留长发的，说按照人类发展来看，一个普遍真理最后总要被人们认识的，和自然界的规律一样。我们赞成任何青年都有这种探讨的要求，这是好事。要通过自己的实践去认识。但是有一点，总要找到大多数人的共同性，这就可以使人类的大多数得到发展，得到进步，得到幸福。我只能回答这些了。科恩表示同意周总理的看法，说这些表现形式是许多日子思考的结果，它比表面看到的更深刻。这是一种新的思想，没有很多人熟悉它，可能有少数人熟悉。周总理说，如果自己通过实践证明是错误的，就应该改。正确的坚持，错误的改正。这是我们的认识。作为朋友，我们所以有这个建议。

周总理对美国乒乓球队全体成员说，我请你们回去把中国人民的问候转告给美国人民。中美两国人民过去往来是很频繁的，以后中断了一个很长的时间。你们这次应邀来访，打开了两国人民友好往来的大门。我们相信，中美两国人民的友好往来将会得到两国人民大多数的赞成和支持。

周总理与随同来访的美国记者约翰·罗德里克谈话时说，罗德里克先生，你打开门了。罗德里克说，我首先感谢你邀请美国记者访华。美国记者访华，经过这么长时间的中断，终于实现了。同时，我赞成你刚才的看法，我们的关系打开了新的一页。如果我们两国间有更好的谅解，这新的一页将更加美好。我希望通过记者的通道，这种关系会得到改善。

周总理好客、谦逊和睿智的风度，给第一次来到这块被认为是"神秘国土"的美国人以深刻印象，并引起全世界舆论的关注。

美国队员格伦·科恩当时几乎成了明星。科恩回美国不久，他母亲还专门给周恩来写信，对周总理同他儿子富有哲理的谈话表示感谢。

美国乒乓球代表团回国后，团长斯廷霍文即应尼克松总统之邀造访白宫。尼克松请他讲述了代表团访华的情形和观感。告别前，斯廷霍文特意将中国乒乓球队员送给他的中国制造的乒乓球转赠给总统。几天后，斯廷霍文收到尼克松发来的电报，内称："我很高兴拥有使人回想起美国乒乓球队对中国进行历史性访问的纪念物"。

美国乒乓球代表团访华后，中美双方通过秘密渠道接触的进程明显加快。双方商定，美国总统国家安全事务助理基辛格博士于1971年7月9日至11日秘密访华，为美国总统尼克松访华做准备。在基辛格访华的两天时间内，周恩来总理同基辛格进行了 17 个小时的会谈。基辛格访华《公告》一经公布，世界震动。"小球推动全球"，国际格局随后发生了重大变化。1971 年 10 月，联合国大会通过第 2758 号决议，恢复了中华人民共和国在联合国的合法席位。在 1972 年 2 月尼克松访华后几年内，日本、联邦德国等近 70 个国家相继同中国建立了外交关系，中国外交出现了一个崭新格局。这充分显示了由毛主席富有远见的果断决策、周总理精心组织实施的"乒乓外交"的威力，令人赞叹！

回顾和重温这段历史，更让人深切感受到老一辈无产阶级革命家主导的独立自主、审时度势、机动灵活的中国外交风格的开拓性和生命力。在新的历史时期，我们要以博大胸怀，展示以人类命运共同体为核心的大国外交风采，夺取外交战线的新胜利！

|作|者|简|介|

　　田曾佩，1930 年生。籍贯河北省饶阳县。南开大学外语系肄业。1945 年参加革命工作，1947 年加入中国共产党。中国共产党第十四届中央委员会委员。

　　新中国成立前从事党的学运工作，新中国成立后转做青年团工作和党的组织工作。1958 年调入外交部。曾任苏联东欧司处长、司长，驻捷克斯洛伐克大使，驻南斯拉夫大使等职。1988 年初任外交部副部长。1993 年初任主管常务工作的副部长、外交部党委书记。

　　1998 年当选中国人民政协第九届全国委员会常务委员、外事委员会主任。2004 年离休。

结束过去，开辟未来

田曾佩

（外交部原党委书记，常务副部长）

1958 年，我被调到外交部工作，先后任苏联东欧司苏联处处长、苏欧司司长等职，主要从事研究和办理与苏联、东欧国家有关的一些问题，一直与苏联和俄罗斯打交道。2004 年离休。作为一名中苏、中俄关系数十年发展进程的亲历者，回顾这段艰辛曲折的历史，深感中俄全面战略协作伙伴关系来之不易，应倍加珍惜和呵护。

中苏关系正常化政治磋商

俗话说，"三十年河东，三十年河西"。中苏关系从 20 世纪 50 年代起，大体上可以说是十年友好结盟，十年关系恶化，十年对立为敌，十年缓和改善。1965 年，毛泽东主席曾对当时苏联总理柯西金说过这样一段意味深长的话：我看中苏关系早晚会好起来的，可能是十年之后，美国人会帮助我们团结起来。

20 世纪 80 年代初，鉴于中苏两国国内及国际形势变化，双方都着手调整政策，两国关系逐渐走向缓和，开始改变一个时期来只对抗、不对话、不往来的全面僵冷局面。1982 年 3 月苏联领导人勃列日涅夫发表愿意改善对华关系的塔什干讲话，客观上为中方调整对苏政策提供了契机。在勃列日涅夫讲话后的第二天，邓小平指示外交部立即作出正面反应。接着，向苏联传递信息，提出双方应当坐下来平心静气地讨论，通过共同努力设法排除发展两国关系的严重障碍，争取中苏关系有一个大的改善。苏方也表示，愿在任何时间、任何地点、任何级别上同中方讨论双边关系的问题，以便消除关系正常化的障碍。这样，双方就开始了两国关系正常化的进程。

中苏关系正常化副外长级政治磋商，一开谈就是六年，共进行了12 轮。磋商谈判中，双方主要讨论克服影响中苏关系正常化的"三大障碍"问题，着重讨论苏联支持越南侵略柬埔寨反华问题。中方坚持必须消除"三大障碍"，而苏方则反复重申改善两国关系的愿望，指责中方提出消除障碍是为磋商设置"先决条件"。我方反驳说，如果事先确定哪些问题可以讨论，另外一些问题不能讨论，这在客观上等于设置了先决条件。而对所有问题进行无拘束的讨论，正是没有先决条件的表现。不解决"三大障碍"，就想改善中苏关系，那完全是痴心妄想。我们还强调，让越南从柬埔寨撤军问题是改善中苏关系的关键。苏方声称，中方找错了对象，应找越南谈，柬埔寨问题与苏联没有任何关系。中方批驳说，"解铃还须系铃人"，正是因为有苏联的支持撑腰，越南才敢于侵柬反华。苏方提出，苏中关系正常化不应损害"第三国利益"。中方则说，我们提出来讨论的问题，不是有损而是有利于苏方所谓的"第三国利益"。而且，作为一个原则，应该不损害"所有第三国利益"。围绕第三国等问题，双方都振振有词，不知论战了多少个回合，谁也说服不了谁，被称为"聋子对话"。不过，与昔日火药味十足的边界谈判有所不同，虽然针锋相对，但双方都比较心平气和，正常讨论问题，交换意见。

1986年7月戈尔巴乔夫发表海参崴讲话，在消除"三大障碍"问题上首次做出实际松动，使陷入僵局的政治磋商出现了重要转机。从10月举行的第九轮政治磋商开始双方相向而行，苏方态度逐渐更趋积极，不再回避讨论柬埔寨问题。在1988年6月举行的最后一轮政治磋商中，苏方提出，愿就柬埔寨问题同中方进行副外长级的专题磋商。

1988年8月27日至9月1日，中苏两国主管副外长在北京专门就柬埔寨问题举行工作会晤。这次会晤的结果是很积极的，直接影响到后来启动中苏高级会晤的决策。会谈在钓鱼台国宾馆进行，我和苏方的罗高寿副外长彼此都很熟悉，每次谈判的时间都很长。最后一次谈判从下午一直谈到晚上，原定的晚宴一再推迟，后来索性改成工作晚餐。双方边吃边谈，吃完饭后继续会谈，一直谈到半夜十二点才结束。这次，我们达成内部谅解：双方都同意，柬埔寨问题应通过政治手段予以公正合理的解决，双方都表示愿尽力促使这个目标的实现。

9月16日，戈尔巴乔夫在谈到中苏关系时，公开对柬埔寨问题表明立场。他说，我们主张同中国关系正常化，愿意立即着手准备苏中高级会晤。此前在北京举行的解决柬埔寨问题的双方工作会晤，在一定程度上扩大了该问题上相互了解的范围，同时有助于改善两国关系。9月20日，在联合国第43届大会期间，中苏两国外长举行了会晤，商定中国外长访苏，为中苏高级会晤做准备。1988年底、1989年初，两国外长进行互访，为中苏高级会晤做具体准备。经过多轮会谈，双方本着平等协商、互谅互让的精神，最终达成戈尔巴乔夫访华的协议。

只握手、不拥抱的高级会晤

1989 年 5 月 15 日至 18 日，戈尔巴乔夫应邀对中国进行正式访问。中苏举行高级会晤是内外关注、牵动各方的大事，在接待礼仪方面如何安排，也是一个敏感的政治问题。邓小平指示，在接待戈尔巴乔夫来访的礼仪安排上，要适度，见面时只握手，不拥抱。他还特意叮嘱说，此点在同苏方谈具体礼宾安排时向他们打个招呼。大家知道，苏联人见面时有拥抱、贴面的习俗。1926 年邓小平曾在莫斯科中山大学留学，20 世纪五六十年代多次去过苏联，可能他也有这方面的亲身体验，所以提出了"拥抱"这个问题。当然，这里说的见面不拥抱，不只是外交礼仪问题，更主要的恐怕是考虑到当时的国际背景，明确中苏两国关系的性质，界定未来相互关系的方向。

戈尔巴乔夫在北京会见了中国国家主席、中共中央总书记和国务院总理，而访问的压轴戏是同国家军委主席邓小平的会晤。正是这个会晤，被称之为中苏高级会晤。5 月 16 日上午 10 点，在人民大会堂东大厅举行了举世瞩目的重要会晤。会晤之前，邓小平对我们陪同人员说，三年多前他请罗马尼亚领导人给戈尔巴乔夫带口信以来，国内外的一般事情不怎么过问了，就想着今天怎么样跟他谈。

会晤在轻松的气氛中开始。邓小平问戈尔巴乔夫是否记得三年前他通过罗马尼亚总统转达的口信，即建议如果能够消除"三大障碍"，实现中苏关系正常化，愿意与他会面。戈尔巴乔夫回答说，应当认为，传递口信的做法促进了他们在这方面的思考。他还不无风趣地说道：您提出三个障碍，所以需要三年时间，每个障碍的解决需要一年时间。

邓小平表示，中国人民真诚地希望中苏关系能够得到改善，建议利用这个机会正式宣布两国关系从此实现正常化。此时，双方相互握手祝贺。接着，邓小平谈了对马克思主义和社会主义的理解问题。他说，关于意识形态的那些争论，经过二十多年的实践，回过头来看，双方讲的都是空话。马克思去世以后一百多年，究竟发生了什么变化，在变化的条件下，如何认识和发展马克思主义，没有搞清楚。必须根据自己的条件建设社会主义，一个固定的模式是没有的，也不可能有。那些争论，我们也不相信自己是全对的。戈尔巴乔夫说，我的年龄比您小，不想对此加以评论，而是指望您来做出评价，我同意您的基本想法，20年没有白过，我们弄清了许多问题。

邓小平强调，这次会见的目的是八个字：结束过去，开辟未来。结束一下过去，就可以不谈过去了，重点放在未来的事情上。但是，过去的事完全不讲恐怕也不好，总得有个交代。但不要求苏方回答，也不要辩论，可以各讲各的。这样有利于我们在更加扎实的基础上前进。随后，邓小平从两个方面回顾了历史：一是历史上中国遭受列强欺压的情况，指出给中国造成损害最大的是日本，从中国得利最多的是沙俄和一定时期的苏联；二是近几十年对中国最大的威胁从何而来，50年代威胁来自美国，60年代以后是苏联。总结了中苏关系的历史后，邓小平指出，主要是苏联把中国摆错了位置，真正的实质问题是不平等，中国人感到受屈辱。虽然如此，我们从来记得，斯大林时期帮助我们搞了一个工业基础。邓小平还特意强调说，他讲这么长，目的是使苏联同志们理解我们是怎样认识这个"过去"的，脑子里装的是什么东西。历史账讲了，这些问题一风吹，这也是这次会晤取得的一个成果。从此过去就结束了。

戈尔巴乔夫表示，我们政治局全体都赞同您那句著名的话（指对苏外长讲的"结束过去，开辟未来"）。关于俄国、苏联与中国关系是如何形成的，有些东西苏方有自己的看法和评价。但在不太久远的过去，在苏中关系的有些方面，苏联也有一定的过错和责任。至于涉及遥远的过去，那已经是历史，在许多地方已经发生很大的变化。历史是无法改写和重写的。如果我们坚持在过去的基础上恢复以往的边界，哪些人民在哪些领土上居住，那么我们将重新划分整个世界，将会引发世界战争。他赞同过去的问题就讲到此为止。

所谓开辟未来，是指两国关系正常化后建立一个什么样的国家间关系，应该遵循哪些基本准则。邓小平深刻总结了国际共运的历史教训，强调无论是结盟，还是对抗，都是不成功的，中苏关系还是要以和平共处五项原则为基础。在发展交往方面，要多做实事，少说空话。戈尔巴乔夫强调，我们的出发点是苏中关系正常化不针对第三国，不损害第三国的利益。苏中加深相互谅解和信任，将使两国能够集中精力，在有可靠保障的稳定、和平条件下解决自己的问题。

高级会晤结束时双方发表了联合公报，正式确认两国领导人一致确定的两国关系准则。双方声明，中苏两国任何一方，都不在亚洲和太平洋地区以及世界其他地区谋求任何形式的霸权。认为，在国际关系中，应当摒弃任何国家把自己的意志强加于人和在任何地方谋求任何形式的霸权的企图和行动。中苏将在互相尊重主权和领土完整、互不侵犯、互不干涉内政、平等互利、和平共处的国与国之间关系的普遍原则基础上发展相互关系。双方在某些问题上的分歧不应妨碍两国关系的发展。

四十年的风风雨雨使我们双方都蒙受了沉重损失，也都从曲折发展的历史中汲取了深刻教训。无论是结盟还是对抗，都是不成功的，中苏、中俄关系还是要以和平共处五项原则为基础，结伴而不结盟。这样，两国之间就建立起了不同于 20 世纪 50 年代的那种结盟关系，更不同于六七十年代的那种对峙关系，而是不结盟、不对抗、不针对第三国、相互睦邻友好的正常国家关系。

中俄关系历史性过渡

中苏关系正常化后不久，东欧剧变，两极格局崩塌，国际形势和两国国内情况都发生了巨大变化。邓小平指示，不管苏联怎么变化，我们都要从容地同它发展关系，包括政治关系，不搞意识形态争论。这个方针十分重要，总结了历史上的经验教训。在双方共同努力下，中苏高级会晤确定的两国关系基本原则不仅经受住了考验，而且成为建立新型中俄关系的基石。

1991 年 12 月 25 日下午，以外经贸部长李岚清为团长、我为副团长的中国政府代表团抵达莫斯科，下榻在我国驻苏联大使馆招待所。当晚，戈尔巴乔夫就在电视上宣布停止履行苏联总统职务，苏维埃社会主义共和国联盟最终解体。

12 月 27 日，李岚清团长会见俄罗斯主管经贸的副总理绍欣，转达我国领导人的口信，通报了中国政府决定承认俄罗斯联邦政府，支持俄接替苏联在联合国安理会的席位。俄方反应积极，当即安排外长宴请，并进行副外长对口会谈。

俄方出面的是新任副外长库纳泽，原是一位研究国际问题的学者。他感谢中国政府的外交承认及对俄罗斯接替苏联在联合国安理会席位的支持，并表示赞同中方对处理两国关系的原则设想。我当即提交了《会谈纪要》草案的中、俄文本。纪要共有六条：肯定和平共处五项原则为两国关系的基础，确认过去两个《中苏联合公报》规定的各项基本原则为中俄关系的指导原则；双方承诺继续履行苏联同中国签订的各项条约、协定所规定的义务；俄方重申台湾问题上支持中方关于一个中国的立场；中国政府支持俄罗斯联邦接替苏联在联合国，包括安理会以及其他国际组织中的席位；双方表示愿在政府各个部门、在各种级别上发展友好关系；双方肯定两国边界谈判中取得的积极成果，并将尽快履行中苏边界东段协定的批准手续。

会谈进行顺利，通过了中方提出的草案。最后，在纪要签字的问题上出了点小意外。我说："我是中国政府特使，代表中方签字。"库纳泽说，他没有得到授权，不能作为俄罗斯联邦政府代表签字。我说：

1988年8月27日至9月1日，田曾佩与罗高寿在北京专门就柬埔寨问题举行工作会晤

"那我们就代表双方外交部签字。"库纳泽也不同意。最后，决定双方向领导报告请示。12 月 28 日下午，俄方告诉我们，库纳泽可以代表政府签字。12 月 29 日，双方在俄外交部正式签署两国政府代表团《会谈纪要》，圆满解决了中苏、中俄关系的继承问题。这个纪要当时成了新形势下发展中俄两国关系的指导性文件。由于俄罗斯联邦法律上继承了苏联，故中俄两国的建交日期仍为 1949 年 10 月 2 日。

从 1992 年俄罗斯总统首次访华开始，中俄两国领导人建立了定期互访机制。通过直接接触，消除彼此隔阂，增加相互了解、信赖。中俄双方重新承认"相互视为友好国家"，再到确认两国已具有"新型的建设性伙伴关系"，宣布发展"战略协作伙伴关系"，直至开启新时代"背靠背"全面战略合作，成为世界上真正信赖的战略伙伴、新型国际关系的典范。

当今，世界上乱象丛生，各种不稳定、不确定因素和挑战明显增多。在大乱局、大变局的新形势下，中国和俄罗斯互为最主要、最重要的战略协作伙伴，中俄新型大国关系健康稳步发展对双方都具有不可替代的战略价值，对维护国际公平正义、世界和平稳定也至关重要。

| 作 | 者 | 简 | 介 |

王殊，1924年生。江苏常熟人。复旦大学外文系肄业。1946年到苏北解放区。1948年起任新华社驻华东野战军前线分社记者，参加了淮海、渡江、上海战役的报道。1951年到朝鲜，任新华社驻志愿军总分社记者，参加了朝鲜停战谈判的报道。1956年起历任新华社驻巴基斯坦、古巴等国记者。1969年10月任新华社驻联邦德国记者。

1972年调外交部工作，任驻联邦德国使馆参赞。1974年任驻联邦德国大使。1977年任《红旗》杂志总编辑。1978年任外交部副部长。1980年任驻奥地利大使。1986年任外交部国际问题研究所所长。第七届全国政协委员，第八届全国人大代表。

1998年离休。曾任外交笔会会长。著有《十五年驻外记者生涯》、《从记者到外交官》、《我在音乐之乡奥地利》、《中德建交亲历记》、《五洲风云纪》等。

从新华社记者到共和国大使

王 殊

（外交部原副部长，驻联邦德国大使）

伴随着新中国外交事业的发展，自 1948 年 10 月起，我从一名新华社战地记者到共和国特命全权大使，走遍了世界五大洲。

流光飞逝，我不知不觉已进入耄耋之年了。我曾写过一本回忆录《五洲风云纪》，讲述了在淮海战役中学当记者的经历，抗美援朝战争硝烟中板门店停战谈判的细节，非洲莽原上外交拓荒者的足迹，加勒比海危机的暴风雨，美苏在欧洲的争夺博弈，中德两国建交前后的内幕……然而，最令我终生难忘的是毛泽东主席在中南海书房的接见和谈话。

外交部两次表扬"有参考价值"

1969 年 10 月，我被派到联邦德国担任常驻记者。除了两国关系之外，我还注意研究苏联的战略问题。1969 年 3 月珍宝岛事件后，在西方各界引起了很大的关注和议论。苏联的战略究竟是向西还是向东，成为国际上争论的热门话题。我知道这是一个很重大的问题，需要进行深入调查研究，提出确凿的事实和依据才能有说服力。经过一个时期的观察研究，我们先后提出了综合的看法报回国内参考，主要结论是：美苏两霸争夺激烈，战略重点在欧洲，谁也不会让谁，因此苏联的战略仍是向西，不可能向东。

1972年2月初，外交部给我们分社发来了电报，表扬我们写的有关欧洲局势和苏联战略问题的报告，以及摘发的当地报刊有关这些问题的消息、评论和文章说这些材料"有参考价值"。一个多月后，外交部又发来了电报，再次表扬我们发回的各种材料，也说"有参考价值"。这对我们是一个很大的鼓励和鞭策。

周恩来总理是我们做调查研究的一个很好的榜样。周总理一直重视做好调查研究，要求同志们深入实际，开阔思路，注意抓住国际局势中新的变化和新的动向，提出同局势变化相适应的看法和建议。他不管是接待外国客人还是出国访问，除了谈他对国内外局势的看法以外，还很仔细地听取对方的看法，并且常常向对方提出很多的问题，认真地进行调查研究。不少外国领导人在他们的谈论中和在回忆录里，一再提到周总理对他们提出很多问题，特别是工农业生产的情况和数字，常常被问得狼狈不堪，甚至说这是一场很可能是不及格的考试。

我感到，新闻工作与外交外事工作当然并不一样，但有一条是一样的，就是要深入实际，认真做好调查研究。

"你把西德的情况摸深摸透了"

在德国联邦议院外委会主席施罗德离开波恩去北京访问几天后，新华社发来急电要我马上回京，也没有说什么事情。那几天从巴黎到上海的班机的座位已经客满，我不得不两次换飞机，经阿姆斯特丹、卡拉奇到上海。

7月21日晚上赶到北京时，施罗德一行已经离开北京去别的地方参观了。总社到机场来接我的沈定一同志要我先回家休息，还说周总理随时可能接见，要我做些准备。他还告诉我，周总理对施罗德的访问很重视，事前同各有关单位开了两次准备会，发现我没有回来，就要新华社打电报让我尽快回京参加接待工作。第二天上午，姬鹏飞外长听说我已回京，就要我立刻到外交部去。他接见了我，对我们在波恩的工作给予了很多鼓励，并且告诉周总理可能很快接见我，要我等在家里不要外出。当天下午，我就得到了通知，总理晚上七时在人民大会堂东大厅接见。

我走进东大厅比规定的时间早了一些，里面还没有人，灯也没有全开。我坐在藤椅上时，心里有些激动。我过去几次见过周总理，1966年以后还没有见过他。不多一会儿，总理一个人走进了东大厅。他显得比过去苍老多了，两鬓的白发也增加了不少，当时的严重混乱局面消耗了他许多的精力和时间。可是，他仍目光炯炯有神。看了我一会儿，他问了我的名字，看我穿着旧布制服和布鞋，就问我在波恩穿什么衣服，我说在波恩都穿西服，回来后换掉了。他说，为什么不穿给我们看看呢？西服还是可以穿的，为什么不能穿呢？我感到，周总理这些话，可能是针对穿着一片黄色和一片灰色情况说的，也可能以为我同很多驻外人员一样，穿了布制服、布制鞋去参加对外活动。那时受到极左思潮的影响和压力，一些驻外单位女同志的旗袍、裙子和男同志的西服都藏了起来，甚至剪掉了，一些驻外人员穿了布制服去参加宴会和招待会，说是反对"资产阶级思想"，闹了很多笑话。周总理又问了我多大年龄，在什么学校读的书，读什么系，在新华社工作了几年，什么时候去波恩等等。

周总理对我说，施罗德访华，你是应该陪同他回国的，当时没有想到，因此晚通知了你几天。他说，前天我会见了施罗德，谈得不错，他说要真和平，真安全，谈得很好。接着，他就开始了对我的"考试"，问我联邦德国有多少人口，面积多大，有几个州，首府叫什么，等等。我总算都答上来了。他又问到西德经济和工农业生产的情况，我有些答得上来，有些就答不上来。他再问到西德科学技术方面的情况，我几乎都答不上来了。周总理常常对外事工作人员特别是外交官员进行这样的"考试"，问题往往属于基本情况，可是应"考"者常常会答不上来；有的"考"得实在太差的，总理就给予狠狠的批评。所以，每次总理召集会议，所有"考生"都要努力准备好去应试。周总理也时常向外宾提出很多问题，施罗德多次同我谈起周总理接见他时，问了他不少西德工农业生产的数字，他几乎完全答不上来，有的数字还是总理告诉他的，他对此一直感到惭愧。

正在谈着的时候，姬鹏飞、乔冠华等同志先后走进了会客厅。总理要我谈谈西德局势和两国关系、欧洲局势和苏联战略的问题，我很简单地谈了我的看法。周总理说，你写的一些报告和报道，我都看过了，毛主席也看过了。你调查研究做得不错，把西德的情况摸深摸透了。调查研究很重要，所有外交外事的工作人员都要这样做。周总理说，西德的经济发展得这么快，总是有原因的，要好好研究研究。当然，光靠一个人不可能，两国建交后要多派一些人去。周总理又问了我有关欧共体最近一些会议的情况，这方面我没有注意研究，答不上来。周总理说，你们记者都喜欢跑热门新闻，这当然是要做好的，可是那些当前并不热门，但今后可能成为重要的或热门的问题，也要注意研究，既要深入，又要广泛。过了一会儿，各主要外事部门的领导同志都到齐了，周总理向大家介绍了施罗德访华的情况，说估计我们同西德建交不会很远了，日本一直埋怨尼克松访华事先没有通知他们，田中首相和大平外相将要访华，估计中日建交的事也不可能再拖下去了。

周总理对我说，你要准备早些回波恩去，看看施罗德访华回国后政府和各方面的反应怎样，到波恩后要先去找他，听听他的意见，其他政界、经济界人士也要多接触，多交一些朋友。我提到，施罗德来访后，不少政界和经济界人士，包括基社盟主席施特劳斯，也都希望访华。周总理说，可以请施特劳斯来，他是第一个提出这个愿望的人，其他人也可以请来，你同外交部研究一下，看谁先来，什么时候来好一些。周总理对我的工作考虑得很仔细、很周到，说我是记者身份，今后要同西德的政界和经济界高层人士打交道可能不方便，要外交部礼宾司安排我参加一些外事活动，名字见报，排在重要地位，让我"出出名"。"文革"以后，国内外包括国内普通的群众对我们报纸上各种活动的消息中的名单及排列顺序非常注意，谁有谁没有，谁在前谁在后，谁只是在"还有"之列。礼宾司的同志说，最近重大的活动很少，只有李先念副总理宴请日本公明党代表团一项。周总理想了一下说，这事同德国和欧洲的关系不是太直接，不过先参加了再说，以后有重要活动都让他参加。周总理还考虑到，苏联、东欧对施罗德访华的反应极为强烈，要我以后不再去东柏林，有事可让翻译同志去，我也可去驻法国使馆。周总理说我今后的工作可能很多，要外交部派一个德文好一些的同志作为新华社记者到分社去协助工作。后来，外交部很快派来了王延义同志来到分社。这次谈话到凌晨一时多才结束。我对周总理在工作上的周到细致印象非常深刻，我们做外交外事工作的同志都应很好地学习。散会时，秘书钱嘉东同志又给周总理送来新华社的消息和评论请他审阅，看来他又要工作到"东方红"了。以后几天里，周总理又几次要我参加他在人民大会堂和他家里召集的讨论外交事务的会议，让我熟悉一些外交上的问题。

两天后，我参加了李先念为日本公明党代表团一行举行的晚宴，第二天报纸把我的名字排在显著的地位，不了解情况的同志就来问我，你怎么管起日本的事情来了，究竟是怎么一回事。后来，我又参加了"八一"建军节招待会，名字排在部长助理章文晋的前面。章文晋是老外交家，我这个后生非常惭愧排在他的前面，他笑笑说"没有关系，没有关系"。联邦德国外交部是否看到这样的名单，我不清楚，但后来看到在汉堡的一位汉学家的文章中提到了这件事。

聆听毛主席纵论天下大事

过了几天，我根据周总理的指示准备很快回波恩去。晚上，我有时出去探亲访友，因为自从回北京后工作太忙，还没有看看他们。

7月24日晚，我在一个老战友家里吃饭后乘公共汽车回新华社西郊的黄亭子宿舍，刚刚下车，外事部的几个同志看到我，欢喜若狂地拉住我的手说："真是好不容易找到你了。"原来，在晚上大约7时接到电话通知，要他们立即告诉我，有重要事情，务必在晚上9时到外交部大门口，再乘汽车前去。那时，电讯还很落后，我家里没有电话，凡有事情都要由新华社外事部派人到宿舍来通知。因此，外事部几个同志就乘汽车到宿舍来找我，看到我家里没有人，又到我可能去的几个同志家里，后来就在宿舍区内一面找、一面喊，找了我一个多小时。最后，他们决定到公共汽车站上等，一看到我当然非常高兴。我到外交部大门口已近 10 时，看到唐闻生已等我很久了，我们立刻上车，才知道是毛主席要接见。我心头非常激动，过去除了电影、电视之外，从来没有见过毛主席。

我到了中南海毛主席的住所，就被引进毛主席的书房。这个地方是我们在毛主席接见外宾的影片中所熟悉的，中间有一圈接待客人的沙发和茶几，因是夏天已换上了铺着席子的藤椅，椅子背后摆着好几只戴着高大白色灯罩的落地灯，右边靠墙摆着几个装满了线装书的书架。我走进去时，毛主席坐在他习惯坐的左边的大藤椅上，正在同早已到达的周总理和姬鹏飞、乔冠华、王海容几位同志谈话。我同毛主席握了手，由于过于激动，一坐下就哭了起来。毛主席递给我一支小雪茄烟说，你不要哭了，请你抽支烟吧。我没有抽，把烟放在小茶几上，想带回去作个纪念。

周总理向毛主席介绍我说，过去在上海复旦大学上的学，学的是英文，长期在国外当驻外记者。毛主席笑着说，我也当过记者，我们是同行。后来，有些同志估计，毛主席这句话可能是指他过去编《湘江评论》和在解放战争时期给新华社写过不少评论的经历。我坐在毛主席对面的藤椅上，看到毛主席比过去电影、电视上苍老了不少，也胖了一些，头发已斑白稀疏，穿着一套宽大的白色绸衣裳，但精神还不错。他去年底生过一场重病，在尼克松访华时刚刚痊愈，现在已恢复很多。在他身边的小茶几上，放着好几本刚看过还卷着的《参考资料》和书籍。

接着，毛主席就同我们纵论起天下大事来。我拿出小本子和笔想做记录，周总理急忙对我说，注意听，不要记了，有人会记的。我没有注意到王海容正在记录，就赶快收起了小本子和笔。毛主席说，西方不少人正在讨论苏联的战略是向西，还是向东，还是声东击西，有的人还在幻想把这股祸水东移。欧洲是一块肥肉，谁都想吃，我们没有资格。美苏争夺的中心是欧洲。毛主席准确地列举了美苏双方在欧洲的兵力数字后说，美苏在欧洲的争夺威胁欧洲的安全与和平，欧洲国家太多、太散、太软，应该联合自强起来，不要有什么幻想。他接着谈到了两次世界大战的经验教训。他说，德国威廉皇帝和希特勒在世界大战中都遭到了失败，主要原因都是吃了两面出击的亏。德国威廉皇帝在西线同法、英军队还处于对峙的状态，第二年就把大量兵力从西线调到东线进攻俄国，幻想先打败俄军，迫使沙皇签订和约退出战争。这个目标没有能够实现。第三年他又把很多兵力调回西线，但情况已发生变化，法、英军力已大为加强，美国也参战在即，最后他吃了大败仗，不得不签字投降，把皇冠也丢掉了。希特勒也是一样，被初期的胜利冲昏了头脑，在西线还没有全部解决的时候，又在1941年6月发动了对苏联的进攻，结果也陷入了被两面夹击的境地，连柏林也丢失了，不得不开枪自杀。中外历史上这样的教训还有不少。

毛主席用精练生动的语言，援引历史上的经验教训，阐明了对当时国际形势以及苏联战略的估计，特别是反对两面出击的思想，给我的印象最为深刻。毛主席认为，美苏都不会放弃欧洲这块肥肉，争斗将日益激烈，苏联的战略是向西，不会战略东移或挥师向东。苏联之所以在东边做一些小动作，是声东击西，麻痹西方。即使苏联胆敢冒险向东，也必然将像威廉皇帝和希特勒一样，犯两面出击的错误，最终遭到失败。我从毛主席和周总理的这些谈话里，感到了他们在外交上正在进行的战略部署。在美苏争夺更加激烈的时候，我们有可能改善同美国以及西方的关系。从"乒乓外交"、基辛格秘密访华、尼克松访华，到新中国恢复在联合国的合法席位、同很多国家建交，都大大提高了我国的国际地位，在世界上出现了大三角形势，对国际局势产生了重大的影响。

毛主席和周总理关心的是同还没有建交的日本和联邦德国的关系。施罗德刚刚访问了北京，日本首相田中和外相大平也将在9月下旬来访。周总理向主席简短地介绍了施罗德访华的情况，说西德还有一些右翼人士包括基督教社会联盟的主席施特劳斯等也想来。主席说，我喜欢右派，可以把他们请来，我也可以同他们谈。尼克松来，我就是同他在这里谈的，谈得还不错。

毛主席从国际到国内谈了三个小时，已是凌晨1时多了，周总理提出时间已过半夜，请毛主席早些休息，大家才告辞出来。我从椅子站起

1972年9月，王殊与联邦德国代表谈判草签中德建交公报

来时，发现放在小茶几上的毛主席给我的小雪茄烟没有了，原来是乔冠华把茶几上的香烟抽完了，正在抽我的小雪茄烟呢。

周总理又在门口右边的小会客室里同我们谈了很久。他给我们看了毛主席已批准的外交部关于同联邦德国谈判建交的请示报告，要我尽快回波恩去，了解施罗德访华回国后同政府以及各方接触的情况。他还说，现在日本和西德都有可能同我们建交，如果我们先同联邦德国建了交，对日本会有影响，而同日本先建了交，对联邦德国也会有推动。我还在这份报告正页的边上看到，周总理亲笔建议主席考虑，如果有时间接见我一次。

我上车离开中南海时，初升的阳光已照亮了红墙，在大街上人们都骑着自行车或乘公共汽车上班了。

中德两国建交后，根据周总理的意见，正式调我到外交部工作，并被任命为驻联邦德国使馆政务参赞，作为临时代办到波恩筹备建馆。1974年，我被任命为驻联邦德国特命全权大使。

|作|者|简|介|

梅兆荣，1934年生。上海崇明岛人。1949年在上海缉椝中学加入新民主主义青年团。1950年底在"抗美援朝、保家卫国"运动中报名参加军事干部学校，1951年初分配到北京外国语学校学习英语。1953年加入中国共产党并被选派去民主德国莱比锡卡尔·马克思大学攻读日耳曼语言文学。

1956年调驻民主德国使馆工作。之后，在外交部苏欧司和西欧司、驻民主德国使馆和驻联邦德国使馆工作。历任使馆二秘兼新闻专员，外交部副处长、处长、副司长、司长。1959—1981年兼任中央领导人德语翻译。1988—1997年任中国驻德意志联邦共和国特命全权大使（1992年升为副部长级）。1993—1998年任第八届全国政协委员。1997—2003年任外交学会会长兼党组书记。

2004年退休。先后被聘为国务院发展研究中心世界发展研究所所长、上海复旦大学特聘教授、中国国际战略学会副会长、外交部政策咨询委员、中国国际问题研究院特聘研究员等。参与翻译并定稿的译著有：《西德外交风云纪实》、《伟人与大国》、《我的特殊使命》、《政治局》、《施密特传》、《未来列强》、《与中国为邻》，校对《德国统一史》第四卷。著有《风景胜画——德国》。

2003年获韩国明知大学法学名誉博士学位，2004年获德国联邦总统授予"德意志联邦共和国星级大十字勋章"，2005年获汉堡中欧峰会"中欧友谊奖"，2006年获中国翻译协会"资深翻译家荣誉证书"。

在服务国家需要中实现人生价值

梅兆荣

（原驻德国大使，中国人民外交学会会长）

我是新中国一手培养，在党的教育和老一辈革命家言传身教的熏陶下，与共和国一起成长的外交一兵。祖国和人民哺育了我，我在服务国家需要中实现人生价值。对我来说，外交工作不是谋生的职业，而是为祖国和人民献身的崇高事业。德国和欧洲始终是我工作和战斗的主要场所。

从农家娃到外交官

我出生于长江口的崇明岛上一个贫困农民家庭。小学毕业后因交不起初中每学期 12 斗米学费而面临辍学。感谢小学两位启蒙老师的帮助，得以先是半费继而完全免费上初中。考取上海缉椝中学高一后，又面临学费和城市生活费的难题。幸好初中语文老师与校长是挚友，经他做工作，学校同意我免交学费。入学后，学校党组织很关心我这个穷学生，被第一批吸收为新民主主义青年团团员。

1950 年朝鲜战争爆发，全国掀起了轰轰烈烈的"抗美援朝、保家卫国"运动，我响应祖国号召，报名参加军干校学习，被录取学外语。就这样，1950 年底我踏上了参加革命的征途。先是在南京接受短期军训，1951 年 1 月北上进了北京外国语学校。得知要学英语，我和其他一些学员一样还有点想不通，美帝国主义被赶走了，为什么还要学它的语言？第二天进入教室，黑板上一句醒目的口号映入眼帘："掌握英语，同帝国主义斗争！"这是学校给我们上的第一堂课，成为激励我们努力学好英语的强大动力。

我在北外学习了两年半。学校对我们实行半军事化的管理，贯彻"又红又专"的教育方针，既要掌握外语，又要树立革命的人生观和世界观。政治课主要讲社会发展史、联共（布）党史和中国新民主主义革命史，使我们对人类社会从奴隶制到封建社会、再到资本主义社会的发展过程以及社会主义必将取代资本主义的前景，对国际共运的历史，包括马克思主义的三个组成部分及其与修正主义的分野和斗争以及对毛主席关于中国革命的理论和实践，有了基础性的了解。学校常组织时事报告会，记忆中最难忘的是公安部部长罗瑞卿关于镇压反革命运动和伍修权同志关于在联合国大会上控诉美国武装侵略中国的斗争情况报告。两个报告使我懂得：为了巩固新生的革命政权，不仅要镇压国内被推翻阶级的反抗和破坏，还必须同帝国主义敌对势力的侵略和颠覆活动进行坚决斗争。我们参加了当时的"三反"、"五反"运动学习，让我们确立全心全意为人民服务的思想，并为永远不得贪污腐败，警惕资产阶级不法分子的腐蚀和收买打了防疫针。我们还进行思想意识改造，主要是自我检查非无产阶级思想并展开相互批评。总之，两年半的学习和培训不仅使我打下了英语基础，而且懂得了很多革命的道理，提高了听党话、跟党走的觉悟。

1953年夏天在我一生中是个转折点。国家为培养急需的德语干部，决定从北外选调五名学员去民主德国学习，我是其中之一。我们也是新中国派往德国的第一批公费留学生。出国前，英语系党支部吸收我为预备党员；高教部在中南海怀仁堂组织了欢送赴东欧五国的公费留学生大会，请周恩来总理和刘少奇副主席给我们讲话作指示。概括两位领导人的讲话，就是要"牢记使命，学成归国，为国服务"。这三句话不仅成为我留学期间的座右铭，而且伴随我终身。

在莱比锡卡尔·马克思大学，我从零开始学德语。头一年完全是

1956年，梅兆荣（后排中）与一起在莱比锡学习的同学和两位教授合影留念

牙牙学语。第二年上日耳曼语言文学大学本科一年级，听文学史、中古德文和拉丁语大课。我当时的德语充其量只相当于德国小学生的水平。上文学史大课只听懂几个单字，老师讲了什么毫无概念。只好下课后抄德国同学的笔记，然后慢慢地消化，弄个一知半解。进入大学二年级后，上大课能听懂个大概。1956年9月，即上大学三年级前夕，突然得到通知，调我到驻民主德国使馆任大使翻译。我必须熟悉外交业务，比如要学会起草言简意赅的电文，把大使活动的重要情况报告国内。但更紧迫的还是要提高德语水平，因为我"先天不足"，只学了三年德语。我必须边工作边自学，埋头苦干、勤奋学习。每天早起就要研读《新德意志报》以熟悉时事用语；每次翻译后都要作自我总结找不足之处；见到一个新名词或常用的成语就试译，查字典找答案；看电视或电影时模拟同声传译。经过两年多的刻苦努力，我掌握的德语词汇明显增多，翻译能力也有了提升。

1959年我经受了两次考验。一次是1月在国内休假期间，组织上通知我为毛泽东主席会见民主德国总理格罗提渥做翻译，我怕不能胜任而高度紧张，但在一些老领导的鼓励下大胆上阵，最后"涉险过关"并得到外宾认可。同年10月7日，国家对外文化联络委员会在政协礼堂为民主德国国庆10周年举行庆祝大会，邀请了德党政治局委员马特恩率领的党政代表团参加，中方周恩来总理出席、朱德委员长讲话，但主办单位没有安排现场德文翻译，只为马特恩准备了俄文书面译文。当朱老总开始向麦克风迈步时，细心的周总理敏感地发现了这个问题，当即指示把我从后台叫去，他把手里的朱老总讲话稿给我，嘱我上去做现场翻译。我边听朱老总念稿边对照讲稿，然后逐段口译。此情此景，台上、台下中外人士看得一清二楚。庆祝会结束后，周总理狠狠批评了主办单位负责人"大国沙文主义"，而我却因"救场"成功而出名，从此被内定为副总理级以上领导人的首选德语翻译。应当说，这两次考验能够过关，之前的勤学苦练功不可没。我由此得出结论：为国家需要服务必须练好本领！

直到 20 世纪 80 年代初，我一直主管对德办案和调研工作，还兼任中央两代领导人的德语译员。先后为毛泽东、周恩来、朱德、邓小平、董必武、李先念、华国锋、乌兰夫、李鹏、陈毅、彭德怀、贺龙、黄华、习仲勋、谷牧、陆定一、伍修权、叶飞等领导同志接待德国外宾或出访东、西德做翻译，使我有机会近距离感受老一辈革命家的优秀品德。其中，伍修权代表我党出席 1963 年东德统一社会党第六次党代会上的出色斗争给我的榜样作用尤其强烈。当时，中苏两党论战正处高潮，赫鲁晓夫在东德党代会的开幕式上先是对我党大肆攻击，接着建议"停止论战"，显然是想阻止我党反击，而与会的东欧各党领导人都附和赫鲁晓夫的建议。以伍修权为首的我党代表团临时修改了致辞稿，揭穿赫鲁晓夫此举的用心并以指桑骂槐方式批判苏共的观点。我把讲稿译成德文并交给了德方，因现场同声传译由德方译员负责，但我可"从旁协助"。当伍修权讲到批判苏修的段落时，德方译员犹豫了，我当即指着稿子的相关段落敦促他照念。他不得不照念后，大会主席当即疯狂地摇铃打断伍修权的讲话，并要求不"攻击兄弟党"。台下顿时发出一片敲桌子、跺脚和尖叫嘘声。伍修权镇定自若，稍停片刻后爆炸式地大声呵斥："干得好！这就是你们德国的文明！"德方译员拒译，我抢过话筒把这句反击回应大声译了出来，会议主持人不得不让伍修权继续发言。事后，伍修权表扬我"配合得好"，而我从这场斗争中进一步认识到翻译责任之重大。伍修权的坚定沉着气质和即兴反击的智慧，成了我后来同西方反华势力斗争的学习榜样。

难忘的历史性外交经历

我的外交生涯可分三个阶段。先是官方外交共 41 年，主要是同东、西两个德国和统一后的德国以及欧盟打交道，在德国先后度过了 25 个春秋。接着干了 6 年半官方性质的"人民外交"，以中国人民外交学会会长身份与世界各国交往，主要是接待有影响的前政要、议员、智库学者和地方政府高官来访，或组团出访一些国家以及组织一些多边或双边的研讨会，目的是促进相互了解和认知，消除误解和减少偏见，推动互利共赢的合作，对官方外交起某种补充和配合作用。其间，我还曾以政府特使身份去欧洲五国推动取消对华武器禁运，去德国就 2008 年北京奥运会和拉萨"3·14"打砸抢烧严重暴力犯罪事件真相做宣解工作，受朱镕基总理委托出席慕尼黑安全会议并发言。从现职岗位上退下来以后，我聚焦欧洲形势和中德、中欧关系继续做些调研工作，并以前大使或学者身份参加一些相关的国际问题研讨会或涉及中德、中欧关系的对话活动。

在长达半个多世纪的对外工作中，我近距离见证或参与了一些历史性事件，如柏林墙的始建和倒塌，中、西德的建交谈判，谷牧副总理 1978 年率庞大政府代表团考察西欧五国的历史性访问，东、西德重新统一的复杂过程。1989 年北京风波后，我在第一线为反对西方对华"制裁"以及围绕"人权"、"涉藏"和"售台潜艇"三大问题进行了长达七年多的尖锐激烈斗争。我经历了中国和民主德国直到 1959 年的相互支持和团结合作的"蜜月期"，也目睹了 1960 年后两国关系恶化直至破裂的过程。我见证了中、西德建交后施密特、科尔和施罗德三位总理秉承相互尊重、求同存异、互利合作的原则，积极发展对华关系的友好态度，特别是科尔总理在西方集团对华实施"全面制裁"的困境下，为取消制裁措施和逐步恢复中德关系正常化所做的努力，也在无数次短兵相接的交锋中目睹了一些反华政客的恶劣表演。我也跟踪观察了默克尔2005年底上台以来德国对华政策的变迁和特点，经历了不少尖锐激烈的斗争场面。

1972年8月，梅兆荣（左二）参加中西德建交谈判

1992年2月，在德方对华制裁尚未取消，但改善对华关系的趋势已开始显现的背景下，北德电台邀请我参加一场名为"脱口秀"的实况直播节目。出于多做工作、宣解中国的考虑，我欣然接受。整个节目只有半个小时，除主持人外，我和时任德国社民党主席和石荷州州长恩格霍姆是嘉宾，另有近百名听众，他们可以提问。主持人介绍两位嘉宾后，单刀直入就搬出所谓西藏"人权问题"要我解答。意识到来者不善，我

便情不自禁地想起了伍修权 1963 年在东德党代会上出色斗争的情景，并告诫自己必须保持镇定，心中怀有 11 亿祖国人民作后盾，没有什么可怕的。恰好我在西欧司任上曾起草过有关涉藏问题的对外说帖，所以心中有数。出于策略考虑，我还有意利用这个平台大讲特讲西藏的过去和现状，特别是揭露达赖的真实面目。我从西藏自古以来就归属中国的历史谈起，指出达赖统治下的西藏实行政教合一的农奴制，农奴不仅没有生产资料，而且毫无人权，而达赖原是最大的农奴主。1959 年西藏改革使百万农奴得到解放，达赖不甘心失去其反动统治的天堂，便发动了武装叛乱，失败后逃亡印度，披着宗教外衣从事分裂祖国的活动。我像背书一样滔滔不绝，主持人见势不妙，便打断我的发言，我当即回应说："请让我把话说完，是你邀请我来回答问题的！"这一手很奏效，因为欧洲人的规矩，不让人把话说完是不礼貌的行为。主持人只好闭嘴，我又讲了一阵才适可而止。接着社民党主席、石荷州州长向我发起攻势，批评中国实行"一党专政"，缺乏民主。我回应说："不对。中国除共产党之外，还有八个民主党派。共产党的领导地位是历史发展中形成的。但八个民主党派或无党派人士的代表也参政议政，有权对政府工作提出意见和政策建议。中国共产党出台任何重大方针政策措施，实施前都征求民主党派和无党派人士的意见。中国有个中国人民政治协商会议机制，其委员由全国各地、各界和各民族的优秀代表人物组成，其中非共产党员的委员还占多数。每年全国人大和全国政协会议同时举行，政协委员也旁听政府工作报告，然后分别讨论并提出意见或建议。这些，你不知道吧?!"这位州长无言以对，只好改提别的问题，说：毛主席曾主张"百花齐放"和"百家争鸣"，但实际情况是共产党"一花独放"、"一枝独秀"，你怎么解释？我说，毛主席提出的"百花齐放，百家争鸣"方针现在依然有效，但毛主席还提出"毒草要铲除"。这是一个完整的方针。看来你也不全面知道。对他的两个问题，我都点出他对中国一知半解，使对方陷入被动。中间有观众插话提问，我也做了简短回答。半个小时很快过去了，主持人只好草草收场。事后了解，该节目应观众要求至少又重播了一次，收视观众通常为600万人。几天后，我收到旅德华人华侨协会负责人给我的来信，标题写了两行大字："舌战群丑，大快人心！"

1992年底1993年初，台湾当局利用中德关系跌入低谷和德国造船业萧条的困境，向德国最大造船厂提出订购10艘潜艇。如德方批准，还将附加大量民品订单，诱惑力极大。时任德国经济部长、自民党主席默勒曼力主批准这笔交易。还必须指出，此前法国刚向台湾出售60架"幻影2000"战机，如德国再提供潜艇，整个西欧将会效仿。根据国内指示，我动员全馆人员，对德国相关的政府部门、朝野各党以及经济界各大公司和财团做工作，阐明中国政府对此问题的严正立场，晓以利害。一是从法理上指出，向台湾地方当局出售武器，反对中国中央政府，这是违反国际关系法的行为，将严重破坏两国关系的政治基础；二是援引战后德国曾规定不向局势紧张地区出售武器，批准售台潜艇不仅将违反德国自己的法律，而且要为挑动台海局势紧张承担责任；三是指出中国一贯支持德国统一，如德方现在过河拆桥参与分裂中国，中国人民决不会接受这种忘恩负义的行为；四是大力做企业界的工作，特别强调如批准售台潜艇，中国将不得不实施严厉反制，即使与售台潜艇无关的企业也将受损，希望他们为维护自身利益敦促政府不予批准；五是建议国内迅速出台对法惩罚措施起杀鸡儆猴作用，并表明我们的制裁警告并非虚张声势。国内接受我们的建议，采取了相关措施。在此情况下，德方不予批准的倾向开始显现，并试探我能否给予某种"补偿"。我方表示，如德方明确作出不批准售台潜艇和其他武器的决定，中方在决定大项目合作时，可按"同等优先"原则考虑与德国合作。最后德国联邦安全委员会作出了不得向台出售任何武器的"原则决定"。

梅兆荣出席德国政府一年一度的新年团拜会，与科尔总理亲切握手

　　德国是涉藏问题上最早向中国挑起事端的西欧国家之一。早在1987年秋天，绿党女议员凯莉在仅有26名议员在场的情况下，强行推动联邦议院通过涉藏反华决议。1989年后，德国围绕西藏的反华喧嚣愈演愈烈，联邦议会举行"西藏问题听证会"，自民党旗下的瑙曼基金会在波恩举办支持达赖集团的国际会议，邀请达赖及"西藏流亡政府"头目出席。1996年6月联邦议会正式通过决议，公然要求中国与"西藏流亡政府"进行"谈判"。外长金克尔在议会辩论中竟表示支持该决

议，声称该决议包含了联邦政府涉藏政策的"基本要素"，并扬言将于7月访华谈此问题。对此，中方作出了强烈反应，断然推迟金的访华计划。金恼羞成怒，下令中断两国间的所有部长级互访，使双边关系冷却了三个月。科尔总理不满金此举破坏了他的对华政策，德国经济界对此也表示不满并施加了压力。德外交部为使两国关系求得转圜，遂向我试探可否在联大会议期间恢复两国外长之间的会晤传统。我表示同意，但金克尔必须澄清其在涉藏问题上的立场。经多次商议，德方按我方要求拟定了由金克尔向钱其琛外长宣读的四点声明：德国政府奉行一个中国的政策；西藏事务是中国的内政；两国关系应建立在相互尊重、求同存异、互不干涉内政和平等互利的原则基础上；解决人权问题分歧的途径应是在平等和相互尊重的基础上开展对话，而不是进行对抗。该四点声

1999 年，德国前总理科尔应中国人民外交学会邀请访华，梅兆荣陪同去苏州参观

明公开发表。在金克尔向钱外长宣读后，我方同意其访华为赫尔佐克总统 11 月访问做准备，标志着两国关系"雨过天晴"。

外交工作感悟和体会

第一，外交工作体现国家的根本利益，关系国家的安危和兴衰。外交人员必须时时处处体现国家的政策和形象，维护国家的尊严、主权、安全和发展权益。忠于祖国始终是一个合格外交官的首要条件。在任何情况下，不能以职位高低或薪金多少等作为忠诚与否的前提条件。只有确立了忠于祖国的决心，才能抵御形形色色的诱惑或压力。忠诚的内涵丰富，包含对党和政府要讲真话，反映情况必须客观真实，经得起检验。

第二，要勇于担当，敢于和善于斗争。为此，在保持政治定力的同时，必须努力培养敏锐的政治洞察力和掌握丰富的知识，才能不失时机地正确应对各种挑战，成功地开展工作或进行斗争。

第三，必须勤于学习，重视调查研究。要把握形势的发展变化，深刻认识对我之利弊，并吃透中央政策的精神实质，摸透与我合作或斗争对象的特点。这样才能应对错综复杂、瞬息万变的挑战。

第四，要践行"实践出真知"、"细节决定胜败"的原理。干实事越多，经验就越丰富，考虑问题就会比较周密，办事效率也会相对较高。要勤于动脑和动手，两者不可偏废。

第五，要"严"字当头，办事一丝不苟，确保准确无误。这是外交工作的特殊要求。涉外工作错综复杂，容不得半点疏忽。外交无小事，技术性的小失误也可能引发政治上的严重后果。

｜作｜者｜简｜介｜

　　蔡方柏，1936 年生。湖北咸宁人。1956 年考入北京外国语学院攻读法国语言文学专业，1962 年留学瑞士日内瓦大学。

　　1964 年进入外交部工作，历任驻法大使馆三等秘书、二等秘书、一等秘书、政务参赞、公使衔参赞、外交部西欧司副司长。1987—1990 年任驻瑞士大使。1990—1998 年任驻法国大使。1998—2003 年当选第九届全国人大代表、全国人大外事委员会副主任委员。

　　曾任中国外交部政策咨询委员会委员、中国前外交官联谊会会长、外交笔会会长。现任中国人民外交学会理事、外交学院兼职教授、国际问题研究基金会高级研究员。著有《从戴高乐到萨科齐》、《我同法国六位总统的零距离接触》、《穷小山国缘何成世界首富——瑞士国家竞争力密码》三部著作及上百篇国际问题论文。荣获法国总统希拉克亲自授予的法国荣誉军团大将军级勋章。

与法国总统前所未有的晚宴

蔡方柏

（原驻法国大使，第九届全国人大外事委员会副主任委员）

1956 年，我因偶然机会考取了北京外国语学院，并选择了法语专业。40 年的外交生涯又几乎都同法国有关，我与法兰西结下了不解之缘。

我前后在中国驻法国大使馆工作了 24 年，从建馆先遣组普通职员到特命全权大使，迈过外交官级别的每一个台阶。这些经历使我目睹了半个世纪来法国的发展轨迹、政局变化和中法关系的峰回路转。尤感幸运的是，有机会以不同身份同法兰西第五共和国从戴高乐、蓬皮杜、德斯坦、密特朗、希拉克到萨科齐等六位总统，进行过零距离接触或特殊交往，与他们结下了深厚的友谊，为我完成在法国的外交使命提供了宝贵的支持和帮助。至今令我难以忘怀的是，在大使官邸与希拉克总统举行的一次前所未有的晚宴。

1998 年 1 月 30 日（阴历大年初三），希拉克总统应邀来中国大使官邸做客，共度中国春节。总统外事顾问雷维特说，法国总统接受外国驻法使节的宴请是史无前例的。为什么总统破例接受我的邀请呢？话得从头说起。

1997 年 5 月，希拉克总统访华取得历史性的成功，他对此十分满意。在上海市市长徐匡迪举行的欢迎宴会上，希拉克总统笑容可掬地对我说："蔡大使，你以后随时随地都可以给我打电话，你是巴黎唯一可直接同我通话的大使。"我说，十分感谢总统阁下对我的信任，并感到非常荣幸。我抓住这个难得的机会向他表示："总统阁下，如您能接受我的邀请，微服去中国使馆做客，我将不胜感激。"总统立刻回答说："只要你的厨师菜做得好，我微服或公开去使馆做客都没有关系。"我说："我厨师做菜在巴黎肯定是第一流水平。"这段简短对话引起全桌中外客人哈哈大笑。

我完成接待任务后很快返回巴黎。不久，我特地去找总统的外事顾问雷维特落实这次特殊的宴会。雷很为难地对我说："大使阁下，你也知道驻巴黎的外国使节有近 200 人，如果总统接受了你的邀请，那我们就不能拒绝其他使节的邀请了。如出现这种情况，总统就会无法应付。"我略加思索，对雷说，我完全理解他的困难，但是总统在上海已亲自做了承诺，我们两人不是都在场吗？最后，雷表示，既然总统说了话，那就让我们找个"借口"来加以实现吧。

半年后，这个"借口"找到了。1998 年 1 月初，在法总统府进行的一年一度的使团新年团拜会上，雷悄悄地对我说，希拉克总统拟履行去年 5 月访华时向你许下的诺言，将于 1 月 30 日（阴历大年初三）去你的官邸做客，共度中国春节。对此，别国使节也无话可说。雷还告，希拉克总统还想借此机会同你谈谈前不久致江泽民信中所提的问题及其他双方感兴趣的问题。这次宴会的时间和程序就这样敲定下来了。

回使馆后，我立即着手准备此次晚宴。既然曾向希拉克总统夸下海口，说我馆厨师能做出一流的佳肴，首先必须让厨师把全部看家本领都拿出来。官邸的赵师傅是位川菜特级厨师，我先请他把拿手好菜开出一个很长的单子。然后，我同夫人一起从中挑出总统可能最喜欢的菜肴。这次总统是来同我们一起共度新春佳节，既要让他吃到中国南方年饭时的传统佳肴，又要让他品尝到北方的风味菜。因此，菜单安排是从五彩拼盘开始，接着是几道川味热菜，然后是北京火锅、饺子，最后以元宵作为甜食来结束晚宴，以示祝福希拉克总统在新的一年中万事如意、阖家幸福。事前我们对官邸进行了重新布置，特别是加挂了大红灯笼。增摆了编钟，客厅显得更加古色古香，节日气氛浓郁诱人。

这次晚宴年饭，也是工作晚餐。是夜，官邸灯火辉煌，喜气洋洋。我和夫人安征、应邀出席这次晚宴的希拉克好友徐展堂先生及使馆的参赞等，早已在铺着红地毯的大门口恭候总统到来。晚 8 时 10 分，希拉克总统在其外事顾问雷维特夫妇、曾作为法政府特使赴华谈判中法关系正常化的弗里德曼夫妇等人陪同下抵达官邸。互致节日祝贺词后，总统即同我进行了 50 分钟的单独谈话。

我首先转达了江泽民主席对他的问候，并转交了江主席致他的回信。希拉克总统表示很高兴收到江泽民主席的回信，并当即就回信中所涉及的问题谈了他的看法。双方还就伊拉克问题、中国与七国集团关系、中国与非洲关系等问题及双边关系中的一些问题进一步交换了意见。双方对谈到的问题都有相同或近似的看法。希拉克总统指出，他对中方愿意考虑中国新总理在参加伦敦亚欧首脑会议后访问法国感到高兴，并表示他将会见中国新总理。关于伊拉克问题，他指出法中立场完全一致，双方应同国际社会一道作出更大努力，以免形势恶化到难以挽回的程度。关于中国同七国集团的关系，希拉克强调，中国虽不属于七国集团，但解决世界财经问题离不开中国，应找到一个可以使中国在七国集团首脑会议之前或之后举行高级至少是财长级的磋商办法。七国集团讨论财经问题时，必须考虑中国的看法。中国政府作出的不贬值人民币的决定具有重大意义，否则对世界、对国际经济秩序将产生灾难性的后果。这足以显示中国的分量。因此，七国集团必须同中国进行磋商，它既不能在不了解中国的情况下进行讨论，也不能在作出决定后不告知中方，双方应增加相互了解。

总统同我的单独交谈结束后，来到大会客厅同其他宾客一起喝开胃酒，在轻松热闹的气氛中互贺新年，继续自由交谈。希拉克总统同香港知名人士徐展堂先生促膝谈心很是引人注目。徐先生是全国政协常委、香港知名的实业家和古董藏家。他曾慷慨解囊，出资赞助在巴黎存有大量亚洲特别是中国文物的集美博物馆的改造和修缮工作，还出资收购了一尊辽代的罗汉并赠送给该博物馆。他所做的上述善事，受到了十分喜爱中国文物的希拉克总统的高度赞赏。希拉克总统在徐先生和我的陪同下曾专程用近一小时的时间参观了这尊辽代的罗汉，他反复察看，并提出了许多有关问题，徐先生和集美博物馆馆长都作了详细回答。当他们用英语交流遇到困难时，我就成了他们的法语翻译。由于上述等原因，徐先生就成了希拉克总统的好朋友，这次在庆祝虎年来临之际，老友相逢，又相互对中国的文物很在行，因此他们交谈得十分投机，就在情理之中了。

席间，双方还继续就双边关系中的一些具体问题交换了意见。我印象尤为深刻的是，希拉克总统主动询问中国在法海外省是否设有总领馆。我介绍了中方早已提出在塔希提设领，但法方一直持保留态度。希拉克又说，当地华人较多，且较好地融入了法国社会，没有理由不让中国在该地区设领。在其外事顾问向他解释了法政府对此问题的担心后，希拉克表示将亲自同该地区议会主席谈谈，争取促成此事。我高兴地得知，在希拉克总统亲自干预下，经过中法双方共同努力，两国终于在2005年7月就互在法属波利尼西亚首府帕皮提和成都设领事达成协议。中法之间40多年来悬而未决的问题终于得到了圆满的解决。

希拉克总统是以热情好客、平易近人而闻名全法国的。这次宴会持续了三个多小时。希拉克对每道菜都赞不绝口，特别是对川菜品尝得有滋有味。我们为他准备了许多名酒，但他只喝绍兴酒。这可能有两个原因：一是据他的外事顾问后来告诉笔者，希拉克总统不喝烈性酒；二是他可能认为绍兴酒更能与当晚的菜肴搭配。吃到高兴时，他要求会见厨师，以感谢厨师为他准备的美餐，并主动提出与厨师合影留念。此时，本来埋头紧张工作的礼宾人员和招待员顿时活跃起来，他们都想与总统合影留念。别说他们，就连使馆工作多年的高级外交官也难有与总统合影的殊荣。为了不使大家失望，我以非常婉转的口气向总统转达了大家的请求，希拉克欣然同意，并与每人单独合影。这让参加此次活动的所有工作人员都留下了难以忘却的纪念。

在吃甜点前，我致欢迎词：首先，衷心感谢希拉克总统莅临我官邸，同我们一起庆祝中国的春节。有人说，我是驻巴黎工作的第一任在自己官邸接待法兰西共和国总统的大使。不管怎样说，我是驻巴黎最幸运的大使，这也是我外交生涯中最美好的一天。我深知您不仅是对我本人，更重要的是对中国政府和人民作出了如此特别友好的姿态。20年前，您和中国领导人邓小平一起首次倡议在中法之间建立磋商机制；是您作出决定，结束了欧中之间在日内瓦人权会议上的那种徒劳的对抗，而同中国进行建设性的对话，这是一个勇敢和有远见的决定。总统先生，1997 年您同江泽民主席一起建立了中法全面伙伴关系，把两国关系推到一个从未达到的高度。我们两国最大的共同利益无疑是推动世界多极化。作为联合国安理会常任理事国，中国与法国在国际事务中肩负重大责任，这就是推动在世界上建立更加均衡、更加公正的多极世界秩序。虎是能量、活力和勇气的象征，祝愿虎年给总统先生和各位嘉宾带来活力、成功和家庭幸福。

最后，我说：总统先生，我非常高兴并十分荣幸向您转交江泽民主席赠送给您的礼物。当我打开江主席应希拉克总统的要求亲笔书写的李白名诗《静夜思》的字幅时，全场响起了热烈的掌声。总统连忙起身接受礼物，把这次宴会推向了高潮。原来国内准备通过适当渠道送给希拉克，我得知此消息后立即请示国内，并经江主席同意，由中国民航以最

蔡方柏大使向法国总统赠送字幅

快速度将字幅在宴会前送到使馆。我转交了江主席手书后，希拉克总统十分高兴，并深表感谢。他主动提议与我一起手捧字幅合影并寄给江泽民主席。他深情地说：我同江泽民主席进行过很有意义的谈话，他知识渊博，不但对中国文化有着很深的造诣，对西方文化艺术亦有深入的了解。有这样的人领导中国，令人欣慰。

希拉克总统接受礼物后，回到座位上再次起身致答词。他说：法中关系曾经历了一个困难时期，由于双方的努力，两国关系得到恢复和发展。法中两国有许多共同点，在伊拉克问题上有着相似的看法和立场。21世纪，中国将是强有力的一极。法国正致力于促进欧洲共同大市场和建立单一货币，力图使欧洲成为21世纪的有力一极。欧洲和中国将是维护未来世界稳定的重要两极，双方加强合作，有利于多极世界的发展。他的讲话赢得了中外来宾的热烈掌声。

希拉克总统一行晚上8点10分来到我馆，至凌晨零点40分离开，共待了四个半小时。连总统的警卫人员都说，总统晚上在外待如此长的时间是罕见的。晚宴结束后，我和参加这次接待工作的全体同志一样都非常高兴和激动。对个人而言，可以说是我外交生涯中的一个闪光点。其实，希拉克总统来使馆做客的最重要意义，是他为表明重视发展法中关系作出了一个重要姿态。正如他的外事顾问所说，总统希望通过此举表明，把与中国发展全面伙伴关系置于法外交政策的优先地位，同时，也是为了感谢蔡大使多年来为促进中法关系所做的贡献。在上述祝酒词中，希拉克从战略高度把这一意图说得更加清楚。

次日，希拉克总统专门派人送来一个大花篮及亲自撰写的感谢信。全文如下：

致蔡方柏大使先生、安征夫人

亲爱的朋友：

谢谢你们！这次和谐的晚会是如此令人愉快，以至我们感觉不到时光在流逝！在表达我的感激之情的同时，请接受我诚挚的友谊。

雅克·希拉克

1998 年 1 月 31 日

1998 年 10 月 14 日，希拉克总统亲自向蔡方柏大使授勋

希拉克夫人由于在科雷兹家乡参加省议员的竞选，未能出席晚宴。其最喜欢的女儿也因故未能出席晚宴。我夫人也捎去了新年礼品，她们分别来信感谢。

1998 年 10 月，我离任前夕，希拉克总统在爱丽舍宫亲自授予我法国荣誉军团大将军级勋章。法国总统授予中国驻法大使如此高的勋章，这是中法 1964 年建交以来的首次。

回顾在法国工作 20 多年的种种经历，我深刻领悟到，并非我个人有多大能力，最主要的是中华民族在党的领导下正在得到振兴，中国综合国力不断增强，在世界走向多极化的进程中，发挥着越来越重要的作用。至于我个人，只不过是在这个大的发展机遇中顺应了潮流，努力执行中央对外方针政策，并为改善和发展中法关系做了一些应该做的本职工作而已。

| 作 | 者 | 简 | 介 |

马振岗，1940 年生。山东临朐人。1965 年北京外国语学院英语系毕业。1965—1967 年在英国伊林技术学院、伦敦大学经济学院学习。

1970—1974 年任驻南斯拉夫大使馆职员、随员。此后任外交部美大司职员。1981—1985 年任驻温哥华总领事馆副领事（三秘）、领事（二秘）。1985—1990年任外交部美大司副处长、处长。1990—1991 年任驻美国大使馆参赞。1991—1995 年任外交部美大司副司长、司长。1995—1997 年任国务院外事办公室副主任。1997—2002 年任驻英国大使。

2004—2010 年任中国国际问题研究所所长、党委书记。2006—2012 年任中国军控与裁军协会会长。2012—2017 年任中国公共外交协会副会长。曾长期为外交部对外政策咨询委员会委员、公共外交咨询委员会委员。现任亚太安全合作理事会中国委员会会长。第十届全国政协委员、外事委员会副主任。著有《难忘英伦》、《我所知道的布莱尔》等。

曲折前行的中英关系

马振岗

（原驻英国大使，国务院外事办公室副主任，中国国际问题研究所所长）

在我国与世界大国的交往中，最为曲折复杂的当属同英国的关系。中英建交过程漫长坎坷，建交后关系的发展也非一帆风顺，而是波澜起伏。

英国是一个老牌资本主义国家，与世界各方交往时间长，经验丰富，并且心计多端。同这样一个国家打交道，确非易事。但在中方不断推动下，终使两国正式建交，实现了关系正常化，并且能够总体上向前发展。这一切都充分显示出我们党坚定的对外政策原则和高超的外交技能，展现原则性和灵活性相结合的外交特色。

半建交关系拖延了 18 年

1949 年 10 月 1 日中华人民共和国诞生。美国公开宣布继续支持在台湾的国民党统治集团，对新中国采取不承认政策和敌视态度。在这种情况下，同美国保持着"特殊关系"的英国，却于 1950 年 1 月 6 日由其外交大臣贝文照会周恩来总理兼外长，宣布正式"承认"中华人民共和国政府为中国法律上的政府，并中止了同国民党政权的正式外交关系。英国坚持不撤在台湾淡水的领事馆，在联合国继续支持台湾霸占中国的合法席位，在朝鲜战争中追随美国，以及其他问题，致使建交谈判难有进展。

直到1954年6月17日，两国才达成了互派代办的协议。中英这种半建交关系，居然拖延了近18年之久。直到1972年3月13日，历经多次谈判磋商，双方才达成关系正常化协议，决定把两国关系升格为大使级。英国这个首先"承认"新中国的西方大国，却成为我国第74个正式建交国。中英建交的曲折进程，是由英方一手造成的。英国处处考虑自己的利益，在国际上追随美国，在台湾问题上态度长期暧昧，在关及中国主权问题上始终不肯承认中方的合理要求。后来只是因为世界众多国家纷纷与中国建交，而且中美关系也在积极改善，英国担心陷入被动，才与中国实现了关系正常化。

配合确保香港顺利回归

建交后，两国关系整体发展顺利，各方面合作都取得富有成效的进展，并实现英国女王成功访华。但随着国际形势风云突变，英国立即追随美国对中国采取制裁等种种恶劣行动，在香港问题上翻悔，搞了不少动作，末代港督彭定康更是公然违背中英达成的三项重大协议，推出所谓"政改"方案，致使中英关系再度陷入困境。后期两国关系虽有所改善，但囿于英方在香港问题上的顽固态度，中英关系尚未实现根本改观。在欧洲，也明显落后于法、德等国。

马振岗大使乘皇家马车前去向女王递交国书

　　就是在这种情况下，我被任命为驻英大使。我于 1997 年 3 月 16 日到任时，距离香港回归只有三个半月的时间。赴任前，有关领导交代我，使馆当前的一项主要任务，就是配合中央和香港的联络小组做英方的工作，确保香港顺利回归。

　　我长期从事的是中美关系，几乎没有与英国打过交道，虽说曾在伦敦留学近两年，那也都是 30 多年前的事，对当前英国的情况却知之甚少。赴任前，我抓紧时间恶补了一下英国的知识，特别是香港问题的前前后后。我的两位前任马毓真大使和姜恩柱大使，热情地给我介绍了许多情况以及同英国人打交道的经验教训，受益确实匪浅。根据了解的情况，我感觉到做保守党政府的工作并不容易，特别是关于香港问题。那时我满脑子想的都是如何做保守党的工作，而对反对党工党却没多考虑。

3 月 16 日晚我到达伦敦，17 日晚梅杰首相就正式宣告进行大选，很出乎我的意料。那时工党已经连续在野达 18 年之久，全党上下都憋着一口气要拿下这次大选，而梅杰两届执政并无太多佳绩可陈，保守党内部也矛盾重重。我意识到应该抓紧时间与工党要员建立关系，以便于将来做工作。工党此前已对我国多次做过友好表示。1996 年 11 月李岚清副总理访英时，工党领袖布莱尔对他说："我们希望 1997 年 6 月 30 日前所有余留问题都能得到解决，我们将尽一切可能保证香港的稳定。"他还表示，香港应是两国的桥梁，而不是障碍。工党执政后，英中关系将会出现新的开端。1997 年 1 月工党副领袖普雷斯克特访华时表示，他期待未来的工党政府与中国发展更好的合作关系，包括在香港过渡期顺利执行英中已达成的协议。1 月港督彭定康回国述职时，特别会见了工党领袖、副领袖和影子内阁外交大臣库克，要求工党支持他在香港临时立法会上的立场。库克代表工党明确表示，工党没有义务完全沿用保守党的对华政策和对港政策。

竞选期间，两党主要人物都全力投入到大选中，根本无法约到任何人。就在这时，有消息称，工党将在 4 月 22 日在曼彻斯特举行一场新闻招待会，布莱尔将发表重要演讲，工党许多要员会出席。这样的好机会，我自然不会放过。我在会场外厅见到了库克，他对我出任驻英大使表示欢迎，并承诺如工党执政将尽早见我。这是我见到的第一位工党要员。

大选以工党压倒性胜利结束，库克出任工党政府的外交大臣。他没有背弃承诺，在例行性首先会见了美国大使后，第二个会见了我。之前国内指示我会见库克时正式向英方提出解放军驻港部队先头部队提前

布朗首相同马振岗大使握手

进入香港的问题。我奉示向英方提出了这一问题，但英方始终未予正面回应。

就在这时，我收到媒介大亨默多克 6 月 10 日晚家庭酒会的邀请。我犹豫了一阵才决定参加。一按门铃，默多克夫人立即热情地接待了我。我发现参加酒会的都是来自新闻媒体的，没有外交使团的人，她笑着说："里面还有一些人，我带你进去见见。"一进大厅，我看到几乎全是政府官员，其中有几位我拜会过的大臣。我同他们打过招呼后，就同财政大臣布朗交谈起亚洲金融危机的问题。正谈着，布朗笑着说："托尼来了，你要不要去见见他。"我回头一看，只见不远处布莱尔在和几个人交谈，他抬头看见我友好地微笑着，我快步走过去，一面握手，一面自我介绍，并表示希望工作中得到他的支持和协助。布莱尔立即做了

马振岗大使宴请罗宾·库克夫妇

"毫无问题"的肯定答复，然后就谈起香港问题。他说："我相信，香港应是两国关系的桥梁，而不是障碍，我们将努力使香港问题顺利解决，我已决定去香港参加交接仪式。"我心头不由一振，原本商定由两国外长代表政府出席交接仪式，布莱尔亲自参加不就意味着要升格了，这可是个重要新信息。我怕听错，又追问了一次，他肯定地说："是的，是我们刚刚作出的决定。"

这个信息太重要了，我立即报回了国内。当晚，英国首相办公室给使馆打电话，询问大使是否注意到首相传递的重要信息。第二天一早，英国外交部官员又给使馆打电话，询问大使是否已将信息报告中国政府。我想，既然英方这么重视布莱尔亲自参加交接仪式，就应当与中方合作保证仪式顺利进行。果然，不久就传来双方在香港达成了驻港部

布莱尔首相同马振岗大使在新家的客厅交谈

队先头部队提前进入的协议。

宣布建立"全面伙伴关系"

香港顺利回归中国，解决了中英间最大的一个历史遗留问题，为两国关系的发展开辟了广阔前景。在双方共同努力下，中英关系进入又一个蓬勃发展的时期。

在我担任大使的近五年半时间，两国政治关系取得明显进展。两国高层几乎全都进行了互访，相互建立了良好的关系，特别是1999年国家主席江泽民对英国的成功访问，是有史以来中国国家元首对英国的第一次正式国事访问，具有特殊意义；而布莱尔1998年对中国的访问，则是英国工党在任首相访华的第一人；1998年朱镕基总理对英国的访问，是时隔13年后的第一次，而且是就任后出访的第一个国家，这也是史无前例的。1998年，双方宣布建立"全面伙伴关系"。那一年，布莱尔还利用英国上半年担任欧盟轮值主席国的机会，推动作出欧盟成员国在日内瓦人权会议上不提出、不参与涉华人权问题提案的决定，并推动建立了中欧领导人年度会晤的机制。

1998年是香港回归后的第一年，为中英关系新开端开了个好头。在经贸领域，两国互利合作也卓有成效，取得双边贸易额和英国对华直接投资额的"双翻番"。1997年我到英国时，在英的中国留学人员仅7000人，而我2002年离任时已超过5万人。十余年时间里，中英关系保持着长

使馆领导集体表演节目欢庆香港回归祖国

期稳定、健康、友好、合作的发展态势，两国已上升为"全面战略伙伴关系"，形成了总理年度会晤机制以及在此框架下的经济财金对话和战略对话等相互沟通渠道。两国政治关系良好，相互信任增强，人员交流频繁，经贸合作发展迅猛，人文交往密切，各领域合作都富有成效。前首相布朗当时曾说，那是英中关系"历史上最好的时期"。

"共同促进增长的伙伴关系"

就是在这样的背景下，英国工党再度下野。2010 年 5 月，保守党同自由民主党组成了联合政府。担任首相的卡梅伦强调，将继续奉行积极的对华政策，致力于推进中英关系。11 月他就率领财政大臣等 4 位重量级内阁大臣和 50 名工商界资深领袖赴华访问。他同中国领导人就进一步推进全面战略伙伴关系达成广泛共识，并进而提出同中国建立"共同促进增长的伙伴关系"。不难看出，卡梅伦关心的重点是经济关系。经贸合作也是中英关系的最重要纽带，也符合两国的根本利益，一直保持着不断拓展的势头。一是两国贸易额持续增大，并确立了 1000 亿美元的目标；二是双向直接投资稳步增长，特别是中方投资数额显著加大，在欧洲有些国家排斥中国投资时刻，英国则表示热烈欢迎；三是金融合作进一步拓展，特别是伦敦金融城启动了人民币业务中心计划，以求打造一个西方的人民币离岸业务中心。卡梅伦政府还与中方共同启动了中英高级别人文交流机制，促进两国在教育、科技、文体等多个领域的交流与合作。

就在两国经济合作和人文交流富有成效发展的同时，政治关系却出现渐冷的趋向。特别是黑格出任外交大臣伊始，就强调在对华问题上不能回避民主、人权问题，一再强调双边关系的"透明化"，无意弱化或低调处理双方分歧，强化意识形态的因素，推动所谓价值观外交。在英国亚太外交上，虽仍强调中国是"首要重点"，但在实践中却着力经营与日本、印度、东盟国家的关系，加大投入。

2012年5月14日，卡梅伦罔顾中方严重关切、强烈反对，与副首相共同会见了达赖，双方高层往来和沟通机制一度基本陷于停滞状态。造成这一严重后果的原因是多方面的，其一是美国战略东移，把对付中国崛起视为主要战略目标，影响到英国对华态度；其二是西方世界对中国迅猛崛起越来越疑虑和不安，英国对华认知上也产生不同程度的扭曲和动摇；其三是英国政府内部在对华态度上存在分歧，保守势力突出"价值观"差异，强调在人权、涉藏等问题上坚持"原则"，要对中国表现强硬。直到英方感到中英关系的疏冷持续下去，对其越来越不利时，卡梅伦被迫采取行动，逐渐修复对华关系。

开启中英关系"黄金时代"

2015年10月，国家主席习近平首次对英国进行国事访问，取得圆满成功。双方决定构建面向21世纪全球全面战略伙伴关系，开启了持久、开放、共赢的中英关系"黄金时代"。访问期间，习近平主席发表了一系列重要讲话，引起了英国各界人士的共鸣。特别是在金融城演讲时，不但阐明了中国的发展道路，而且为两国关系指明了方向。坚持长远和战略眼光，坚持开放包容的心态，坚持合作共赢的理念，坚持开拓进取的精神，中英关系将继续引领时代潮流。两国达成近60项协议和共识，涉及诸多领域，核电、金融等领域合作引人关注，发展战略对接为欧亚大陆两端的两个大国开辟了广阔合作前景。双方同意提升两国贸易水平，力争早日实现双边贸易额 1000 亿美元的目标。这次立足英国、面对欧洲、辐射全球的具有战略意义的重要访问，为中英关系进一步发展注入新的强大动力。

2016 年卡梅伦因脱欧公投而辞职，特雷莎·梅接任英国首相。她先后两次访华，显示了推动两国关系继续深入发展的积极态度，但因执政时几乎全部精力用于脱欧事务，中英关系虽维持着发展势头，却未见新的重大突破。约翰逊当政一年多，主要忙于脱欧之事。英国实现脱欧后，按理说是为中英关系发展提供了重要机遇，但究竟会如何发展，尚需进一步观察。

中英间存在着广阔的共同利益，具有深入发展的良好基础和条件，却也难免会受到国际局势变化、英美"特殊关系"以及中英结构性分歧的影响。中英两国间存在广泛的战略共识，积极发展两国关系，持续增进合作的广度和深度，符合两国的根本利益。英国笃信"只有利益是永久的和不变的"，面对一个坚持和平发展并日益繁荣强盛的中国，应该作出正确的抉择。在世界格局发生前所未有变革的时代，我相信，在习近平外交思想的英明指导下，我国的国际地位和影响将会继续大幅提升，中英关系也必将迎来更美好的未来。

|作|者|简|介|

程永华，1954 年生。吉林长春人。日本创价大学毕业。历任驻马来西亚、韩国、日本大使，第十二届全国政协委员。现任中国日本友好协会常务副会长。

具有 47 年外交部部龄。1972 年被外交部选为出国学员，1973 年作为新中国首批公派留学生赴日留学。1977 年起主要从事对日本及亚洲的外交事务，先后在外交部亚洲司和驻日本使馆工作。1996 年起历任驻日本使馆参赞、公使衔参赞、外交部亚洲司副司长、驻日本使馆公使等职。2006 年任驻马来西亚大使。2008 年任驻韩国大使。2010—2019 年任驻日本大使，在迄今中国历任驻日本大使中任职时间最长。

特别在担任驻日本大使的九年多时间里，为推动中日关系跨越邦交正常化以来最困难的时期，重新回到正常发展轨道发挥了重要作用。在日本"3·11"大地震的危难关头，指挥救助中国公民安全回国。作为主要负责周边外交事务的外交官，在应对朝鲜半岛危机、推动中国与东南亚各国的合作等方面，发挥了积极作用。

见证中日关系一段特殊历史

程永华

（原驻日本大使）

1972年9月25日，刚刚上任两个月的日本首相田中角荣访华，两国政府于9月29日签署并发表联合声明，实现邦交正常化，揭开了中日关系史的新篇章。那一年我还是长春外国语学校的一名高中生。记得某天学校突然来了几位陌生面孔的"老师"，安排我们参加了一次特殊的考试。当时非期中期末，而且考试科目多、题量大。老师只说是一次临时安排的抽查，还有人说是对老师教学水平的测试。事后才得知，出于外交工作需要，外交部从全国各地外国语院校选拔出国学员。我有幸被选为新中国首批赴日留学生，自此和中国对日外交结下了不解之缘。

到2019年卸任驻日本大使为止，我积累了47年外交部部龄、42年外交工作经历，其中近40年都在从事对日外交工作。给我留下最深刻印象的，还是担任驻日本大使的9年零3个月。这是我外交生涯中遇到复杂情况最多的岁月，也是中日关系自邦交正常化以来最为风云激荡的一段时期。

从第 150 到第 8，和日本各界深度交往

外交礼仪约定，各国使节按照到任递交国书的先后顺序出席驻在国正式活动，而非国家大小强弱或关系远近亲疏。2010 年 2 月到任时，我在各国驻日使节中排在 150 名开外，九年多过去，离任前排到了第 8 名。排名的变化在皇室活动中体现最为直观，在任驻日本大使的后半程，我出席皇室活动时基本都站在使节队列的前排，与天皇、皇后以及皇室成员之间也从一两句话相互致意发展为交谈。因为有了多年交往的积累，我离任前和夫人汪婉辞行拜会日本德仁天皇及雅子皇后并进行了愉快友好的交谈，大大超出了预定的会见时间。这是德仁天皇即位后首次会见外国宾客。

当然，外交工作不是依靠简单的礼宾排名。外交工作根本上也是做人的工作。这是长年、点滴积累的功夫，很难想象只有几面之缘的人会对你推心置腹。有一次日本的常务副外长曾问我为什么能与众多大臣政要和国会议员说得上话，我告诉他一方面是因为中国与日本的交往十分重要，受到大家重视；另一方面是我与这些人物早已结识多年，有些人从年轻时就开始打交道，自然能够坦诚地交换意见。政界之外，我与日本各界、各地人士深入交往，既从多个角度观察、了解日本的真实情况，掌握各方面信息，也广泛宣传介绍中国，同时拓展资源和渠道，拉近与日本社会各界的距离。

中日关系是一个复杂多元的结合体。两国渊源悠久，文化互鉴，同时历史跌宕，情感复杂。当今各领域交流合作密切，利益深度融合，同时竞争、冲突也不会停止。对日外交工作需要了解历史，关注政治，深耕经贸，交流人文。回想起我的外交生涯，正是这种对一个国家长年

的精耕细作，带来了对日本和日本人的深入认知和相对广泛的人脉网络，在遇到问题时才能作出较为全面的判断，能够找出症结，找准对象，用恰当的方法打开局面，解决问题。

从最严峻局面到重回正轨，经历中日关系的波澜起伏

2010 年中国国内生产总值超过日本，成为世界第二大经济体，不仅是我国发展史上的重要里程碑，也是中日关系史上的标志性事件。力量对比的变化会带来利益的摩擦碰撞，也会引起心态上的失衡和警惕戒惧。从这一年开始，中日间的矛盾分歧持续突出，两国关系进入邦交正常化以来最严峻局面和最困难时期。历史、领土、海洋权益等多种问题接连不断，甚至军事上剑拔弩张，民意降到冰点。我就在 2010 年寒意

和日方交涉后程永华大使向日本记者阐述中方立场

在任期间程永华大使先后四次在日本记者俱乐部举办记者会

料峭之时赴任东瀛。

怎么看待中日关系，我有个朴素的判断是，邻居可以选择，但邻国不能搬家，中日关系的重要性不因喜欢或厌恶对方而改变。我也时常向两国各界人士讲述这个观点，尤其是推动日方反思破坏中日关系的利害得失，凝聚改善中日关系的共识。

历史和领土问题是中日关系的老问题，涉及两国关系政治基础和我国核心利益，必须态度鲜明地坚持原则，维护我国的权益和尊严。可是身处对日外交的第一线，尤其是在两国民意尖锐对立的情况下，怎么向日本社会表达中方的看法，怎么让日方听得进去，是一个大考验。我向使馆的同事们提出的工作方向是，要让我们的声音传播出去，无论日本政府是否承认钓鱼岛属于中国，要让日本社会和民众听到中方的主张。2012年9月，日本悍然宣布"购岛"，两国关系的弦瞬间绷到极致。在这种氛围下，有2000多名日本各界要人应邀出席了我馆举办的国庆招待会。当时讲台上下有10多名日本警视厅的贴身警卫手持盾牌，时刻警惕会场发生对我本人的攻击或其他突发状况。我站在台上，回顾两国关系40年发展成果，阐述中方关于钓鱼岛领土主权的主张，表达两国关系因钓鱼岛争议和日本政府"购岛"行为出现的严峻局面的忧虑。我说，我们不能忘记，中日关系的发展成果，凝聚了两国政府以及包括各位在内的两国各界人士的大量心血，来之不易，值得倍加珍惜。我们同样也不能忘记，两国老一代领导人在邦交正常化和缔结和平友好条约时达成的重要谅解和共识。新形势下，我们应着眼中日关系大局，学习老一代领导人的政治勇气和远见，拿出新的智慧，妥善解决有关问题。

台下2000多名来宾静立倾听，在话音停顿时，似乎一根针掉在地上都听得见。一位服务员端着摆放酒杯的托盘不时点头，我感觉他听进去了我说的话。

对外交工作而言，斗争不是目的，而是解决问题、维护两国关系的手段，最终还是要推动两国关系找出前进方向，重回正常发展轨道，我想这个道理适用于任何一组双边关系。当时的中日关系症结复杂，形势紧张，双方首先要做的，就是管控好分歧，在此基础上实现两国关系止跌企稳。我当时对日方做工作常说要"扳道岔"，给两国关系重新立规矩。2014年11月，双方经过多轮水面下谈判和正式磋商，就处理和改善中日关系达成四点原则共识，这是妥善处理有关敏感问题，以实际行动重建政治互信的关键一步。习近平主席和安倍首相在APEC领导人北京会议的会晤，是双方努力改善关系的重要转折点。

从"一带一路"到"亚洲的未来"，我的一句话成了头条

冰冻三尺非一日之寒，中日关系改善也不会一蹴而就。在达成四点原则共识基础上，双方仍然需要持续积累积极因素，对我而言就是要在工作中时刻寻找改善两国关系的有利契机。

2017年我国举办首届"一带一路"国际合作高峰论坛。年初，我向自民党干事长二阶俊博介绍"一带一路"情况和召开论坛的设想时，二阶干事长显示出很大兴趣。我当时判断，如果日方出席论坛，表明对"一带一路"倡议的积极态度，将对两国关系释放一个明确正面的信号，于是积极推动促成此事。2017年5月，二阶干事长率领高规格代表团访华出席"一带一路"国际合作高峰论坛，并带去安倍首相的亲笔信。

安倍晋三首相夫妇出席程永华大使离任招待会

习近平主席在十分繁忙的论坛日程中会见了代表团主要成员，形成了中日之间一次积极互动，为后来关系持续改善打下了重要基础。

紧接着两个星期后，安倍晋三首相在"亚洲的未来"国际会议晚餐会上演讲时，首次公开表示日本愿在条件成熟时参与"一带一路"合作。我当时在场，对安倍首相这一表态既感到意外，也感到水到渠成，于是对身边的日本一家大报社老会长说，安倍首相是首次作此公开表态，是两国关系中的大新闻。那位老会长说，那值得上明天报纸的头条。结果第二天果然将此作为头版头条进行了报道。此后，中日双方高层交往和积极互动增多，终于在 2018 年实现两国总理正式互访，双边关系重回正常轨道并不断改善发展。

从罕见大震到三灾并发，作出多个艰难决断

回想起 9 年零 3 个月的驻日本大使任期，最让我难以忘记的，还是在"3·11"东日本大地震中经历的惊心动魄。2011 年 3 月 11 日，我正要从使馆出发出席山东省投资说明会，这时一阵突如其来的强烈震波袭来。我在日本经历过不知多少次大小地震，包括 1995 年在大阪市内亲历了阪神淡路大地震，然而如此强烈的震感还是初次。我连忙回到办公室，看到掉落在地上的挂钟定格在下午 2 点 46 分，这就是那场强度9 级、世界地震史上排名第四的东日本大地震发生的时刻。

地震发生约 20 分钟后，我立即启动应急响应，成立紧急指挥部，集中全馆力量投入到应对地震的工作中去。应急响应的工作包含多个方面，既要摸清情况，掌握准确信息，提出对策方案，也要尽快核实中国公民安危，及时救助受困同胞。我在全馆动员大会上说，祖国和人民在

东日本大地震期间程永华大使为前方工作组送行

看着我们，考验我们的时刻到了。大浪淘沙，是金子就要放光，共产党员、共青团员要站出来，冲上去。从震后一直到3月31日的20天，全体馆员集中在一楼大厅24小时办公。

使馆在第一时间对外公布了六部热线电话和救助联络电子邮箱，馆员和家属全部动员起来接听应答，根据国内亲人提供的联系方式，一一联系并通过各种渠道寻找、救助灾区中国公民。灾后通信受阻，加之很多求助电话和邮件留下的联系方式有误，为了查找一个中国公民的下落，甚至要打五六个电话。找不到本人的时候，就根据有限的线索联系所在的公司、学校和朋友。馆员和家属用的每部手机都热得烫手，只能用两根手指夹着打，还常常因为来不及充电连着充电器打电话，目的就是多接哪怕一个国内打来询问亲人平安的电话，为了尽可能多地联系上滞留在灾区的同胞，给他们一个确切、安心的答复。10多天时间里，使馆共确认了15035名中国公民平安，使馆网站共发布了102期在日中国公民平安信息、26期留学人员平安信息，其间使馆网站的点击量超过8400万次。

地震发生后不久，由此引发的海啸吞没了日本东北四县海岸线以内六公里的陆地，海啸最高达到38米多，所到之处船只、汽车、农机具、房屋都被卷起。福岛第一核电站反应堆电源在第一波海啸中当即失效，备用柴油发电机和储油罐也在一个小时后被另一波海啸摧毁，反应堆开始失去控制，3月12日到14日接连发生水蒸气、氢气爆炸。面对灾区的复杂混乱局面，为了及时救助受困灾区的中国公民，经过紧急指挥部研究，我在3月11日晚上决定派出工作组前往灾区，赶赴前线开展工作。此后又根据形势发展和灾区工作需要加派了工作组，前后总共六批。有些同志甚至来不及与家人打个招呼就出发了，我与他们每个人握手送行，互道珍重。每一批工作组都遇到了不同程度的艰难险阻，有的在余震的剧烈晃动中行车，有的顶风冒雪行驶在开裂错位的盘山公路，还有的为了尽快赶往情况最紧急的地区穿行福岛第一核电站周边。抵达受灾地区后，他们穿梭于每个村落、每一家避难所之间寻找同胞，甚至还要在遗体安置所中确认有无中国公民。为了节约汽油，车辆不能开空调取暖，他们困了就在零下四到五摄氏度的低温中打个盹，饿了就用出发时带去的馒头、方便面充饥，找到中国同胞后还把食物分发给他们。由于深入灾区并长时间接触当地人员、车辆，许多工作组同志的衣物上沾染了大量放射性物质，辐射值严重超标，有些人的鞋子还被国内专家作为核污染样本收集。

在跟踪灾情的同时，我们十分重视多方掌握信息，特别是福岛第一核电站的真实状况。经过向日本专家了解，根据当时氢气爆炸的形态判断，核电站已经发生了炉芯熔融。这对于我们研究核泄漏形势、判断是否撤离中国公民是一个关键性信息。3 月 15 日早晨 7 时，我召集紧急会议研究决定，协助四个县重灾区自愿离开的中国公民撤离回国。在前方，工作组紧急投入撤侨工作，做好侨胞的组织引导，宣讲撤离原则和办法，同各地政府落实中国公民的临时集合点。在后方，留守同志紧急联系航空公司协调运力，更重要的是联系大巴向灾区"逆行"。在得知使馆租用车辆是去灾区后，不少公司都托词婉拒，这时使馆多年交往的一家旅游业龙头企业发挥了作用，紧急为我们调派车辆赶赴灾区集合点。最终使馆和驻新潟总领馆先后共派出近 200 辆大巴自灾区接出中国公民 7600 余人，并协助 9500 余人乘紧急加班机回国。

从守望相助到风月同天，两国患难与共的精神得到延续

震后第二天，中国政府即宣布紧急向日本提供价值 3000 万元人民币（后又追加 2000 万元人民币）的人道主义救援物资。日本国土交通大臣因缺乏燃油提出希望中方援助后，中国政府又于 3 月 16 日宣布提供 1 万吨汽油和 1 万吨柴油紧急无偿援助。中国国际救援队是首支抵达灾区的外国救援队，同时也是最后撤收的救援队，他们不放弃最后一点希望的精神和态度使日方深受感动。中国红十字会以及各地方政府、友好团体、民间企业、在日中资机构和华侨华人也纷纷向日方伸出援手。为冷却反应堆，日方接洽三一重工提出紧急购买泵车后，三一重工立即将一辆 62 米泵车免费捐赠并运送至日本，这辆泵车在福岛核电站救灾现场大展身手，被日方有关人士亲切地称为"长颈鹿"。

中日两国作为近邻，在历次重大灾害来临之际相互扶持，患难与共。2008年"5·12"四川汶川地震和2011年"3·11"东日本大地震后，中日间的捐款捐物和救灾援助既是物质上的，更是精神上的。

"3·11"大地震发生后，在物资紧缺、核污染情况不明的生死关头，很多欧美国家的使馆都从东京撤到关西或其他地区。中国大使馆坚守东京，协调对日援助和捐赠。我本人在震后一年内五次前往宫城、福岛等受灾严重地区，夫人汪婉与鸠山由纪夫前首相夫人在震后一个月同赴福岛避难所，慰问鼓励受灾民众，还向孩子们赠送了熊猫玩具。2016年熊本地震发生后，我也第一时间前往灾区慰问。这些温暖人心的举动深深打动了日本民众，有些当地朋友至今仍感念不忘。

此次新冠疫情发生后，许多日本人说，我们是懂得感恩的。日方援助物资上"山川异域，风月同天"等诗句感动了中国民众，在本土疫情得到基本控制时，中方向日方报之以琼瑶的举动也在日本国内得到广泛赞誉。中日双方围绕抗击疫情开展的积极互动和合作进一步拉近了两国人民的心灵，夯实了两国关系的民意基础。衷心希望双方延续这一积极互动的势头，续写中日关系新篇章。

| 作 | 者 | 简 | 介 |

王泰平，1941 年生。辽宁省丹东人。1960 年考入外交学院，1962 年转入北京外国语大学，1965 年毕业。1965 年 3 月参加工作，历任外交部科员、《北京日报》驻日本记者、《世界知识》杂志副主编、《世界博览》杂志主编、驻日使馆政务参赞、外交部政策司副司长、驻札幌总领事、驻福冈总领事、驻大阪总领事（大使衔）、外交部大使、财团法人日中友好会馆中国代表理事。

2007 年退休后曾任中日友好 21 世纪委员会中方副秘书长、中日韩经济发展协会会长、中日关系史学会副会长等职。现任中国国际问题研究基金会高级研究员、中日友好协会理事、中国国际友人研究会常务理事、外交笔会理事、南京大学华智研究中心高级顾问等。

著有《田中角荣》、《大河奔流》、《东京初旅——我的记者生涯》、《风月同天——话说中日关系》、《中日建交前后在东京》、《中日恢复邦交日记》、《中日关系的光和影》等。主编《中华人民共和国外交史》（第二卷、第三卷）、《新中国外交 50 年》（上、中、下卷）、《邓小平外交思想研究论文集》、《老外交官回忆周恩来》、《乒乓外交的回忆》等。

中日邦交正常化实录

王泰平

（原驻札幌、福冈总领事，驻大阪大使衔总领事）

1969 年，我受外交部和新华社联合派遣，作为"北京日报记者"赴日本常驻。1971 年，有幸受周恩来总理单独召见。其后，根据总理指示，以促进中日邦交正常化为中心，进行采访活动和调研工作。1972 年田中首相访华前夕，我奉命回国参加田中一行的接待工作，见证了中日邦交正常化全过程。

时代的巨大变迁

1972 年 9 月 25 日，秋高气爽的北京喜迎东瀛来客。上午 11 时 30 分，日本首相田中角荣一行乘坐的专机在首都机场着陆。田中快步走下飞机，欢迎他的周恩来总理同他使劲地握手。首都机场上空，五星红旗和旭日旗迎风飘扬。中国人民解放军军乐队高奏两国国歌。在 20 世纪三四十年代，对亿万中国民众来说，日本国歌《君之代》是压迫的象征，而《义勇军进行曲》是抗日战歌。两曲并奏时，笔者身临其境，不禁感慨万端，深深感到时代的巨大变迁！

田中角荣是为实现日中邦交正常化来访的。这位绰号为"带电脑的推土机"的新首相，以锐敏和敢行著称。在尼克松总统访华、中美关系解冻、中国恢复了在联合国的合法席位，导致日本国内要求尽早实现日中邦交正常化的呼声空前高涨的形势下，他上台伊始就发出了加快实现日中邦交正常化的信号。毛泽东主席和周恩来总理抓住时机，因势利导，充分沟通，促使他上台后仅81天就来北京签署《中日联合声明》，宣告中日邦交正常化，揭开中日关系新篇章，不仅大大出乎美、苏的意料，而且为世界各国观察家叹为观止。

第一次首脑会谈

田中首相访华期间，周总理同他共举行了四次正式会谈。

9月25日下午3时至4时45分，在人民大会堂安徽厅举行第一次会谈。周总理说，田中首相7月7日组阁，表示要加紧实现同中华人民共和国邦交正常化，只有两个多月，你们便来到北京。这种外交上的高速度在日本历史上是少有的。我们很欣赏首相阁下在9月21日对记者讲的，中日邦交正常化一定会成功。我们以同样的心情欢迎阁下。

田中对能应邀如此快地访华喜出望外，感到这次来中国同过去到美国和其他欧洲国家访问不同，就像在自己家里一样。他说，日中两国的来往有两千年的历史，是一衣带水的邻国，有不可分割的关系。第二次世界大战中，日本给中国增加了不少麻烦，战后两国交往中断了一个时期，这是很不幸的。虽然日中两国各自都有种种困难，但没有比实现邦交正常化更重要的了。田中表示，希望通过这次访华实现这一伟大事业，使日中两国今后永远友好下去。他说："这是我今天内心的感受。"周总理说，我有同感。从世界潮流来看，中日两国人民应该世代代友好下去。刚才首相说来到北京，感到就像在自己家里一样，这很好，更便于我们亲切地会谈和直率地交换意见。中日两国人民有两千年来往的历史，值得我们珍视。这就是说，历史培养了人民友好的基础。当然，刚才首相阁下说了，很不幸，从1894年到第二次世界大战结束的半个世纪，日本军国主义侵略中国，给中国人民带来巨大灾难，同样给日本人民带来巨大灾难，但毛主席历来把一小撮军国主义者和广大日本人民加以区别。所以中国解放以来23年，虽然两国战争状态没有结束，但两国人民友好来往不断，两国贸易也一直在发展。特别是最近十几年，日本人民访华的比其他国家人民访华的都多。近几年我国对日贸易在我国对外贸易中占第一位，虽然数量不大。这说明我们两国历史关系之深和我们两国人民友谊之深。田中首相就任后抓住了主要问题，即两国人民长期以来要求恢复中日邦交的愿望，我就没有理由不响应你这个号召，我这个响应有着两国人民长期友好的基础。

周总理表示，希望田中首相直截了当地谈谈，日方认为哪些问题比较困难，需要通过会谈协商解决的？于是，田中谈了台湾问题。他说，现在日本国会里阻挠日中邦交正常化的是台湾问题。有人说，日本和国民党当局缔结了和平条约，现在还要继续和台湾的外交关系。这种说法和我们要实现日中邦交正常化是矛盾的。自民党的决议也说，田中应该访华，应该实现日中邦交正常化，可是一定要和台湾的关系继续下去。我认为，他们的意思是希望避免混乱。田中还说，关于日中邦交正常化的问题，希望中方同意采用联合声明的形式，这样可以不需要日本国会通过，希望中方理解日本政府的立场。

接着，大平外相在田中的授意下就台湾问题发言。他说，贵国认为"日华和约"（指日本政府同台湾当局签署的"日台和平条约"，一般称"日台条约"）是非法的、无效的，应予废除。我们十分理解这一见解，没有理由要求贵国改变这一见解。但是，从日本的立场来说，这个条约已经过国会批准，所以日本作为当事国，是负有责任的。如果日本完全同意贵国的见解，就等于日本政府在过去20多年中欺骗了国会和国民。但是，由于历史潮流的变化，以"日华和约"为中心的"日华关系"不能再继续下去了，而实现日中邦交正常化的条件正在成熟。所以，我认为通过这次会谈，假如能实现日中邦交正常化，那么"日华和约"就将终了。希望中方理解我们的这一立场，并把双方在这个问题上的不同意见作为"小异"处理。其后，大平谈及"第三国"问题。他说，日本和美国在政治上、经济上有着紧密的关系，这对日本的意义重大。日本政府必须注意不从日本方面损害与美国的关系。我们对美中和解是欢迎的，不认为日美关系是绝对不可改变的。为了缓和亚洲的局势，我们认为今后不应太麻烦美国的帮助。但如要等到解决了这个问题以后再开始实现日中邦交正常化，也许就太晚了。所以，既然决定要实现日中邦交正常化，那么我们的立场就是，在维持我们和美国现有关系的情况下，谋求日中邦交正常化。希望在联合声明中反映出这个问题。

听了田中和大平的坦率发言后，周总理说，从田中首相上任以来的发言可以看出，田中内阁是准备用快刀斩乱麻的办法解决中日邦交正常化问题的。中日关系不正常、不自然的状态不应该再继续下去了，中日邦交必须恢复。这不仅对我们两国人民有利，而且有助于缓和亚洲紧张局势和维护世界和平。中日友好不是排他的，这就是求大同。把两国邦交恢复起来，这是第一位的原则问题。田中首相、大平外相都提到充分理解中国方面关于恢复邦交三原则的立场，都谈到日本国和中华人民共和国一旦恢复外交关系，日本和台湾当局的"条约"就自然失效，日本和台湾的外交关系就自然要断，这是对我们的友好态度，我们钦佩你们的果断。在这个基础上，我们照顾日本政府面临的局部困难，这是我们对你们友好态度的回答。接着，周总理又说：不拘泥于法律条文，而是从政治上入手解决一些历史问题，这是个好办法，这对我们来说是容易的。所以会谈后发表文件，我们同意用声明的形式，而不用条约的形式。至于条约，将来是需要的，那是建交以后的事，而且我们缔结的条约是和平友好条约，包含互不侵犯。当然，我们要讲信用。

关于结束战争状态问题，周总理表示，这对你们是一个难题，不能同意"确认战争状态已经结束"的说法。那样写，就变成从旧中国到现在这一段，战争状态已经结束。周总理还强调，关于"复交三原则"及其各项内容也要在联合声明中表现出来。针对大平外相提到的"第三国"问题，周总理答复说：要触及这个问题，我们尊重你们和美国的关系。中日恢复邦交不会使美国为难。比如日美安全条约，我们有意见，但是在联合声明中我们可不提，这是你们的事情。

就这样，双方在第一次首脑会谈中，阐述了各自的基本立场和想法，一致表示要通过谈判一气呵成，一举恢复邦交。

第二次首脑会谈

9月26日下午2时半到4时半，在田中首相下榻的钓鱼台国宾馆18号楼厅举行第二次首脑会谈。

会谈中，针对田中昨晚在宴会上的讲话中关于军国主义给中国人民"添了麻烦"的提法，周总理指出，日本军国主义的侵略战争给中国人民带来了深重的灾难，日本人民也深受其害，田中首相提到这是"不幸的"，"令人遗憾的"，应该"反省"，我们可以接受。但用"添麻烦"来表述，中国人民是通不过的，这句话引起了中国人民强烈的反感，因为普通的事情也可以说是"添麻烦"，"麻烦"在汉语里意思很轻。田中解释说，从日文的含义来说，"添麻烦"是诚心诚意地表示谢罪之意，而且包含着以后不重犯、请求原谅的意思，分量很重，而不是很轻。中国方面所以感到分量轻，可能是"添麻烦"一词日中双方的含义有所不同。文字起源于中国，因此，中方如有更好的提法，望能提出来，以便由双方商定能够为两国人民所接受的表达方法。

会谈中，周总理还就中国放弃要求战争赔偿问题阐明了原则立场，批驳了两国外长会谈中日本外务省条约局长的谬论。周总理指出，你们条约局长说蒋介石已在"日台条约"中宣布放弃要求赔偿的权利，所以主张在这次联合声明中就不必再提赔偿问题了，这个说法使我们感到诧异。当时，蒋介石已逃到台湾，他已不能代表全中国，是慷他人之慨，遭受战争损失的主要在大陆。我们放弃赔偿要求，是从两国人民的友好关系出发，不想使日本人民因赔偿负担而受苦。你们条约局长对我们不领情，反说蒋介石已说过不要赔偿，这个话是对我们的侮辱，我们绝对不能接受。田中表示，中国把恩怨置之度外，从大处着眼，本着互让的精神处理问题，日本应坦率地评价中国的立场，并再次表示深切的谢意。

会谈结束后，田中把外务省官员召到自己的房间，严肃地把他们训斥了一顿。他说："你们各位受过高等教育，是很有学问的。不要钻牛犄角尖，请你们提出一些能解决问题的见解来，责任由我负。"于是，在国宾馆举行了原定日程中未安排的第二次外长会谈，根据刚刚结束的首脑会谈的精神，就联合声明的条文进行磋商。

第三次首脑会谈

9月27日下午4时15分至6时45分，周总理与田中首相举行第三次首脑会谈。双方互相介绍了各自的对外关系和对外政策，并阐述了对一些涉及双边关系问题的立场。

针对田中首相的担心，周总理强调，中国不会干涉日本内政。不同社会制度的国家可以和平共处，各国人民有权按照自己的意愿选择社会制度，不受外力的干涉。针对田中对《中苏友好同盟互助条约》的担心，周总理回顾了该条约的由来和中苏原则分歧的详细经过后指出，《中苏友好同盟互助条约》有效期30年，现在已经有22年，实际有效期最多只有6年。1956年赫鲁晓夫上台即不把这个条约放在眼里，现在等于不存在，早就不起作用了，但苏又不敢宣布取消。苏联在我国边境派驻百万重兵，还有什么同盟国可言？这是敌视。

田中谈及日本军国主义复活问题。他说，日本过去侵略过其他国家，日本国民蒙受了很大损失。日本今后不会有扩张领土的野心，不会出现军国主义复活的情况，请你们相信这一点。周总理听后指出，是否复活军国主义，这跟当政者的思想和政策很有关系。日本少数人有这个思想，这是事实。当然，我并不反对日本拥有必要的自卫武装。

在这次会谈中，田中主动提及钓鱼岛（日方称尖阁列岛）问题。周总理说，我这次不想谈这个问题，现在谈没有好处。我们要把能解决的大问题即两国关系正常化问题先解决。不是别的问题不大，但目前最紧迫的是两国关系正常化问题。有些问题要随着时间的推移才好去谈。田中被周总理这么一说，便不再追问。他说，这次来访是个机会，不问一下，回去不好向国民交代。

会谈结束后，日方发言人二阶堂向记者发表谈话。他说，首脑会谈在和睦的气氛中，就整个国际形势进行了交谈；关于两国间的问题，未必能说通过首脑会谈都达成了协议，但双方在信任的基础上进行着会谈，正在接近一致。

毛主席会见田中首相

9 月 27 日晚，毛主席在中南海会见了田中首相、大平外相和二阶堂内阁官房长官。双方从 8 时半开始，进行了一小时认真、友好的谈话。

话题从中日两国的交往史，谈到两国政府间打交道解决两国关系，从国际形势谈到中、美、苏、日关系，从中国史谈到日本的政治制度和选举，从日本天皇谈到中国唯一的天皇——唐朝第三代皇帝、武则天的丈夫高宗，从马克思主义谈到佛教和思想文化的传播，从四书五经谈到家庭，从北京风味菜、龙井茶谈到茅台酒，从读书谈到毛主席的幼年时代。

在这次谈话中，毛泽东主席对田中角荣首相和在座的客人说，你们到北京这么一来，全世界都战战兢兢。主要是一个苏联，一个美国，这两个大国。它们不大放心了，晓得你们在那里搞什么鬼啊。美国好一点，但也有一点不那么舒服，说是他们今年 2 月来了没建交，你们跑到他们前头去了，心里总有点不那么舒服就是了。

毛主席接着说，可以几十年、百把年达不成协议，也可以在几天之内解决问题。现在彼此都有这个需要，这也是尼克松总统跟我讲的。他问是否彼此都有需要，我说是的。我说，我这个人现在勾结右派，名声不好。你们国家有两个党，据说民主党比较开明，共和党比较右。我说民主党不怎么样，我不赏识，不感兴趣。我对尼克松说，你竞选的时候，我投了你一票，你还不知道啊。说到此，毛主席两眼注视着田中角荣首相，幽默地说，这回我们也投了你的票啊。毛主席加重语气强调说，正如你讲的，你这个自民党主力不来，那怎么能解决中日复交问题呢？所以，有些人骂我们专门勾结右派。我说，你们日本在野党不能解决问题，解决中日复交问题还是靠自民党的政府。

9时半，会见结束。毛主席指着堆积如山的书说，我有读不完的书。每天不读书就无法生活。主席指着《楚辞集注》六卷说，这套书是送给田中首相的礼物。周总理把它从书橱取下，送给了田中。田中紧握毛主席的手，不住地鞠躬，说："多谢，多谢。毛主席知识渊博，还这样用功。我不能再喊忙了，要更多地学习。那么，祝您健康长寿。"毛主席一直把客人送到走廊中间。

第四次首脑会谈

9月28日下午3时45分至5时，举行第四次首脑会谈。双方就联合声明的内容最后达成了协议，并同意于9月29日建立两国间的外交关系。

双方又就台湾问题举行会谈。大平外相向周总理保证，从明天起日本将断绝同台湾的"外交"关系，撤回驻台湾的"使领馆"；保证日本政府今后决不支持"台湾独立运动"，日本对台湾决不应该有、而且也不会有什么野心，这可以请中方相信；今后日本同台湾之间的经济贸易往来，将在不损害日中关系的情况下进行。

周总理对大平将在第二天发表联合声明后举行记者招待会宣布同台湾断绝外交关系表示欢迎，说这证明你们是守信义的。周总理对田中说，我们重建邦交，首先要讲信义，这是最重要的。我们跟外国交往，一向是守信义的。接着，周总理引《论语》之句，题下"言必信，行必果"六个大字，赠给田中首相，说让我们从"言必信"开始，在古代文化交流的基础上建立新的关系。

田中首相接受后，也援引日本飞鸟时代的为政者圣德太子的话，挥毫题了"信为万事之本"几个大字，郑重地回馈周总理，表达了他信守诺言、恪守联合声明的决心。

声明签署　日方如约发表谈话

9月29日上午10时18分，中日政府联合声明签字仪式在人民大会堂举行。声明庄严宣布从即日起建立外交关系，从而揭开了两国关系史上新的一页。

签字仪式完毕后，日方根据同中方的约定，由大平外相立即在新闻中心举行记者招待会。大平说，经过历时四天的日中两国首脑富有成果的会谈，今天发表了日本国政府和中华人民共和国政府的联合声明，悬而未决的日中邦交正常化问题终于获得解决。日中双方对邦交正常化的基本认识和态度，已经在联合声明前言中表明了。我们相信，结束不幸的长期存在于日中两国间的不正常状态，在两国间建立和平友好关系，是对缓和亚洲紧张局势和维护世界和平的重要贡献。

大平在谈到联合声明的内容时说，正如第一条所表明的，日中两国间的不正常状态从今天起宣布结束。作为其具体表现，从今天开始两国间建立外交关系。关于这一点，请参照第四条。关于日中邦交正常化的当然前提——承认中华人民共和国政府这一点，日本政府的意思已在第二条作了表述。日本政府关于台湾问题的立场，已经在第三条表明了。开罗宣言规定台湾归还中国，而日本接受了承继上述宣言的波茨坦公告，其中第八条"开罗宣言之条件必将实施"，鉴于这一原委，日本政府坚持遵循波茨坦公告的立场是理所当然的。

作为日方在联合声明中所表明的立场的重要补充，大平以极其明确的语言宣告废除"日台条约"。他说，在联合声明中虽然没有触及，但日本政府的见解是，作为日中邦交正常化的结果，"日台条约"已失去继续存在的意义，可认为该条约已经完结。

大平还说，关于在第五条中表明的中华人民共和国放弃赔偿问题，如果想到过去日中之间不幸的战争的结果，中国人民所受损害之巨大，我们认为对此应予坦率而正当的评价。邦交正常化的意义固然重要，但更重要的是，社会制度不同的日中两国，互相尊重彼此的立场，建立起持久的和平友好关系。这种日中关系应遵循的原则列入了第六条。第八条所述缔结和平友好条约事，也同样反映了两国政府向前看的态度。

周总理陪同访上海

9月29日下午1时35分，田中首相一行结束了在北京的全部日程，由周总理、姬鹏飞外长陪同，乘专机去上海访问。翌日上午9时30分，田中一行结束在中国的访问回国，周总理前往送行。6000 名群众载歌载舞在虹桥机场停机坪欢送。

送走客人后，周总理也登上了回京的飞机。他欣慰地说，我们和日本是两千年的历史，半个世纪的对立，二十多年的工作。今天，我们已经看到时代螺旋式地前进了。

| 作 | 者 | 简 | 介 |

张德广，1941 年生。山东省孔孟之乡济宁市人。1965 年毕业于北京外国语学院俄罗斯语言文学系。

1965—1973 年在外交部翻译室工作。1973—1977 年任驻苏联大使馆随员。1977—1987 年任外交部苏欧司中苏谈判办公室二秘、一秘、副主任。1987—1992年任驻美国大使馆参赞。1992—1993 年任驻哈萨克斯坦共和国特命全权大使。1993—1995 年任外交部欧亚司司长。1995—2001 年任外交部副部长。2001—2003 年任驻俄罗斯特命全权大使。2004—2006 年任上海合作组织首任秘书长。

2007—2013 年任中国国际问题研究基金会理事长。2007—2017 年任中国中亚友好协会会长。现任外交部外交政策咨询委员。

多边外交创新合作的典范

张德广

（原驻俄罗斯大使，上合组织首任秘书长）

上海合作组织于 2001 年 6 月 15 日在上海宣告成立。回顾当年上合组织成立的前前后后，中国作为倡导者和创始国之一，在很多问题上发挥了关键性作用，确实作出了重大贡献。可以说，上合组织的诞生是中国多边外交实践的一个非常成功的范例，是中国外交史上一座熠熠生辉的丰碑。

"上海五国"的由来

根据 1989 年中苏高级会晤时达成的协议，双方继续进行边界谈判的同时，应就裁减边境地区军事力量、建立边境地区军事信任措施问题开始谈判。中苏两国由外交部和军方专家组成裁军代表团，轮流在北京和莫斯科进行谈判。1991 年苏联解体后，改成中方与俄罗斯、哈萨克斯坦、吉尔吉斯斯坦、塔吉克斯坦四国联合裁军代表团谈判。但除了几项具体的信任措施外，双方在各自应裁减多少军队和武器以及后撤多少距离等问题上分歧很大，每轮谈判几乎都是无果而终。

1994 年，双方裁军代表团在莫斯科继续进行谈判。与前几轮一样，双方在一些关键问题上怎么也谈不拢。在会见俄罗斯副外长帕诺夫时，中方试探性地提出：为了走出谈判困境，能否先易后难，将双方已有共识的关于信任措施的第九条抽出来单独搞一个协定。没料到的是，帕诺夫当即表态完全赞同，并说了一句："Мы спим на разных кроватях, но видим один сон."（我们是"异床同梦"。）于是，我方马上将以前达成一致的几项信任措施归纳为一个单独的协定草案，对方也很快反馈原则上同意。又经过九个月的艰苦谈判，最终五方达成了协议。

1995 年，我作为主管副外长，与俄罗斯、哈萨克斯坦、吉尔吉斯斯坦和塔吉克斯坦副外长一起草签了有关协定。这就为下一年度的一个重大外交盛事——五国元首会晤创造了前提条件。

1996 年是中俄关系中很不寻常的一年。为了准备叶利钦总统访华和签署边境地区军事领域信任措施协定，我和帕诺夫副外长进行了多次磋商。俄方指出，该协定是个重要的历史性文件，应在最高级别上签署。对此，我方也表示赞同。中方开始准备接待叶利钦总统来访，其间既要签署两国联合声明，又要签署五国达成一致的边境地区加强军事领域信任协定，如何协调这两件重要的事情？曾经有一个想法，叫作"跑签"，即中俄两国元首在叶利钦总统访华时率先签署"协定"，然后派特使将文本送达其余三国首都，请其最高领导人分别签署。但这样的办法可能造成大国做决定、小国照办的印象，不能体现五国之间的平等精神，而中亚国家对此也十分重视。最佳的选择是五国元首相聚，共同签署这一历史性文件。为体现并确保叶利钦总统访华和五国签署协定各自具有的重大历史意义，最终我想到两件大事分别在北京和上海举行。这一提议报经上级批准之后，即通过外交渠道与俄方磋商沟通，取得俄方赞成后，很快得到各方一致支持。

1996年4月24日，叶利钦总统抵达北京，与江泽民主席签署并发表联合声明，宣布建立中俄面向21世纪的平等、信任的战略协作伙伴关系。然后，中俄两国元首分别飞往上海。4月26日，中、俄、哈、吉、塔五国领导人聚会上海，隆重签署了《关于在边境地区加强军事领域信任的协定》。协定内容包括：双方部署在边境地区的军事力量互不进攻；双方不进行针对对方的军事演习；限制军事演习的规模、范围和次数；通报边境100公里纵深地区的重大军事活动情况；相互邀请观察实兵演习；预防危险军事活动；加强双方边境地区军事力量和边防部队之间的友好交往等。中、俄、哈、吉、塔五国元首在上海签署边境地区加强信任的协定后，这一会晤机制逐步完善发展，不仅对建立五国永久和平的边界和发展睦邻友好关系意义深远，而且开启了一条通向区域合作的新路径。

1997年4月24日，五国元首又在莫斯科会晤，签订了关于在边境地区相互裁减军事力量的协定。

1998年没有重要的涉及边境问题的共同文件需签署，是否还有必要举行元首会晤？哈萨克斯坦提出在阿拉木图举行第三次会晤，但叶利钦总统以国内事务难以抽身为由，决定派外长出席。在此情况下，考虑到地区形势和双边关系的需要，江泽民主席决定出席阿拉木图会晤。中国领导人与会，确保了会晤的成功，使脆弱的"五国"机制得以延续，赢得了各方高度赞誉。会晤期间，讨论了加强安全、经济、文化、科技等诸多领域的合作，赋予五国会晤以更加广泛、更加充实的内容，为五国机制的发展打开了广阔前景。阿拉木图会晤期间，哈萨克斯坦媒体率先使用"上海五国"（Шанхайская пятёрка）表述五国元首会晤机制，此后，各国效尤，广为采用。

1999 年 8 月 25 日，"上海五国"元首会晤在吉尔吉斯斯坦首都举行，发表了比什凯克声明，表示五国将举行政府首脑、外长、国防部长、经济文化部门负责人各个级别的经常接触和磋商，对合作前景充满信心。

2000 年，乌兹别克斯坦总统作为东道国客人，应邀出席在塔吉克斯坦首都杜尚别举行的"上海五国"首脑会晤。《杜尚别声明》首次表达了五国"将致力于使'上海五国'成为五国在各领域开展多边合作的地区结构（структура）"的意向。

上海合作组织诞生始末

2001 年，时值"上海五国"成立五周年，各方赞成元首会晤回到它的发源地上海举行，乌兹别克斯坦也正式提出加入"上海五国"机制的要求。

中国作为"上海五国"的东道国，这次重要会议应该怎样开，我们必须拿出具体方案来。中国领导人高度重视上海峰会的筹备工作，指示外交部认真研究有关问题。我亲历了这次会晤从准备到成功举行的全过程。年初，外交部组织了多次研讨会，还吸取了其他单位学者、专家的意见。

2 月 20 日下午，我到国务院向钱其琛副总理汇报上海峰会筹备工作情况。欧亚司司长李辉、副司长周力、综合处处长杜伟参加了汇报会。我按照欧亚司提供的口径介绍了峰会日程安排和签署政治宣言及反恐协定的设想。政治宣言将提出"上海精神"，决定致力于今后把"上海五国"机制建设成为区域多边合作组织。钱副总理指示我们，要抓紧做好各项准备工作，确保这一重大外交举措圆满成功，要求外交部尽早上呈请示文件，并批准成立由外交部、上海市政府和公安部组成的筹备委员会，唐家璇外长为主任，我和刘古昌部长助理等为副主任。

汇报会之后，我反复思考一个问题，即上海峰会的主要成就是什么？"决定致力于今后把上海五国建成区域多边合作组织"，这是当时外交圈和学术界的专家学者们多次研讨后达成的一个共同思路。可是，如果上海峰会照此思路进行，会后还是"上海五国"，何日才能建成地区组织？多极化和全球化迅猛发展，地区和我国周边形势复杂多变，我们需要加强与俄罗斯及中亚国家的团结、合作。五国元首会晤已连续五年成功举行，总理会晤即将开始，各方任命了国家协调员，提出了相关关系准则——"上海精神"，杜尚别峰会已有致力于建立区域多边合作机构的意向。难道上海峰会不能向前跨出一大步吗？

3月5日下午，我在外交部主持召开一次会议，讨论即将上呈中央审批的上海峰会宣言稿及其他文件。刘古昌部长助理、欧亚司等有关司局的负责人与会。主管峰会文件起草工作的欧亚司重点发言。讨论逐渐形成一个焦点，即峰会怎样推动"上海五国"向前发展。我提出，宣言不要写"致力于建设区域组织"，而是要"宣布成立区域组织"，会后再协商制定宪章和设立常设机构；我们就叫它上海合作组织，顺理成章。我们是东道国，应当发挥倡导作用。宣言中不要再写什么"创造条件，时机成熟时建立组织"。条件已经成熟，时机已经到来。宣言中要提出并阐述"上海精神"：指出这个组织高举和平、合作旗帜，不针对其他国家和地区；语言要平实，不宜写入反霸内容。会议经过一番热议，一致同意中方提出上海峰会宣告成立上海合作组织的倡议。

这次会议之后，欧亚司改写了上呈宣言稿，报经中央批准后，外交部立即就上海峰会发表上海合作组织成立宣言及吸收乌兹别克斯坦参加等重大峰会议题，与俄罗斯、哈萨克斯坦、吉尔吉斯斯坦和塔吉克斯坦进行沟通和协商。刘古昌部长助理穿梭于北京、莫斯科和中亚各国首都，欧亚司领导李辉和周力紧锣密鼓地与各国驻京使馆官员约谈。果然不出所料，各方先后通过外交途径正式签复同意中方倡议，俄罗斯驻华大使罗高寿还提出上海合作组织的俄文译名（Шанхайская Организация Сотрудничества）。

4月2日，我奉钱其琛副总理和唐家璇外长之命，带领外交部和公安部的10多位同志前往上海，考察峰会场地、各代表团驻地、交通路线、安全保卫等各方面的准备情况，确定峰会在香格里拉大酒店举行。考察期间我向上海市100多名干部做了确保峰会圆满成功的动员报告。

4月28日，"上海五国"外长会晤在莫斯科举行，唐家璇外长参加了会晤并向各方通报了中方所做的上海峰会准备工作。会晤发表《联合新闻公报》，强调指出，上海峰会"有必要实现'上海五国'向区域性多边各领域合作组织的历史性转变"。

6月1日，按照上海峰会的筹备工作部署，我在《人民日报》发表署名文章《新型国家关系的典范》，文章首次向国内外预告：即将举行的上海峰会将"诞生一个新组织"。

2001年6月15日，江泽民主席、俄罗斯总统普京、哈萨克斯坦总统纳扎尔巴耶夫、吉尔吉斯斯坦总统阿卡耶夫、塔吉克斯坦总统拉赫蒙和乌兹别克斯坦总统卡里莫夫六国领导人相聚黄浦江畔，高度评价"上海五国"的历史经验和作用，隆重签署了《上海合作组织成立宣言》和《打击恐怖主义、分裂主义和极端主义上海公约》。从此，一个新型区域合作组织诞生了。

2002 年 6 月 7 日，上合组织在俄罗斯圣彼得堡举行第二次会晤，签署了《上海合作组织宪章》。江泽民主席出席了这次会晤。

2001 年 6 月 15 日，张德广副外长在上海举行中外记者招待会

2003 年 5 月 29 日，上合组织在莫斯科举行第三次元首会晤，任命我为上合组织首任秘书长。胡锦涛主席出席了这次会晤。

2004 年 1 月 15 日，上合组织秘书处在北京宣布成立，六国外交部长出席了成立仪式。

2005 年 9 月 16 日，我作为上合秘书长应邀在联合国 60 周年首脑会议上发表演讲。上合组织获得联合国观察员地位。

至此，上海合作组织的法律和机构建设基本完成，并先后与独联体、集体安全条约组织、欧盟、欧洲安全与合作组织、东盟等建立联系，获得广泛国际承认和支持。上海合作组织的声望和影响力日益增长，一个以中国城市命名的新型国际组织迈着铿锵有力的步子登上了国际大舞台。

潜力巨大，前景广阔

"上海五国"和上海合作组织植根于"互信、互利、平等、协商、尊重多样文明、谋求共同发展"的"上海精神"，是中国博大精深的外交思想在世纪之交开出的绚丽花朵，同时也是中俄两大战略伙伴紧密合作的创新成果和各成员国多边外交培育出的一棵参天大树。

然而，上合组织从一开始就遭受到一股逆风的侵袭。有些西方媒体炒作，上合组织成员国社会制度不同，文化宗教各异，断言必然导致涣散无力，搞不成什么合作，最终名存实亡，不欢而散。2006 年我接受西方一个记者的采访，他提出一个挑衅性的问题："现在你们在庆祝上合组织成立 5 周年，你认为上合组织会庆祝 10 周年吗？"我的回答是："我们不仅要庆祝 10 周年，还要庆祝 20 周年、50 周年、100 周年！"时间已经证明，唱衰上合组织的种种预言多么荒唐可笑。

2017 年 6 月 9 日，上海合作组织阿斯塔纳峰会决定给予印度、巴基斯坦上合组织成员国地位，实现了自成立以来首次扩员。印度和巴基斯坦都是有影响力的地区大国，两国加入上合组织，表明该组织在维护地区安全与稳定，应对新威胁和新挑战，加强经贸、人文合作等方面发挥着重要的积极作用，已成为公认的多边组织。

上合组织的"朋友圈"不断扩大，现在，8 个成员国加上 10 个观察员国和对话伙伴国已有 18 个国家，地域范围延展至南亚、东亚和高加索地区，占欧亚大陆面积的五分之三，人口占世界近一半，国内生产总值占全球总量的五分之一。

上合组织成立 20 多年来，取得举世瞩目的成就，对维护地区和平、安全、稳定发挥了重大作用。上合组织开始时，地区安全和经济合作两轮驱动，后来又扩大到人文领域。试想，如果没有上合组织，中亚地区肯定不是现在这个状况，可能会像中东那样陷入乱局。上合组织促进中亚地区呈现了一个相对稳定的局面，为各国的发展创造了和平的环境。在推动经济合作方面，特别是习近平主席提出"一带一路"倡议之后，上合组织在"共商、共建、共享"这条路上走得更好、更有成效。各个成员国都有一个发展战略，比如哈萨克斯坦有"光明之路"，俄罗斯重视"欧亚经济联盟"，"一带一路"倡议和这些战略相对接，推动了上合组织的发展。上合组织覆盖的地区，是最先响应"一带一路"倡议的国家，早期收获最多的也是该组织成员国。上合组织为"一带一路"倡议的落实提供了重要平台。

在当今百年未有的国际大变局中，上合组织正焕发着勃勃生机，日益壮大发展，造福于地区各国人民，成为促进世界和平与发展的重要力量。

| 作 | 者 | 简 | 介 |

杜起文，1952年生。吉林省人。北京外国语大学毕业。

1975年进入外交部，曾先后任外交部非洲司司长、政策研究司司长、中央外办副主任、中国驻英国使馆公使、驻肯尼亚大使、驻希腊大使。2009—2011年、2014—2019年两次任中国—太平洋岛国论坛对话会特使。

2018年底退休。现任中华人民共和国外交史学会会长、外交部政策咨询委员会委员。

"一带一路"气势如虹

杜起文

（中央外办原副主任，驻肯尼亚、希腊大使）

2013年秋，习近平主席在出访中亚和东南亚国家期间，首次提出开展"丝绸之路经济带"和"21世纪海上丝绸之路"合作的倡议。短短几年间，"一带一路"气势如虹，由中国一家的倡议变成引领21世纪国际合作的最强音，为大变局中的世界注入满满的正能量。后来，哈萨克斯坦总统纳扎尔巴耶夫曾问习近平主席，当年在哈国发表演讲时，是否想到"一带一路"将在世界上产生如此巨大的影响？习近平主席回答说：既想到了，也没有想到。想到的是"一带一路"符合世界发展潮流，符合各国共同愿望，大方向是正确的。没想到的是，"一带一路"能够得到这么多国家的热情支持和参与。

"一带一路"的生命力、影响力何以如此强大？"一带一路"的历史渊源和世界意义究竟在哪里？笔者亲身经历的几个故事也许会对读者有所启发。

东非海岸郑和船队水手的后代

2002年夏，我在肯尼亚当大使。一天，来东非采访旅行的《武汉晚报》女记者范春歌告诉大使馆新闻官吕录华，她刚刚从肯尼亚东北海岸的拉穆地区回来，在那里见到了东非中国人的后代，还带回一些中国陶瓷的碎片。听此消息，我和使馆同志大为兴奋。早就知道，郑和七下西洋曾数次到达今天肯尼亚的港口城市马林迪和蒙巴萨，这一带的印度洋海岸是海上丝绸之路的最西南端。但除了史籍中的简略记载和一些传说，一直没有见到实证。范春歌带回的消息可谓踏破铁鞋无觅处，我们要尽快派人前往，一探究竟。

《麒麟瑞兽图》（明代）

几天后，我邀请肯尼亚国家博物馆馆长在大使官邸晚宴。馆长是肯尼亚考古学家和历史学家，儒雅博学，言谈中洋溢着对东方文化的热爱和对中国的友好感情。听说拉穆海岸中国人后裔的事，他也大为高兴，告诉我他对郑和船队驾驶"世所未见的大船"到访东非海岸这一段历史很感兴趣，曾一度给以关注。传说，郑和船队返航时，带回当地酋长赠送中国皇帝的礼物——长颈鹿和斑马。如此奇珍异兽的到来，在北京紫禁城内外引起巨大轰动。朝廷里的文人学士们经过认真考证，坚信长颈鹿就是古籍中所说的祥瑞之兽"麒麟"，从孔子的时代算起，已经两千年未曾造访人世了。明朝皇帝龙颜大悦，降旨正式赐名长颈鹿为"麒麟"，也给斑马取了一个吉祥的名字——"福鹿"。馆长说，对拉穆地区的考察很可能发现关于中国与非洲大陆历史交往的重要资料和线索，国家博物馆愿意就此同使馆开展合作。次日，他派人送来在北欧求学时收藏的复制版明朝永乐年间的《麒麟瑞兽图》，并告已安排好肯尼亚考古学家陪同大使馆官员赴拉穆实地考察。

2002年12月5日至8日，大使馆年轻外交官陈延军、陆竞春在肯尼亚国家博物馆和蒙巴萨博物馆几名考古专家的陪同下经马林迪到达拉穆，然后乘渡船前往拉穆群岛中的帕泰岛。这一地区与仍在战乱中的索马里毗邻，偏远落后，安全形势不好，一路行程十分艰苦。没有停靠的码头，只能在浅海上下船只，从海水中蹚过去。为防无处不在的蚊虫，两个年轻外交官学当地人的样子，用大块花布围作筒裙，在船上严密护住腿和双脚，下水时高高撩起。几天的实地考察让大家惊喜连连，拉穆地区古代与中国交往的帷幕缓缓打开，古老的海上丝绸之路在大家视线里变得清晰起来。

印度洋东非海岸是海上丝绸之路的重要一环，拉穆群岛是这一航路上中国瓷器贸易的中转站。肯尼亚考古学家介绍，肯尼亚境内共发现中国古瓷器遗址40多处。其中，在拉穆群岛的曼达岛上出土了中国9至10世纪的越窑瓷和白瓷。在帕泰岛及对面的大陆发掘出大量16、17、18世纪的青花瓷。当地富豪人家自古有在家里客厅和墓穴四壁饰以中国瓷器的风俗。考察组在曼达岛的古村落遗址中发现很多中国古瓷器碎片。拉穆群岛海域属于典型的环礁湖地貌，水下暗礁密布，过往船只如不熟悉沿岸水路，很容易触礁沉没。考察期间，恰好有附近渔民打捞上来一只上釉陶罐。罐高约 70 厘米，罐口直径 20 厘米，罐身栩栩如生的两条龙形图案像在大声诉说：我的家乡在中国。肯尼亚考古学家认为，这么大器形的陶罐应该是船上生活用品，而不是贸易品。这一带海域经常有保存完好的物件打捞上岸，说明海底有大型沉船。当地人说，前些年有不少国际文物贩子来到此地，从民间大量搜集中国瓷器。其中，一个荷兰人运回几个集装箱的文物，大发其财。

当地民间传说，几百年前有一艘中国商船在帕泰岛外触礁沉没，船上十几名水手在海岛南部上岸求生。起初，当地人不愿接纳他们。但当地有一条巨蟒为害多年，吞噬了很多牲畜和村里孩童，民众不堪其苦。村里酋长遂与水手们约定，如能除掉恶蟒，愿为他们提供容身之地。后来，一名水手勇士用小牛为诱饵，成功手刃巨蟒。水手们从此登岸，与当地人通婚，世世代代，繁衍至今。水手们登岸的上加村遗址内，有一座古墓群。其中一片坟墓明显与当地穆斯林墓葬不同。墓周围建有矮墙，坟头朝向东北，墓碑上刻的阿拉伯文字已经辨认不清了。肯尼亚考古学家认为，这些应该是中国水手及其后人的坟墓。16、17 世纪，上加村繁荣一时。后来葡萄牙人入侵，村庄毁于战火，村民迁往岛上一个名叫西尤的地方。由于年代久远，直接物证逐渐湮灭流失，人们已经无法确定他们的祖先何时乘船到此，但仍信守他们是中国人后裔的祖训。外人则称他们为郑和船队水手的后人。

叩访西尤村中国水手后人是此次考察的高潮。村里有中国人后裔四五十人。考察组走进其中一户人家，女主人 60 岁上下，有五个孩子，小女儿姆瓦玛卡·沙里夫 17 岁，在外村上中学，当天正好在家。母女

肯尼亚的中国女孩夏瑞福

两人肤色较当地人浅（女主人坚持说她们要比邻居们白皙很多），脸型五官能看出明显的中国人特点，头发也不那么卷曲。女主人连连感叹："几百年了，终于有人从中国来看望我们了！"她找出一个瓷碗，告诉说这是她姥姥传给妈妈，妈妈传给她的。早年，村里有几十户"中国人"，嫁娶多半在彼此之间进行。但后来搬走的越来越多，如今只剩四户人家了。女儿姆瓦玛卡对祖先在遥远东方的家乡充满好奇，希望以后有机会去中国。

考察组回到内罗毕几天后，大使馆向国内发回《关于肯尼亚拉穆群岛地区与中国早期交往的考察报告》，引起各方的兴趣和关注，一批批媒体人员和旅行者纷至沓来。第二年，我离任回国。继任驻肯尼亚大使郭崇立在拉穆考察时会见姆瓦玛卡，为她争取到中国政府奖学金，2005

年赴南京中医药大学学习中医。在华七年，姆瓦玛卡取了中文名字夏瑞福，所到之处被视作中国在远方的亲戚和中非友谊的象征。在家乡肯尼亚，获得硕士学位、能讲一口流利中文的"中国女孩"夏瑞福也成了传奇人物。

"一带一路"上一颗熠熠生辉的明珠

希腊国旗的颜色蓝白相间，蓝色象征大海。这是一个向海而生的民族。苏格拉底曾形象地说，希腊人就像池塘里的一群青蛙，在希腊大陆和地中海岛屿间跳来跳去。在希腊神话中，海神波塞冬是主神宙斯的哥哥，威力无边。成书于公元前 8 世纪的《荷马史诗》，被奉为西方文学的源头，通篇讲述的是希腊城邦联合部队跨海远征及其归程中发生的故事。提起大海，希腊人总有说不完的话题。然而，21 世纪初，希腊引以为自豪的航运业却陷入前所未有的困境。希腊船东虽然仍以手中吨位最大的商船队睥睨天下，可是从造船修船、承揽货物到船员和船舶服务，整个行业越来越外向化，航运公司总部也多设在欧美国家，对希腊经济的直接贡献少得可怜。更糟糕的是，由于长年管理不善、效率低下和频繁的工人罢工，希腊第一大海港比雷埃夫斯港眼看支撑不下去了。2009 年，比港集装箱吞吐量只有 68.5 万箱，不到高峰时期的一半，世界大航运商纷纷改变航线，转靠其他港口。比雷埃夫斯港在雅典卫城西南约 10 公里处，是古希腊时期雅典城邦的生命线。

20 世纪 70 年代，我第一次到中国驻希腊大使馆常驻。那时，雅典大街小巷到处回响着女影星玛丽娜·梅尔库丽优美而略显苍凉的歌声。我多么希望有 / 一个、两个、三个、四个男孩 / 他们勇敢强壮 / 长大后成为比雷埃夫斯的骄傲／无论怎样寻找／世上没有任何海港／像比雷埃夫斯这样让我痴迷。《比雷埃夫斯的男孩》一时风靡欧美。梅尔库丽后来当上泛希腊社会主义运动政府的文化部部长，并因坚持要求大英博物馆归还雅典卫城大理石雕塑而闻名遐迩。比雷埃夫斯的衰落意味着希腊失去海运强国地位，是希腊朋友心中不可接受的痛。

危急之中，在海运界提议下，希腊政府将目光投向中国远洋集团（COSCO，现名中远海运）。2010 年，中远以特许经营权方式接手比港 2、3 号码头。经过两年的奋斗，到 2012 年底，比港打了一个漂亮的翻身仗，集装箱业务量达到创纪录的 218 万箱，不仅重回地中海地区大港的行列，还为当地提供了 1000 多个就业机会。当时正是希腊主权债务危机最严重的时候，GDP 缩水 1/3，政府财政枯竭，工资和养老金大幅下降，青年失业率高达 56%。每天传来的是一轮又一轮紧缩政策和企业倒闭的消息，街头示威和暴力冲突愈演愈烈。整个国家像在悬崖边缘上挣扎，没人知道接下来会发生什么。希腊朋友说，中远比港项目的成功是冬天里的一把火。在最困难的时候，帮助人们看到了希望和希腊的发展潜力。

2013 年 3 月 1 日，我陪希腊总理安东尼·萨马拉斯赴比港码头启动中远—希腊国家铁路局—惠普三方海陆运输合作项目。萨马拉斯总理发表了热情洋溢的讲话，然后由我致辞。我用希腊文说："在我看来，中远比港项目就是梅尔库丽歌声中勇敢强壮的比雷埃夫斯男孩。我多么希望有更多这样的男孩／一个、两个、三个、四个……"话音未落，会场上已是掌声、笑声一片。次日，好几个希腊朋友打电话告诉我："大使，你在电视观众中彻底火了！你懂希腊人的心。"

开始，不少人担心中远来了会抢希腊人的饭碗，并强迫员工接受

杜起文大使陪同萨马拉斯总理参观比雷埃夫斯港

杜起文大使致辞后，萨马拉斯总理与他握手祝贺

不同的中国企业文化。当时，经常发生工人罢工和外面的示威者堵住港区大门的情况。《美国之音》更是耸人听闻，造谣说中方管理人员不让吊车工到地面休息，逼得他们只得在吊塔上朝着大海小便。但是，很快希腊员工看到情况和他们原来担心的完全不同。中远只派了六名管理人员，其他员工，包括半数以上高层管理人员都是当地人。中远管理团队提出以"和谐共赢"（HARMONY & WIN—WIN）为企业的核心理念，重视员工诉求，狠抓安全管理和技术培训。公司提供免费午餐，让员工丢下伴随身边几十年的饭盒。圣诞节，邀请所有 14 岁以下员工子女来公司联欢，每个孩子都有节日礼品。每年评选四名模范员工，奖励他们到中国参观旅行。随着企业效益提高，工资收入也不断增加。当地员工说，公司不仅带来先进管理和技术，而且帮我们了解了中国和中国文化。我们愿意同公司共发展、共繁荣。

2016 年 4 月，中远海运又踏上新的台阶，以控股身份全面接手比雷埃夫斯港集装箱、邮轮、渡轮和汽车码头以及物流仓储、修船造船六大业务板块，并开始大规模改造和扩建计划。2019 年，比港集装箱吞吐量 580 万箱，排名欧洲第四位，成为地中海第一大港和全世界发展最快的港口。以比港为龙头的"中欧陆海快线"已经覆盖希腊、北马其顿、塞尔维亚、匈牙利、奥地利、斯洛伐克、捷克等多个国家 500 个网点，建成货物由海上进入欧洲大陆最便捷的通道。

"堆码如山的集装箱整装待发，满载货物的火车鸣笛而来，穿梭的货车来回忙碌，紧张作业的工人有条不紊……进入希腊比雷埃夫斯港区，眼前一片繁忙景象。"这是今天记者留下的印象。比雷埃夫斯大学校长格迪奥斯感慨道，中远比港项目是"一带一路"上一颗熠熠生辉的明珠，精彩诠释了"一带一路"的世界意义。

为孩子们架起通往未来的桥

2009—2019 年，我先后两次担任中国—太平洋岛国论坛对话会特使。这期间，曾无数次赴散落在浩瀚大洋上的各岛国访问。走近岛国社会，与各界人士交流互动，给我留下许多难忘的记忆和新的感悟。2010年 1 月 28 日在斐济纳务索村的访问就是一次这样的经历。

那是我作为特使第一次出访岛国地区，看到和听到的一切都是新鲜的。上午，在总统府同斐济总统会谈。下午，前往距离首都苏瓦 25公里的纳务索村。韩志强大使告诉我，那是个值得一去的地方，你一定会留下深刻的印象。

汽车离开市郊，驶过一片片椰林和甘蔗田。过了一会儿，在崴马努河边新建的公路桥头停下。陪同人员说："到了，前面树荫下迎接的是伊努科·塔基威卡卡大酋长。"大酋长 70 岁上下，身穿花布上衣、"图鲁"长裙和拖鞋，手执权杖，像见到老朋友一样一脸笑容。他一边陪我走过 190 多米长的桥面，一边不停地介绍。纳务索村建在岛上，被崴马努河同斐济主岛维提岛隔开。下游不远处就是河口，村上人自古靠渡船往来主岛。有大潮时，海水倒灌，浪涛汹涌，人们只好待在岛上不出，孩子们上不了学，本该运到集市上的蔬菜水果也只能眼看着烂掉。修一座桥，是世世代代村民心中的梦。感谢中国政府提供援助并派中铁集团帮助我们建桥。去年 10 月大桥建成，村里生活变得跟从前不一样了。今天乡亲们将用部族传统仪式欢迎中国特使。

说话间，到了对岸一座很大的房子，门里传出阵阵合唱声。走进院门，百余个村民在庭中席地而坐，男男女女，年长者居多。前方是四个赤裸上身的小伙子忙着制作卡瓦酒（用当地一种植物根茎的汁液加工

庆典活动中岛国村民在做卡瓦酒

而成，重要仪式和节庆活动时饮用）。又唱了几曲，仪式开始。大酋长用部落语言致辞，由腰间系着一条草裙的村里祭司翻作英文。他说，感谢中国帮纳务索圆了建桥之梦。这是为村里孩子们架了一座通往未来的桥。中国是诚心诚意帮助我们的真朋友、好朋友。言毕，命人敬酒。我按仪式要求击掌一下，接过盛酒的椰壳，一饮而尽，再击掌三声。这是我第一次喝卡瓦，味道有些土腥，但还不难下咽。大酋长见我高兴，问是否再喝。我又喝一杯，行礼如仪，阶前一片喝彩。大酋长请我讲话。我稍微平静一下心情，然后在一阵阵掌声中说："我十几岁的时候曾在家乡农村生活几年。当时条件也很艰苦，但我从乡亲们身上学懂了什么是人生，什么是勤劳善良。You can take the boy out of the farm. But you can never take the farm out of the boy.（男孩也许会离开乡村，但乡村将永远留在男孩心里。）今天我好像又回到 40 多年前，回到当年的乡亲们中间。今天的经历将勉励我为了中国和斐济的孩子们，为了更加美好的明天努力工作。"言罢，我应邀坐到四个小伙子中间，和他们一起为乡亲们制作卡瓦酒。来到近前，发现小伙子们个个身上涂着椰子油，亮光闪闪，散发着甜丝丝的香味。离别时，大酋长说："Ambassador, we all see that you are a good farm boy. You are one of us."（你是乡村里的好男孩，是和我们一样的人。）他执意把做卡瓦酒的木盆、一只烤猪、一枚鲸鱼牙和一卷草席送给我。大使馆的同事说，这是当地送给最尊贵客人的礼物。

杜起文特使和萨摩亚小学生

　　大酋长送的鲸鱼牙一直摆在我的书房里。那卷草席，夏天回郊外的房子时，我会铺在院里，躺在上面，静静地看夏夜的星空。这时，脑海里常常会浮现南半球的星空和老酋长的笑容。我越来越深刻地体会到，太平洋岛国最怕成为"被爱情遗忘的角落"，独自面对摆脱贫困、海平面上升和自然灾害等挑战。中国的援助对他们是雪中送炭。"一带一路"是岛国改变命运，加入现代化潮流不容错过的机遇。在这方面，岛国朋友的心和中国是连在一起的。

|作|者|简|介|

　　孙海潮，1954 年生。陕西韩城人。毕业于西安外国语大学。1977 年进入外交部。1991—1994 年任外交部办公厅副处长。1994—1997 年任中国驻瑞士大使馆秘书。1998—2003 年任中央外事工作领导小组办公室处长、参赞。2003—2011 年任中国驻法国大使馆公使衔参赞。2011—2014 年任中国驻中非共和国大使。

　　2015 年退休，任外交笔会副会长，国际问题研究基金会欧洲中心主任。著有《外交官眼中的法国》、《发生在非洲心脏的原生态故事——一位大使的亲身经历》，参加了《邓小平外交思想学习纲要》的编写，另有多部译作，在各种媒体发表各类体裁文章数百篇。

| 作 | 者 | 简 | 介 |

　　周晓沛，1945年生。浙江乐清人。1969年毕业于北京大学俄罗斯语言文学系。1971年到北京外国语学院进修。1973年起在外交部工作。曾任外交部苏联东欧司苏联处处长、东欧中亚司司长，中国驻俄罗斯使馆公使，驻乌克兰、波兰、哈萨克斯坦特命全权大使。

　　现任外交部外交政策咨询委员，中俄友好、和平与发展委员会老朋友理事会中方主席，外交部老干部笔会副会长，外交学院兼职教授。著有《中苏中俄关系亲历记》、《大使札记——外交官是怎样炼成的》、《别样风雨情缘》。主编"一带一路"丛书（中、外文版）"我们和你们"系列之《中国和俄罗斯的故事》、《中国和哈萨克斯坦的故事》、《中国和乌兹别克斯坦的故事》、《中国和波兰的故事》及《世代友好——纪念中俄建交70周年文集》等。曾荣获波兰共和国高级十字功勋勋章、哈萨克斯坦共和国荣誉证书和独立20周年奖章，外交部优秀外交官称号、优秀共产党员奖章和老同志奉献之星荣誉证书。

人类命运共同体的宏伟构想与时代价值

孙海潮　　周晓沛

（原驻法国使馆公参，驻中非大使；原驻乌克兰、波兰、哈萨克斯坦大使）

万国宫是瑞士日内瓦的著名建筑，位于美丽如画的日内瓦湖畔，与巍峨的阿尔卑斯山遥遥相望。周围绿树环抱，环境幽美。万国宫又名国联大厦，是联合国的前身"国际联盟"的总部所在地，现为联合国驻日内瓦办事处，又称联合国欧洲总部。

2017 年 1 月 18 日，国家主席习近平在日内瓦万国宫出席"共商共筑人类命运共同体"高级别会议，并发表题为《共同构建人类命运共同体》的主旨演讲。习近平说，一元复始，万象更新。很高兴在新年伊始就来到联合国日内瓦总部，同大家一起探讨构建人类命运共同体这一时代命题。世界怎么了？我们怎么办？这是整个世界都在思考的问题，也是他一直在思考的问题。他认为，回答这个问题，首先要弄清楚一个最基本的问题，就是我们从哪里来？现在在哪里？将到哪里去？

习近平指出，人类正处在大发展、大变革、大调整时期，也正处在一个挑战层出不穷、风险日益增多的时代。回首过去 100 多年的历

万国宫

史，全人类的共同愿望，就是和平与发展。宇宙只有一个地球，人类共有一个家园。让和平的薪火代代相传，让发展的动力源源不断，让文明的光芒熠熠生辉，是各国人民的期待，也是我们这一代政治家应有的担当。中国方案是：构建人类命运共同体，实现共赢共享。

纵观近代以来的历史，建立公正合理的国际秩序是人类孜孜以求的目标。主权平等是数百年来国与国规范彼此关系最重要的准则，也是联合国及所有机构、组织共同遵循的首要原则。主权平等，真谛在于国家不分大小、强弱、贫富，主权和尊严必须得到尊重，内政不容干涉，都有权自主选择社会制度和发展道路。各国平等参与决策，构成了完善全球治理的重要力量。新形势下，我们要坚持主权平等，推动各国权利平等、机会平等、规则平等。

历史和现实给我们的启迪是，沟通协商是化解分歧的有效之策，政治谈判是解决冲突的根本之道。各国和国际司法机构有责任维护国际法治权威，应该确保国际法平等统一适用，不能搞双重标准，不能"合则用、不合则弃"，真正做到"无偏无党，王道荡荡"。我们要推进国际关系民主化。世界命运应该由各国共同掌握，国际规则应该由各国共同书写，全球事务应该由各国共同治理，发展成果应该由各国共同分享。我们应该秉承中立、公正、独立的基本原则，避免人道主义问题政治化，坚持人道主义援助非军事化。

习近平阐明，构建人类命运共同体，国际社会要从伙伴关系、安全格局、经济发展、文明交流、生态建设等方面作出努力。一要坚持对话协商，建设一个持久和平的世界；二要坚持共建共享，建设一个普遍安全的世界；三要坚持合作共赢，建设一个共同繁荣的世界；四要坚持交流互鉴，建设一个开放包容的世界；五要坚持绿色低碳，建设一个清洁美丽的世界。

瑞士军刀是瑞士"工匠精神"的产物。我第一次得到一把瑞士军刀时，就很佩服人们能赋予它那么多功能。我想，如果我们能为我们这个世界打造一把精巧的瑞士军刀就好了，人类遇到了什么问题，就用其中一个工具来解决它。我相信，只要国际社会不懈努力，这样一把瑞士军刀是可以打造出来的。

习近平强调，中国始终认为，世界好，中国才能好；中国好，世界才更好。面向未来，中国维护世界和平的决心不会改变。中国从一个积贫积弱的国家发展成为世界第二大经济体，靠的不是对外军事扩张和殖民掠夺，而是人民勤劳、维护和平。中国将始终不渝走和平发展道路，永不称霸、永不扩张、永不谋求势力范围。中国促进共同发展的决心不会改变。中国发展得益于国际社会，中国也为全球发展作出了贡献。中国将继续奉行互利共赢的开放战略，欢迎各国搭乘中国发展的"顺风车"。中国提出"一带一路"倡议，就是要实现共赢共享发展。中国打造伙伴关系的决心不会改变。中国坚持独立自主的和平外交政策，在和平共处五项原则基础上同所有国家发展友好合作。中国将进一步联结遍布全球的"朋友圈"。中国支持多边主义的决心不会改变，将坚定维护以联合国为核心的国际体系，坚定维护以联合国宪章宗旨和原则为基石的国际关系基本准则，坚定维护联合国权威和地位，坚定维护联合国在国际事务中的核心作用。

中国古人说："善学者尽其理，善行者究其难。"构建人类命运共同体是一个美好的目标，也是一个需要一代又一代人接力跑才能实现的目标。中国愿同广大成员国、国际组织和机构一道，共同推进构建人类命运共同体的伟大进程。

习近平凝神演讲时，整个万国宫沸腾了。47分钟演讲赢得全场30多次热烈掌声。讲到关键处，几乎句句有掌声。演讲结束后，会场内爆发长时间的掌声。第71届联合国大会主席汤姆森随后在致辞中说，习近平主席提出的人类命运共同体重大理念发人深省。长期以来，中国是联合国的忠实支持者。今天，习近平的演讲振奋和鼓舞了人心，为联合国推进和平与可持续发展事业提供了巨大动力。联合国高度赞赏中国为打造人类命运共同体作出的巨大贡献。

习近平在日内瓦演讲之前，已在达沃斯世界经济论坛年会上发表了题为《共担时代责任　共促全球发展》的主旨演讲，倡导"应势而为、勇于担当"的领导力精神。首要原因是中国走了一条符合自己国情的发展道路，中国对自己发展模式和发展道路的高度自信从未如此坚定和充满信心。人类命运共同体理念在全球范围内持续激起思想涟漪，收获广泛共鸣，更聚合行动力量。中国与世界各国一道，演奏出一曲曲合作共赢的交响，描绘出一幅幅发展进步的画面，书写出一个个命运与共的故事。这既是强起来的社会主义中国向世界发出的号召，更是在错综复杂的国际环境下向世界贡献中国智慧的伟大创举，充分体现了全人类同舟共济、守望相助、共建美好明天的愿望，得到广泛赞同。

会议结束后，习近平和夫人彭丽媛出席中国向联合国日内瓦总部赠礼仪式。联合国秘书长古特雷斯和习近平共同拉下红绸，为"盛世欢歌"景泰蓝瓶揭幕。习近平表示，"盛世欢歌"瓶主题图案由孔雀、牡丹、玉兰、和平鸽等构成，在中国传统文化中象征着安定祥和、繁荣发展，既富有中华文化底蕴，又承载美好寓意。中国期待联合国为促进世界和平与发展、弘扬国际公平正义、推动各国合作共赢作出更大贡献。中国愿同世界各国一道，继续为建设人类更加美好的明天而共同努力。

习近平的这次历史性演讲，回顾总结百年历史，从哲学高度阐释人类命运前途的时代命题，以中国智慧、中国方案为人类社会发展进步描绘新蓝图。习近平的演讲发出跨越时空的中国强音，在会场内外引起强烈反响共鸣。联合国秘书长古特雷斯现场聆听，当面向习近平主席表示："中国已成为多边主义的重要支柱，而我们践行多边主义的目的，就是要建立人类命运共同体。"英国《每日电讯报》说，习近平娓娓道来，如同一位"哲人"。路透社评价，习近平的演讲在特殊历史时刻展现了中国的"领导力"。美国《外交政策》杂志称，这是"具有分水岭意义的时刻"。诺贝尔经济学奖得主安格斯·迪顿指出："人类命运共同体是个伟大的计划，我非常希望能够实现。与此同时，中国为实现这个目标所做的努力令人钦佩。"时隔一年后，世界经济论坛创始人施瓦布回忆起习近平的演讲，依然感叹不已。他强调，习近平主席那次讲话"具有历史意义"，今年论坛确定《在分化的世界中打造共同命运》这一主题，就是希望可以继续顺承他去年演讲时所提到的"共建人类命运共同体"的主张。

众所周知，2013 年 3 月习近平在俄罗斯莫斯科国际关系学院首次向世界提出"人类命运共同体"重大倡议，呼吁国际社会树立"你中有我、我中有你"的命运共同体意识。习近平着眼全人类发展进步，从中国人民和世界各国人民根本和共同利益出发，以政治家和战略家的宏大视野和战略思维，高瞻远瞩地提出构建人类命运共同体的重要理念。这是当代中国外交的重大理论创新成果，是新时代中国特色社会主义思想的重要组成部分，已经成为中国引领时代潮流和人类文明进步方向的鲜明旗帜。

人类命运共同体理念自提出以后，伴随着"一带一路"倡议等全球合作理念与实践而不断丰富，受到国际社会的高度评价和热烈响应。构建人类命运共同体的理念，源于中国，属于世界，是中国与世界的交响协奏。在这一饱含东方智慧与天下情怀的理念的感召下，国际社会同声相应、相向而行，为人类未来谱写壮美乐章。从联合国安理会决议，到联合国人权理事会决议，从《金砖国家领导人厦门宣言》，到《上海合作组织成员国元首理事会青岛宣言》《关于构建更加紧密的中非命运共同体的北京宣言》，再到诸多双多边交往的成果文件，"人类命运共同体"一次次被清晰写入、一次次被热烈讨论、一次次被由衷呼唤，产生了深远的影响。

追根溯源，人类命运共同体理念是对马克思主义的继承和发展，是对中国优秀传统文化的创造性转化，是对新中国成立以来我国外交的科学总结和理论升华，蕴含着独特深厚的中国智慧和中国力量。中华民族历来崇尚和睦、和平、和谐，倡导"以和为贵"、"亲仁善邻"、"协和万邦"，传统文化中富含"仁"、"爱"、"和"的优秀基因。可以说，数千年文明史造就了独树一帜的中国"和合"文化。习近平多次赞誉的近代思想家王阳明，就主张"天人合一"、"天下一家"。这些传统文化精髓，是中华文明得以传承和繁荣的精神支柱，也是构建人类命运共同体的思想渊源。人类命运共同体理念以及在此指导下的"一带一路"倡议等实践举措，就是对中外优秀传统文化的创新性运用。

党的十八大以来，人类命运共同体由理念到理论，内涵不断丰富深刻；由愿景到倡议，实践成效显著；由双边到多边，认可范围不断扩展。习近平在十九大报告中系统阐述了人类命运共同体的深刻内涵及其时代价值。人类命运共同体还专门写进了十九大修改通过的《中国共产党章程》。构建人类命运共同体顺应了历史潮流，回应了时代要求，凝聚了各国共识，为人类社会实现共同发展、持续繁荣、长治久安绘制了蓝图，对中国的和平发展、世界的繁荣进步都具有重大和深远的意义。

习近平指出，中国将继续发挥负责任大国作用，积极参与全球治理体系改革和建设，不断贡献中国智慧和力量。中国人民愿同各国人民一道，推动人类命运共同体建设，共同创造人类的美好未来。因为，中国人民不仅希望自己过得好，也希望各国人民过得好。人类命运共同体理念，为全球生态和谐贡献了中国方案和中国智慧，为国际和平事业贡献了中国方案和中国智慧，为变革全球治理体系贡献了中国方案和中国智慧，为构建全球公平正义的新秩序贡献了中国方案和中国智慧。这正是人类命运共同体理念的时代价值。

新冠疫情是人类与病毒在全球范围内展开的一场你死我活的残酷搏斗。这场突如其来、席卷全球的疫情让我们前所未有地认识到世界各国是如此休戚与共、命运相连，认识到加快构建人类命运共同体是如此重要和紧迫。在中国疫情防控形势最艰难的时刻，全球 170 多个国家领导人、50 多个国家和地区组织负责人以及 300 多个外国政党和政治组织向中国领导人来函致电、发表声明表示慰问支持，80 多个国家和国际组织向中国提供物资等援助，各国人民以不同语言"为武汉加油、为中国加油"，我们会始终铭记并珍惜这份深情厚谊。面对严峻的全球疫情形势，中国人民感同身受、投桃报李，我们组织了一场又一场跨国视频交流，毫无保留地与各国分享抗疫经验；派出一个又一个中国专家团队，奔赴国际抗击疫情的前线；动员一家又一家工厂，夜以继日地为世界生产急需的防护物资，组装一批又一批医疗物资运向世界各国。"山川异域，风月同天"；"岂曰无衣，与子同袍"。中国人民与世界人民在抗疫中共同绘就了国际人道主义的伟大画卷，成为人类命运共同体理念的最好诠释。

今日之中国，不仅是中国之中国，而且是亚洲之中国、世界之中国。构建人类命运共同体既是未来之中国外交的崇高目标，也是世界各国的共同责任和历史使命。面对百年未有之大变局，中国将秉持构建人类命运共同体重要理念，一如既往承担起应有的责任和义务，始终做世界和平的建设者、全球发展的贡献者、国际秩序的维护者。总之，不论国际风云如何变幻，在中国共产党的坚强领导下，在习近平外交思想和中国特色大国外交理论指引下，我们将不断努力开创外交工作新局面，在为实现中华民族伟大复兴服务的同时，与世界各国携手同心、共担责任，一道推动构建人类命运共同体，一起创造世界更加灿烂的明天！

｜作｜者｜简｜介｜

周溢潢，1930 年生。湖南汨罗人。1951 年从湖南省立第一师范毕业后，进入中共湖南省委宣传部工作。后调入湖南人民出版社任编辑、政治理论编辑组长、代理总编室主任，其间曾去文化部文化学院进修两年。

1964 年调入外交部政策研究室。1985 年任驻美国大使馆一秘。1990 年任外交部国外工作局一秘。1994 年退休后，被政策司返聘编写新中国外交史。个人专著有《中国外交》（已翻译成英、法、俄、德、日本、西班牙、阿拉伯文版）、《中美关系风云录》、《李光耀》；与人合著《资深外交官看世界》、《国际热点问题追踪》；与人合编《当代中国外交》、《中华人民共和国外交史》（第一、二卷）、《新中国外交 50 年》；主编《惊心动魄的外交岁月》。在报刊上发表国际问题评论和外交史方面的文章约 400 篇。

现为中国作家协会会员、中国报告文学学会会员、外交史学会会员、外交笔会会员。

新中国外交代表首次亮相联合国

周溢潢

（原驻美国大使馆外交官）

1950 年 11 月 28 日，中国出席联合国安理会大使级特别代表伍修权与美国代表奥斯汀在联合国安理会上展开了一场舌战。中国代表正义凛然、理直气壮的长篇发言驳得奥斯汀气急败坏、哑口无言，在联合国舞台上演出了一曲气壮山河的话报剧，大长了中国人民的志气，大灭了美帝国主义的威风。伍修权的演讲被美国媒体称为"可怕的两小时"，而毛泽东主席则笑称伍修权"大闹天宫"。新生的中华人民共和国的外交代表第一次亮相联合国，即获得一场满堂彩，显示出站起来了的中国人民威武不屈的精神风貌，至今回忆起来，仍令人欢欣鼓舞。

肩负重任远征

1950 年 6 月 25 日朝鲜战争爆发后，美国总统杜鲁门于 27 日发表声明，派遣美国第七舰队侵入台湾海峡，赤裸裸地干涉中国内政。美国武装侵略中国领土台湾，遭到了中国政府和中国人民的强烈反对。6 月

新中国外交代表首次亮相联合国

28日，毛泽东主席在中央人民政府委员会第八次会议上指出，杜鲁门在今年1月5日还声明说美国不干涉台湾，现在他自己证明了那是假的，并且同时撕毁了美国关于不干涉中国内政的一切国际协议。他号召全国和全世界的人民团结起来，进行充分的准备，打败美帝国主义的任何挑衅。同日，总理兼外长周恩来发表了驳斥杜鲁门声明的声明，指出杜鲁门27日的声明和美国海军的行动乃是对中国领土的武装侵略，对于联合国宪章的彻底破坏。他代表中华人民共和国中央人民政府宣布："不管美帝国主义采取任何阻挠行动，台湾属于中国的事实永远不会改变。"

美国第七舰队侵入台湾后，又以各种"顾问团"、"考察团"的名义，派出武装人员进驻台湾。7月30日，美国远东军司令兼所谓联合国军司令麦克阿瑟飞往台湾，同蒋介石秘密商定，设立"美国驻台军事联络组"，美台海陆空军归麦克阿瑟统一指挥，"共同防守"台湾。8月4日，美国空军第十三航空队又进驻台湾。8月27日，美国侵朝空军开始对中国东北领空进行侦察、扫射和轰炸，美国海军舰只也开始进入中国领海挑衅。同日，杜鲁门函告美驻联合国代表奥斯汀正式提出"台湾中立化"方案，宣称台湾是"一块由于盟国在太平洋的胜利而从日本手里接过来的领土。像其他这样的领土一样，它的法律地位在国际上采取行动决定它的前途之前是不能确定的"。要联合国讨论所谓"台湾未来的地位问题"，企图使台湾问题国际化。

针对美国的侵略行为，8月24日周恩来致电联合国安理会主席马立克和联合国秘书长赖伊，揭露美国侵略台湾"是对中国领土的直接武装侵略，是对联合国宪章的彻底破坏"。指出，为了维护国际和平和安全，为了维护联合国宪章的尊严，联合国安理会有义不容辞的责任来制裁美国政府武装侵略中国领土的罪行，并应立即采取措施，使美国政府自台湾及其他属于中国的领土完全撤出它的武装侵略部队。

8月31日，安理会把中国控诉美国侵略案列入议程，但把议题改为笼统的"控诉武装侵略福摩萨案"。按照联合国宪章的规定，安理会讨论有争议的问题时，应邀请有关当事国参加讨论。据此，周恩来于9月10日向联合国提出，在安理会讨论这一议程时，必须有我国代表参加。9月29日，联合国安理会接受了上述要求。此前，苏联代表向联合国大会提出关于美国侵略中国的控诉案，周恩来向大会提出美国飞机侵犯中国领空和美国军舰炮击中国商船的控诉案，中苏提案都被列入大会议程。10月17日，周恩来致电联合国，要求派代表参加上述议程的讨论。10月23日，中国政府任命时任外交部苏联东欧司司长伍修权将军为大使级特别代表出席安理会的讨论。10 月 26 日，又宣布伍修权兼任中国出席联大第一委员会讨论美国侵略中国案的代表。

10 月 23 日，周恩来致电联合国秘书长赖伊，通知"中华人民共和国中央人民政府业已任命伍修权为大使衔特派代表，乔冠华为顾问，其他七人为特派代表之助理人员，共九人出席联合国安理会讨论中华人民共和国中央人民政府所提出控诉武装侵略台湾案的会议"。由于当时中国与美国没有外交关系，通知要求将办理入境签证的地点定在捷克斯洛伐克首都布拉格，代表团将由那里转赴美国。

11 月 14 日，代表团离开北京，登上了一架去苏联的民航班机。张闻天、彭真、李克农、章汉夫等及北京各界代表到机场欢送。飞机穿云破雾飞越蒙古，到苏联达克拉斯诺亚尔斯克时，遇到漫天大雪，被迫降落。代表团心急如焚，唯恐因途中延误而失去与美国斗争的有利时机。

11 月 20 日，代表团飞抵布拉格。办妥签证后，代表团乘班机经瑞士到达伦敦，换乘英国海外航空公司的班机转赴纽约。

飞机横越浩瀚的大西洋，于 11 月 24 日降落在纽约机场。九位中国共产党人，持着新生的中华人民共和国的外交护照，正气凛然地踏上了美国的土地。走下飞机时，代表团受到苏联驻联合国代表马立克和波、捷等国代表的欢迎，负责接待中国代表团的联合国礼宾联络科科长也迎上前来。一位在场的美国记者描述了当时的情景："在一排警察的监视下，三五成群站在那儿的 100 多个摄影师、记者和政府官员们，起了无声的骚动……服务人员将红地毯一直铺到飞机降落的地方，照相的灯光和汽车的强光直射飞机门，使黑夜如同白昼……这飞机从东方带来了久久盼望着和平的使者们。这是中国第一次站在人民的立场上在美国发言。"

　　代表团下榻在纽约最大的华尔道克·斯多利亚旅馆。代表团在成功湖（联合国总部所在地）的活动虽然受到美国当局的种种限制，但这更引起了人们对中国代表团的关注与重视。中国代表团的一举一动，都成了记者们的热门话题，伍修权和乔冠华等人一时也成了"头号新闻人物"。当时美国反共、反华的气氛很浓，代表团在那里当然很不自由。纽约警察局给他们派了几个美国彪形大汉保镖，日夜不离左右。为了保密，代表团都是利用到附近公园散步的方式讨论问题。

　　代表团到达纽约的当天，美国参加联合国大会的代表明明知道中国代表团已经到达，还企图使邀请中国代表出席大会的决议不生效。他的行径没有得到多少人响应。经过辩论，大会作出决议，重申了对中国的邀请。谁知美国代表又使出新花招，强求大会在11月24日当天，即趁中国代表团刚刚赶到，还来不及参加会议时，马上讨论有关中国的提案。当会议将讨论定在11月27日时，美国代表又声称他个人有事，27日不能与会，企图阻挠会议如期举行。这位顽固敌视中国人民的美国代表，不是别人，就是以反共、反华最坚决著称的美国国务院特别顾问杜勒斯。

义正词严控诉

　　11月27日，伍修权和代表团其他成员在安理会主席的邀请下，首次出席了联合国第一委员会的会议。外界探知中国代表团要来，许多人千方百计地弄到旁听证，早早地静候中国代表的到来。这天会场特别拥挤，气氛比平日热烈。

　　伍修权率领中国代表团进入会议厅时，会议已在进行，苏联出席联大代表团团长维辛斯基正在演讲。他一见伍修权到来，立即中断讲话，向中国代表致意："请原谅，我暂时中断我的演说，我以我们苏联代表团的名义，借此机会向在主席的邀请下，现正在会议桌前就座的中国合法政府的代表伍修权先生及代表团其他成员致敬，并祝他们今天在联合国组织中开始的活动获得成功。"

伍修权等在联合国官员的引导下，器宇轩昂地微笑着走到为中国代表安排的位置上，顺序入座。伍修权面前的桌子上，放着写有"中华人民共和国"英文字样的席位标志。伍修权坐的位置很巧，隔着英国代表杨格就是杜勒斯，相距也就一米左右。杜勒斯明明知道中华人民共和国的代表到了他身边，却强作镇静地装作根本不注意中国代表的样子。伍修权倒是大大方方地瞧了这个人物一眼。只见他满脸僵冷木然的表情，嘴角儿生气地使劲往下拉，直愣愣地呆视前方，连抬头看一下中国代表的勇气都没有。这一天，中国代表没有发言，只是到大会上去亮了一下相，正式宣告人民中国代表的到来。会议一结束，一群记者和摄影师蜂拥而上，对中国代表又是照相，又是拍电影。正如一位美国记者所说，他们"这是照下了四万万七千五百万人民的面目"。

11月28日下午，联合国安理会开始讨论中国提出的美国武装侵略台湾案。在这次会议上，伍修权发表了义正词严的长篇演说。他首先说，我奉中华人民共和国中央人民政府之命，代表全中国人民，来这里控诉美国政府武装侵略中国领土台湾非法的和犯罪的行为。接着，列举大量历史和当时的一系列事实后明确指出，台湾是中国领土不可分割的一部分，美国政府的武装力量侵占了台湾，这就构成了美国政府对中国公开直接的武装侵略行为。伍修权着重批驳了"台湾地位未定论"，特别是"台湾地位的确定须待对日和约签订"的谬论。他说，美国政府

伍修权（左一）在联合国安理会上发言

侵占台湾，本来是没有丝毫理由的。然而为了要侵略，它需要找出理由来，说是"台湾地位还没有确定啊"，因此美国武装侵略台湾，不能算是美国侵占了中国的领土。这样说行不行呢，不行的。首先是 1950 年 1 月 5 日的杜鲁门反对 1950 年 6 月 27 日的杜鲁门。1950 年 1 月 5 日杜鲁门说，"美国及其盟国承认中国对该岛行使主权"，当时杜鲁门先生并没以为对日和约已经签订了。其次，罗斯福总统反对杜鲁门。1943 年 12 月 1 日，美国罗斯福总统庄严地宣布了"日本所窃取于中国的领土例如满洲、台湾、澎湖群岛等应归还中国"的《开罗宣言》，当时罗斯福总统或其他任何人也不以为在对日和约签订以前《开罗宣言》是无效的，以为满洲、台湾、澎湖在那时以前仍然应当归日本所有。台湾的地位早就决定了，台湾根本不存在什么地位问题。台湾只有一个问题，就是美国政府武装侵略我国领土台湾的问题。因此，说是由于对日和约尚未订立，台湾的地位不能决定，应该由联合国审议的一切说法是同历史开玩笑，同现实开玩笑，同人类的常识开玩笑，同国际协定开玩笑，同联合国宪章开玩笑，是杜鲁门总统同杜鲁门总统自己开玩笑的荒谬绝伦的不值一驳的笑话。这一席逻辑严密、言辞锋利、对美国政府有力揭批的话，使美国代表气得脸红脖子粗，狼狈不堪。

伍修权进而揭露，美国的实际企图是如麦克阿瑟所说的为使台湾成为美国太平洋前线的总枢纽，用以控制自海参崴到新加坡的每一个亚洲海港，把台湾当成美国的"不沉的航空母舰"。针对美国代表奥斯汀所谓"美国未曾侵略中国的领土"之说，伍修权质问道，好得很，那么，美国的第七舰队和第十三航空队跑到哪里去了呢？莫非是跑到火星上去了？不是的……它们在台湾。任何诡辩、撒谎和捏造都不能改变这样一个铁一般的事实：美国武装力量侵略了我国领土台湾。美帝国主义者现在走的正是1895年日本侵略者走的老路。但是1950年毕竟不是1895年，时代不同了，情况变了，中国人民已经站起来了。富有反抗精神和高度警惕的中国人民，一定能驱逐一切侵略者，恢复属于中国的领土。

最后，伍修权代表中国政府向安理会提出三项建议：第一，谴责和制裁美国侵略台湾及干涉朝鲜的罪行；第二，使美国军队撤出台湾；第三，使美国和其他一切外国军队撤出朝鲜。

伍修权的演说2万多字，讲了近两个小时，各国代表通过同声翻译收听了发言内容。事后有人对伍修权说，他演说时嗓门很高，劲头特足，不论是发言的内容，还是演说的声音，都把会场给震动了，就像把中国人民憋了多年的气，一下子吐出来了。演说结束后，许多人上前来同他热烈握手，向他表示欢迎和祝贺，其中有中国人民的老朋友美国记者斯诺等。

由于会议席是半圆形的，与会代表虽然是并排坐着，却可以互相看到。伍修权的座位是长桌右首第一个，蒋介石集团的"代表"蒋廷黻则坐在长桌左首第四或第五个位置上，正好同他遥遥相对。当时他们所持的立场和所怀的心情也恰恰是完全对立的。伍修权在这一头慷慨陈词，满腔义愤地控诉美国侵略我国的罪行，蒋方"代表"却在那一边连头都抬不起来，一直耷拉着脑袋，并且老是用手遮着前额，不让别人看见他的脸。

美国电视台对伍修权的演说作了实况转播，第二天，各报又纷纷发表了中国代表团发言的消息和演说的内容摘要。顿时，纽约上空刮起了一股"中国风"。许多爱国华侨和华裔人士、一些国家的和平组织和人士，纷纷致电或到旅馆对中国代表团的成功发言表示热烈祝贺。

当时的一期美国《生活》杂志上，并列登着好几张伍修权和美国代表奥斯汀在会议上的照片，一张是伍修权在挥手怒斥美国的侵略罪行，奥斯汀在尴尬地歪着嘴听着；另一张是奥斯汀在作强辩发言，伍修权则侧目抿嘴蔑视地瞧着他。伍修权事后说这张照片样子虽不十分好看，神态却很逼真。有的美国报刊为着本国利益的需要照例污蔑中国代表团一顿，说伍修权如何"作了两小时尖刻而强硬的谩骂式讲话"，甚至对伍的衣服料子和内战时留在脸侧的枪伤，也攻击性地描绘了一番。电视实况转播时，还把镜头对着乔冠华习惯性的随意晃动着的腿并歪曲解说道：中国代表虽然讲得气势汹汹，其实内心也很"紧张"，他们有的人的腿就正在"神经质地发抖"。

11月29日，安理会开始讨论美国污蔑我国的所谓"侵略朝鲜案"，安排南朝鲜代表第一个发言。中国代表团为了表示抗议，拒绝参加讨论，入场后有意不到会议席就座，而坐在大会的贵宾席上，只参加旁听。南朝鲜代表发言后，蒋帮"代表"接着发言。为了伺机反击，伍修权又坐回到会议席上。蒋廷黻极力为其主子开脱辩解，但没有料到他的发言提供了一条很好的"辫子"：他口口声声"代表"中国，使用的语言却不是中国话，从头到尾都用英语。

伍修权马上作了即席发言，指明蒋某根本无权代表中国人民，我们不屑于理会他们。接着，伍修权抓住他发言不讲中国话的"小辫子"讽刺道，我怀疑这个发言的人是不是中国人，因为伟大的四万万七千五百万中国人民的语言他都不会讲。这下弄得那位蒋家"代表"十分狼狈，也给了与会者深刻的印象。

11月30日，安理会开会，美国代表操纵表决机器否决了中国关于谴责和制裁美国侵略者、美军自台湾和朝鲜撤退的提议。针对这一无理决定，伍修权强烈声明，只准帝国主义侵略、不准人民反抗的时代已经过去了。我要告诉奥斯汀先生，美国的这种威胁是吓不倒人的！12月7日，美国又操纵联合国多数通过决议，将诽谤我国"侵略朝鲜"的提案列入联合国大会议程。伍修权和代表团其他成员在这提案通过后，愤然退出会场。

扬眉吐气凯旋

12月15日，联合国决定：联合国大会无定期休会。中国代表团在联大讲坛同美国斗争的机会被取消了。面对美国操纵联合国无限期休会的情况，中国政府发表声明："伍修权将军及其随员已无留在成功湖的必要，故已命令伍修权将军等于本月19日启程回国。"

至此，伍修权历时 47 天（在美国 26 天）的联合国之行，胜利结束。这是新中国的外交代表第一次在联合国控诉美国对中国的侵略，显示了站起来了的中国人民不怕鬼、不信邪的英雄气概，大长了中国人民的志气，大灭了美帝国主义的威风。

12 月 30 日，代表团回到北京，中国领导人和首都群众热烈欢迎自己的代表胜利归来。当伍修权一行走出机舱时，机场上一片欢腾。在"中国人民的伟大胜利万岁"等口号声中，伍修权即兴讲话，感谢祖国对代表团的大力支持和热情欢迎，也简要介绍了代表团执行党和人民交付的崇高任务及受到美国人民热情欢迎的情况。

回国后，伍修权立即向周总理作了汇报。周总理详细询问了代表团在联合国的各方面情况，并称赞说，你作为中华人民共和国第一个去联合国的代表，在国际讲坛上当面痛斥了美帝国主义，阐明了我国政府的立场和政策，其影响和作用都是很大的，也为以后的外交斗争提供了经验，祝贺你及代表团取得的成功。不久，伍修权司长升任外交部副部长。

21 年后，当中华人民共和国恢复了在联合国的合法席位，毛主席在接见以乔冠华为团长的中国出席联合国大会的代表团时，又提起当年伍修权在联合国控诉美国侵略台湾的往事，1950 年，我们还是"花果山"时代，你跟伍修权去了趟联合国。伍修权在安理会讲话，题目叫作《控诉美国武装侵略中国领土台湾》。控诉就是告状，告"玉皇大帝"的状。那个时候"玉皇大帝"神气十足，不把我们放在眼里。现在不同了，"玉皇大帝"也要光临"花果山"了。这次你们去，不是告状，是去伸张正义，长世界人民的志气，灭超级大国的威风。第一篇发言要讲出这个气概！

｜作｜者｜简｜介｜

郑瑞祥，1938 年生。江苏武进人。1958—1963 年就读于复旦大学外文系和北京广播学院（现为中国传媒大学）外语系。大学毕业后分配到外交部，先后在教育培训司、中国驻印度大使馆、中国驻斯里兰卡大使馆等单位工作。

1979 年调中国国际问题研究所工作，历任第四研究室副主任、主任和副所长。1992 年评为研究员。曾在澳大利亚国立大学和伦敦国际战略研究所做过访问学者。1995—1998 年任中国驻孟买总领事。

研究领域主要是南亚问题，重点是印度及中印关系。在《国际问题研究》和其他报刊上发表学术论文和国际时事评论数十篇。担任主编或副主编兼撰稿人的主要书籍有《印度的崛起与中印关系》、《中国和印度的故事》、《中国周边安全环境透视》、《章汉夫传》。

和平共处五项原则永放光芒

郑瑞祥

（原驻孟买总领事，中国国际问题研究所副所长）

1953 年末，根据毛泽东主席关于大小国家一律平等的思想以及对新中国外交方针政策的构想，周恩来总理首次提出了举世闻名的和平共处五项原则。1954 年 6 月，周恩来总理访问印度和缅甸，在先后发表的中印、中缅总理联合声明中都写进了和平共处五项原则。此后，通过日内瓦会议和亚非会议等重大国际活动，五项原则不断发扬光大，并逐步为国际社会普遍接受，成为公认的指导和处理国际关系的准则和国际法的重要原则。

60 多年的历史证明，和平共处五项原则对亚洲和世界的和平作出了不可磨灭的贡献，在新的形势下仍然具有重大的现实意义。

和平共处五项原则的诞生过程

和平共处五项原则的诞生，要从中国和印度关于中国西藏地方与印度的关系问题（简称"涉藏问题"）的谈判说起。这次谈判的过程，也就是和平共处五项原则产生的过程，而且也是运用这些原则解决中印之间历史遗留问题的第一次成功的实践。

20 世纪 50 年代，中印关系总的说来是友好的，有过"印地—秦尼巴伊巴伊"（意为印中人民是兄弟）的黄金时期。印度是最早承认中华人民共和国的国家之一，尤其是在非社会主义阵营的国家中印度是带头承认新中国的国家。1950 年 4 月 1 日中印建立了外交关系。但是，两国关系中有一些历史遗留下来的问题，例如边界问题、涉藏问题等，阻碍着中印关系的正常发展，也在两国关系中留下了隐患。中央决定，首先谈判解决中印之间业已成熟而又悬而未决的问题，即印度在我西藏地方沿袭英国统治印度时期殖民当局（称为"英印政府"）的特权问题。边界问题，条件不成熟，待将来选择时机解决。印度独立之前，英印政府在我国西藏地方享有许多特权。例如：在亚东、江孜派驻军队，设立军营仓库；在西藏地方经营邮政、电报及驿站等业务；派驻的商务代表享有比领事职权还大的权力；在拉萨派驻有外交代表身份的官员；等等。这些都是英国殖民主义者侵略中国造成的后果。根据毛泽东主席"打扫干净屋子再请客"的方针，对西方帝国主义、殖民主义在中国的特权，必须予以清除。但是，印度已于 1947 年独立，英国在印度的殖民政府不复存在。印度已成为一个新兴的民族主义国家，也是我国的一个友好邻邦，因此，不能采取对待西方列强那样的方式来处理中印之间的问题。我国政府没有简单地"宣布取消"那些特权，而是与印方通过友好谈判，使该问题得到双方满意的解决。

这次中印之间关于涉藏问题的谈判，是两国关系史上一次极为重要的谈判。整个谈判过程都是在党中央、毛主席的领导下，特别是在周恩来总理的亲自指挥下进行的。实际上，中印谈判的准备工作早就开始了。中印双方围绕涉藏问题的交锋经历了好几个回合。中印建交后不久，特别是西藏和平解放后，我国政府通过外交途径向印度政府明确表示，中印两国在中国西藏地方与印度的关系，有必要通过协商在新的基础上建立起来。最早的一次是 1950 年 8 月 12 日中国外交部副部长章汉夫会见印度首任驻华大使潘尼迦时，就表达了中方的上述意愿。起初，印度政府对放弃其在我国西藏的特权是不情愿的。印度方面曾经以口头或书面方式表示："依照 1906 年以来所订之条约所赋予的权利，印度政府在西藏有若干商业和贸易的利益。"1950 年 8 月 21 日中方致印方的备忘录指出，印度与中国在西藏的商业与贸易关系在平等互利的原则下完全可以保持和发展，这如同中国与印度在孟买或加尔各答的商业贸易关系可以保持和发展一样。这里，中方强调了平等互利的原则。8 月 26日，印方给中方的备忘录除了继续为保留其在西藏的特权辩护外，还暗示要我承认非法的"麦克马洪线"。11 月 1 日，印度在其致我外交部的照会中只承认中国对西藏的"宗主权"，而回避使用"主权"，真是用心良苦。所以在这以后几十年里，印度只说西藏是中国的一个自治区，但始终不肯说西藏是中国领土的一部分，其源盖出于此。直到 2003 年 6月印度总理瓦杰帕伊访华，两国总理签署了《中印关系原则和全面合作的宣言》，其中提到，"印方承认西藏自治区是中华人民共和国领土的一部分"。为了印方这一句明确的表态，中国人民等了半个多世纪。

为了中印友好关系的大局，我国政府不断耐心细致地做印方的工作。中方强调指出：只要彼此严格遵守相互尊重领土主权及平等互利的原则，我们相信，中印两国的友谊应该得到正常的发展，中印在涉藏问题上的分歧，也可以循着正常的外交途径获得解决。1952 年 2 月 11 日，章汉夫副部长就印方所说所谓在西藏的权益问题与印度驻华大使潘尼迦谈话指出：对于西藏已有的改变（指西藏已和平解放），印度是承认并愿意接受的。由于此一改变，使现存情况有所变动也是必然的。同年6月14日，周恩来总理亲自出面做工作，他在与印度大使潘尼迦谈话中指出，中国同印度在中国西藏地方的关系的现存情况，是英国过去侵略中国过程中遗留下来的痕迹。对于这一切，新的印度政府是没有责任的。英国政府与旧中国基于不平等条约而产生的特权，现在已不复存在了。因此，新中国与新的印度政府在中国西藏地方的关系，要通过协商重新建立起来，这是应该首先声明的一个原则。经过坚持不懈的努力，印方终于接受中方的观点，即在西藏消除英国殖民主义者侵略中国遗留下来的痕迹，在平等互利的基础上建立新的中印关系。这就为正式谈判铺平了道路。随后，双方组成了谈判代表团，印方指派赖嘉文大使为印度政府代表团团长，中方团长是外交部副部长章汉夫。至此，中印谈判可以说"万事俱备，只欠东风"了。而这"东风"就是周总理的重要讲话。

  1953年12月31日下午，周恩来总理兼外长在中南海西花厅会见印度政府代表团全体成员，中方代表团也参加了会见。根据当时的国际形势和中印关系的状况，周总理第一次完整地提出了和平共处五项原则。他说，中印两国谈判在今天，1953年的最后一天开始了……我们相信，中印两国关系一天天地会好起来，某些成熟而未决的问题之解决一定是顺利的。中印两国关系的原则是从新中国建国时确定的，那就是：互相尊重领土主权（1955年周总理在亚非会议发言中改为互相尊重主权和领土完整）、互不侵犯、互不干涉内政、平等互惠（后改为平等互利）及和平共处的原则。两个大国之间，特别是像中印这样两个接壤的大国之间，一定会有某些问题。只要根据这些原则，任何业已成熟的悬而未决的问题都可以拿出来谈。双方一致同意根据周总理提出的和平共处五项原则进行谈判。

谈判的过程并不轻松。印方团长阐述印方立场时，为印度要继承英国殖民主义政府在西藏地方的特权辩解，甚至还要增加新的要求。他列举印度在西藏地方的种种特殊权益，共有八项之多。在基本上弄清了印方的意图和立场之后，中方团长章汉夫后发制人，做了高屋建瓴、言简意赅的发言。他首先重申周总理接见印方代表团时提出的和平共处五项原则作为谈判原则。周总理在会见印方代表团时，双方已经就谈判原则达成一致，没过几天，就需要重申，需要重新达成一致，可见和平共处五项原则说起来容易，做起来不易。但总的说来，谈判气氛是友好的，但有时也发生辩论，甚至是激烈的争论。在涉及我主权问题上我方坚决不让；不损害我领土主权的，可以协商解决，必要时可以作适当让步。中国代表团始终坚持和平共处五项原则，坚持友好协商，耐心细致地做工作，摆事实，讲道理，以礼待人，以理服人。一次谈不拢，可以谈第二次、第三次……全会谈不完的，小组会接着谈，小组会谈不出结果，全会继续谈。由于有五项原则作指导，并作为谈判准则，而且都有解决问题的愿望，双方发生分歧时，要根据五项原则的精神达成共识。所以，最终这些问题都得到了妥善解决。

1954 年 4 月 28 日，谈判结束，前后谈了四个月。但重要的是，在和平共处五项原则指导下，谈出了双方满意的结果，在结果中又体现了五项原则。4 月 29 日，双方签署了《中华人民共和国和印度共和国关于在中国西藏地方和印度之间的通商和交通协定》。协定的第一段写道："基于互相尊重领土主权、互不侵犯、互不干涉内政、平等互利及和平共处的原则，缔结本协定。"这样，和平共处五项原则第一次写进了中印两国正式签订的协定中。协定清除了过去英国殖民主义者侵略中国西藏过程中遗留的种种特权的痕迹。协定签字后，中印两国总理互相致电祝贺。周恩来总理在贺电中说，这一协定的签订不仅将进一步加强中印两国人民的友谊，并且充分证明，只要各国共同遵守上述各项原则（指和平共处五项原则），采取协商方式，国际间存在着的任何问题均可获得合理解决。尼赫鲁总理的贺电说，此一基于和平共处五项原则而缔结的协定，加强并巩固了印中两国人民的友谊。4月30日，《人民日报》发表社论，高度评价了此次中印谈判达成协定以及双方赞同的和平共处五项原则的重大意义。印度舆论也普遍表示欢迎，印主要报刊均刊登详细的报道，并强调了双方倡导的和平共处五项原则的精神。五项原则在印度称为"潘查希拉"，几乎家喻户晓。

1954年6月，周恩来总理在日内瓦会议休会之际，访问了印度和缅甸。6月28日发表的中印两国总理联合声明和6月29日发表的中缅两国总理联合声明，都重申了和平共处五项原则。中印和中缅总理的联合声明，把和平共处五项原则作为国际关系的准则，认为这将形成和平和安全的坚固基础，有利于缓和目前存在于世界上的紧张局势。这就是人们常说的中国、印度、缅甸共同倡导和平共处五项原则的来历。

和平共处五项原则的历史意义

和平共处五项原则是中国外交政策的基石。中国是和平共处五项原则的倡导者，也是忠实的践行者。无论在双边外交还是多边外交中，中国都始终遵循和平共处五项原则，运用和推广这些原则。从新中国外交实践中，可以看到和平共处五项原则发挥了巨大的作用，具有深远的历史意义。

中国把和平共处五项原则作为与一切国家建立外交关系的原则，以及解决双边关系存在的问题的原则。在新中国成立之前，1949年6月15日毛泽东主席在新政协筹备会上的讲话中宣布，任何外国政府，只要它愿意断绝对于中国反对派的关系……我们就愿意同它在平等、互利和互相尊重领土主权的原则的基础上，谈判建立外交关系的问题。根据这个原则，在新中国成立之初就与以苏联为首的社会主义国家及一些周边友好国家建立了外交关系。后来，中国在同美国、日本等西方国家打开关系和建交过程中也坚持了和平共处五项原则的精神。1972年中美上海公报和1978年中美建交公报，1972年中日建交公报和1978年中日和平友好条约中都写进了和平共处五项原则的内容。1989年5月戈尔巴乔夫访华，实现了中苏关系正常化。中苏关系经过40多年的曲折变化，终于确立了以和平共处五项原则为基础的新型国家关系。在和平共处五项原则指导下，中国在20世纪60年代先后与缅甸、尼泊尔、蒙古、巴基斯坦、阿富汗等国通过谈判解决了历史遗留的边界问题，并与印度尼西亚解决了华侨双重国籍问题。

和平共处五项原则符合历史潮流。二战后，亚、非、拉民族独立和解放运动风起云涌、蓬勃发展，中国倡导和平共处五项原则无疑是对这些国家和人民反对帝国主义和殖民主义的正义斗争的支持和声援。

1954年，周恩来总理率领中国代表团出席日内瓦会议，中国高举和平共处五项原则的旗帜，为促成印支问题的解决作出了重大贡献。在1955年召开的亚非会议（万隆会议）上，周总理发言重申了以和平共处五项原则为基础，通过协商解决国际争端的主张；提出把五项原则作为亚非国家建立友好合作和亲善睦邻关系的基础。他还提出了著名的"求同存异"的原则，力挽狂澜，使面临分裂危险的会议回到正确的轨道。会议通过的关于各国和平相处、友好合作的十项原则，实际上是五项原则的延伸和发展。

和平共处五项原则完全符合联合国宪章的宗旨，丰富和发展了联合国宪章的内容，为和平解决国际争端开辟了新的正确的道路，为各国人民反对侵略战争、维护世界和平作出了重要贡献。在中国的推动下，和平共处五项原则成为建立公正合理的国际新秩序的基础，为维护发展中国家的权益作出了重要贡献。1974 年第六届特别联大上，邓小平发言强调国家之间的政治和经济关系都应建立在和平共处五项原则的基础上。1988 年 12 月 21 日，邓小平在会见来访的印度总理拉·甘地时说，至于国际政治新秩序，我认为，中印两国共同倡导的和平共处五项原则是最经得住考验的。

和平共处五项原则与时俱进

党的十八大以来，中国外交进入了新的历史时期，中国依然恪守和平共处五项原则，坚持在五项原则基础上发展同各国的友好合作，推动建设相互尊重、公平正义、合作共赢的国际关系，并且与时俱进，提出更多的新理念、新举措，赋予五项原则新的内涵。例如，2013 年，习近平主席提出推动构建人类命运共同体的倡议，并且首先从周边做起。例如，巴基斯坦是中国的铁杆朋友，中巴建立了全天候的战略合作伙伴关系。2014 年 2 月巴总统访华，两国元首一致决定共同打造中巴命运共同体。2015 年 4 月，习近平主席访巴期间在巴国会发表讲话中强调，要不断充实中巴命运共同体的内涵，为中国同周边国家建设命运共同体发挥示范作用。又如，中缅是和平共处五项原则的共同倡导国，有深厚的胞波情谊，有患难与共的优良传统，有全面战略合作伙伴的深厚基础。2020 年 1 月，习近平主席访问缅甸期间，双方一致同意构建中缅命运共同体。这一决定丰富了中缅关系内涵，必将为中缅合作注入新的动力和活力。

当今世界正经历百年未有之大变局，国际社会日益成为"你中有我、我中有你"的命运共同体，但国际关系中不公正、不平等现象依然突出，保护主义、单边主义、霸凌行径逆流而动，广大发展中国家在维护各自主权、安全、发展利益方面面临新的挑战。还有冷战思维、霸权主义、强权政治，侵犯别国主权、干涉别国内政的行为屡见不鲜，长期对世界和平与发展构成严重威胁。为了应对这些新老威胁与挑战，就更加需要我们继续坚持和弘扬和平共处五项原则。2014 年 6 月 28 日，习近平主席在北京举行的和平共处五项原则发表 60 周年纪念大会上发表的重要讲话中明确提出了中国的主张，就是"六个坚持"：坚持主权平等，坚持共同安全，坚持共同发展，坚持合作共赢，坚持包容互鉴，坚持公平正义。这是对和平共处五项原则的新发展。

正如习近平主席所指出，在新形势下，和平共处五项原则的精神不是过时了，而是历久弥新；和平共处五项原则的意义不是淡化了，而是历久弥深；和平共处五项原则的作用不是削弱了，而是历久弥坚。

神圣的和平共处五项原则永远闪耀着真理的光芒！

| 作 | 者 | 简 | 介 |

潘正秀，1937 年生。江苏省南京市人。曾就读于北京外国语学院（今北京外国语大学）英语系和北京大学东语系印地语（印度官方语言）专业。

1961 年进入外交部，1978—1993 年先后被派往中国驻印度、菲律宾和印尼使馆工作。1994—1998 年任中国驻文莱使馆参赞，2001—2003 年任外交部西藏涉外事务办公室参赞。

现为中国—文莱友好协会理事、外交部老干部笔会理事、中国报告文学学会会员。著有《从江心洲走出的女外交官》、《孔雀之国——印度》、《文莱史纲》，并与丈夫刘新生大使合著《和平之邦　一方乐土——出使文莱琐记》、《飞向"世外桃源"》、《文莱》、《中国与东盟》（电子书）等。此外，还在报刊上发表过多篇外交题材及国外见闻的文章。

轰动世界的日内瓦会议纪实

潘正秀

（原驻文莱使馆参赞）

1954 年 2 月 28 日，由苏联倡议，苏、美、英、法四国外长在柏林会议上达成协议，决定于同年 4 月举行日内瓦会议，讨论朝鲜问题和印度支那问题。除苏联、美国、法国、英国、中国参加会议的全过程外，同这两个问题有关的其他国家也派代表分别参加各有关问题的讨论。4 月中旬，中央人民政府主席毛泽东正式任命周恩来为出席日内瓦会议的中国代表团首席代表，张闻天、王稼祥、李克农为代表。4 月 20 日，周恩来总理兼外长率团前往瑞士，出席日内瓦会议。这是新中国第一次以五大国之一的身份参加讨论重要国际问题。

日内瓦会议历时近三个月，会期之长，各方斗争之激烈，实为国际会议所罕见。无论会上会下、会内会外，周恩来积极斡旋，既坚持原则，又务实灵活，巧妙利用西方国家之间的矛盾，终于促成盘根错节的印度支那问题和平解决，在新中国多边外交史上留下了浓墨重彩的一页。

短兵相接，针锋相对

1954 年 4 月 26 日，日内瓦会议开幕，首先讨论朝鲜问题。由于与会各方对如何和平解决朝鲜问题存在着原则分歧，直到 6 月中旬仍未能达成协议。为打破僵局，中国、苏联、朝鲜提出的一些有利于和平解决朝鲜问题的建议，均遭美国带头反对。与此同时，美国代表团又接到国内指示：一定要使会谈破裂，不许达成任何协议。随后，美国代表团加紧幕后活动，迫使参加朝鲜战争"联合国军"的国家拟定一个使会议面临破裂的 16 国宣言。鉴于此，中、苏、朝三国迅即商定应对方案。

6 月 15 日，会议继续讨论朝鲜问题。这次会议由英国外相艾登担任主席。会议开始不久，艾登就宣布要提前闭会。此时，中、苏、朝三国按事先商定的方案，立即行动。首先，由朝鲜外相南日提出关于保证朝鲜和平状态的六点新建议，谋求"在成立一个统一、独立和民主的朝鲜国家的基础上达成和平解决朝鲜问题的协议"。接下来，周恩来发言表示完全支持南日提出的六项新建议，并建议召开中、苏、英、美、法、朝鲜民主主义人民共和国和大韩民国七国参加的限制性会议，讨论巩固朝鲜和平的有关措施。周恩来讲完后，苏联外长莫洛托夫接着发言，支持南日外相所提出的六项建议，并提议与会的十九国发表关于不威胁朝鲜和平的"共同宣言"。随即，他宣读了"共同宣言"草案："参加日内瓦会议的各国业已同意在等待朝鲜问题最后解决的期间，任何国家不得采取可能对维持朝鲜和平构成威胁的任何行动。与会者表示相信，朝鲜民主主义人民共和国和大韩民国为了和平的利益将依照本宣言而行动。"

上述三项建议一下子打乱了美国的阵脚，西方代表面面相觑，艾登连忙宣布暂时休会。在休会时，美国紧急召集 16 国代表开了 40 分钟的秘密会议，磋商对策。复会后，美国代表史密斯副国务卿首先发言，他根本不提南日的六项建议，只看着莫洛托夫说，我拒绝莫洛托夫外长的建议。因为朝鲜停战协定早有规定，没必要再议。随后澳大利亚等代表随声附和，都表示拒绝南日和莫洛托夫的建议。但比利时代表斯巴克却说，不接受这一建议的理由，就是因为刚才美国代表反对这一建议。否则，这一建议是可以接受的。接着，泰国代表宣读了16国宣言，再次企图强行结束对朝鲜问题的讨论。

此时，周恩来意识到会议已经到了即将破裂的关键时刻，但十六国并不是铁板一块，即使达不成协议，至少可以争取人心。于是，周恩来站了起来再次发言，我完全支持莫洛托夫外长关于与会各国发表共同宣言的建议。很遗憾的是，就连这样一个表示愿望的建议也被美国代表毫无道理地断然拒绝了。情况虽然如此，我们仍然有义务对和平解决朝鲜问题达成某种协议。周恩来接着提出一个两句话的协议草案，日内瓦与会国家达成协议，它们将继续努力，以期在建立统一、独立和民主的朝鲜国家的基础上达成和平解决朝鲜问题的协议。关于恢复谈判的适当时间和地点问题，将由有关国家另行商定。随后，周恩来又强调说，如果这一个建议都被"联合国"有关国家拒绝，那么这种拒绝协商和解的态度，将为国际社会留下一个极为不良的影响。

与会各国代表无不为周恩来的坦诚而动情，就连一些美国的仆从国代表也纷纷点头表示赞同两句话协议。比利时外长说，周恩来的意见有合理成分，和16国宣言精神不矛盾，可以研究，希望以后恢复对朝鲜问题的讨论。接着，周恩来抓住时机第三次发言，如果16国宣言只是一方面的宣言，而日内瓦会议有19个国家参加。我们为什么不可以用共同协议的形式来表示这一共同愿望呢？难道我们来参加这一会议却连这点和解精神都没有吗？如果是这样的话，那么我们不能不表示很大的遗憾。斯巴克马上接过来说，我本人赞成大家接受中华人民共和国代表所提出的这个建议。史密斯瞪着眼睛看着他，同时还写了一张字条派人送给斯巴克。

此时，南朝鲜代表举手并高喊，比利时不能代表联合国 16 个国家，也不能代表南朝鲜……经过一阵唇枪舌剑，会议主席最后宣布：周恩来的建议应该受到最认真的考虑，如果没有不同意见我将宣布周恩来总理的建议成为会议双方的一致意见。会场出现了短时间的寂静，没有人表示反对。这时各国代表把目光又都投向了美国代表。史密斯如坐针毡，进退两难：若表示同意，将违反美国政府命令；如表示反对，美国将陷入完全孤立的境地。在众目睽睽之下，史密斯不得不站起来，强作镇定地说，在未曾请示我国政府的情况下，我只能拒绝这项建议。周恩来乘胜追击，以缓慢和沉稳的语气第四次发言。他说，我对比利时外长所表现的和解精神感到很满意。会议主席的态度也值得提及。然而我必须同时指出，美国代表立刻表示反对并进行阻挠，这就使我们大家都了解到美国代表如何阻挠日内瓦会议，并阻止达成即便是最低限度的、最具有和解性的建议。会场鸦雀无声。周恩来略微停顿了一下，接着说，我要求把刚才的发言载入会议记录。会议主席艾登马上表示同意。

尽管历时 51 天关于朝鲜问题的讨论最终没有达成任何协议，然而周恩来在此次会议上入情入理、深刻尖锐、机敏聪慧的发言，充分展示了他的睿智、风度和高超的外交艺术，赢得了众多与会者的赞誉和国际舆论的好评，使得美国代表顽固好战的立场暴露无遗。一些参加日内瓦会议的人感叹：周恩来与美国代表在日内瓦的舌战真是妙不可言！甚至有人说："苏联人将外交变成科学，而中国人使外交成为艺术。"

以退为进，峰回路转

进入第二阶段关于恢复印度支那和平问题的讨论后，参加的国家变为中国、苏联、美国、英国、法国、越南民主共和国和法兰西联邦的印度支那三成员国——南越、老挝、柬埔寨，共九个国家。莫洛托夫和艾登轮流担任主席。

朝鲜问题谈判破裂后，莫洛托夫忧心忡忡地对周恩来说，谈判正陷入危险境地，如果印度支那问题也谈不成，日内瓦会议就前功尽弃了。周恩来坚定地指出，印度支那问题不能停下不谈！他分析说，目前谈判的关键是我方是否承认有越南人民军在老挝和柬埔寨作战。事实情况是有，如果坚决不予承认，会谈就谈不下去了。所以，我方可以退一步，承认过去有越南军队在那里作战，是志愿军，现在有的已经撤出。如果现在还有，可以按照撤退一切外国军队来办理。莫洛托夫同意周恩来提出的以退为进的方案。

6月16日，周恩来前往艾登下榻的别墅，与他交谈了一个小时。一见面，周恩来就说，中国对讨论朝鲜问题的会议在没有结果的情况下就结束是不满意的，因为没有一点点和解的精神嘛。中方希望关于印度支那问题的会议不会发生同样的情况。否则，和解之门就关上了。他想艾登先生是具有和解精神的，中方希望情况不至于发展到如此地步。周恩来告诉艾登，在军事上，柬埔寨和老挝确有抵抗部队。那里也确有越南志愿军，有的已撤退，如果仍有，应按照撤退一切外国军队的办法办理。对周恩来的这一表态，艾登一听就明白了，高兴地说，有希望了，很有希望了。他进一步说明，英国要求的也正是这样。英方也不愿意看到老挝、柬埔寨成为任何国家的军事基地，不论是越南的或是美国的。正在此时，深陷印度支那战争泥潭的法国拉尼埃政府倒台，在日内瓦的法国代表团一时群龙无首，无心谈判。此刻，法国新总理孟戴斯-弗朗斯履新之初便公开宣布：如果在一个月内不实现印度支那半岛的和平，他就率领政府辞职。针对法国政局的变化，周恩来与艾登再次会晤，提出协助法国从印度支那半岛抽身及越、老、柬三国未来命运走向的问题。这次会晤之后，周恩来离开日内瓦，亲赴瑞士首都伯尔尼，会晤了法国政府新总理。这次会场外的见面是日内瓦会议在印度支那问题上取得成功的关键，也最终促成了法国体面地从印支半岛抽身。尽管在多次全体会议和限制性会议后，会谈也曾一度毫无进展，但周恩来抓住有利形势，在会议进程中与苏、越代表紧密配合，尽力争取法、英等多数与会国代表，集中力量反对美国代表的阻挠和破坏，并积极开展会外活动，终于使会议实现了突破。

在第 14 次关于印度支那问题的限制性会议上，周恩来提出了《关于解决老挝和柬埔寨问题的建议》方案。在这个方案中，中国代表承认，柬埔寨、老挝的情况与越南有所不同，可以区别对待，不再谈是否建立印度支那三国交战双方联合委员会的问题，也不谈是否在柬埔寨和老挝划界而治的方案。越南代表范文同表示，支持周恩来的提案。法国代表肖维尔立即发言说，他感到高兴的地方就是范文同并不反对中国的提案。他说，只要越南军队从老挝和柬埔寨撤走，法国军队继续留在那里也就没有必要了，在所有外国军队都撤出老挝和柬埔寨这点上，法国愿意接受国际监督。接着，美国代表史密斯发言，说他颇有兴趣地倾听了中国的提案，并认为是"克制和理智的"，中国提案中关于老挝和柬埔寨的几点是可以同意的。这是美国代表在日内瓦会议中第一次对中国提案表示了赞同之意。6 月 19 日，会议在吸收周恩来提出的六点关于在印度支那停止敌对行动建议的基础上，通过了由法国代表提出并经中国代表团修正的《关于在柬埔寨和老挝停止敌对行动的协议》。

7月21日凌晨，日内瓦会议各方代表在取得共识后，终于签订了《越南停止敌对行动协定》、《老挝停止敌对行动协定》和《柬埔寨停止敌对行动协定》。日内瓦会议最终发表了《最后宣言》，共有13条，其主要内容包括：结束柬埔寨、老挝和越南的敌对行动，并建立国际监察和监督；柬、老、越不参加任何军事同盟，不容许外国在它们的领土上建立军事基地；越南实行普选，实行统一；与会国尊重柬、老、越三国的主权、独立、统一和领土完整，并对其内政不予任何干涉。美国在最后一次会议上声明不参加此项宣言，但表示将不使用威胁或武力去妨碍协议的正常实施。

英国外长以主席身份在签字仪式上致辞说，今日缔结的协定不可能令每个人都完全满意，但是这些协定停止了持续八年、带给数百万人民灾难和痛苦的战争成为可能，我们希望这些协定在这个世界和平有迫切危险的时刻，也缓和了国际紧张局势。这些结果对我们繁重的工作是值得的。8月31日，印度支那停战。

面对日内瓦的艰难局势，周恩来在会议中采取了务实的外交手段，利用西方国家之间的矛盾，阻止了美国对印度支那的武装干涉企图，成功地促成了印度支那战火的熄灭，实际上也使中国国家安全得到保障。世界各国纷纷发表声明和谈话，欢迎日内瓦协定。经过75天的紧张辩论和努力，日内瓦会议终于促成了印度支那问题的和平解决，而新中国也以一种负责任大国的崭新形象，出色地完成了以五大国身份在国际政治舞台上的第一次亮相。

意义重大，影响深远

会议期间，为了让世界更多地了解新中国，中方代表团带了一些国产影片进行宣传。代表团先是播放了一部国庆大阅兵的纪录片，想让世界看到共和国正在步入强大。但没想到的是，一些人士看过后却反响冷淡，甚至说"中国要搞军国主义"。在周恩来的亲自安排下，代表团播放另一部影片，就是越剧《梁山伯与祝英台》。当时，工作人员担心外国人看不懂中国的戏剧，就准备了一些宣传资料，用很详细的英文介绍越剧，讲解梁祝的故事，足足有好几页纸。该资料的最终稿，被周恩来改得只有一句话："请大家看中国的《罗密欧与朱丽叶》。"影片放映时，整个大厅挤满了人，大大超出了主办者的预料。影片结束后，所有观众都默不作声，都沉浸在那种悲剧的气氛里。稍后，所有人都起立，为中国有这么好的电影、这么好的文化热烈鼓掌。这是周总理日内瓦外交中很小，但异常出彩的一笔，也是值得后人称道学习，具有五千年中华文明底蕴的真正公共外交艺术。

日内瓦会议是一次成功的国际会议。通过这次会议，印度支那的战火熄灭了，越南北部完全解放，这就再一次打乱了美国从朝鲜半岛、台湾海峡、印度支那三条战线威胁新中国的战略部署，巩固了中国南方边陲的安全。同时，世界看到了同美国完全相反的新中国形象，看到了新中国的和平外交政策及令人耳目一新的外交风格，也看到了在处理国际问题上新中国的分量。当周恩来结束历时三个月的国际会议后，新中国欣欣向荣的面貌和周恩来折冲樽俎的外交形象，深深地留在了国际政治舞台上。

新中国成立以后，推行独立自主的和平外交政策，在多边外交实践方面也取得了一些进展。1949 年 11—12 月，中国政府在北京主办并参加了亚澳工会代表会议，这是新中国参加的第一次国际会议；1950 年 5 月，中国宣布加入万国邮政联盟，这是新中国参加的第一个国际组织；1952 年，中国宣布加入《关于禁止使用毒气或类似毒品及细菌方法作战的议定书》，这是新中国参加的第一个国际公约。然而，上述多边外交实践都是在家门口进行的，也没有涉及当时重大的国际问题，新中国外交从中所受到的锻炼、所获得的经验、所取得的成就，都远不能和 1954 年的日内瓦会议相提并论。

与此同时，中国充分利用日内瓦会议这个多边外交舞台，与英国进行了频繁接触，促进了中英关系的进一步改善，双方商定互设谈判代表办事处，正式建立了中英代办级外交关系。随后中国还应邀组织贸易代表团对英国进行访问，从而开启了中国与西方资本主义国家发展贸易关系的大门。不仅如此，通过英国代表的牵线，还开辟了中美直接对话的渠道，在中美之间架起了一座相互沟通的桥梁，为 1955 年正式开始的中美大使级会谈铺平了道路。

这些多边外交成就的取得，充分显示了中国政府对待和平解决国际争端的态度是积极有效的；中国人民热爱和平的诚意是真实可信的；中国在解决重大国际问题中的作用是不可或缺的。周恩来在会议期间所表现出来的那种宽阔的政治家胸怀、合情合理的主张和机智灵活的才干及风度，不仅赢得了与会国代表的尊敬和钦佩，而且赢得了世界各国人民的赞誉和认可，在国际舞台上树立了良好的大国形象，成功开启了新中国多边外交的大门。

｜作｜者｜简｜介｜

　　刘新生，1937 年生。江苏省宝应县人。曾就读于北京外国语学院（今北京外国语大学）英文系和北京大学东语系印尼语专业，并赴印尼大学文学院留学进修。

　　1961 年进入外交部，曾长期分管东南亚事务。其间，先后被派往中国驻印尼、印度和菲律宾使馆工作。1990 年任中国驻印尼使馆政务参赞。1993—1998 年任中国首任常驻文莱大使。2001—2003 年任外交部西藏涉外事务办公室主任。

　　现为中国—文莱友好协会副会长、中国人民对外友好协会理事、中国东盟协会理事、中国国际问题研究基金会研究员。著有《天堂秘境——文莱》、《赤道上的翡翠——印度尼西亚》、《东帝汶史纲》，并与夫人潘正秀合著《和平之邦　一方乐土——出使文莱琐记》、《飞向"世外桃源"》、《文莱》、《中国与东盟》（电子书）等。

魅力周恩来　万隆展雄才

刘新生

（原驻文莱大使，驻印尼使馆政务参赞）

在近 40 年的外交生涯中，我曾两次被派往中国驻印尼使馆工作，前后长达 8 年之久。在印尼期间，我也记不清陪过多少国内代表团去万隆参观游览，而每次去万隆几乎都要去瞻仰当年"亚非会议"（又称"万隆会议"）的旧址。为了纪念历史性的万隆会议在此召开，印尼政府于 1980 年将会议旧址辟为"亚非会议纪念博物馆"。每当走进博物馆大厅，一幕幕往事就像老电影在眼前回放，久久难以忘却。

以周恩来总理为首的中国代表团，同其他国家代表团紧密合作，共同努力，为万隆会议的成功召开作出了卓越贡献。会议期间，周总理以决策人、指挥家和实践家三位一体的身份，殚精竭虑，日夜操劳。他那种非凡的智慧和才华，豁达的外交风度和高超的外交艺术，使新中国的外交大放异彩，赢得了国际社会的广泛推崇和普遍赞誉。

万隆会议是世界历史上第一次完全由亚非国家自己发起、自己举办，并且没有一个西方殖民主义国家参加的国际会议，具有划时代的意义。万隆会议的召开，标志着殖民主义大国主宰亚非国家命运的时代已经告终，宣告了亚非国家已经作为一支重要的新兴政治力量登上了国际舞台。这是国际关系史上的重大创举，为推动建立公正合理的新型国际关系作出了历史性贡献。此次会议可以说亮点不断，精彩纷呈。令人印象最深的有三点，即"18"、"69"、"13"这三个数字。

拨正航向的 18 分钟发言

1955 年 4 月 18 日，举世瞩目的亚非会议在万隆的独立大厦隆重开幕。会议由印尼总理主持，苏加诺总统以《让新亚洲和新非洲诞生吧！》为题，发表了 50 分钟热情洋溢的讲话。在前两天里，除了印度等几个代表团外，报名要在大会上发言的 23 个代表团团长都在会上发表了意见。绝大多数发言者都谴责了殖民主义、种族主义，表示了促进亚非团结的良好愿望。但和声中也冒出了很不协调的杂音。一些国家代表当着中国代表团攻击共产主义是"独裁"，是"新殖民主义"，甚至怀疑中国对邻国搞"颠覆"活动。

1955 年 4 月 18 日至 24 日，首届亚非会议在印度尼西亚万隆举行

　　面对会议可能走入歧途的危险，周总理当即决定将原来准备的发言稿改为书面散发，而作即席补充发言。周总理一开头就明确表示，中国代表团是来求团结而不是来吵架的。此话一出，会场上气氛顿时起了变化。他接着说，我们共产党人从不讳言我们相信共产主义和认为社会主义制度是好的。但是，在这个会议上用不着来宣传个人的思想意识和各国的政治制度，虽然这种不同在我们中间显然是存在的。周总理不卑不亢，合情合理的讲话像一块大的磁铁，吸引住了全场所有人的注意力，这时宽敞的会议厅里一片寂静，大家都全神贯注地听着、记着。接着，周总理阐述了被称为"万隆精神"的主要内容之一的"求同存异"的命题。他说，中国代表团是来求同而不是来立异的。在我们中间有无求同的基础呢？有的。那就是亚非绝大多数国家和人民自近代以来都曾经受过并且仍在受着殖民主义所造成的灾难和痛苦，这是我们大家都承认的。从解除殖民主义痛苦和灾难中寻找共同的基础，我们就很容易互相了解和尊重、互相同情和支持，而不是对立。我们的会议应该求同而存异。同时，会议应将这些共同愿望和要求确定下来。这是我们中间的主要问题。我们并不要求各人放弃自己的见解，因为这是实际存在的反映。但是不应该使它妨碍我们在主要问题上达成共同的协议。代表们听到这里仿佛感到雨过天晴，立刻心宽气畅，好像找到了使会议团结、成功的金钥匙，这就是著名的"求同存异"的方针。

　　根据当时会内外的情况，周总理估计会有人提出台湾地区紧张局势问题。因此，在这篇讲话中，他使用了高超的外交技巧，阐述了中国在台湾问题及恢复在联合国合法席位问题上的立场。他说，本来，对于美国一手造成的台湾地区的紧张局势，我们很可以在这里提出如同苏联所提出的召开国际会议谋求解决的议案，请求会议加以讨论。中国人民解放自己领土台湾和沿海岛屿的要求是正义的，这完全是内政和行使自己的主权，并得到许多国家的支持。我们也可以提议会议讨论承认和恢复中华人民共和国在联合国的合法地位问题。去年，科伦坡五国总理会议，还有亚非其他国家，都曾支持中华人民共和国在联合国的地位。而且，中国在联合国所受的不公正待遇，也可以在这里提出批评。但是，我们并没有这样做，因为这样一来，就很容易使我们的会议陷入对这些问题的争论而得不到解决。周总理这番话，既说明了中国在这两个问题上的立场和诉求是完全正当和合理的，又体现了中国从大局出发，不使会议陷入争论和对立。许多人边听边点头，对中国这种光明磊落的态度表示赞许。

接着，周总理就两天来会议所谈到的意识形态、社会制度、宗教信仰自由和所谓颠覆活动等问题，根据求同存异的精神谈了自己的看法。为了节省会上的发言时间，发言第一段由总理自己讲，其余段落由翻译浦寿昌用英语直接念的。发言最后，周总理以洪亮的声音讲了一段话，十六万万的亚非人民期待着我们的会议成功。全世界愿意和平的国家和人民期待着我们的会议能为扩大和平区域和建立集体和平有所贡献，让我们亚非国家团结起来，为亚非会议的成功努力吧！发言结束时，会场掌声雷动，经久不息。当周总理步下讲坛走回他的座位上坐定后，许多代表纷纷走过来与他亲切握手，表示祝贺。

周总理这短短18分钟的发言如同一阵清风，驱散了两天来曾经笼罩在亚非会议上的阴霾，为会议成功指出了方向，从而使会议有可能绕过前途中的风浪和暗礁，沿着既定的航向朝着预定的目的地前进。同时这个发言在国际上也引起了巨大反响。印度总理尼赫鲁说："这是一个很好的演说。"缅甸总理吴努说，这个演说是"对攻击中国的人一个很好的答复"。埃及总统纳赛尔说："我喜欢他的演说。"巴基斯坦总理穆罕默德·阿里说："这是很和解的演说。"就连菲律宾代表罗慕洛也说："这个演说是出色的，和解的，表现了民主精神。"西方通讯社也不得不承认周总理获得了极大成功。

震惊世界的 69 字声明

台湾地区的紧张局势是美国一手制造的。在台湾问题上，一些不明真相的人在亚非会议上散布了一些奇谈怪论，一些人把中国人民解放自己的神圣领土台湾的斗争，同消除美国在台湾地区制造的紧张局势混为一谈，希望中国采取措施来消除台湾地区的紧张局势。个别国家甚至提出了一个荒谬绝伦的建议：在联合国托管四年或五年之后，宣布"台湾独立"。针对这种情况，周总理不仅在会上重申了解放台湾问题是中国内政这一严正立场，而且在会下先后向十几个国家的代表团做工作，反复阐明了台湾问题的由来、性质和中国的立场，得到了许多国家代表团的理解、同情与支持。

4 月 23 日中午休会时，周总理不顾疲惫，又和缅甸、印度、巴基斯坦、菲律宾、泰国等国首席代表参加了印尼总理住地的冷餐会。快散席时，锡兰（今斯里兰卡）总理问周总理台湾地区的紧张局势如何才能缓和，台湾和平解放后可否委任蒋介石为将军。周总理当即回答"完全可以"，并抓住机会宣传中国的合理主张：首先，台湾是中国的领土，中国人民什么时候、以什么方式解放台湾是中国的内政，不容外国干涉；其次，造成远东，特别是台湾地区紧张局势的原因，是美国侵占中国领土台湾，这是中美之间的国际问题，中国政府愿意与美国谈判解决，但这丝毫不能影响中国人民行使自己的主权，进行解放台湾的正义要求和行动。

尼赫鲁听后，建议周总理就此发表公开声明，以便让美国和全世界都知道中国的态度。周总理欣然同意，即刻在全体记者面前，发表了一个 69 字的奇特声明：中国人民同美国人民是友好的。中国人民不要同美国打仗。中国政府愿意同美国政府坐下来谈判，讨论和缓远东紧张局势的问题，特别是和缓台湾地区的紧张局势问题。

"69 字声明"立刻引起巨大轰动，各国记者迅即作为特大新闻发往全世界。无人不称赞周恩来的谈话和声明，既立场鲜明，又通情达理，同时使全世界看到了谁希望和平，谁总在制造紧张。这个简短声明不仅在广大与会国代表团中和世界上赢得了广泛支持和引起了强烈反应，而且使美国十分被动和孤立，连美国盟友英国对周总理的声明也产生了某种"兴趣"。亚非会议后不久，美国在各方的压力下，终于被迫通过英国驻华代办于 1955 年 7 月 13 日向中国传话，表示希望中美各派一名大使级代表举行会谈。从 1955 年 8 月到 1970 年 2 月，前后 15 年，中美大使级会谈在波兰首都华沙共举行了 136 次。会谈中，中方多次强调应首先解决两国关系中的根本问题即台湾问题，并进一步表示，如果美国政府愿意派部长级的代表或美国总统的特使到北京进一步探讨中美关系中的根本问题，中国政府愿予接待。这为日后美国总统特使基辛格访华铺平了道路。后来，基辛格在《论中国》一书中评说，当时美国听到周恩来这"69 字声明"非常注意，可见影响之大。

一个星期仅睡 13 小时

在万隆期间，周总理除参加安排得很紧张的会议外，还以超乎常人的精力开展了大量的会晤和宴请活动，他的这些活动早的在清晨 7 时半就已开始，晚的竟至凌晨一两点钟还未结束。有人曾计算过，在七天亚非会议的 168 个小时中，周总理只睡过 13 个小时，平均每天睡眠不超过 2 小时。在那些不眠的时间里，他不是出席各种会议，就是与其他代表团进行交往活动。七天中，总理一共出席各种会议 16 次，接见其他国家代表 15 起，参加宴请 15 场，每天平均活动 6 起之多。有时候，一晚上安排两场宴请，6 时一场，11 时还有一场。为了节省时间，在驻印尼大使黄镇汇报情况时，总理一边跟大家打招呼，一边就把刮胡刀从上衣口袋里拿出来，开始争分夺秒地刮胡子。服务员赶紧端来一盆温水，总理连连摆手，"不用，不用"。此时黄镇大使忍不住劝说："洗把脸吧，洗脸后精神会好些。"总理这才拿起了毛巾。陪同出席会议的陈毅副总理也不由地感叹，总理，在工作上我佩服你，在熬夜上我也不得不佩服你啊！

根据周总理活动日程表的记载，包括在会外，他曾接待过来访的日本代表团团长；宴请过老挝代表团全体成员和印尼、锡兰、阿富汗、尼泊尔、叙利亚及菲律宾代表团团长；与埃塞俄比亚、利比里亚、土耳其和伊拉克代表团团长共进过午餐；与印尼、缅甸、沙特阿拉伯、也门、黎巴嫩、约旦、苏丹及利比亚代表团共进过晚餐，晚餐后又与尼赫鲁和吴努两位总理交谈到深夜 12 时左右；请埃及代表团团长纳赛尔吃过夜宵；分别出席过沙特阿拉伯、土耳其、锡兰和利比亚代表团举行的酒会，在酒会上与各国代表进行广泛接触；与锡兰和巴基斯坦总理及泰国代表团团长分别进行过个别交谈，与印度、缅甸、越南、老挝和柬埔寨代表团一起讨论过印度支那问题；与亚非会议五个发起国总理及泰国和菲律宾代表团团长一起共进过午餐，并发表了那篇举世震动的关于中美谈判缓和远东地区，特别是台湾地区紧张局势的声明。

在与各国代表们交往和接触中，周总理结交了一大批朋友，在国际上树立了平等待人、自尊自信而又谦虚自处的崇高形象，并使人乐于与他交往。周总理的这种外交风格，不仅对推动亚非会议的圆满成功作出了重要贡献，而且增进了相互了解和友谊，消除了某些国家对新中国的误解和疑虑。会议期间，周总理辛勤播下的友谊种子，终于结下了累累硕果。在亚非会议之后不久，我国同亚非会议与会国之间的关系有了迅速发展。中国先后与尼泊尔、埃及、叙利亚、也门、锡兰、柬埔寨、伊拉克、苏丹、加纳和老挝等 10 个亚非国家建立了外交关系。至此，中国与参加亚非会议国家的正式建交国已由亚非会议时的 6 个发展到 16 个。此外，中国与亚非其他一些与会国家的关系，也有了不同程度的发展。

亚非会议取得了巨大的成就，这是亚非各国代表团排除美国的干扰、破坏，克服重重障碍，共同努力取得的。但谁也不能否认，周总理为亚非会议的成功发挥了关键性作用。黎巴嫩代表团团长查尔斯·马立克拜会周总理时曾当面赞誉说，我想可以说，在每一场你要参加或者你允许自己参加的重要战斗中，你都获得了胜利。虽然我们在好些问题上，有些是很重要的问题上有分歧，我们却同你建立起了一种亲密的关系，你同亚洲和非洲的重要领袖们作了愉快的甚至是有收获的接触。我们有机会看到中国共产党人是怎样办事的，而且发现他们看来和我们是一样的人，围绕你们的神秘性部分地消散了。你在会上获得了成功，比别人都大的成功。应该说，黎巴嫩代表团团长对周总理的这番赞誉，在相当程度上具有广泛的代表性。的确，周总理在亚非会议期间那种实事求是的作风、灵活机动的策略、善于解决难题的卓越才能以及他顾全大局、平等待人的态度，不仅为新中国赢得了朋友、赢得了尊敬，而且对推动亚非会议的成功，对扩大新中国的国际影响，对提高新中国的国际地位和国际威望，对发展新中国同亚非国家的正常关系和友好交往发挥了重要作用。周总理为亚非会议成功所作出的杰出贡献将永垂青史！

|作 | 者 | 简 | 介 |

　　陆苗耕，1939年生。上海奉贤人。1965年毕业于复旦大学中文系本科，即被选入外交部。曾任外交部非洲司综合处处长、参赞，中国驻埃塞俄比亚大使馆研究室主任，中国驻南非研究中心副主任，中国驻开普敦总领事。2001年退休以来，曾任中非友协理事、顾问，外交笔会常务理事。

　　长期以来结缘非洲，笔耕不辍，主要讴歌中非传统友好，颂扬毛泽东、周恩来等中国领导人与非洲人民的深情厚谊，礼赞非洲国家和人民的进步和成就。约有150余篇各类文章发表在全国20多家报刊，被《人民日报》、《百年潮》、《世界知识》、《世界博览》、《党史纵横》、《湘潮》、《领导科学》、《海外文摘》、《参考消息》、《大公报》等刊载。出版的专著有《彩虹之国——南非》、《曼德拉》、《非洲情缘》；主编的书籍有《同心若金》、《影响历史进程的非洲领袖》、《中国大使讲非洲故事》、"外交官亲历丛书"等。

新中国与非洲交往史上的重要丰碑

陆苗耕

（原驻开普敦总领事）

20 世纪 60 年代初期，周恩来总理首次出访非洲十国，把新中国的崇高形象带进了非洲。这是新中国第一代领导人对非洲最重大的一次外交活动，访问国家之多、时间之长、活动内容之丰富多彩，访问取得的丰硕成果和产生的深远影响，不仅是新中国与非洲交往史上的一座丰碑，也为国际交往中所罕见，堪称当代外交史上政府首脑出访的一个光辉典范。

1963 年 12 月 13 日至 1964 年 2 月 4 日，周恩来总理在陈毅副总理兼外长的陪同下，应邀访问了埃及、阿尔及利亚、摩洛哥、突尼斯、加纳、马里、几内亚、苏丹、埃塞俄比亚和索马里等非洲十国，当时突尼斯和埃塞俄比亚与我国尚未建交。周总理踏上非洲大地就深情地说：我是第一次到非洲访问，而新中国建立已经 14 年了，我们来得不是太早，而是太晚了。访问非洲的目的是寻求友谊，寻求合作，多了解一些东西，多学习一些东西。此次访问在非洲引起了巨大反响，也震惊了世界，同时充分反映了周总理卓越的外交思想、外交理念和外交风格。

大小国家一律平等相待

新中国外交以尊重大小国家一律平等为其鲜明特色。周恩来人格魅力素以尊重他人而著称，在外交上更是身体力行。在非洲之行中，他高度评价非洲国家和人民在反帝、反殖斗争中取得的胜利和成就。例如，他热情赞颂阿尔及利亚人民取得的伟大胜利。周总理说，阿尔及利亚的独立是当代非洲民族解放运动的伟大事件，为非洲人民树立了一个敢于进行武装斗争、敢于胜利的光辉榜样，援助斗争中的阿尔及利亚人民是我们应尽的国际主义义务。援助总是相互的，阿尔及利亚人民的斗争和胜利，对于中国人民是极大的支持和援助。阿尔及利亚人民非常钦佩中方的博大胸怀，称赞中方不以援助功臣自居，而是非常尊重阿尔及利亚人民依靠顽强斗争取得的辉煌胜利。

当非洲国家领导人遭遇困难时，周总理更体现出他的关怀和尊重的高尚风范。在他访问加纳的前九天，加纳发生谋刺恩克鲁玛总统的未遂事件，局势十分紧张。恩克鲁玛搬到海边的一座城堡居住，取消一切对外活动。当时周总理正在阿尔巴尼亚访问，得知上述消息后，明确表示，我们不能因为人家遇到了暂时的困难就取消访问，这是对人家的不尊重、不支持。发生这样的事情我们还是要去，才表现出我们的真诚，患难见真诚嘛！明确表示按原计划访问。周总理抵达加纳当天去城堡拜会恩克鲁玛总统时，只见主人脸上贴着纱布，一只手缠着绷带，在门外等候。恩克鲁玛见到周总理的第一句话就是："欢迎您，很感谢您能来！"恩克鲁玛在会谈中深情地表示，周总理的这次访问是历来外国领导人对加纳的访问中最重要的一次。周总理在加纳总统处于危急之时挺身出来支持，打破危邦不入的外交惯例，这种大无畏精神和尊重他人的品格，赢得了广大非洲国家的广泛赞扬。

周总理尊重非洲国家还表现在善于体谅他人的困难处境，反对把自己的意见强加于人。埃塞俄比亚最初商定周总理访问首都亚的斯亚贝巴，后来埃方提出只去北方大城市阿斯马拉。我方人员听后十分气愤，对一个受邀国总理，不安排在首都接待，违反国际惯例，是不正常的做法。周总理获悉后，非常大度，当即指出，为了加强亚非国家的团结合作，同意只去阿斯马拉，并说，埃方这样做显然是外国压力的结果。对于小国，我们应该谅解他们的困难。在我们答复同意后，埃外交大臣一再表示感谢。埃皇海尔·塞拉西亲自安排，将周总理的住地由别墅改为阿斯马拉皇宫，还亲自陪同周总理访问历史古城阿克苏姆，破例组织群众夹道欢迎。

周总理在外交上倡导的"求同存异"原则，其实质是尊重他人中可以采纳和同意的意见，搁置分歧和不同意的部分。在非洲之行中，周总理运用求同存异原则，取得了外交上惊人的成功。尚未与我国建交的突尼斯，其总统布尔吉巴主动邀请周总理访问，但他对中国不了解，并与美国关系密切。周总理抵达的当天下午，与布尔吉巴总统进行首次单独会谈。布尔吉巴表示，他同中国在中美关系、中印边界冲突以及美、苏、英三国《部分禁止核试验条约》等三大问题上有分歧。晚宴上，他又把中突双方的不同意见公开提出来，语惊四座。在第二天上午的单独会谈中，他继续提出，如果你们能和美国寻求一点缓和，而不是总认为美国要对你们进行战争，这样就可以有利于东南亚局势的缓和。周总理从容应对不同意见，充分谅解对方的不了解，并耐心解释中方在上述三大问题上的原则立场，还指出，我们在华沙中美会谈时，建议过中美在和平共处五项原则的基础上达成协议，但是美国不干。周总理多次向突方表示，中国坚持求同存异，并深刻指出，中突两国在巩固民族独立、促进亚非团结、保卫世界和平等方面都有共同的任务。这些比我们在某些问题上的分歧要迫切得多，我们完全可以本着求同存异的精神携手前进。布尔吉巴被周总理的求同存异精神说服了，最后感动地说，我同意周恩来求同存异的方针，我们还是要反帝、反殖。突尼斯需要伟大的友谊，并一定要同中国建立外交关系。访问快结束时，中突在联合公报中正式宣布决定两国建立外交关系。中突建交在国际上引起强烈反响。美国《纽约时报》称，这是周恩来非洲之行的"重大的政治上的胜利"。

坦诚交流增进合作

周恩来总理外交魅力的另一个特质是坦诚对待朋友。周总理把非洲之行看作是加强中非友好与合作的最佳机会，总是满腔热忱地同非洲领导人进行一次次的坦诚会谈，不断地沟通和交流。非洲领导人深受感动，纷纷敞开心扉与周总理尽情地交换想法，共同绘制中非和双边关系的合作蓝图。周总理与所访国领导人的会谈一般在三四次，有的多达五六次，会谈内容涉及众多方面。会谈方式灵活多样，或在大范围内全面交换意见，或在小范围内具体深入讨论，甚至进行单独交谈，彼此坦诚相言。在会谈中，周总理深入浅出地阐述国际局势，认真务实地发展双边关系。非洲领导人对周总理高瞻远瞩的战略思想，以及平易感人的谈话风格赞叹不已。

周总理高度重视中国和埃及关系的发展，把埃及作为非洲之行的第一站。周总理与埃及总统纳赛尔在亚非万隆会议期间建立了深厚友谊。纳赛尔多次热情邀请周总理来访。此次相见时隔八年之久，两人在非洲重逢倍感亲切。一见面，纳赛尔即亲自将一枚金光闪闪的共和国勋章挂在周总理胸前，并在盛大的欢迎宴上热情洋溢地说，请大家站起来，同我一道向这位亲爱的朋友致敬。他的革命精神早在有机会直接会见之前就已经博得我们的钦佩了。在1955年同他会见之后，我们的钦佩之情就更加深了。周总理在此次访问中，同纳赛尔举行了四次会谈，详细阐明了中国在中美关系、中印边界冲突、中苏关系、美英苏的核禁试条约等重大问题上的看法和立场，以消除非洲国家存在的疑虑和误解。纳赛尔总统听后真诚地表示，过去，我往往更多地关心自己的问题，而很少注意其他地区的问题，这样的介绍对我们很有好处。并表示，双方会谈超越了中埃两国的直接关系的范围，将为我们现时代的一些最重要的问题带来积极的好处。

周总理同阿尔及利亚总统本·贝拉举行了四次长时间的会谈，两人如同胜利了的战友重逢，彼此十分兴奋，谈话如滔滔流水。周总理说，阿尔及利亚的革命胜利是继中国革命后，60年代的伟大事件，你们反帝革命的胜利主要靠自己。别人的帮助，包括我们的帮助，是微不足道的。你们的反帝斗争付出了极大的代价。今天看到了许多寡妇、孤儿，你们的牺牲在比例上超过了中国。周恩来希望阿尔及利亚同帝国主义斗争要注意策略。他说，你们希望法国基地明年撤走，法国却总想拖延。总统同志说得对，你们反帝立场是坚定的，要肃清一切帝国主义势力。但在策略和方法上要避免多方面作战，原则性和灵活性要很好地结合起来。周总理还详细地介绍了中国经济建设的基本情况。本·贝拉对周总理的谈话极为感兴趣。他说，周总理讲的都是很重要的东西，这是一个我们学习的机会。

周总理同马里总统凯塔进行了六次长时间的会谈，是非洲之行中会谈次数最多的，主要交流治国理政的方略和政策。周总理全面介绍了我国进行社会主义建设的经验和对外政策，并着重针对凯塔提出马里要遵循马列主义、走社会主义的问题，强调指出：就中国的经验来说，从半殖民地、半封建经济向社会主义过渡需要一个过渡时期。这个过渡时期的八项任务是：（1）消灭封建所有制和封建剥削关系；（2）肃清殖民主义一切残余；（3）发展独立的民族经济；（4）壮大工人阶级队伍；（5）巩固人民民主专政，争取经济独立，政权要掌握在革命的民族主义者手中；（6）加强国防力量；（7）和（8）两项是关于党的组织问题。周恩来循循善诱的谈话使凯塔等马里领导人不住地颔首称是。凯塔表示要认真加以研究。事后，凯塔激动地向部长说，像周总理那样坦率地同我们谈社会主义问题的，他是我接触过的政府首脑中唯一的一位。

周总理在访问几内亚时，对方安排周总理和陈毅副总理到较远的外地去参观考察一个项目，中方礼宾官员坚持来去乘坐汽车，而杜尔总统考虑到路途遥远，为减少疲劳提出去时乘直升机回程则驱车。中方认为乘直升机很不安全，但几方强调说，这是杜尔总统坚持的意见。我方人员把此事反映给周总理。周总理听后，笑着回答说，人家总统、议长、国防部长，一、二、三号人物都能坐（直升机），我周恩来为什么不能坐？我方同意了几方的安排，杜尔总统非常高兴，对周总理如此尊重几方深为感动。

非洲处处有芳草

周总理在出访之前就明确提出向非洲人民学习。访非期间，强调多了解一些东西，多学习一些东西。他和随访人员花了很多精力进行调查研究，努力发现当地有什么长处值得学习，并一再指出：天涯处处有芳草，不要以为非洲受百年殖民统治全都落后，非洲国家有许多有益的东西值得学习。

周总理在埃及参观了闻名世界的苏伊士运河、象征古埃及文明的金字塔和狮身人面像、军事学院、博物馆以及当时正在建设中的阿斯旺水利工程等，比较全面地了解了埃及悠久的历史和近些年经济发展的状况。周总理和纳赛尔总统兴致勃勃地出席了阿联第九届庆祝教育日大会，并发表了鼓舞人心的讲话。周总理说：亚非人民必须努力发展民族文化和科学。只要亚非人民掌握了自己的命运，我们不仅能够赶上西方国家，而且能够超过他们。

20世纪60年代初期，我国正在进行开发石油的大会战，亟须借鉴他国开采石油、冶炼石油等方面的先进技术和经验。当时，所访国中埃及、阿尔及利亚、摩洛哥等国均有现代化的炼油厂。周总理紧紧抓住这个良好机缘。他在摩洛哥首相的陪同下，参观了一座意大利帮助建设的炼油厂，看得十分仔细，并详细询问了情况，多次称赞这个炼油厂建设快、管理好，培养了不少技术人员，表示值得我们学习。参观回来后，周总理向大家说，苏联帮助我们在兰州建设的炼油厂与摩洛哥这个厂的生产能力差不多，但包括技术训练班的人，他们的职工总共才300人，而我们却需要6000名职工。相比之下，我们的人力资源浪费是何等的惊人！周总理提出一定要石油部派技术专家来摩洛哥考察，学习先进技术和经验。

周总理还夸奖摩洛哥产的蜜柑个大、皮薄、汁多，香甜可口。他向随访人员说，全世界柑橘的老祖宗是中国，可是近几十年来我们的柑橘退化了，原因是缺少科技人员对改良品种进行专门研究。当时，我国驻摩洛哥大使说，在摩洛哥植物园有一位法籍著名柑橘专家对我国很友好，使馆和他有交往，能否考虑请他去中国讲学。周总理当即表示，我们可派几位专家先来看看，然后再邀请这位专家去中国讲学。

外交史上的一座丰碑

周总理不仅以应对国际纷争和棘手难题的卓越才思而著称于世，尤其注重探求和总结国际关系中存在的普遍规律和共同准则，以推进世界秩序、国际关系向公正合理、和平发展的方向进展，显示了一代大外交家高瞻远瞩的战略理念和伟大气魄。20 世纪 50 年代，周总理同亚非国家领导人倡导的和平共处五项原则和万隆会议十项原则成为当今世界建立良好国际关系的基石。此次非洲之行，周总理自始至终积极倡导中国同非洲与阿拉伯国家关系五项原则和中国对外援助八项原则。为此，周总理同所访国领导人和友好人士进行了深入讨论、充分协商，获得广泛共识，并以发表联合公报的方式正式公布于众，这些原则被非洲国家媒体放在突出位置加以报道和介绍，对各国的影响深广。

关于中非关系五项原则，周总理考虑到埃及在阿拉伯国家和非洲国家的重要地位，首先听取纳赛尔总统的意见。周总理郑重宣布，中国政府在处理同阿拉伯各国的关系时，一向坚定不渝地采取以下立场：第一，支持阿拉伯各国人民反对帝国主义、争取和维护民族独立的斗争。第二，支持阿拉伯各国政府奉行和平中立的不结盟政策。第三，支持阿拉伯各国人民用自己选择的方式实现团结和统一的愿望。第四，支持阿拉伯各国通过和平协商解决彼此之间的争端。第五，主张阿拉伯各国的主权应当得到所有其他国家的尊重，反对来自任何方面的侵犯和干涉，并指出上述立场也适用于中国政府处理同非洲国家的关系。纳赛尔非常欣赏这五点立场，并赞同写进联合公报中。后来，周总理在访问阿尔及利亚、加纳、苏丹、索马里等国时，也都将中国处理同非洲国家关系的五项原则写进两国的联合公报。长期以来，中国同广大非洲和阿拉伯国家的政治关系就是严格坚持上述原则，因而友谊和合作不断发展。

中国政府对外援助八项原则，饱含着周总理同非洲朋友交换意见的结晶，总结了我国过去接受他国援助的切身体会和教训。周总理访非期间，广泛征求非洲国家对我国援助的意见。非洲国家纷纷表示，完全赞同我国对外援助的八项原则，并正式写进两国联合公报。据当年陪同周总理访问的国务院外事办公室主任孔原说，八项原则是周总理在访问过程中边谈、边总结，经过反复考虑，同陈毅副总理和代表团成员多次讨论后归纳出来的。八项原则处处为受援国考虑，不附加任何条件，使我们对外经济援助的原则理论化、系统化、方针化，在非洲国家产生了很大影响。

周总理的非洲之行取得了历史性的丰硕成果，毛泽东主席为此十分高兴，破例到机场迎接周总理一行出访归来。1964 年 3 月 30 日至 31 日，第二届全国人大常委会和国务院召开联席会议，周总理连续两天做了《关于访问十四国的报告》，主要是介绍访非情况，内容丰富，引人入胜。

国际舆论和媒体对周总理访非予以高度赞扬和重视，评价这是中国同新兴非洲关系中的一个巨大成功。非洲国家媒体普遍以突出位置进行了报道和宣传，周恩来首次莅临非洲大地，证明了亚非两大洲在保卫世界和平的共同斗争中的相互关系，周恩来同非洲领导人会见是对亚非团结、全世界反对帝国主义战线和世界和平的新的贡献，周恩来总理首次对非洲进行意义重大的访问，不仅表示中国人民对我们大陆的极大关心，而且表示了他代表六亿五千万中国人民对我们的信任。西方媒体认为，周总理理访非是亚非政治和整个东西方关系中的一个重大的新发展，具有长期的重要意义。

周恩来总理倡导的中非关系五项原则和我国援外八项原则，不仅在当时表达了亚非新独立国家的共同愿望，并且成为建立新型的公平、公正、合理的国际政治经济新秩序的先声和范例，在今天依然显示出其强大的生命力和指导作用。这些原则是和平共处五项原则和万隆会议十项原则的发扬光大，永远在人类外交史册上熠熠生辉。

| 作 | 者 | 简 | 介 |

　　万经章，1941 年生。山东济南人。1965 年和 1967 年先后在北京外国语大学英语系本科和翻译班（研究生）毕业。1967 年参加工作，先在外国驻华使馆和记者处任中文秘书，后在中国驻冰岛和瑞典大使馆、外交部国际司、中国常驻联合国代表团工作，历任大使秘书、办公室副主任、国际司处长、参赞、中国常驻联合国代表团政务参赞、中国驻安理会候补代表等职。1992 年，由中国政府借调至纽约联合国总部任高级政务官，协助秘书长处理地区冲突、安理会改革、制裁委员会等多边政治事务。

　　2004 年退休回国后，被聘为大学客座教授，并担任外交笔会副秘书长、中国联合国协会常务理事等职务。先后在多家国内报刊上发表文章，主编或参与编写《风云际会联合国》、《别样风云》等外交亲历丛书，著有《梦幻大陆——美国》、《海岛明珠夏威夷》等书。

五星红旗第一次在联合国上空升起

万经章

（常驻联合国代表团原参赞，联合国高级政务官）

在联合国的工作日，每天都可以看到 193 个会员国的国旗在联合国上空迎风飘扬。这 193 面五彩缤纷的旗帜，沿着纽约中城第一大道东侧一字儿摆开，略呈弧状，在联合国总部大厦西侧的广场上飞舞招展，蔚为壮观，构成了世界上独有的一道亮丽而特殊的风景线。在这硕大的国旗长列中，中国的五星红旗格外鲜艳亮丽，特别引人瞩目。五星红旗是什么时候开始在联合国总部上空高高升起的呢？新中国又是怎样恢复联合国合法席位，重返世界上最大的国际舞台，巍然屹立于世界民族之林的呢？

重返联合国的漫长历程

联合国是 1945 年第二次世界大战后诞生的最大、最具权威性的政府间国际组织。中国是第二次世界大战的战胜国，是联合国的创始国之一，也是联合国最高权力机构安全理事会的五个常任理事国之一。中共

1945 年，董必武在联合国宪章上签字

元老董必武就是当年出席联合国成立大会的中国代表团成员之一，有董老亲笔签字的联合国宪章影印件就陈列在联合国总部公众接待大厅的显著位置。

联合国成立之后，中国的席位由当时的南京国民党政府占有。1949年，蒋家王朝被推翻，10 月 1 日，中华人民共和国在北京宣告成立。根据国际法，在出现政权交替的情况下，中国在联合国的席位理应由中华人民共和国继承。但是，在美国等西方国家的庇护下，逃到台湾的蒋家王朝仍然盗用中国名义，继续占据着中国在联合国席位，赖在联合国不走，新中国在联合国的合法代表权问题也就迟迟得不到解决。

从新中国成立后的第二年开始，苏联等一些友好国家即在联大年会上提出审议"中国代表权问题"。对此，美国一开始采用"缓议"策略，屡屡推迟对中国代表权问题的审议。进入 20 世纪 60 年代，随着亚洲与非洲新兴国家大多转而支持中华人民共和国，美国的"缓议"策略难以为继。于是，美国在 1961 年联合国大会前玩弄程序把戏，将"中国代表权问题"列为"重要问题"，要求任何有关决议都必须获得会员国三分之二多数票方能通过。在美国尚能影响相当多国家投票态度的情况下，这无疑再次推迟了正义的到来。在美国持续的阻挠下，台湾当局代表得以继续窃据联合国中的中国席位，而占世界人口四分之一的新中国依然被排斥在联合国大门之外。

20 世纪 60 年代后期，世界发生了翻天覆地的变化，中美双边关系也开始出现一些微妙的松动。在此背景下，主张立即恢复中华人民共和国在联合国合法席位的呼声日渐高涨，美国的"重要问题"伎俩已走到穷途末路，由新中国取代台湾当局在联合国席位已是大势所趋。美国对此心知肚明，但仍不甘心失败，于 1971 年处心积虑地抛出了"双重代表权"提案，垂死挣扎，妄图在联合国制造两个中国。

然而，机关算尽太聪明，美国的如意算盘再次以彻底失败而告终。在 1971 年 10 月 25 日举行的第 26 届联合国大会上，由 23 个友好国家联名提出的"恢复中华人民共和国在联合国的合法席位"决议草案（史称"两阿提案"，因为提案国以阿尔巴尼亚和阿尔及利亚打头）付诸表决。当天晚上 11 时 20 分，"两阿提案"以 76 票赞成、35 票反对、17 票弃权的压倒性优势顺利通过，决定"恢复中华人民共和国的一切权利，承认她的政府的代表为中国在联合国组织的唯一合法代表并立即把蒋介石的代表从它在联合国组织及其所属一切机构中所非法占据的席位上驱逐出去"。这就是具有划时代意义的联合国第 2758 号决议。决议通

1971 年 10 月 25 日，第 26 届联合国大会通过恢复中华人民共和国在联合国的合法权利的提案后，代表们热烈鼓掌

过后联合国内外一片沸腾，许多国家的代表为胜利而欢呼雀跃，相互拥抱，有些非洲国家如坦桑尼亚的代表萨利姆大使等甚至当场在联合国大会堂里跳起舞来，热烈庆祝这个震撼世界的时刻。联合国大会堂内欢声雷动，只有少数几个国家如美国、日本等国的代表在交头接耳，黯然神伤。这一历史性事件是 22 年来中国和友好国家共同努力奋斗的结果，是国际正义力量的重大胜利，显示了国际潮流不可阻挡。世界历史从此翻开了新的一页。毛泽东主席曾感叹道：中国是被非洲国家抬进联合国的。当时，投赞成票的 76 国中，非洲有 26 国；而在 23 个提案国中，非洲占了 11 国。

翌日，时任联合国秘书长吴丹致电中华人民共和国外交部代部长姬鹏飞，正式向中方通告联合国大会第 2758 号决议内容。同日，吴丹在录制题为"恢复中华人民共和国的一切权利"的视频声明中表示，他坚信中华人民共和国恢复联合国席位是国际局势明显好转的证明，并会最终巩固和加强联合国。

联合国第一次升起五星红旗

就在联大2758号决议表决结果宣布之前，台湾当局的代表眼见大势已去，灰溜溜地提前离开了联合国大楼，代表台湾当局的"青天白日旗"在10月25日那天降下之后，在联合国也就永远消失了。

新中国正式恢复了在联合国的合法席位，中国的五星红旗理应于决议通过后的次日在联合国上空升起。但是，形势发展太快，各方都没有准备，当时的联合国总部根本就没有中华人民共和国的五星红旗。而且，由于中美还没有实现关系正常化，在当时的纽约也根本找不到符合联合国国旗标准的大尺寸五星红旗，所以，从10月26日起，原本悬挂中国国旗的不锈钢旗杆只好十分醒目地空在那里。为了尽快升起中国国旗，联合国秘书处照葫芦画瓢，根据收集到的图样，于10月底前就地制作出一面与其他会员国国旗大小相同的五星红旗。

11月1日8时许，在联大第2758号决议通过后的第七天，两名联合国警卫手捧这面特制的五星红旗正步走到虚位以待的第23号旗杆前（当年中国在大会堂的座次排名顺序），庄重地将这面具有特殊意义的国旗缓缓升到银白色旗杆的顶端。联合国总部上空第一次升起了鲜艳的五星红旗！

那天，纽约曼哈顿的天气特别晴朗，艳阳高悬，习习的微风将五星红旗缓缓吹拂开来。鲜亮的红旗在晴空中迎风飘扬，格外醒目。多名联合国秘书处官员、常驻联合国的外交官、新闻界人士以及爱国华侨目睹了这一庄严而欢快的历史时刻。

五星红旗在联合国上空的升起，标志着中华人民共和国正式登上了联合国这个世界上最大、最权威、最具代表性的国际大舞台。

中国代表在联合国闪亮登场

联合国第 2758 号决议是一个让中国人欢欣鼓舞的好消息。在被剥夺合法权利 22 年之后，新中国终于被请回到本该属于自己的席位上，成为世界民族之林中的平等一员，并将以一个亚洲大国和安理会常任理事国的重要身份参与到维护世界和平与安全等一切国际事务中。同时，联合国也为中国维护自己正当的国家权益、推行具有中国特色的独立自主的外交路线提供了一个重要而广阔的国际舞台。

决议通过的第二天，毛泽东主席在北京亲自主持会议，讨论中国派团到联合国去的问题。毛主席说，过去讲不急于进联合国，是老皇历了，不算数了，现在不去就脱离群众了。我们要学阿庆嫂，在国际交往中不卑不亢。毛主席还亲自点将，让当时的外交部副部长乔冠华任团长，由熊向辉和黄华任副团长，立即组团前往纽约参加正在进行中的第 26 届联合国大会。周恩来总理在我代表团行前也做了重要指示，要求代表团不以大国自居，要平等协商，不干涉别国内政，要遵循国家不论大小一律平等的原则。代表团出发前，叶剑英元帅还特地写了《送乔老爷上轿》诗一首，为代表团壮行。

11 月 8 日，中国代表团的先遣人员抵达纽约。随后，中国代表团主要成员从北京途经法国巴黎飞抵美国纽约，在肯尼迪机场受到联合国礼宾司官员和手举自制五星红旗的爱国侨胞的热烈欢迎。在中美关系尚未实现正常化的情况下，中国官员来到纽约，欢迎人群中第一次出现五星红旗，这引起了不少轰动。海外炎黄子孙无不激动万分，美国各大媒体纷纷在显要位置对此进行了报道。

11月12日，中国代表团主要成员乘坐悬挂着五星红旗的轿车第一次来到联合国总部，各国记者和使节蜂拥围观，场面十分热闹。11月15日，第26届联合国大会主席马利克（印度尼西亚外长）主持联大会议，欢迎新中国代表莅临并听取新中国代表的首次发言。

那一天，庄严宽敞的联合国大会堂里座无虚席，挤满了早就前来听会的各国代表以及全球媒体驻联合国记者。当大会主席邀请中国代表上台演讲时，身着中山装的中国代表团团长乔冠华气宇轩昂地走上主席

1971年11月，中国代表团团长乔冠华在第26届联合国大会上发表讲话

1971 年，中国代表团团长乔冠华在第 26 届联合国大会讲话后开怀大笑

台，用铿锵有力的声音代表新中国发表了振奋人心的演讲。他说，把蒋（台）代表驱逐出联合国和所属一切专门机构是全世界人民的共同胜利，是敌视、孤立、封锁中国人民图谋的失败，是企图制造"两个中国"的计划的破产。国家不分大小，应一律平等，中国坚决反对霸权主义和强权政治。

联合国大会堂第一次响起的中国声音，犹如一枚重磅炸弹，震波遍及全世界。乔冠华演讲之后，大会堂内掌声雷动，许多国家的代表争先恐后跑到中国席位前与新中国代表握手致贺，首次登场亮相的中国人俨然成了联合国里的明星，"乔老爷"开怀大笑的照片就是在这个时候由在场的一位美国记者抓拍的。中国代表讲话之后，57个友好国家的代表当场发言，对中国重返联合国表示欢迎和祝贺。从这一天开始，中国扬眉吐气，以崭新的姿态开始了以联合国为中心的多边外交工作，新中国外交就此开启了一个令人刮目相看的新时代。

在联合国的影响力与日俱增

中国恢复在联合国的合法席位迄今已经50多年了。半个世纪以来，中国一贯遵循联合国宪章的宗旨和原则，本着大小国家一律平等与和平共处五项原则，积极参与联合国各个领域的工作，发挥了越来越重要的作用。

1971年重返联合国以后，新中国一扫蒋（台）政权26年来依附美国的附庸颓风，以崭新的姿态走上联合国舞台，其独立自主的外交路线为联合国带去了满满的正能量。从1971年乔冠华在联合国大会堂的仰天大笑到1974年邓小平在纽约出席第六届联合国特别大会，庄严宣布中国永远不称霸，不做超级大国，再到后来历届中国领导人对联合国的访问；从中国代表在安理会威胁使用否决权到偶尔"露峥嵘"，敢于在关键时刻依据宪章赋予的权利投下具有决定意义的一票，中国在联合国事务中越来越成熟，越来越给力。特别是党的十八大、十九大以来，中国的综合国力不断壮大，中国独立自主的外交政策正在显现出其独特的优势。

在联合国政治领域，中国从过去的介入不深到今天的积极参与，直至在不少领域发挥引领作用，中国的作用更为凸显。最突出的例子莫过于在安理会投票问题上的变化。中国是负责任的大国，虽然否决权被认为是综合国力的重要组成部分，但中国历来慎之又慎，是否决权使用最少的常任理事国。但不使用不等于不敢用，有时单单威胁使用否决权也能产生巨大的威慑作用。一个多以温良恭俭让形象示人、即使有不同意见也往往选择弃权的中国，在关键时刻敢于亮剑，勇敢地站到了世界的聚光灯下。它向世人表明，中国是一个认真负责的大国，在涉及维护联合国宪章和捍卫我核心利益问题上，中国的立场是坚定不移的，中国人说话是算数的！中国坚持公平正义，积极全面参与联合国政治领域的工作，在历届联合国秘书长选举问题上，在解决地区冲突、反对恐怖主义以及联合国改革等一系列问题上都发挥了至关重要的作用。

在联合国维和领域，自 1989 年首次参加联合国维和行动以来，中国迄今已成为联合国派遣维和人员最多的安理会常任理事国，先后参与了联合国近 30 项维和行动。同时，在维和资金摊款方面，中国忠实履行常任理事国的特殊义务，为联合国维和作出了巨大的财务贡献。中国用实际行动体现了一个负责任大国对联合国使命的支持。中国的积极参与得到了国际社会的普遍好评，中国参与联合国维和行动人员的高素质和模范作用更是多次受到联合国表彰，这清楚地表明中国是维护世界和平与稳定的积极因素和中坚力量。

在经济和社会领域，中国积极推动落实联合国千年发展目标及 2030 年可持续发展议程，为在全球范围内消除贫困、救灾防病、气候变化、环境保护、能源安全、促进人类共同发展作出了举世瞩目的贡献。中国倡导的共建人类命运共同体的主张已得到国际社会的广泛认可和支持。随着中国国力的显著提升，中国分摊的联合国会费比额从 20 年前的不足 1％增加到今天的 12.01％，成为继美国之后的第二大会费缴纳国。会费比额的增加是中国国力日益增强在国际制度层面的客观反映，不仅意味着这个国家国际义务的增加，更切切实实地说明这个国家有能力有资格在联合国诸多领域扮演更重要的角色，是中国国际影响力大幅提升的重要标志。

与此同时，在联合国人事领域，中国也取得了长足的进步。越来越多的中国公民进入国际职员的行列，并有多人担任了联合国重要部门和联合国专门机构的领导职务。由于会费比额的大幅增加，中国在联合国系统将享有更多的地域员额，为更多的中国人进入联合国多边机构工作敞开大门。这对中国推行全方位外交无疑具有重要意义。

当今世界形势更加复杂多变。在霸权主义、单边主义逆流涌动的今天，联合国正面临着更加严峻的挑战。中国倡导建立合作共赢的新型国际关系，坚决维护联合国倡导的不干涉内政和尊重国家主权、独立、领土完整等国际关系基本准则。中国作为一个爱好和平、公正无私、勇于负责的大国形象在联合国内外越来越深入人心。

联合国与中国密不可分，中国与联合国的全方位合作将使我们这个世界变得更美好。

｜作｜者｜简｜介｜

张庭延，1936 年生。北京人。1958 年毕业于北京大学东语系朝鲜语专业。

进入外交部后在亚洲司任职。曾三次被派往中国驻朝鲜使馆工作，历任随员、三秘、二秘，1986 年任使馆政务参赞。在亚洲司工作期间历任副处长、处长、参赞，1989 年任副司长。其间曾为毛泽东、周恩来和邓小平做过翻译。1992 年中韩建交后，出任中国驻韩国首任大使。

1998 年退休，曾任前外交官联谊会理事、北京市政府外事顾问、山东大学韩国学院名誉院长，现任中韩友好协会副会长、外交笔会理事。

与夫人合作有《出使韩国》、《永远的记忆》、《无穷花之邦——韩国》等著作。

我为伟人做翻译

张庭延

（外交部亚洲司原副司长，驻韩国大使）

我生长在北京，1958 年毕业于北京大学东语系朝鲜语专业，后分配到外交部工作。我最大的荣幸是，为毛泽东、周恩来、邓小平三位伟人做过翻译，永生难忘。

毛主席考我北京话

1970 年 6 月 26 日是我最紧张，也是最难忘的一天。这天下午，毛主席在人民大会堂接见了朝鲜党政代表团。当身材魁梧的毛主席穿着灰色的中山装出现在接见厅时，我兴奋激动不已。这是我第一次为毛主席做翻译，也是第一次那么近地看到他老人家。客人到达时，毛主席在门口迎接，与他们一一握手，然后落座开始交谈，我坐在毛主席身后。翻译前，我就听说主席的湖南口音很重，加上翻译时高度紧张，有的话没听懂。参加陪见的王海容同志在我旁边重述。

开始不久，毛主席发现我听不懂他的话，就转过头来看了我一眼，问道："你是哪里的人？"我答："北京人。"毛主席又问："那么我考考你北京话，这个叫什么？"说着，他举起了桌上的火柴盒。我忙答："火柴。"主席摇了摇头。我又答："洋火。"毛主席仍然摇了摇头。不知哪儿来的灵犀，我突然答道："取灯儿。"这时，主席点了点头，笑了。在座的人也随着笑了起来。这时我感到紧张的气氛有所缓和，听毛主席的话也好像容易了许多，完成了这天的翻译任务。

会见后，周总理很关心，对我说："要放松，不要那么紧张嘛！"我知道，这是对我的批评，也是对我的鼓励。当年7月上旬，毛主席在上海接见朝鲜军事代表团，我又一次为他做翻译，工作比较顺畅。会见结束后，毛主席幽默地问我："你是朝鲜人?！"我赶忙摇摇头，这时毛主席笑了。

当年10月上旬，金日成首相秘密来北京，会见毛主席、周总理。金日成是北京的常客，据不完全统计，他一生正式或非正式访华达40次。对这次金日成来访，毛主席很重视，准备设宴为他接风。按国际习惯，毛主席可在自己的住地招待金日成，但为了显示中朝的特殊友好关系，毛主席决定去金日成下榻的钓鱼台国宾馆十八楼，为他设宴。

当年的钓鱼台国宾馆十八楼，虽是最高档次，多下榻外国首脑，但与后来重新改造相比，条件并不是很好。进门后是一个长长的走廊，比较窄憋，走到底向右拐，是一个大的会客室，可以举行会晤和会谈，而缺少一个设宴招待客人的地方。好在走廊尽头有一个大房间，可以摆一圆桌，招待金日成。地点选定后报告了周总理，获得首肯。当日请客的菜单，也是周总理过目后确定的。我的记忆里有红烧肉，是毛主席的最爱，也是金日成的最爱。

金日成得知毛主席要来十分兴奋，很早就更衣下楼到门厅等候。金日成与毛主席、周总理交情很深，晚 7 时许，毛主席乘车到达，金日成迎上前去，热烈握手。毛主席与金日成并肩走向走廊，毛主席问，几年没见，你还好吧？金日成回答，我很好，还年轻，主席的气色很好。

这天晚上，毛主席陪金日成吃了饭。席间，毛主席还给金日成夹了一块红烧肉。金日成感谢，说多年没吃了，很香。饭后，毛主席陪金日成到会客室，坐下交谈。金日成说，他这次来，就是想听听毛主席对国际形势的分析。毛主席说，美苏争霸，天下不太平。主席分析国际形势后对金日成说，我们目标一致，站在一条战线上。金日成点点头。毛主席又说，你这次来多住几天，让周总理和你好好谈一谈。金日成笑看周总理，表示完全同意。

这次金日成秘密访华后，接下几年他每年来北京，有时一年还来两次。

日理万机的真正含义

1971 年 7 月 14 日，我作为翻译，随同周总理乘专机秘密赴平壤，会见金日成首相，通报基辛格访华情况和中美关系变化。此前我已多次为周总理做过翻译，最早是 1963 年，周总理在西花厅家里设午宴招待朝鲜艺术团。那之后，我出国到平壤中国驻朝鲜使馆工作。回国后，从 1970 年起，又为周总理做翻译。周总理在与客人的交谈中都谈到当时的日本形势，一次提到"佐藤政府"，我一下子卡了壳，不能准确译出"佐藤"，幸好客人懂日语解了围。事后，周总理交代，编一本日语人名、地名手册，给不懂日语的英语、法语翻译提供方便。我感到自责，也背了不少日语人名和地名，后来给周总理做翻译就比较顺畅。随同周总理赴平壤会见金日成，我深感肩上任务之重。

周总理日理万机，之所以决定赴平壤，是因为7月上旬美国总统尼克松的外交特别助理基辛格刚刚结束对北京的访问，中美关系将要出现一个转折性的变化。这是毛主席根据国际局势的变化作出的战略决策，周总理与基辛格多次会谈，即将发表中美联合公报。中美关系长期互相敌视和对立，一旦松动和改善，一些国家可能不理解。周总理决定在百忙中前往平壤面见金日成，通报基辛格访华有关情况，主要是这个原因。

周总理和金日成的关系非同一般。金日成每次来北京，除会见毛主席外，都要与周总理长时间会谈，深入分析国际形势发展。两人除在北京见面外，1958年冬天，周总理还曾访问朝鲜，与金日成会谈后宣布，为了朝鲜半岛的和平稳定，中国人民志愿军将于当年撤出朝鲜。周总理和金日成情谊深重。

周总理乘坐专机清晨起飞，直飞平壤。我看到，周总理在飞机上也没有休息，还在阅读文件，思考问题，心里深感不安。那几年，我除为总理做翻译外，还不止一次参加过总理主持的会议，而且时间多在夜间，也就是总理结束白天的繁忙日程后腾出时间来开会，这使我懂得了日理万机的真正含义。专机飞行最短的航线，只一个小时多一点，即降落在平壤顺安机场。

金日成首相亲自到舷梯旁迎接周总理，他用中文说"欢迎，欢迎"，周总理说"首相迎接，不敢当"。在去宾馆的路上，金日成担心周总理劳累，请他上午休息一下，下午会谈。周总理表示感谢，但说吃过早点后就可以开始谈，不知首相时间如何。金日成表示，没有问题。金日成一直把周总理送到下榻的平壤酒岩山宾馆。

这座宾馆坐落在流经平壤的大同江畔，依山傍水，环境优雅，是当时外国领导人访朝的最好住处。这天上午 10 时，金日成再次来到宾馆，周总理与他开始了会谈。周总理精辟地分析了国际形势和美国对外政策的变化，深入地说明了中国与美国改善关系的考虑，详细介绍了基辛格来访会谈的主要内容，用了整整一个上午。午饭后，周总理稍事休息，下午 4 时又与金日成举行第二次会谈，就有关问题交换意见。金日成自始至终注意倾听周总理的发言，感谢周总理在百忙中亲自来平壤通报情况，表示朝党中央政治局将讨论这一问题。

当晚，金日成设宴款待周总理，并挽留他在平壤休息一夜。周总理婉谢金日成的好意，称有不少问题等待处理，还是当晚飞离平壤。回到北京，已是午夜时分。

1972 年 2 月尼克松总统正式访问中国后，周总理又一次前往平壤，向金日成首相通报有关情况，也是当日往返。周总理不辞辛苦、为国操劳，不愧是国人的榜样。

邓小平与金日成会谈一整天

1978 年 9 月 9 日，是朝鲜建国 30 周年，朝党和政府决定隆重庆祝。应朝鲜党和政府邀请，考虑到中朝传统友好关系，中央决定派邓小平副总理率领党政代表团前往平壤，参加朝鲜方面举行的庆祝活动。

邓小平与金日成的关系很深。这不仅是因为 1975 年金日成访华时周总理会见金日成时说过，请他以后有事找邓小平，还因为在此之前邓小平就与朝鲜领导人有着多次交往。1962 年朝鲜劳动党召开第四次党代表大会，邓小平总书记率中国共产党代表团前往平壤参加，受到

金日成首相的热情接待。1964 年赫鲁晓夫下台后，邓小平又秘密访朝，
与金日成就国际共运问题深入交换了意见。1975 年 4 月金日成主席正
式访华，这是他根据 1972 年 12 月朝鲜修改宪法由多年担任内阁首相改
任国家主席后第一次正式访华，除毛主席在中南海寓所、周总理在医院
会见外，欢迎宴会和会谈均由邓小平主持，两人就两国关系和广泛的国
际问题交换了意见。不仅如此，金日成到南京访问，邓小平又专程赶到
那里迎接并陪同乘船游览长江。

当时，我正准备结束在北京的休假返回中国驻朝鲜大使馆。外交
部把我留下，安排随团访朝为邓小平做翻译，使我得到这个难得的机
会。经过繁忙的准备，中国党政代表团于 9 月 8 日乘专机前往平壤。专
机于上午 11 时许抵达平壤顺安机场，迎接邓小平副总理的是朝鲜国家
副主席朴成哲，机场还有上千人的群众欢迎队伍。根据朝方的安排，
邓小平下专机后直接前往主席府，与金日成主席会晤。

新建的主席府坐落在平壤市东郊，又称锦绣山议事堂，是金主席
居住、办公、会见外宾的地方。刚落成不久的这座建筑，规模宏大。宽
大的前厅，可安排国宾检阅仪仗队。楼上有会见厅、会谈厅和宴会厅，
还有金主席的办公室。主楼西侧是大型宴会厅，可以举行近百桌宴会。
整座建筑气势恢宏，金碧辉煌，系传世之作。

邓小平到达主席府时，金日成满面笑容迎接。两人长时间握手问
候，之后检阅了仪仗队。登上二楼，两人落座亲切交谈，之后金日成设
午宴欢迎邓小平及代表团全体成员。邓小平送了一件国礼，宴会前他陪
金日成观赏了近一人高的雕漆花瓶，金日成一再致谢。

朝鲜这次国庆活动，除中国贵宾外，还邀请了几个国家的总统前
来参加，高级代表团来的也很多，但是朝方给予邓小平的礼遇最高。无

论是庆祝宴会，还是报告大会、庆祝演出，邓小平都被安排坐在金日成身边，位置显赫。朝方还安排邓小平由李钟玉总理陪同，前往朝鲜的咸兴市访问，并参加数万人的欢迎集会，邓小平发表了讲话。

更重要的是，金日成在繁忙的国事中，还专门抽出一整天时间，分上午和下午两次，在邓小平住地举行会谈，就中朝关系和国际形势问题深入交换意见。金日成介绍了朝鲜国内情况，饶有兴趣地听了邓小平对国际形势的分析和看法。

此次访问朝鲜，正值党的十一届三中全会前夕，实际上邓小平将他改革开放的构思最早告诉了金日成。

随同邓小平访朝担任翻译时，我已年过四十。访问回来后，我基本结束了翻译工作，而把更多的时间和精力投入到朝鲜半岛形势调研和事务处理工作之中。不过，就我一生而言，为毛泽东、周恩来、邓小平三位伟人做翻译的经历，将永志不忘。

|作|者|简|介|

　　黄桂芳，1939 年生。福建厦门人。外交学院毕业后进入外交部，历任部研究室科员，驻乌干达使馆随员、三秘，新闻司科员、副处长，办公厅参赞，国务院办公厅局长、外事办公室副主任。1991—2000 年先后任驻菲律宾、驻新西兰兼驻库克群岛、驻津巴布韦大使。

　　退休后，两度出任"中非合作论坛"礼仪大使，曾任外交笔会常务副会长。与人合译出版《天地万物之间》，著有《东方海上明珠——菲律宾》。21 世纪以来，曾撰写发表数十篇有关外交生涯和国际时政的论文。

中国东盟关系开创新未来

黄桂芳

（国务院原外事办公室副主任，驻菲律宾等国大使）

我于 1991 年 3 月出使菲律宾，在此前后曾随访、到过东盟多数国家。近 30 年来，我一直关注东南亚地区形势的变化，研究"东南亚国家联盟"（简称"东盟"）这一重要区域组织问题。由于历史上的种种复杂原因，中国与东盟的关系经历了增信释疑、相互信任、全面发展的过程。在此，我谨向为双方关系发展作出艰巨努力和卓越贡献的人们，致以崇高的敬意！

山水相连，源远流长

东南亚位于亚洲东南部，俗称"南洋"，西临印度洋，东连太平洋，南邻大洋洲，北邻中国、印度，具有重要战略地位。内有越南、老挝、柬埔寨、缅甸、泰国、马来西亚、新加坡、印度尼西亚、菲律宾、文莱和东帝汶等国家和地区。

我国与东南亚山水相连，人文相亲，人民间友好合作源远流长，是好邻居、好朋友、好伙伴。古代中国与东南亚各国的交通贸易和文化交流就建起海上通道，即"海上丝绸之路"，推动当时沿海各国的共同发展。它开创于秦汉，繁盛于隋唐，鼎盛于宋元，由盛至衰于明清。明朝时期，郑和（又称"三宝太监"）自1405年起"七下西洋"，留下了中国与各国人民友好交往的历史佳话，标志着海上丝路发展到了极盛时期。……时至2013年10月3日，习近平主席访问印度尼西亚，在国会的演讲中提出共建"21世纪海上丝绸之路"倡议，表示中国愿通过扩大同东盟国家各领域务实合作，互通有无、优势互补，共享机遇、共迎挑战，共同发展、共同繁荣。如今，"一带一路"已受到包括东南亚各国在内的100多个国家的热烈欢迎和积极响应。

1991年3月19日，黄桂芳大使向阿基诺总统递交国书

以邻为伴，与邻为善

新中国成立后，一贯奉行维护国家主权和安全、维护世界和平的外交政策。自 1950 年至 1991 年，中国在和平共处五项原则基础上同越南、印度尼西亚、文莱等 10 个东南亚国家建立外交关系。这期间，双方陆续解决了陆地边界、华侨双重国籍等问题，至于东南亚共产党问题，我们坚持独立自主、完全平等、互相尊重、互不干涉内部事务的党际关系四项原则，实践证明是完全正确的。

多年来，我国始终坚持睦邻、安邻、富邻和"亲、诚、惠、容"的周边外交政策。东南亚一直是中国周边外交的优先方向。我国同东南亚国家的双边友好合作关系近年来不断发展。无论是 1997 年亚洲金融危机，还是 2008 年国际金融危机，中国都为东南亚地区的金融稳定和经济社会复苏，承担起一个大国应尽的责任，赢得了东南亚国家的信赖。中国为维护地区稳定和促进发展展现的诚意，为拓展和深化双方各领域的合作奠定了坚实基础。与此同时，围绕南海岛礁及其海域权益争议问题，中国与菲律宾、马来西亚和越南通过友好协商，得以搁置，管控分歧。

中国东盟建立和发展关系

1967 年 8 月 8 日，东南亚国家联盟在曼谷成立。东盟系东南亚的政府间区域性合作组织，是亚太地区重要的经济实体。现 10 个成员国有印度尼西亚、泰国、菲律宾、新加坡、马来西亚、文莱、越南、老挝、柬埔寨和缅甸。宗旨是发展相互间政治、经济和军事合作关系。东盟秘书处设于印尼首都雅加达。1971年，东盟通过了《东南亚中立化宣言》。1976年2月，东盟第一次首脑会议签订了《东南亚友好合作条约》和《东南亚国家联盟协调一致宣言》，就东盟合作在政治、经济和安全方面提出目标和原则。1992年，东盟签署了经济合作框架协定和有效普惠关税协定。1993年7月，决定成立"东盟地区论坛"。

中国与东盟国家比邻而居，经济互补性强，合作空间广、潜力大。1991年7月，中国同东盟进行试探性的接触，开始建立对话关系。1994年，中国作为创始国成员参与东盟地区论坛的成立和支持东盟在地区安全中发挥主导作用，促进了东盟对中国的信任。1996年7月，中国成为东盟全面对话伙伴国。2003年10月8日，中国率先加入了《东南亚友好合作条约》，并成为首个与东盟签署《面向和平与繁荣的战略伙伴关系联合宣言》的国家。中国还第一个明确支持东盟建立东南亚无核武器区，第一个同东盟启动自贸区谈判，第一个表示希望建立中国东盟命运共同体。这些承诺和举措，为东亚区域合作发挥了示范和引领作用。

2001年11月，中国贸促会与东盟工商会于印尼雅加达组成中国—东盟商务理事会，企业可借助于商会资源，广开通商之路，开展投资合作。2011年，中国—东盟中心成立，作为中国和东盟成员国共同设立的政府间国际组织，充分发挥一站式信息和活动中心的作用，成为双方民心相通的使者、友好合作的桥梁、互惠共赢的平台。2012年，中国任命首任驻东盟特命全权大使。在中国的大力支持下，东盟的声誉与国际地位日益提高，影响力也日益扩大，成为东亚的国际舞台中心。

中国东盟关系全方位发展

2003 年，中国与东盟建立战略伙伴关系，揭开了中国—东盟关系史上崭新的一页。中国—东盟关系的发展，不仅惠及双方 20 亿民众，而且促进了地区乃至世界的和平稳定与繁荣。17 年来，在中国和东盟国家共同努力下，关系保持健康稳定发展势头。2019 年是双方落实《中国—东盟战略伙伴关系 2030 年愿景》的起步之年，双方紧密围绕中国—东盟合作的重点方向和优先领域，发挥自身优势，为促进双方各领域友好交流、深化务实合作继续作出不懈努力。

——政治互信不断增强。中国与东盟高层往来频繁，国家领导人的互访和出席东亚合作领导人系列会议，确立双方全方位、多层次友好合作的方向与目标，双方各层级、各领域对话、合作机制日趋完善。现有领导人和 20 多个部长级和高官对话合作机制，还有涉及政治、经济、文化、教育、安全、海上等各方面的半官方或民间的合作机制，2016 年又增加了"澜沧江—湄公河合作机制"（简称"澜湄合作机制"）。

——经贸合作迅猛发展。2003 年，双方建立战略伙伴关系之初贸易额仅为 782 亿美元，到 2017 年已增至 5148 亿美元。中国连续 10 年保持东盟最大贸易伙伴，东盟成为中国的第二大贸易伙伴。2020 年，东盟历史性地跃居成为我国最大的贸易伙伴。中国与东盟双方累计投资额从 1991 年的 5 亿美元增至 2016 年的 1779 亿美元，2018 年双向投资累计超过 2000 亿美元。

2002 年 11 月，中国和东盟领导人签署了《中国与东盟全面经济合作框架协定》，共同启动了中国—东盟自由贸易区的建设进程。2004 年

1月，自贸区的早期成果——"早期收获计划"开始实施。2004年11月，双方签署了《货物贸易协议》和《争端解决机制协议》，标志着自贸区进入全面启动的实施阶段。2010年，中国—东盟自由贸易区全面建成，成为涵盖11个国家、20亿人口、GDP达6万亿美元的巨大经济体，是发展中国家中最大的自贸区。

由中国和东盟国家经贸主管部门和东盟秘书处主办、中国广西人民政府承办的国家级国际性经贸交流合作平台——中国—东盟博览会自2004年起在南宁举办，同时还举办中国—东盟商务与投资峰会。二者有机结合，相互促进。该博览会以中国—东盟自贸区为依托，为各国企业进一步开拓市场、共同发展提供了新的机遇。

东盟是"一带一路"国际合作的优先方向和重要伙伴。2016年，中国与东盟各国领导人一致同意，推进"一带一路"倡议与《东盟互联互通总体规划2025》对接。如今"一带一路"基础设施建设项目正在东南亚国家落地开花。

此外，中国与东盟在金融、科技等领域的合作不断拓展。目前，东盟国家在中国设立了30多家银行，中资银行机构与东盟各国银行建立的代理行、境外账户行超过150家。东盟与中国建立双边技术转移合作的国家增加到9个。中国以阿里巴巴、腾讯公司为代表的科技企业加大对东南亚市场的投资，逐步壮大地区运输、电子商务等成长型行业。

——人文交流日益密切。中国与东盟关系持续发展的原动力在于人民，双方大力完善合作机制，不断推动文明互鉴，筑牢民间友好纽带。近几年，中方举办了中国—东盟科技合作年、文化合作年、海洋合作年、教育交流年、旅游合作年和媒体交流年，推动双方人民心灵相通、情感相融。双方人员往来自2003年的387万人次，增至2019年的

5700万人次，首次突被5000万大关。双方互派留学生逐年增加，目前已超过50万人，其中东盟在华留学生接近10万人。中国在东盟国家设立文化中心已增至6个，并建立了38所孔子学院和35个孔子课堂。现每周有4500多架次航班来往于中国与东盟国家，中国已成为东盟第一大境外游客来源地。至2020年12月，中国与东盟已结成219对友好城市。

——南海形势趋稳趋缓。在南海问题上，中国坚定维护国家主权和海洋权益，同时始终致力于同直接当事国通过谈判协商，妥善解决争议，反对域外国家插手干涉。在中国和东盟国家共同努力下，双方在落实《南海各方行为宣言》上取得重要进展，达成"南海行为准则"框架。菲律宾杜特尔特政府对2016年所谓"南海仲裁案"结果采取搁置态度。目前，双方共同宣布启动"南海行为准则"下一步案文磋商，充分展现了地区国家通过对话协商处理分歧、维护南海和平稳定的共同意愿，也显示出地区国家有信心、有智慧、有能力妥善处理好南海问题，使南海成为和平之海、友谊之海、合作之海。

——安全合作成效显著。中国与东盟在军事防务等传统安全领域的互动不断增多。双方一直通过东盟防长扩大会议开展相关合作，2015年首次在北京举行中国—东盟防长非正式会晤，同年还举行中国—东盟首次执法安全合作部长级对话。双方一致同意促进该机制向更加务实的方向发展。2018年8月，中国与东盟国家在新加坡进行了中国—东盟海上联演桌面推演。10月，中国与马来西亚、泰国在马六甲海峡举行海上联演；中国与东盟还首次在南海水域举行联合军事演习。此次演习是深化中国与东盟防务安全合作、增进互信的重要行动，对维护地区和平稳定、抵御域外势力的干扰破坏也具有重要意义。此外，在非传统安全合作领域，中国同东盟的互动也取得突破，成功举行了首次大规模海上联合搜救实船演练。双方还在不断完善机制，共同应对恐怖主义、自然灾害、跨国犯罪、跨境传染病等挑战。

中国与东盟共建命运共同体

中国与东盟国家是山水相连、唇齿相依的友好近邻，也是休戚与共、有福同享的战略合作伙伴。1991 年建立对话关系，特别是 2003 年建立战略伙伴关系以来，中国和东盟形成了全方位、多层次、宽领域的合作格局，形成了政治上相互尊重、经济上相互促进、安全上互相信任的良好态势，务实合作取得丰硕成果。中国—东盟关系已成为东盟同对话关系中最具活力、最富内涵的一组关系。

当前，中国与东盟自身发展都迈入新时代，中国—东盟战略伙伴关系发展处于承前启后、提质升级的关键节点，进入全方位发展的新阶段，面临着新的机遇和广阔前景。双方正抓住新契机，加强发展战略对接，推动"一带一路"建设，深化经贸、创新和人文等领域的合作。以《中国—东盟战略伙伴关系 2030 年愿景》为指引，打造更高水平的战略伙伴关系。

2019 年 11 月，在东亚合作领导人系列会议期间，李克强总理与东盟 10 国领导人共商合作大计，达成系列重要共识和成果，为中国—东盟关系提质升级注入新动力。双方共同推动地区经济融合。中国—东盟自贸区升级《议定书》全面生效，区域全面经济伙伴关系协定（RCEP）15 个成员国整体结束谈判。双方发表关于"一带一路"倡议同《东盟互联互通总体规划 2025》对接合作的联合声明。双方愿共同维护地区和平稳定。中国和东盟国家愿妥善处理分歧，积极推进"南海行为准则"磋商，一致同意按照"三年愿景"，争取2021年或更早达成准则。

展望未来，中国与东盟应继续携手努力，以《中国—东盟战略伙伴关系2030年愿景》为指引，不断提升合作水平，更多造福双方人民，并为地区发展繁荣作出更大贡献。

一是绘制合作新蓝图。双方已制定第四份《落实中国—东盟战略伙伴关系的行动计划》，同时扎实推进现有经济走廊，中泰铁路、中老铁路、雅万高铁等互联互通重点项目，为地区经济发展夯基垒台。

二是增强合作新动力。中国与东盟要以2020年双方数字经济合作年为契机，深化人工智能、大数据、网络安全、电子商务、区块链等领域合作。抓住中国—东盟自贸区全面升级和RCEP正式签署带来的新机遇，拓展贸易投资合作。发挥澜湄合作、中国—东盟东部增长区合作等次区域机制优势，共同促进区域可持续发展。

三是打造合作新品牌。双方要着眼构建中国—东盟蓝色经济伙伴关系，加强海洋生态保护、海洋产业、海洋科技创新等务实合作。办好中国—东盟菁英奖学金，加强青年交流，培养更多优秀人才。充分发挥中国—东盟合作基金作用，实施更多优质合作项目。

中国东盟关系经受住国际风云变幻的考验，共同培育了"互信、互谅、互利、互助"的中国—东盟合作精神。2020年初春，中国武汉、湖北暴发来势汹汹的新冠疫情，东盟10国领导人纷纷向中国表示诚挚的慰问，对中国抗击疫情给予宝贵的支持。2月5日，"铁杆朋友"柬埔寨首相洪森特意来华访问，展示柬政府和人民对中国抗疫的大力支持，诠释了患难与共的中柬命运共同体的核心要义。2月15日，东盟2020年轮值主席国越南总理阮春福发表东盟主席声明，表达了东盟对中国政府和人民以及国际社会应对此次疫情所作巨大努力的声援和大力支持。东南亚华侨华人纷纷伸出援手，慷慨解囊，以各种方式支持中国抗疫斗争。在非常时期，更加彰显出广大侨胞的凝聚力、向心力和奉献精神。随后，东南亚几国也出现新冠病例，中国感同身受，表示愿提供力所能及的援助。2月20日，中国—东盟外长关于新冠疫情问题特别会议召开并发布联合声明，强调加强双方国际合作，共同应对疫情。指出，双方"致力减轻疫情对各国经济社会发展的影响，共同维护本地区人员往来及贸易投资活动"，彰显出中国与东盟同舟共济、守望相助的深厚情谊，患难见真情。

尽管疫情会给双方经济造成不同程度的损失，但随着疫情的好转，中国和东盟各国的经贸合作和友好交往可望迎来强劲反弹，双方携手共建"一带一路"，构建更为紧密的命运共同体。中国—东盟关系一定会有更加美好的前景！

| 作 | 者 | 简 | 介 |

周刚，1937 年生。江苏徐州人。1961 年莫斯科国际关系学院毕业。1962 年加入中国外交部。1962—1970 年任外交部亚洲司科员。1970—1972 年任中国驻印度大使馆三秘、研究室主任。1973—1984 年任亚洲司副处长，驻孟加拉国大使馆党委委员、二秘、研究室主任，亚洲司处长。1984—1988 年任亚洲司副司长。1988—2001 年先后任中国驻马来西亚、巴基斯坦、印度尼西亚、印度大使。

被巴基斯坦总统授予 HILAL—I—PAKISTAN 高级勋章，曾获印度国际团结基金会的终身外交成就奖，印度德里泰卢固学会、印度市场和管理学院、印度—中国协会、印度全球教育者大会的年度奖和优秀外交官奖。

2001 年 8 月退休后至 2014 年任外交部特邀调研员、外交部外交政策咨询委员会委员。现任中印名人论坛秘书长、中国国际战略学会高级顾问、中国人民外交学会理事、中国改革开放论坛高级咨询委员、中国国际友好联络会理事、中印友好协会顾问、中巴友好协会理事。

大使生涯中的难忘故事

周　刚

（原驻马来西亚、巴基斯坦、印度尼西亚和印度大使）

从 1962 年进入外交部到 2001 年卸任中国驻印度大使，我将自己的青春和心血全部奉献给了新中国的外交事业。在纪念建党百年诞辰之际，我不禁激动地回忆起大使生涯中的一些难忘的故事。

热心帮忙的老朋友"嘎嘎"

1988 年 7 月，我出使马来西亚。抵达吉隆坡后，我关心何时递交国书。使馆多次向马外交部催询，对方迟迟不明确答复，只称马最高元首"公事繁忙"。

8 月底，我到任已一个月。着急的是，10 月 1 日是我国国庆节，届时中国大使要举行国庆招待会。这是使馆一年中最正式和盛大的活动，邀请的贵宾有政府部长、各部高官、社会名流、工商巨子、华人华侨领袖、驻马使节夫妇。请柬一般提前半月发出。如果我不能在 9 月中旬递交国书，就只能由大使馆临时代办名义发请柬。在中国新任驻马大使到

1988 年，周刚大使和夫人邓俊秉同马来西亚社会活动家萨丽哈"大姐"合影

任两个月的情况下，将给马各界人士和外国驻马使团不太吉祥的信息，即中马关系至少有点不顺畅。

幸运的是，我和夫人邓俊秉一到任，就结识了马哈蒂尔总理夫人的姐姐萨丽哈。她在社交界被尊称为"嘎嘎"（马来语："大姐"），是中国使馆的老朋友。9 月 2 日，她到使馆拜访我们。双方一见如故，她热情地要我们认她为"嘎嘎"，要我们不必拘礼，有事尽管找她。等了一个多月仍不见马方通知递交国书的日期，我们只得向萨丽哈"大姐"求援。"大姐"要大使放心，还幽默地说："看来外交部工作太忙，倒让阁下有机会多休息休息。不过，我想马哈蒂尔总理得知后，定会敦促外交部及时安排你递交国书，决不会延误中国新任大使出面主持国庆招待会。届时，我会亲自前来道贺。"

几天后，"嘎嘎"捎来佳音，总理已亲自过问，保证她决不耽误参加中国大使的国庆招待会。9月16日，在我抵达吉隆坡等了整整七周后，终于向马来西亚最高元首递交了国书。

"国舅"生日晚宴上同总理跳舞

1988年12月22日，我和夫人邓俊秉应邀出席马哈蒂尔总理的小舅子拉扎利·穆罕默德·阿里的60华诞晚宴。当晚的寿星是总理夫人西蒂·哈斯玛的弟弟，曾任州务大臣。"嘎嘎"是他的长姊。

宴会厅里挤满了前来道贺的至亲好友和达官贵人。他们中有政府部长、国会议员、三军将领、商业巨子。马哈蒂尔总理夫妇在主宾座位落座。我和夫人本来安排在第二桌。这时"嘎嘎"来到我们身边，代表寿星夫妇邀请我们到主桌就座。她亲热地说："你们是我们的朋友，是我家今晚邀请的唯一一对外国使节夫妇，千万不要见外，尽情和大家一道欢度良宵。"席间，总理夫妇介绍1985年访华的趣闻逸事。我们谈了到任后的感受。

晚宴结束前，开始了余兴节目。马来人能歌善舞。总理有一副浑厚动听的好嗓子，夫人也是训练有素的女中音。他们用马来文和英文演唱了两首优美的歌曲。当我们陶醉在欢快的气氛中时，寿星夫妇来到面前，邀请我们上台同总理夫妇一起跳迪斯科。我们来到总理伉俪身旁，随着音乐的节奏，跟着总理夫妇亦步亦趋地跳起来。我总是踏不准节奏。总理朝我友好地眨眨眼睛，仿佛在鼓励中国大使大胆跳。

生活在"巴铁"友谊的海洋里

我在巴基斯坦工作的近四年中，时刻都生活在友谊的海洋里。巴政府定巴中友好为国策，巴人民视中国人民为兄弟。不用说，国人妇孺皆知"巴铁"。

1991年5月10日，我抵达伊斯兰堡履新。18日，向巴总统伊沙克·汗递交国书。20日，巴总统出席中国大使馆举行的中巴建交40周年招待会。

5月19日，我和夫人到机场为访华的巴国民议会议长戈哈尔·阿尤布·汗夫妇送行。27日，我们又去机场欢迎他们访华归来。6月底，议长夫妇邀请邓俊秉教授作为主宾、我为贵宾，光临他们在西北边省首府白沙瓦府邸的午宴。7月4日，我们乘车前往白沙瓦。次日晨，议长夫妇来到饭店欢迎我们，并陪同参观游览。他请我们在越野车后座落座后，幽默地说："我为你们当司机，夫人给你们当向导，保管你们满意。"议长驱车带我们游览市容，之后将车停在白沙瓦古城堡前。巴边防军司令部设在城堡中。边防军司令欣然同意破例接待中国大使夫妇作为贵宾。司令为我们举行了庄严而隆重的欢迎仪式——头缠红色头巾，身着浅黑色短袍，脚蹬长筒皮靴的仪仗队，在军乐声中雄赳赳气昂昂地向中国大使夫妇行军礼。

中午，议长驱车带我们到他的府邸。这儿聚集了巴西北边省的主要军政要员和社会名流。个个都渴望结识新到任的中国大使夫妇，表示对中国的友好之情。我们向议长夫妇赠送了《中国外交40年》画册。我告诉大家，画册中有好几幅是中巴两国友好交往的照片，其中一幅是议长的父亲——前总统阿尤布·汗在1965年3月访华期间同毛泽东主

1991 年 7 月 5 日，周刚大使和夫人邓俊秉向巴国民议会议长戈哈尔·阿尤布·汗夫妇赠送《中国外交 40 年》画册

席会见时的合影。

我到任后的一个月中，巴方为我安排了最高规格的上任拜会：谢里夫总理、参议院主席萨加德、阿尤布议长、前总理贝·布托，以及众多部长和三军参谋长会见我。

1995 年 2 月 1 日，我拜会巴外交部礼宾司长，通报奉令调离事。

3 月 7 日，萨加德主席夫妇设宴饯行。19 日，贝·布托总理会见并设午宴款待。举行送别宴会、会见的军政要员有：前总理谢里夫、前看守内阁总理贾托伊和马扎利，外长、防长、工业生产部长，总理特别顾问，巴军参联会主席和三位陆、海、空军参谋长。我们还到巴四个省辞行，拜会省督，向总理的母亲努斯拉特·布托、前总统伊沙克·汗辞

225

行。巴政府和各界对中国大使夫妇离任的重视，充分体现了中巴关系的高水平，以及对中国和中国人民的深情厚谊。

3月21日，莱加利总统夫人请邓俊秉出席午宴送别。22日，莱加利总统会见我并授勋，同我进行了亲切友好的谈话。之后设午宴为我和夫人送行。他高度赞扬中巴友好合作关系，高度评价我在任职期间为发展两国关系所作的贡献。我衷心感谢总统和巴政府对自己工作的合作和帮助。

中午，总统府大厅举行隆重的授勋仪式。总统首席秘书宣读总统令。接着，莱加利总统授予我巴基斯坦新月勋章，表彰"为发展巴中关系、促进巴基斯坦经济社会发展和地区和平的贡献"。我致答词感谢。仪式后，在场的巴官员和使团长沙特大使，以及摩洛哥、法国、印尼、尼泊尔大使纷纷向我们表示祝贺。

随后，莱加利总统设午宴为我们夫妇饯行。总统特别对邓俊秉表示，"教授，你在巴基斯坦做了很多增进巴中友谊的工作，大使的勋章有你的一半"。

中央芭蕾舞团首访印尼

1997年7月，国内向我提出，中央芭蕾舞团（简称"中芭"）希望访问印尼并演出，请大使馆协助。7月11日，印尼—中国经济社会文化合作协会（简称"印中协会"）总财政白德明同我商谈"中芭"访问事宜。落实这次访演有不少困难。

首先要征得印尼主管当局同意。中国和印尼于1990年10月复交。"中芭"来访将是复交后中国国家级文艺团体首访印尼。印尼方持谨慎态度。为推动印尼方早日同意来访，大使馆向印尼外交部提出申请。与此同时，印中协会和印尼中华总商会（简称"中华总商会"）的负责人积极做印尼各方工作。特别是请印中协会总主席苏坎达尼做印尼高层工作。苏坎达尼先生出身贵族，是国会议员、知名企业家和社会活动家。他对华友好，多次访华。他热心支持"中芭"来访。因此，由他出面做工作，加上印中协会领导人和大使馆的努力，印尼主管部门很快同意。

其次，"中芭"队伍庞大，150多人。当年中国文艺团体出国访演，如果不是商业演出，解决往返机票和场地、广告、食宿、交通等费用很难。印中协会总财政白德明先生是有名的华商企业家。他幼年漂洋过海到印尼谋生，终生保留一股抹不去的桑梓情和中国结。这次"中芭"来访，由印中协会承办。印中协会和我委托白先生担任筹委会执行主席。芭蕾舞团团员将下榻白先生的酒店。华社领袖人物林绍良等人承担往返包机的全部费用，以及在当地的食宿交通。预订场地、印制请柬和入场券、刊登广告，也由华社朋友出资解决。令人感动的是，白先生还和华社为舞团团员提供演出津贴，每人每场50美元。这笔钱在今天看来不多，但20年前，体现了华社朋友的真挚情谊。

7月19日，芭蕾舞团抵达雅加达。当晚，白先生代表印中协会设宴为代表团洗尘。白先生、袁学团长和我先后致辞。20日，我和夫人为芭蕾舞团设午宴并联欢。

7月20日晚8时，"中芭"在国际会议中心举行首演。我和夫人陪同印尼文化教育部长瓦尔迪曼偕夫人、林绍良先生，以及40多位外国驻印尼使节出席。演出的是经典舞剧《天鹅湖》。演员们的精彩表演受到全场四千观众的热烈欢迎。很多华人观众表示，多少年都没有观看中华儿女的演出了，今天精彩的芭蕾舞和演员的精湛演技，使他们作为华

1997 年 7 月 20 日，印尼文化教育部长瓦尔迪曼（后排左八）登台祝贺中国芭蕾舞团首演

人而骄傲。外国使节们纷纷祝贺说，听说中国人跳芭蕾舞有点惊讶，没有想到这些青年演员跳得那么好，那么专业，一点也不比欧洲的著名芭蕾舞团差。21 日晚，"中芭"第二次演出。瓦尔迪曼部长再次光临。他说，昨天的演出太精彩了，今天我还要欣赏《古典女子四人舞》、《男子四人舞》、《红色娘子军》选段。22 日，金光集团董事长黄弈聪设宴慰问芭蕾舞团全体团员，赵汝蘅副团长致答词感谢。

斡旋营救被扣的浙江舟山船员

1997 年 2 月 19 日，大使馆获悉，四天前浙江舟山渔业公司 16 条渔船和 301 名船员在印尼东部杜阿尔港被海军扣留。使馆即向外交部报告，并制订营救方案，全馆动员。国务院领导非常重视，作了重要批示。外交部领导向印尼驻华大使做工作。同时要求我馆多做印尼方工作，争取早日放人放船。我馆派官员赶赴杜阿尔港探视慰问船员，解决船员生活必需品和药品。我先后约见印尼外交部礼宾领事总司长、内阁建设调控秘书、总监察长，并致函外交部秘书长。使馆领事参赞和经商公参亦分别约见印尼主管官员。

营救困难重重。原因有：第一，印尼方强调，舟山渔船无合法证件，悬挂印尼国旗，使用印尼船名，未经许可进入印尼领海，依法船只充公，船员入监。第二，此案涉及印尼军政司法多部门，已启动司法程序，处理需要时间。第三，印尼方对印尼轮船1996年在上海港被扣13个月心有怨气，强调中方并未友好解决。第四，部分印尼官员力主严惩，有人策划没收舟山渔船，以便廉价收购。

在异常困难的情况下，经国内同意，我致函苏哈托总统，详细介绍舟山渔船被骗经过。请总统和印尼政府充分考虑舟山渔船被骗事实，从两国友好大局和人道主义出发，尽快从轻处理。另外，我先后会见政府实权人物穆迪约诺国务部长。他建议解决此案应兼顾两个方面：一是印尼的法律。地方法院已于7月28日开庭，船长等人必须接受审讯。二是考虑两国友好关系，船员可全部释放。同时，我还通过华社领袖林绍良和总统的妹妹向总统做工作。经向总统府了解，总统已收阅我的去信，并批转穆迪约诺国务部长。据友人告，总统批示的精神是，在处理中国渔船被扣案件时"不可以牺牲与中国的友好关系"。舟山渔船案出现了转机。

9月20日，252名船员乘印尼遣返船离开阿杜尔港，25日抵达雅加达丹戎不碌港。我和刘永固参赞赶到丹港，登船看望船员，表示亲切慰问，并告诉他们，国务院领导、外交部和大使馆、浙江省、舟山市一直关心他们的安危。49 名船长和大副正在积极营救中。希望他们保重身体，早日平安回国同亲人团聚。10 月 1 日，在我国国庆的喜庆日子，252 名船员乘印尼航班离开雅加达，并于下午安抵广州。

9 月下旬，我先后会见总统秘书维多多、辛基总检察长和内阁建设调控秘书亨德罗，商谈释放船长和渔船事宜。双方同意，按尊重印尼法律、充分考虑中印尼友好关系、对等三原则，解决上述问题。

12 月 13 日，船长和船离开杜阿尔港。19 日，由在附近作业的舟山公司船队在公海接上 49 名船长和大副并驶回祖国。至此，被扣 10 个月的舟山船员和渔船案圆满地画上句号。对使馆的营救工作，外交部、林业部和浙江省政府给予很高评价。

递交国书的特殊安排

1998 年 4 月 22 日，我和夫人邓俊秉参赞抵达印度履新。新任大使在递交国书前是"候任大使"，一般不能以大使身份开展外交活动。在中印关系看来正常的情况下，印度防长于 5 月初声称"中国是印度的头号威胁"。接着，印度于 5 月 11 日和 13 日，先后进行了五次核试验。印度总理致函美国总统克林顿等九国领导人，声称印度进行核试验是因为受到中国威胁。印度无端指责中国毒化了中印关系气氛，使两国关系严重受挫。中国不能不强烈驳斥，并要求印度对此承担责任。

我向印度总统递交国书的安排也受到影响。按印方惯例，一般一次安排三位新任大使向总统递交国书。在我抵印后的一个多月里，只有白俄罗斯新大使到任。在中印关系明显恶化，双方不断就印度核试验进行交涉的情况下，中国新任驻印度大使能否尽快递交国书，不仅是技术问题，也是对印度口头声称愿意改善中印关系是否真诚的考验。印方一时颇费斟酌。5月22日，印方表示愿同中方对话，改善对华关系。其间，印度舆论和外国驻印使馆都关注中国新任驻印大使何时递交国书。

在此情况下，印方做了变通安排，即先安排白俄罗斯大使和我向印度总统纳拉亚南递交国书。1998年6月1日上午，我乘坐印方礼宾车，抵达总统府门前广场时，受到总统军事秘书迎接。我换乘马车，检阅仪仗队。总统军事秘书陪同我进入总统府礼宾大厅。印度外秘引见在大厅中央的纳拉亚南总统。我向总统递交国书。

入座后，总统同我进行了友好诚挚的谈话。他说，印中有几千年友好交往史，两国人民相互学习，为人类文明和进步作出过贡献。在近代，两国并肩战斗，共同反抗殖民主义和帝国主义侵略。印中分别获得独立和解放后，两国共同提出和平共处五项原则，这些原则已成为处理国家之间关系的基石。他回忆了在20世纪70年代中期两国恢复互派大使时他出使中国的愉快日子。他说，印中加强合作，促进人民交往，将有助于本地区和世界的和平、安全与合作。印中两个人口

1998年6月1日，周刚大使向印度总统纳拉亚南递交国书

大国可对世界作出应有的贡献。他强调，印中之间的共同点大于分歧点，分歧可以对话来消除。他相信，印中友好合作和睦邻关系将在和平共处五项原则的基础上稳步发展。他还表示，周大使具有多年从事印度和南亚地区外交工作的经验。在两国关系重要和关键时刻，一定能发挥重要作用。告别时，总统有力地久久同我握手。

1999 年 1 月 27 日晚，纳拉亚南总统会见当时在新德里参加对话的中国前驻印度大使程瑞声，我陪同前往。总统和夫人在客厅会见我们，气氛友好，谈话轻松愉快。总统说，当前国际形势出现了多元化趋势。超级大国凭借军事、经济和科技优势，企图将其意志强加于其他国家。印中两个最大的发展中国家的友好合作具有重大意义。印、中、俄罗斯三国友好虽不是对抗美国，但是可以平衡这个世界警察。他说，去年印中关系出现了波折。印度有人称中国是主要潜在威胁，我不同意这种看法。这种说法是错误的，我批评了这个人。现政府执政时间不长，政治上不成熟，缺乏经验，考虑不周。我认为，近年来中国经济发展速度超过印度。一个经济繁荣、力量强大并在国际上发挥重大作用的中国，无论对印度或其他发展中国家都是有力的支持。早在 20 世纪 50 年代，印度就充分感受到新中国的成立改变了世界力量的对比，对于印度维护独立和主权具有重大的意义。目前，印中都在集中力量进行建设。我完全赞同邓小平先生的观点，中国对印度不构成威胁，印度也不构成对中国的威胁。对当前两国关系中出现的事情，希望双方以大局为重，恰当处理，重新恢复两国的友好关系。

纳拉亚南总统的讲话高瞻远瞩，掷地有声，充分表现了他作为政治家的智慧和勇气，以及对中印关系发展的远见卓识。这对中印关系重新回到健康发展的道路，发挥了十分积极的作用。

｜作｜者｜简｜介｜

　　陆树林，1939 年生。上海人，祖籍江苏南通。曾在复旦大学、北京外国语学院（现北京外国语大学）学习英语，在印度德里大学、巴基斯坦卡拉奇留学乌尔都语。曾先后任驻特多、巴基斯坦大使。

　　退休后从事公共外交和写作活动，参与多个国际问题智库和文学社团的活动。在国内报刊和巴基斯坦报刊发表文章多篇。主编《中国和巴基斯坦的故事》。2002 年获巴基斯坦总统"巴基斯坦新月勋章"，2011 年获巴基斯坦亚洲文明协会"外交官终身成就奖"，同年获中国翻译协会"资深翻译家荣誉证书"。现为中国战略学会高级顾问、外交学院顾问、中巴友协执行理事。

中巴"铁哥们"的关系是这样炼成的

陆树林

（原驻巴基斯坦大使）

在庆祝中国共产党成立100周年这个伟大日子的时候，我们无不激情澎湃。100年来，中国人民在中国共产党的领导之下，经过艰苦卓绝的奋斗，推翻压在头上的三座大山，从站起来到富起来，再到强起来，经历了翻天覆地的变化。而在外交方面，从只有十几个国家承认新中国，从西方资本主义国家长期封锁、包围、遏制我们，到今天全世界180个国家同我们建交，我们的朋友遍天下。这说明我们党的光荣、伟大，说明我们党的外交政策英明、正确！

我个人的外交生涯同巴基斯坦密切相关。从1964年到巴基斯坦留学，到在该国四次常驻，在外交部也是长期主管巴基斯坦的事务，可以说亲历了中巴两国如何逐步发展成"好邻居、好朋友、好兄弟、好伙伴"的"四好"关系，再到今天"全天候的战略合作伙伴"和互称"铁哥们"关系的全过程。

双方坦诚相待、高度互信

1947 年巴基斯坦获得独立，两年后中国获得解放。作为两个刚摆脱帝国主义、殖民主义侵略和压迫的新生国家，相互还缺乏了解，但怀有善意。1950 年 1 月 4 日，巴基斯坦宣布承认新中国，接着于次年 5 月 21 日与中国正式建交，是世界上最早与新中国建交的国家之一，更是伊斯兰世界第一个同新中国建交的国家。

20 世纪 50 年代初，在美国的大力拉拢下，巴基斯坦加入《东南亚集体防御条约》组织，次年又加入《巴格达条约》组织，还同美国签订双边合作协定，成为双重盟国。巴方一开始就向中方说明，这样做完全是因为自身特殊处境和安全需要，绝对没有敌视中国的意图。中国采取了克制和宽恕的态度，坦诚地做巴方的工作，对其解释还表示相信和理解。我不禁想起，刚进入亚洲司工作时一位老同志讲的故事。有一次，一位巴基斯坦记者在采访报道中说，周恩来总理对巴加入两个条约组织表示理解。这位老同志想当然地认为，周总理肯定不会这样说，便立即起草报告，经领导审批后以新华社辟谣声明的形式发表了。该记者看了声明后，立即找我使馆申诉。周总理看到使馆报告后非常生气，对外交部进行了严厉的批评，并叮嘱一定要向那位记者道歉，做好善后工作。我这位同事说，这是他参加工作后犯的一大错误，教训很深，认识到做外交工作绝对不能想当然。

1955 年万隆会议期间，周总理同巴总理穆·阿里进行了两次会晤。周总理开诚布公的谈话，以及在会上表现的博大胸怀和求同存异、以理服人的态度博得了阿里的好感，双方一致认为应加强两国的交流与合作。两国总理的首次会晤增进了相互了解，促成了 1956 年两国总理互

1956 年 12 月，周总理访问巴基斯坦受到群众夹道欢迎

访，并受到对方热烈隆重的接待。巴总理苏拉瓦底访华时，毛泽东主席会见、宴请，周总理同他进行了四次会谈，还以亲笔题名的肖像相赠。2000 年，我在卡拉奇拜访苏拉瓦底的外孙女，在她的客厅里就看到毛主席、周总理亲笔题名的大幅织锦肖像。她还告诉我，外公是在排除许多压力和阻挠的情况下访华的，访问的成功使他十分高兴，连声说"这次访问中国是做对了"。

20 世纪 60 年代以后，随着国际和地区形势的变化，中巴关系迅速升温。1962 年，双方通过谈判就两国边界位置走向达成原则协议，并于 1963 年签订了《关于中国新疆和由巴基斯坦控制其防务的各个地区相接壤的边界协定》。这是本着互谅互让精神，通过友好协商解决历史遗留问题的一个范例。从此，两国边民和边防人员和睦相处，友好往来。特别是两国共同克服千难万苦，建成被称为"中巴友谊之路"的喀喇昆仑公路之后，两国陆路交往不断增多，边境贸易不断扩大。中巴边界堪称世界上最和平、友好和安宁的边界之一。

1977 年，巴陆军参谋长哈克发动军事政变，并且以"谋杀罪"为由判处曾为中巴友谊作出重要贡献的布托总理死刑。对此，我们既明确表达了不同看法，同时不干涉内政，继续坚持中巴友好的立场。由于我们处理得当，在哈克执政的 11 年里，中巴关系仍然得到长足的发展。

1999 年 1 月，我出任驻巴大使。九个月后，巴政局剧变，谢里夫总理被推翻，陆军参谋长穆沙拉夫出任首席执行官。不久，穆主动约见我通报情况。根据国内指示，说明我国不干涉别国内政，尊重各国人民自己的选择，希望中巴友好合作关系继续不断得到发展。穆沙拉夫对我的表态十分满意，表示在执政后将进一步推动中巴友谊向前发展。穆信守诺言，在他执政的九年时间里五次访华，双方签署了《关于合作发展方向联合宣言》、《睦邻友好合作条约》等一系列双边关系重要文件，两国关系上升到战略合作的高度。

中巴建交 70 年来，相互坦诚相待，从不干涉内政，形成了高度互信。这是两国关系长期稳定发展的牢固基础。现在中巴友好已在两国形成广泛的共识。我常听到这样的话，即巴基斯坦内部存在很多矛盾和分歧，但在同中国友好这一点上，全国上下，各党派、各阶层都是高度一致的。巴历届政府都一再重申，同中国友好是其外交政策的基石。中方也一再表明，同巴基斯坦友好是中国的既定政策。正因如此，无论国际风云如何变幻，也不管两国国内情况如何变化，两国关系始终向前、向上，没有经历什么大的曲折、反复，这是我国同其他许多国家关系不同的一个显著特点。

建设事业中相互支持、全面合作

建交以来，两国双边关系不断拓宽、拓深，现已成为覆盖政治、经济、贸易、科技、文化和军事领域的全方位、多层次的全面合作关系。两国在各领域都签有多个合作的协定或议定书，以确保在各领域的合作顺利开展。两国在各项建设事业中一贯相互帮助。

20世纪50年代，两国在贸易上互通有无，巴向我国提供所需要的棉花、黄麻，我国则提供巴方所需煤炭等。60年代，中国在自己并不富裕的情况下，为帮巴发展经济和巩固国防，通过无偿援助和贷款等形式提供了不少经、军援助。我国援建的塔克西拉重机厂、塔克西拉电工厂、喀喇昆仑公路、伊斯兰堡体育综合设施、木札法戈电站、恰西玛核电站、瓜达尔深水港，以及坦克修理厂、飞机修理厂等等，对巴经济和国防建设发挥了积极作用，受到巴政府和人民的高度评价。

这里我要提及的是，江泽民同志还亲自参与了我国在塔克西拉援建项目的工作。当年他在一机部当外事局负责人时，曾率领一个工作组在巴工作了一个多月的时间，结识了不少朋友。1996年，江泽民作为国家主席访巴时还专门宴请了他的巴基斯坦老朋友。其中一位是塔克西拉铸锻件厂巴方负责人，他们的友谊一直保持到他们退休以后。这位老朋友在一篇叙述他同江泽民交往的文章中深情地说，从他们俩之间的友好交往中，认识到"江泽民主席乃至全体中国人民珍视友谊"。

20 世纪 80 年代以后，两国的经济合作形式趋于多样化。劳务承包工程、合资企业、双向投资等形式被广泛采用，为两国的经济合作注入了新的活力，两国的经济关系进一步发展。两国在军工方面的合作，也由我国提供军事装备和帮助建厂发展到联合投资研发武器，并取得可喜的成功。

2001 年，朱镕基总理访巴后，应巴方要求合作建设瓜达尔深水港。2013 年以后，通过李克强总理和谢里夫总理互访，两国决定建设中巴经济走廊。特别是 2015 年习近平主席访巴，两国商定了"1+4"（即中巴经济走廊加瓜达尔港、能源、交通基础设施、工业园区四个方面）的建设经济走廊规划，增强互联互通，把两国关系提升到"全天候战略合作伙伴关系"的高度。双方在国家建设的各项事业中，互相支援、密切合作，使两国的友谊基础更加牢固。

国际事务中相互协调、密切配合

在维护国家独立、主权和领土完整的事业中，两国一直相互支持。

巴一直支持中国关于中华人民共和国政府是代表全体中国人民的唯一合法政府、台湾是中国领土不可分割的一部分的立场，反对"两个中国"。在 1966—1971 年期间，巴一直是恢复中国在联合国合法权利的提案国。记得在很长一段时期内，在处理涉及台湾的问题上，巴方总要事先同中方协商，力求同中国保持一致。对 1962 年中印之间的边界冲突，巴方认为中方是自卫，并批评美国等西方国家借机向印度大规模输送武器。

1989 年，以美国为首的西方国家以政治风波为由，肆意干涉中国内政，进行无理制裁，中断同中国的一切高层往来。巴基斯坦仗义执言，在联合国第一个站出来反对制裁中国，并为打破西方的制裁，专门派参议长萨贾特等率先访华，邀请李鹏总理访巴。萨贾特曾对我说，他那年访华没有什么别的任务，就是为了显示同中国的团结，打破西方的制裁。

巴方在日内瓦人权会议上坚决支持中国，对挫败西方历次提出的反华提案发挥了重要作用。有一年，唐家璇外长还专门指示我代表他宴请巴外长，以感谢巴方在人权会议上对中国的坚决支持。记得唐外长在指示电中以"气势恢宏、雄辩有力"的词语高度评价巴方代表在人权会议期间的发言。

巴方积极帮助我们打破西方对中国的包围和封锁。1963年8月，巴同我签订《航空运输协定》，次年4月巴方国际航空公司（PIA）通航上海，1964年我第一次去巴基斯坦就是乘的巴航。当年，巴航通航对中国具有特殊意义，正是巴航第一个开航中国的非社会主义国家的航空公司。记得当年巴航有一条响亮的、令他们骄傲的标语，叫"PIA，First to China"（巴航，首先到中国）。因为当年中苏关系恶化，我们经莫斯科往来也遇到困难的情况下，巴航和卡拉奇成了中国通向外部世界的主要空中通道。当年巴航还给中国民航提供了很多帮助，包括培训驾驶员和地勤服务人员。当时我作为总领馆的翻译，直接参与过许多相关事宜。

巴基斯坦积极帮助中国拓展对外关系。巴方不仅在中美领导人之间秘密传话，也在中国和不少伊斯兰国家之间牵线搭桥。巴前外长佐·阿·布托同伊朗王室有着密切的关系，在一次同伊朗王室接触时获悉伊方有同中国发展关系的意愿，就主动承担起在中伊间传话的使命。

当时他住在卡拉奇，就找我总领馆商谈此事。为此，我曾陪馆长多次去他的住宅。1971年，伊朗国王的孪生妹妹阿什拉夫公主和另一妹妹法底玛公主先后访华，就是通过布托的居中联系成行的。伊朗两位公主访华对中伊建交起到了重要的推动作用。后来中伊正式进行建交谈判，也是在巴基斯坦政府的斡旋下，在伊斯兰堡进行的。

在中国加入世贸组织，申办奥运、世博，以及成为南亚地区合作组织南盟观察员等问题上，巴方也给予积极支持。我在巴任大使期间，凡我就某个问题寻求支持时，巴方总是满口答应。

当然，中国在国际事务中也给巴方以有力的支持。1965年9月，由于克什米尔争端，印巴之间第二次爆发战争。中国在道义上明确支持巴，谴责印的扩张行径。根据巴方的要求，我们以最快的速度提供了一批武器和装备。当时中国还连续三次照会印度，对印度侵犯我领土事件提出强烈抗议，要求其立即撤走它入侵我方一侧的全部军队，并停止一切入侵活动，否则后果自负。巴方对我国采取的配合行动十分感激。

1971年11月，印度借口支持东巴基斯坦人民实现民族自决，悍然对东巴发动进攻，第三次印巴战争因而爆发。在这个问题上我坚决站在巴的一边，谴责印无端侵略一个主权国家。中国驻联合国常任代表黄华在安理会紧急会议上发言，指出东巴问题纯属巴基斯坦内政，任何人无权干涉。印度政府以东巴问题为借口，武装侵略巴基斯坦，这是不能容忍的。巴基斯坦前外长夏希曾对我说，他在联合国任巴基斯坦常任代表时遇到巴被肢解，那时他感到极为痛苦，中国代表黄华的支持给了他终生不忘的鼓舞和安慰。

中国支持巴捍卫独立主权和领土完整，极大地赢得巴的人心。这两次印巴战争时我均在巴，感到那时巴人民对中国人特别热情友好。

我至今不忘，当年达卡已被印军占领，巴基斯坦已被肢解，许多巴民众到我总领馆前来感谢中国的支持。我懂乌尔都语，常被派去接待，他们一边流泪，一边高呼"巴中友谊万岁"的口号，有时还把我高高举起以示感谢。

"9·11"事件后，巴面临极其复杂而困难的局面，再次成为国际风口浪尖的前线国家，内外受压。穆沙拉夫总统审时度势，改变对阿富汗塔利班政权的政策，参加反恐。我理解巴的处境，支持巴方采取符合国家最高利益的政策。中巴在反对三股恶势力方面开展有效的合作，并曾多次进行联合军事演习。在国际舞台上相互支持和密切配合，也是中巴睦邻友好合作关系的生动体现。

高层互访频繁，就像走亲戚一样

20 世纪 60 年代以后，随着中巴关系的迅速升温，两国领导人互访迅速增加。在国家主席中，从刘少奇到习近平，在政府总理中，从周恩来到李克强，几乎都曾访问过巴基斯坦。周总理生前曾四次访巴，是我领导人访巴次数最多的。在巴总统、总理或首席执行官中，也几乎均访华或多次访华。两国议会、政党、军队领导人之间的来往亦很频繁，政府副部级以上的交流更多。无怪巴方朋友常说，巴中各级领导人之间的往来就像走亲戚、访邻居一样。在巴方新的领导人就任以后总把中国定为最早或尽早出访的国家，这已成为传统，保持至今。两国间的频繁往来，特别是领导人之间频繁互访大大地推动两国关系向前发展。

这里我要特别提到的是，周总理生前四次访巴，无数次接待过巴领导人和各种团组，为中巴友谊做了大量工作，作出了突出贡献，赢得巴人民的真诚热爱和尊重。我在巴期间，巴方朋友，特别是同周总理有过接触的，谈到时无不交口称赞。周总理逝世，一些朋友就像我们一样悲痛。布托总理立即发表声明，表示最沉痛的哀悼。我还记得公布周总理逝世消息的那天，巴驻华大使阿尔维从广播中一听到消息，未经预约，就在早晨 8 点赶到外交部，表达哀悼。他在会客室见到韩念龙副部长后，边说边哭，结果他们两人加上当翻译的我，在会客室一时泣不成声。此情此景，我至今记忆犹新。巴基斯坦人民如此热爱周总理，无怪为了纪念他，巴政府在前外长夏希等友好人士的推动下，把伊斯兰堡通向使馆区的主道命名为"周恩来路"。这是巴首都以外国领导人命名的唯一的一条道路，是中国领导人在巴基斯坦享有的殊荣。

经过 70 多年的风雨历程，中巴关系已发展成一种成熟的友好关系，成为国家间睦邻友好合作关系和在和平共处五项原则基础上处理国家关系的典范。这是党的独立自主的和平外交政策以及"睦邻、安邻、富邻"和"亲、诚、惠、容"周边外交理念的胜利。

|作|者|简|介|

　　张九桓，1947 年生。广西博白人。毕业于北京外国语大学。曾任中国驻尼泊尔大使、外交部亚洲司司长、驻新加坡大使、驻泰国大使、第 11 届全国政协委员。现任外交部外交政策咨询委员、中国国际问题研究基金会研究员、外交学院兼职教授。

　　担任驻泰国大使期间，外交部授予个人三等功一次、集体三等功两次。泰国国王普密蓬授予特级皇冠勋章，文化部授予"泰语运用杰出奖"，兰甘恒大学、皇家师范大学、华侨崇圣大学分别授予国际政治、语言和人文学荣誉博士学位。

　　著有《张九桓诗集》、《双乐集》、《俯仰集》、《行路集》、《砚田三耕》等。

一次历史性的成功访问

张九桓

（原驻泰国、新加坡、尼泊尔大使）

1978 年 11 月，邓小平对泰国进行了一次历史性的成功访问。当时，我正好在驻泰国使馆工作，作为大使翻译有幸参加了邓小平访问全过程。许多场景印象殊深，至今历历在目。

欢迎礼仪隆重热烈

11 月 5 日，湄南河两岸，椰树葱茏，鲜花盛开。曼谷廊曼国际机场沐浴着灿烂的阳光。泰国三军仪仗队列队完毕，红地毯已经铺开，中泰两国国旗迎风招展。泰国总理江萨·差玛南率领一众军政要员翘首以待。中国国务院副总理邓小平即将对泰国进行正式友好访问。

下午 3 时，邓小平的专机徐徐降落。江萨总理快步走上前去，与邓小平握手拥抱，按照泰国习惯在他胸前挂上茉莉花环。江萨总理夫人为邓小平夫人卓琳戴上茉莉花手环。美丽的少女朝地毯洒上红色的玫瑰花瓣，江萨夫妇陪着邓小平夫妇缓步踏花前行。

邓小平在江萨陪同下检阅三军仪仗队。军乐队奏中泰两国国歌，礼炮齐鸣。然后，江萨向邓小平一一介绍前来欢迎的泰国高官、社会名流和华侨华人代表。张伟烈大使陪着邓小平来到中国驻泰国使馆欢迎队伍跟前。使馆女青年向邓小平献上鲜花，邓小平与大家一一握手。我热切地握住邓小平伸过来的手，高兴地说："小平，您好！"邓小平说："好，好！"这时，一位同事机敏地按动了相机快门，记录下这一难得的瞬间。这张照片，我一直置于案头，作为永久的纪念。

机场出口处挤满了欢迎的人群，人们踮足引颈，都希望一睹邓小平的风采。从机场到旅馆20多公里马路两侧，挤满了欢迎人群，他们打着欢迎标语，挥舞两国国旗，欢呼雀跃，气氛极其热烈。他们当中既有鬓发苍苍的老者，也有青春年少的学子，有曼谷市民，也有从乡下专程赶来的农民。次日，泰国报刊无不在头版头条，用"盛况空前"、"万人空巷"这类词语来形容泰方对邓小平的热烈欢迎。一位学子撰文发表观感道："我们不知等了多久，才如愿以偿看到了满面红光的邓小平，多么荣幸啊！他那炯炯有神的眼睛，那和蔼可亲的微笑，那真挚热情的招手，那落落大度的风采，将永远留在我们的记忆里"。

泰国外交部礼宾司一位官员对我说，泰方是参照政府首脑和国家元首的接待规格安排邓小平的访问的。

破例出席剃度仪式

抵泰当天下午，邓小平副总理拜会江萨总理。出发前，张伟烈大使接到江萨总理的电话。江萨说，11月6日下午泰国王储瓦西拉隆功将举行剃度仪式，拟邀请邓小平出席。

泰国是一个佛教国家，97%的人口信奉佛教。泰国信佛的男子一生中至少出家一次，时间可长可短，长则三年五载，短则一月半月。普密蓬国王年轻时就曾出家，出家期间王权由王后代摄。王储剃度出家属惯例因循，极其隆重，是泰国社会生活中的一件大事。张大使当即将江萨总理的电话内容报告随同访问的黄华外长。领导交换意见后认为，按中国外交惯常做法，一般不会建议出席此类宗教活动，但若按照邓小平提倡的解放思想、实事求是原则，考虑到形势和任务需要，也不是不可做一次破例，于是决定报请邓小平定夺。

下午5时，邓小平副总理和江萨总理的会见准时开始。落座后，江萨即诚恳地提出邀请邓小平出席王储剃度仪式的请求。邓小平很爽快地答应了。他说，我们共产党人是无神论者，但为了表达我们的贺忱，我很高兴应邀出席。江萨喜出望外，紧紧握住邓小平的手连声说"谢谢，谢谢！"

随后，邓小平前往集拉达王宫拜会普密蓬国王陛下。国王对邓小平副总理来访表示欢迎，并说泰中关系源远流长，两国就像兄弟一般，希望加强往来和合作。邓小平称赞普密蓬国王睿智卓识，关心民瘼，为泰国经济社会发展和促进中泰友好关系作出了积极贡献。愿与泰方充分交换意见，共同维护地区和平稳定，促进两国关系深入发展。国王对邓小平将应邀出席王储剃度仪式表示感谢。

第二天下午，王储剃度仪式在曼谷玉佛寺举行。泰国拥有约35000座佛寺，玉佛寺居众寺之首。玉佛寺建于曼谷王朝初创时的1782年，因大殿上供奉着释迦牟尼的碧玉雕像而名，相传这尊玉佛最早于1434年发现于清莱，曾被迎请到老挝万象供奉。1780年，吞武里王朝的郑王将玉佛从万象迎回吞武里黎明寺供奉。1784年，曼谷王朝一世王又将玉佛从黎明寺迎入玉佛寺供奉至今。玉佛高 66 厘米，宽 48 厘米。着金缕衣，夏季、雨季、冬季三季款式不同，由国王依时令沐浴更换。玉佛被视为镇国之宝，玉佛寺是王室举行佛事的专门场所。泰国政府每届新内阁也都在这里举行就职宣誓仪式。

僧王亲自主持王储的剃度仪式，高僧大德齐聚，梵呗悠扬，佛乐缭绕，盛况空前。王太后、国王和王后、王姐、公主、亲王、政府总理和军政要员悉数出席。邓小平副总理和夫人卓琳及主要随行人员被安排在贵宾席上观礼。邓小平为仪式送花篮，并应邀为王储赠予袈裟。在场僧俗大众纷纷向邓小平投过惊喜而亲切的目光。王太后主动过来与邓小平副总理寒暄。太后说："谢谢您的出席！您很忙，累了吧?"邓小平说："谢谢太后关心！祝您健康长寿！"

电视台直播剃度仪式全过程，民众对邓小平出席王储剃度仪式反响热烈。媒体报道说，泰国各界民众无不"振奋"和"感激"，称赞"共产党讲原则，也很有人情味"，邓小平"可敬"、"可亲"、"可爱"。江萨总理对张大使说，邓小平出席王储剃度仪式极大拉近了泰国人民与中国的感情距离。

会谈会见富有成果

11 月 6 日上午，邓小平副总理与江萨总理在泰国总理府举行会谈。在大范围会谈中，双方就双边关系和世界及地区形势坦诚交换意见并取得重要共识。为促进两国关系的发展，双方决定进一步完善经贸科技合作机制，并就签署两国政府关于成立贸易联合委员会议定书、关于 1979 年度两国进出口商品议定书、两国政府科技合作联委会第一次会议纪要达成一致。双方对大小霸权主义在本地区的侵略扩张表示严重关切，表达了维护地区和平的共同愿望。

在小范围会谈中，邓小平指出，我们两国都处于亚洲，理所当然对亚洲形势是关切的。两国领导人互相交换意见，协调彼此立场，加深相互了解，是非常有意义的。我们两国彼此了解的程度是很深的，当然在国际形势上的看法，完全一致也不可能，但在很多问题上有共同点。

晚上 6 点 30 分，江萨总理在总理府为邓小平副总理访泰举行正式欢迎宴会。院子里，华灯齐放，绿草如茵，胡姬花暗香浮动。轮廓灯把建筑物勾画得像一幅幅简洁的素描。大厅里，长条桌上铺着洁白平整的桌布，每个座位前摆上了绘着国徽图案的金边大盘，两旁是银质刀叉，还加了一双筷子。晶莹剔透的水晶玻璃酒杯置于盘子前面，旁边还有一副茶盏。身着大礼服的军政要员、外国驻泰使节、工商巨子、社会名流携着配偶鱼贯而入，各自就座。

随着热情欢快的音乐响起，邓小平副总理和夫人在江萨总理和夫人的陪同下步入大厅。邓小平面带微笑向大家招手致意，大厅里响起热烈掌声。宴会在隆重、热烈、友好的气氛中进行。江萨总理发表了热情洋溢的欢迎词后，邓小平副总理致答词，感谢江萨总理的盛情邀请，感谢普密蓬国王的热情会见，感谢泰国政府和人民亲切友好的接待。对中泰建交以来两国关系的发展表示满意，相信在双方共同努力下中泰友好合作一定提升到一个更高水平。

邓小平在讲话中赞扬东盟坚持建立东南亚和平、自由和中立区的主张以及加强东盟组织自身团结的立场，指出：东盟组织加强团结合作，不仅有利于东南亚地区的和平、稳定和繁荣，也是对世界和平与安全的宝贵贡献。强调：要警惕霸权主义在亚洲，特别是在东南亚地区的扩张活动。宴会厅里不时响起热烈的掌声如同热带骤雨。最后，江萨站起来握住邓小平的手说，您说得太好了！中国的积极态度是对东盟国家的有力支持。中国和东盟的团结是东南亚和平的希望。谢谢！谢谢！

宴会结束以后，人们纷纷围拢过来，与邓小平交谈、合影，久久不愿离去。

记者会坦诚友好

11月8日晚6时，邓小平副总理在下榻的爱侣湾酒店举行记者会。在世界和地区形势发生急剧变化的时刻，人们十分希望了解中国的看法、立场和态度。舆论界对这场记者会很有期待。200多名泰国和外国记者出席。江萨总理和乌巴蒂外长也来了。果然，问题提得很尖锐，其中有当时人们最为关心的问题。

邓小平在讲话中谈到华侨问题时说：我国政府一向赞成和鼓励华侨自愿选择泰国国籍，凡是取得泰国国籍的，就自动失去了中国国籍，他们就应当尽泰国国民的义务。对那些还保留中国国籍的华侨，我们希望他们遵守泰国的法令，尊重泰国人民的风俗习惯，同泰国人民友好相处。他们的正当权益应当得到保障。随后，在回答记者提问时说：中国人民一贯反对全球性霸权主义，也反对区域性霸权主义。中国一贯支持东盟和平、自由、中立的政策。在回答中国是否向东盟国家提供经济援助时指出：我们也是一个发展中国家，我们国家很穷。中国过去对第三世界国家的援助是有限的。我们相信，随着四个现代化的发展，我们有可能较多地帮助世界发展中的国家。在回答有关中国同泰国共产党关系问题时指出：我们不仅在同泰国的关系中，而且在同东南亚国家的关系中，都存在一个同那个国家的共产党的关系问题。这样的问题是历史形成的，就不可能在一夜之间解决。就中国来说，把党和党的关系同国家之间的关系区别开来，使这样的问题不影响我们发展国家间的友好关系。事实上，我们正是同泰国政府达成了这样的谅解，才建立了外交关系，而且发展了两国的关系。这是很可喜的。邓小平强调，我们不隐晦自己的观点。国家与国家、人民与人民之间交朋友，要讲真话，要相互谅解，才利发展相互合作。说假话，虚伪，甚至出卖灵魂，是得不到友谊的。

记者会结束后，一直在场的江萨总理对邓小平副总理说，今天记者提的问题很尖锐，您以明确和坦诚的回答征服了他们。您对霸权主义的批评一针见血。在共产党问题上，我们知道你们不会给我们添麻烦，中国是可信赖的。

媒体充分报道了邓小平的答记者问，"大小霸权主义严重威胁地区和平"、"出卖灵魂得不到友谊"、"邓小平的真诚赢得了人心"等话语大量出现在报纸、广播和电视中。人们普遍认为，这是一次非常成功的记者会。

考察了解国情民意

访问期间，邓小平还对当地进行了考察参观。在泰国农业部长比达陪同下，邓小平来到位于农业大学校园内的淡水养殖研究所参观。农大师生站在道路两旁，热情欢迎邓小平的到来。比达指着养殖池里两指宽的大虾介绍说，采取新养殖法，只需六个月就可将小虾苗养成这样的大虾。邓小平称赞研究所工作做得好，并题词勉励他们"不断取得新的成就"。离开农业大学，邓小平一行来到三攀葡萄园。主人威奈用自家种植的新鲜葡萄、香蕉、椰子招待客人。邓小平兴趣勃勃地沿着果实累累的葡萄架走去，边察看、边询问有关情况。参观后，邓小平挥毫为葡萄园题词："祝你们的事业日益发展！"并和主人合影留念。威奈说，我们将永远记住这个美好的日子！当天晚上，在江萨总理举行的家宴上，邓小平对江萨说，我们两国可在农业和淡水养殖方面进行合作，彼此交流经验，促进共同发展。

在江萨总理陪同下，邓小平来到位于沙吞路的泰国中华总商会。在这里等候多时的90多位泰国华侨华人代表热烈鼓掌欢迎。邓小平同他们一一亲切握手、问候，然后发表讲话。邓小平重申了中国的侨务政策，指出：第一条，中国政府鼓励华侨加入居住国国籍。凡是加入居住国国籍的，应该全部享受和履行居住国公民的权利和义务。第二条，在华侨选择国籍的问题上，我们不能勉强。当然，现在还没有加入泰国国籍的，将来自愿加入，我们赞成，我们鼓励。愿保留中国国籍、实在不愿意加入泰籍的，我们不强迫，但这一部分人应该遵守居住国的法律，尊重居住国风俗习惯，同居住国人民友好相处，尽其力所能及的力量帮助居住国发展。对这一部分华侨，理所当然地按国际惯例，保护他们的合法权利，不是非法权利。相应的，不存在双重国籍。

华侨华人代表都很激动，个个热泪盈眶。这是中国领导人第一次在泰国看望华侨华人。中华总商会主席黄作明握着邓小平的手，一个劲地说："谢谢您来看望我们。我们一定做好中泰友谊的桥梁。"

江萨总理对张大使说，邓小平对中国的单国籍政策说得很明白，泰国赞赏中国政府的这项开明的政策。

睦邻外交的重大举措

11月9日下午3时，邓小平副总理圆满结束为期五天的泰国之旅。他乘坐的专机满载中泰合作的丰硕成果和友谊，在曼谷廊曼机场腾空飞去。江萨总理等泰国军政要员驻足目送，直至专机隐没在辽远的天空。曼谷街头，人们久久地谈论着邓小平访问的话题。

这是中国国家领导人第一次访问泰国。新中国成立以后，中泰长期没有官方往来，直至1975年两国才建立外交关系。1976年泰国发生极右军事政变，主张对华友好力量遭反攻倒算，中泰关系陷入低谷。1977年江萨出任泰国总理后拨乱反正，中泰关系得以重回正轨。此次邓小平的访问大大增进双方了解和合作，两国关系进入一个新的发展阶段。

邓小平访泰期间，与泰国领导人就地区形势深入交换意见，就携手援助柬埔寨抵抗外来侵略达成重要共识，从而为中国与东盟合作维护地区和平与安全，并推动柬埔寨问题最终政治解决打下良好基础。离开泰国后，邓小平还访问了马来西亚和新加坡。这一年的年初，邓小平已经访问了缅甸和尼泊尔，10月访问了日本。他向各国重申中国的睦邻友好政策，与各国领导人共商反霸维和大计，考察学习各国经济发展的先进经验，为中国的改革开放找到了一定的参照。

1978年邓小平对泰国以及其他周边国家的访问，是中国睦邻外交的一项重大举措，在中国外交史上留下浓墨重彩的一笔。

| 作 | 者 | 简 | 介 |

张庭延，1936年生。北京人。1958年毕业于北京大学东语系朝鲜语专业。

进入外交部后在亚洲司任职。曾三次被派往中国驻朝鲜使馆工作，历任随员、三秘、二秘，1986年任使馆政务参赞。在亚洲司工作期间历任副处长、处长、参赞，1989年任副司长。其间曾为毛泽东、周恩来和邓小平做过翻译。1992年中韩建交后，出任中国驻韩国首任大使。

1998年退休，曾任前外交官联谊会理事、北京市政府外事顾问、山东大学韩国学院名誉院长，现任中韩友好协会副会长、外交笔会理事。

与夫人合作有《出使韩国》、《永远的记忆》、《无穷花之邦——韩国》等著作。

中韩建交前前后后

张庭延

（外交部亚洲司原副司长，驻韩国大使）

在我的记忆中，1992 年 8 月 24 日最为难忘。那天上午，一张铺着绿色绒毯的长台，放在钓鱼台国宾馆芳菲苑大厅中央，两侧放着中韩两国国旗，正中上面摆着两本红皮文件。大厅里早早就挤满来宾和记者，等待文件签署的庄严时刻。9 时整，中国外交部部长钱其琛和韩国外务部长官李相玉，并肩走到长台前坐下，郑重签署文件，宣布中国和韩国从即日起正式建立大使级外交关系。大厅里响起热烈的掌声。此场面通过电视向世界发送，引起震惊不小。

没有想到的是，此后不久我被任命为中国首任驻韩国大使，肩负重任，前往首尔履新。

外交部做了一次大胆尝试

我参与朝鲜半岛事务几十年，曾难以想象中韩两国会建立外交关系。这里有 20 世纪 50 年代初中国边境安全受到威胁，派志愿军参加朝鲜战争，与韩国交恶的缘故。为了维护社会主义阵营团结，中国在朝鲜半岛实施"一边倒"，也是一个重要原因。中韩互不交往，韩国举办国际体育比赛，中国选手一度拒绝前往；中国举办国际体育比赛，则拒绝韩国选手入境；甚至参加国际会议，韩国代表发言，中国代表退场。尽管事情已经过去几十年，国际局势和半岛局势发生了很大变化，但如何看待韩国，与其如何交往，在外交上长时间是一个不小的困扰。

1978 年 11 月，党的十一届三中全会在北京召开，提出改革开放的方针，决定把工作中心转到经济建设上来。对外交工作也提出了新的要求，在国际上为国内经济建设创造有利的外部和平环境。韩国与中国一海之隔，是我们的近邻，如何调整对韩方针，正式提上了日程。

1982 年年中，外交部作了一次大胆的尝试。向中央上呈报告，建议在国际多边活动中逐步调整对韩国的政策，即对方举办的国际比赛，中国运动员可以去参加，中国举办的同样比赛，也可邀请韩国运动员来。请示报告上呈后，在京中央领导人均予批准。邓小平当时正在外地视察工作，报告送给他，也得到了圈阅。一项建议，改变了多年来的中国对韩国方针，预示着中国朝鲜半岛政策一次重要调整即将起步。但是贯彻这一新方针，做法要十分慎重，因为中国长期与韩国没有来往，不要因为调整在国际上引起误解。

等了近一年，机会终于来了。多年来，中国没有举办过大型国际体育赛事，其中包括亚运会，而这正是亚洲各国的共同愿望。鉴于此，根据新调整的方针，北京于 1983 年 8 月提出申办 1990 年第十一届亚运会，外交部部长附函支持。中方明确表示，如申办成功，将邀请包括朝鲜和韩国在内的所有亚奥理事会成员国参加。中国的这一举措，受到亚洲各国的普遍欢迎。这也为北京申办亚运会成功提供了保证。

根据新方针，中国大型体育代表团先后参加了在首尔举行的 1986年亚运会和 1988 年的奥运会，使中韩关系松动了不少。1988 年，中国采取主动，改变中韩贸易方式。过去一直是通过第三国或香港的转口贸易，改为民间直接贸易，当年中韩贸易额已近 60 亿美元。1990 年，中韩双方还达成互设民间贸易办事处的协议。这就为中韩关系进一步松动创造了条件。

金钥匙开启建交的大门

1991 年 11 月，亚太经合组织第三届部长级会议在韩国汉城（今首尔）举行，成员外长率团参加。当时中国已申请加入该组织，将在这次会议上讨论。中国外长率团参加。但中国加入是比较复杂的，涉及香港和台湾的加入，而亚太经合组织执行协商一致原则，更增加了这项工作的艰巨性。为了解决中国加入问题，筹备会议期间，韩国作为东道国，其高官穿梭访问各成员，进行协商和讨论。最后达成协议，中国作为主权国家以"中华人民共和国"的名称加入，香港和台湾作为地区经济实体分别以"香港"（1997 年 7 月 1 日改称"中国香港"）、"中国台北"的名称加入。台湾当局开始不同意，但在最后也不得不接受。亚太经合组织第三届部长级会议顺利讨论和通过有关安排，但这次访问也有一个意想不到的收获。

中韩之间没有外交关系，中国外长钱其琛到达汉城，引起不小的轰动。媒体最关注的是，中韩关系会不会生变。钱其琛入住新罗酒店，在大厅被记者围住，提问的也多是这个问题。更重要的是，卢泰愚总统在集体会见各国外长之后，又单独会见了钱其琛，直接谈到韩中改善关系问题，并表示韩国希望尽快与中国建立外交关系。钱其琛不好作答，只表示将会"水到渠成"。第二天媒体报道了卢泰愚单独会见钱其琛的消息，引起了更大的轰动。

这里不能不提到卢泰愚主张的"北方政策"。他认为，鉴于国际形势的变化，东亚各国应摒弃社会制度和意识形态上的差异，尽早改善关系以至正式建交，只有这样才能实现这个地区的和平与稳定。其实卢泰愚的前任，也曾提出过类似的主张，并通过第三国向中国伸出触角。碍于当时的政策，中国未予置理。但这时，它已成为中韩建交的有利条件。

这里还要提到一个细节，就是卢泰愚会见钱其琛当天晚上，钱其琛在下榻的酒店，会见了当时韩国政府的青少年体育部长官朴哲彦。本来代表团内部商定，鉴于中韩没有外交关系，访问期间政府官员一

1992 年 8 月 24 日，钱其琛和李相玉在中韩建交公报上签字

律不见。但朴哲彦三番五次来电话求见，并称有要事相商，于是钱其琛就网开一面。会见中，朴哲彦的所谓"要事"，就是希望韩中早日建交。朴哲彦与卢泰愚有亲戚关系，他代表总统重申韩国的这一坚定立场。告别时，朴哲彦送给钱其琛一把金钥匙，意即用它开启韩中建交的大门。

在离开汉城那天，钱其琛设早餐招待李相玉外长。之所以如此，一是感谢他为中国顺利加入亚太经合组织所做的努力，二是与他建立个人良好关系，继续推动中韩关系改善和发展。李相玉很高兴，带着他的助手参加，并约定以后有机会再见面。

钱其琛访问韩国，虽然主要是解决中国加入亚太经合组织问题，但也摸清了韩方急于与中国建交的意图，并作出"中韩建交的时机正在成熟"的结论。1992 年 3 月，中国"两会"在北京召开。外交部在会前请示中央决定，邀请韩国记者来京采访"两会"。这之前，因为与韩国没有外交关系是不邀请的。接着 5 月，亚太经社会年会在北京召开，韩国外长李相玉前来出席。会前，中方有意向韩方透露，钱其琛外长将设午宴款待李相玉外长一行，韩方欣喜若狂。

中韩进行秘密建交谈判

1992 年 4 月，我作为工作人员，随同杨尚昆主席前往平壤，祝贺金日成主席八十寿辰。据知，4 月 12 日中午，钱其琛外长在钓鱼台国宾馆设宴招待了李相玉一行。落座前，允许记者采访，之后请出了记者。席间，双方除就亚太经社会年会交换意见外，还谈及进一步改善中韩关系问题并就此达成一项协议，双方组成大使级代表团，就改善中韩关系问题进行磋商。这实际上就是中韩建交谈判的开始。

从 1992 年 5 月至 8 月，中韩双方就建交问题进行了三轮秘密谈判。按外交惯例，谈判应该在北京和汉城轮流举行，但韩方不同意，说如果在汉城举行，很难保密，建议都在北京举行。中方考虑韩国的情况，同意了韩国的建议。韩国代表团每次来北京都很慎重，一般是乘夜航班机到达北京，以掩外界耳目。中方也费了很多事，选择了钓鱼台国宾馆十四楼为谈判地点，因为那幢楼在偌大的钓鱼台庭院的一个角落，不易被外界发现。谈判期间，中方曾建议韩国代表团去附近的颐和园一游，可安排在傍晚闭园之后，但还是被韩方拒绝。韩方私下悄悄告诉中方，韩中建交谈判，韩国国内只有总统和几个人知道。

谈判过程中，双方分歧焦点是台湾问题。尽管已做了"最坏"准备，但谈判中韩国还是努力争取韩国与台湾"断交"后设立的"联络办事处"享受部分"外交豁免权"，中方完全拒绝。中方提出，韩国与台湾只能"断交、废约、撤馆"，否则中韩不可能建立外交关系。中方立场坚定，韩方最终接受了中方的立场。第一、二轮谈判在北京举行，进展顺利，第三轮谈判中方建议在汉城举行，韩方勉强接受。当中国代表团到达汉城时，被引到机场一个没人的角落，韩国代表团在那里迎接中方人士。

尽管中韩双方极力保密，但台湾方面还是有所察觉。台湾和韩国"建交"几十年，在汉城有"大使馆"，影响非同一般，而且耳目很多。特别是当时"韩台经济合作委员会"正要开会，韩方几次提出推迟，但又没有充足的理由，加之中韩建交前汉城的各种蛛丝马迹，台湾当局察觉大事不妙，抢在中韩宣布建交前与韩国断绝"外交关系"，无可奈何花落去。

| 作 | 者 | 简 | 介 |

江勤政，1941年生。籍贯湖南。1961年考入北京外国语学院（今北京外国语大学），学习僧伽罗语。1964年调入外交部，派赴斯里兰卡凯拉尼亚大学进修僧伽罗语。曾赴广州军区牛田洋生产基地锻炼。1972—1976年由外交部借调到中国国际广播电台，任翻译、播音员。

1976年12月起先后在外交部亚洲司、中国驻斯里兰卡大使馆、中国驻印度使馆和外交部政策研究司工作，历任职员、二等秘书、副处长、一等秘书；驻斯里兰卡使馆政治处主任、驻印度使馆政治处主任、参赞；外交部政策研究司参赞、副司长；驻卡拉奇总领事，驻斯里兰卡大使兼驻马尔代夫大使。

2003年退休。现为外交笔会副会长。曾任《新中国五十周年成就展》外交部筹备组副组长、外交部大型画册《新中国外交五十年》编委会委员。曾为国内主要报刊撰稿40余篇。著有《斯里兰卡基本情况》、《印度洋明珠——斯里兰卡》、《中国和斯里兰卡的故事》。

缔造风雨同舟的中斯友谊

江勤政

（原驻斯里兰卡兼驻马尔代夫大使）

非同寻常的大米换橡胶协定

斯里兰卡（旧称"锡兰"）是一个以种植园经济为主的农业国。财政收入很大程度上依赖橡胶、茶叶和椰子三大产品出口，所需粮食则依赖进口。20 世纪 50 年代，美国控制国际市场，大米价格飞涨。其时，一方面，美国囤购橡胶等军用物资，另一方面又对中国等社会主义国家实行封锁和禁运，致使世界市场橡胶供过于求，价格暴跌，斯里兰卡遭受巨大损失，财政面临危机。各政党、社会团体和橡胶生产组织强烈呼吁政府同中国开展橡胶—大米易货贸易。

1952 年 9 月，斯里兰卡总理达德利·森那纳亚克指派商业和贸易部长 R.G. 森那纳亚克率政府贸易代表团访华，与中方商谈贸易协定，并就大米问题、橡胶问题分别进行了初步讨论。双方对开展大米—橡胶贸易的意愿都非常强烈，谈判进展相当顺利，唯一的难题是成交价格。

此次贸易谈判对中斯双方克服眼前困难，应对美国的挑战，意义重大。当周恩来总理得知谈判遇到难题，立即指示外贸部：与斯里兰卡的谈判，要从打破美国封锁、禁运这一大局出发。向斯里兰卡出售大米，可按国际市场价格；进口斯里兰卡橡胶，可付"超价"，即高于国际市场价格的 5% 至 8%。因我方同意"超价"购买斯里兰卡橡胶，双方迅速达成并签署《中斯贸易协定》、《中华人民共和国政府售予斯里兰卡政府 8 万吨大米的合同》。双方还签了涉及大米和橡胶贸易有关事项的两个备忘录，作为今后继续谈判的基础。

中斯达成贸易协定后，美国采取停止收购斯里兰卡橡胶、停止援助等一系列制裁措施。美国驻斯里兰卡大使还专为此事向斯里兰卡总理达德利·森那纳亚克提出交涉。面对美国的威胁利诱，达德利总理不为所动，反而更加坚定了与中国开展贸易的决心。他再次派贸易代表团访华，就悬而未决的问题，主要是大米—橡胶贸易有关事宜，同中方举行新一轮谈判。1952 年 12 月 18 日双方签订《中华人民共和国中央人民政府与斯里兰卡政府为了买卖橡胶和大米而签订五年橡胶和大米贸易协定以及第一年合同的公报》和《中华人民共和国中央人民政府和斯里兰卡政府关于橡胶和大米的五年贸易协定》。规定自协定经双方政府批准之日起，在五年内斯里兰卡政府同意每年向中国政府出售 5 万吨橡胶，中国政府同意每年向斯里兰卡政府出口 20 万吨大米。中斯大米橡胶协定的签订，对新中国开展对南亚和东南亚各国的贸易起了示范作用。1953 年底和 1954 年初，中国同印尼和缅甸先后签订了贸易协定。

1957 年 8 月，中斯两国政府在北京举行第二个五年贸易协定的谈判。此时，国际橡胶市场形势已发生了变化。橡胶禁运已经解除，印尼、新加坡、马来亚等国也开始向中国出口橡胶。中斯橡胶贸易的"超价"问题，即中方要不要继续以高于国际市场价格进口斯里兰卡橡胶的问题，成为新协定谈判的焦点。中方主张取消，斯方要求保留，谈判形成僵局。周总理得知这一情况后，迅速接见斯里兰卡贸易代表团团长和斯里兰卡驻华大使，表达对这个问题的看法。他说，现在印尼等亚洲国家也在向中国出口橡胶，我们购买你们的橡胶，如果还付"超价"，对这些国家，就不好交代。周总理说，据我所知，战争期间，美国大量地榨取了你们的橡胶，以致你们一些橡胶园现在需要翻种。为此，你们需要帮助。从这一情况出发，周恩来提出解决"超价"问题的方案：按照公平的市场价格，继续中斯橡胶贸易；中国提供经济援助，支持斯里兰卡橡胶翻种计划。周总理这个建议得到了斯里兰卡政府的赞同。两国贸易谈判很快顺利完成。9月19日，双方在北京签订了《1957年至1962年中斯五年贸易和支付协定》、《1958年中斯换货议定书》以及《中斯经济援助协定》。援助协定规定中国政府将在五年内对斯里兰卡的橡胶翻种计划提供7500万斯里兰卡卢比的经济援助，从而开启中国对斯援助的先河。

中斯签订大米—橡胶贸易协定，是中斯关系史上的一件大事，也是新中国同社会制度不同国家签订的第一个贸易协定，对突破美国当时对中国的封锁禁运，克服斯里兰卡当时面临的严重经济困难，促进中斯两国友好关系的发展，具有重大而深远的意义。

为中斯建交送东风

万隆会议后，中国同亚非国家领导人之间互访日益频繁。周恩来总理更是不辞辛劳，对亚非国家进行了三次规模较大的友好访问。三次访问中，第一次和第三次访问都包括斯里兰卡，可见中国对它的重视。

斯里兰卡统一国民党政府早在 1950 年 1 月 7 日就宣布承认新中国，因受美国和意识形态的影响，迟迟未同中国建交。1956 年 4 月，自由党领袖所罗门·班达拉奈克上台执政，奉行和平中立的外交政策。

班先生对华友好，同年 9 月即派特使访华，同中方就两国建交和其他领域交流与合作问题举行会谈，达成共识并发表联合公报。至此，中斯建交，已万事俱备，只欠东风。这东风就是周总理的访问。

1957 年 1 月 31 日—2 月 5 日，周恩来总理应斯里兰卡总理所罗门·班达拉奈克的邀请访锡。当时两国尚未建交，但仍受到斯里兰卡政府和人民的空前隆重热烈的欢迎。2 月 5 日，两国总理发表联合声明，强调两国将遵守并促进实施万隆会议关于各国共处和合作的五项原则；反对敌对性军事集团，支持裁军；加强亚非团结，反对帝国主义和殖民主义的侵略和扩张；主张国际争端应通过相互谅解、和平谈判求得解决。周总理邀请班达拉奈克总理访华，班达拉奈克欣然接受了邀请。

2 月 4 日下午，首都科伦坡独立广场举行万人大会，庆祝斯里兰卡独立九周年。斯里兰卡政府邀请周总理出席并发表演讲。这是斯里兰卡独立日庆典第一次邀请外国政治家出席并发表讲话。斯里兰卡众议院议长伊斯梅尔·马拉拉塞克拉担任翻译，把周总理的讲话翻译成斯里兰卡国语——僧伽罗语。周总理的讲话从而受到异乎寻常的欢迎。斯里兰卡的天气说变就变，周总理讲话才几分钟就下起雨来了。带伞的纷纷撑开了伞，没带伞的，大都留在会场，少数人跑到附近亭子里避雨。雨越下越大，周总理的衣服被雨水打湿了，仍在继续他的演讲。工作人员给他打伞，他用手势表示谢绝。与会群众看到这感人的一幕，爆发出雷鸣般的掌声和欢呼声，出去躲雨的人们陆续回到会场。周总理继续说，斯里兰卡是一个与中国有悠久联系的国家。近年来，我们之间大米换橡胶的贸易，对我们两国的经济都发挥了十分有利的影响。我们同斯里兰卡领导人虽然是第一次会面，但大家都感觉像老朋友一样。我们看到，富饶美丽的斯里兰卡岛是名副其实的印度洋明珠。斯里兰卡人民摆脱了400多年的殖民统治以后，今天又以很大的热情创造自己的新生活。我们满意地看到，斯里兰卡政府和人民奉行维护和平的独立政策。班达拉奈克总理和我们举行的会谈取得了十分满意的结果。我们双方都主张加强亚非国家的团结，主张不同制度国家和平共处，主张国际争端应该和平解决，支持裁军，主张禁止核武器，反对成立敌对性的军事集团，反对强权政治。我们相信，这些主张的实现，定能有助于世界和平的加强。周总理的讲话一次又一次被掌声打断。

班达拉奈克总理在他的讲话中强调，斯里兰卡政府的对外政策已使斯里兰卡在世界上赢得许多新朋友。他说：我们和中国之间在看法上可能有分歧，但是我们认识到中国的伟大和中国政府正在为中国人民的福利而进行的伟大的建设工作。毫无疑问，周恩来总理此访必将大大有助于加强我们两国之间的友好联系，并且促进相互的谅解和合作，这不但有利于我们两国，而且有利于亚洲团结和世界的和平事业。

庆祝仪式结束了，群众久久没有散去。他们蜂拥到台前向中国客人挥手致意，"贾亚威瓦！"（在僧伽罗语里，"贾亚威瓦"是祝您胜利的意思）的口号声此起彼伏。周总理这次访问，特别是他在斯里兰卡独立庆典发表讲话，转达了中国人民对斯里兰卡人民的友谊，增进了彼此的了解，给斯里兰卡人留下了极其深刻的印象。访问结束后，中斯两国于当年2月7日正式建立大使级外交关系。在与新中国建交的国家中，斯里兰卡位列第29位。

中斯友谊又上新台阶

毛泽东主席逝世前，特别是 20 世纪六七十年代，各国政要来华访问，特别重视三件事：坐红旗车、住钓鱼台、见毛主席。

我国第一辆红旗牌高级轿车诞生于 1958 年。长春第一汽车制造厂首批生产的 33 辆 CA72 型红旗轿车中，曾挑选出 10 辆参加 1959 年建国10 周年庆典。从红旗轿车的正式定型投产开始，红旗车就成为毛泽东和其他国家领导人的专车，广大人民群众对这款车寄托了深厚的感情。

1962 年 12 月，斯里兰卡总理西丽玛沃·班达拉奈克夫人（班夫人）第一次访华时，周总理首先想到一汽的这款红旗轿车。何不用咱们自己生产的小轿车去接待这位世界上第一位女总理呢？这可是展示红旗风采的好机会啊！总理作出指示，要求第一汽车制造厂把他视察时曾乘坐过的那辆红旗轿车运到北京接待班夫人。12 月 31 日，班夫人乘坐红旗轿车从机场到市内，又换乘红旗检阅车检阅了几十万夹道欢迎的群众。班夫人成为乘用红旗车的第一位外国首脑。10 年后班夫人再次来华访问时，中方为她配备的还是红旗车。听了关于红旗车的故事，班夫人把乘坐"红旗"看成一种享受，也视为一种荣誉。

钓鱼台国宾馆的前身是皇家园林，有 800 多年的历史。现代钓鱼台国宾馆是中国政府于 1958 年至 1959 年在古钓鱼台风景区基础上扩建的超星级宾馆，从 1959 年开始接待来自世界各国的领导人，是一处受到世界各国人民和新闻媒体瞩目的地方。班夫人来了，周总理安排她住钓鱼台。班夫人很高兴，特别是当周总理说起"我们等候斯里兰卡总理访华已经多年"的时候，班夫人立即意识到周总理对她丈夫所罗门·班达拉奈克的深情。她丈夫，斯里兰卡总理班达拉奈克先生曾计划于 1959

年访华。中国方面为接待他做了细心的准备，不幸的是那一年班先生遭遇不测。

毛泽东是中国人民的伟大领袖，是中国共产党、中国人民解放军和中华人民共和国的主要缔造者和领导人。因毛泽东担任过的主要职务几乎全部称为主席，所以也被人们尊称为"毛主席"。在国内如此，在斯里兰卡亦是如此，毛主席被视为现代世界历史中最重要的人物之一。1962 年和 1972 年班夫人对中国的两次国事访问，都受到毛主席的会见，而且都由周总理亲自陪同。1972 年 7 月 13 日，斯里兰卡《星期日观察家》周刊刊登班夫人接见《每日新闻》主编的谈话，介绍毛主席会见班夫人的情况。该报写道：众所周知，毛泽东主席是一位被四分之一人类尊敬的人物，这种尊敬包含着通常只有对天神才有的那样的敬意。毛主席的思想已传遍各大洲。他通常不事先约会客人，只有十分重要的或者十分幸运的人才能见到这位伟人。自尼克松访问以来，毛没有接见过任何外国人。不久前的一天晚上，周恩来总理由两名译员陪同到北京西郊的国宾馆拜访了斯里兰卡总理班达拉奈克夫人一行。周总理带来了喜讯：毛主席希望会见班夫人。他暗示，会见的时间是 15 分钟到 20 分钟左右。当天晚上，毛主席会见了班夫人。当 20 分钟到了的时候，班夫人谦和地表示她准备离开了。但是这时候的谈话——关于斯里兰卡、亚洲以及国家建设的问题谈话——已引起了毛的兴趣，于是他继续谈了下去。当会见在一个半小时之后结束的时候，毛的活跃而精湛的思想已经驰骋一个广阔、五彩缤纷的天地：他谈到了人民和政治，谈到了世间的万物，谈到了生活和历史的创造，而且总是突然加上几句风趣的话。7 月 14 日，班夫人接见另一位报界人士时再次谈到她同毛主席的会见，称此次会见是她最近中国之行中最为难忘的时刻之一。

援建中斯友谊的象征

1964 年 2 月，周恩来总理应邀对斯里兰卡进行第二次正式访问。在与班夫人举行的最后一轮会谈时，周总理亲切地问道：夫人需要什么帮助？听到这里，班夫人喜出望外，立即表示："斯里兰卡将作为东道主，主办 1976 年 8 月在科伦坡召开的第五次不结盟国家首脑会议，中国若为斯里兰卡援建一座国际会议大厦，那就太感谢了！"周总理欣然答应了班夫人的要求。

这座国际会议大厦用班夫人的丈夫的名字命名，全称为纪念班达拉奈克国际会议大厦（班厦）。周总理指示，班厦建设要照顾斯方的要求，体现斯里兰卡的宗教、民族和文化传统，体现斯民族建筑风格。据此，中国建筑设计研究院为班厦精心制订了设计方案和设计模型。班夫人审阅后，十分满意。她兴奋地说："感谢周恩来总理赠送给我们的最高礼物，感谢中国专家作出的卓越贡献。这座大厦就是锡中友谊的象征！"眼看就要开工，班夫人和她领导的自由党在 1965 年议会大选中落败，班厦工程搁浅。1970 年班夫人东山再起，班厦建设重新提上日程，同年 11 月 24 日举行斯历史上前所未有的隆重的开工仪式。

1972 年 6 月，班夫人再访中国。在与周总理举行会谈时，她特别提及班厦，由衷地感谢中国的援助。周总理说：我们的援助算不了什么，昨天毛主席也说了，我们的援助有限得很，而且援助都是相互的。会谈中，周总理代表中国政府，感谢斯里兰卡作为第 26 届联大关于"恢复中华人民共和国在联合国的一切合法权利，并立即把国民党集团的代表从联合国一切机构中驱逐出去"的提案的参加国，为恢复中华人民共和国在联合国的合法权利所给予的宝贵支持。在那次会谈中，班夫人一而再、再而三恳求周总理出席班厦揭幕典礼。那时总理已被确诊患有重病，但又不好向外界明说，因而他对班夫人的邀请表示感谢但始终没有松口。

周总理虽然有病在身，但他一直关心着班厦工程。1973年初，国家建委派检查组对班厦的施工质量进行检查，总的来看，施工质量良好，但也发现了一些缺点和问题，例如：会议厅音响效果不好；休息厅有西晒问题；班夫人用房和贵宾用房的卫生设备标准过低；等等。周总理看到检查组的报告后，用非常明确的语言，对存在的问题逐条批示："必要时要更换！""必须返修！""防晒问题另作处理。""卫生设备必须改装！"他还指示由对外经济部负责人方毅、陈慕华商办落实。在周总理的严格要求下，班厦成为我国对外援助的样板工程，也是斯一处亮丽的风景线。

1973年5月4日，周总理致函班夫人，赞扬班厦是"中斯友谊的象征"。班夫人回复说，班厦是"斯里兰卡从中国获得援助、同情和谅解的无与伦比的范例"，"斯中友谊和合作的至高无上的象征"。5月17日班厦揭幕，徐向前副委员长作为中国国家特使应邀出席。斯总统、总理、议长、内阁部长和2000名各界群众参加了这一盛会。

1976年8月，斯里兰卡作为东道主在班厦成功地举行了第五次不结盟国家和政府首脑会议，班夫人高兴地对我驻斯大使黄明达说："这次会议非常成功，有86个国家参加，许多国家的领导人都来了，盛况空前，要是没有这个大厦，我本事再大也不敢请他们来啊！各国代表对大厦的设施赞不绝口，说比以往任何一次不结盟国家会议的会场都好，我告诉他们这是中国送的，这使我格外想念周恩来总理。"

敬爱的周总理逝世40多年了，他开创的中斯友好事业行稳致远，砥砺前行。我们两国已成为风雨同舟、患难与共的好邻居、好朋友和好伙伴。在推动"一带一路"建设，构建人类命运共同体的伟大进程中，我们两国合作建设的一大批项目，为斯国计民生带来实实在在的好处，包括科伦坡港口城、汉班托塔综合发展项目在内的一批宏大工程正在加紧建设。我们相信，在两国政府和两国人民的共同努力下，中斯真诚互助、世代友好的战略合作伙伴关系必将得到进一步巩固和发展。

｜作｜者｜简｜介｜

　　吴思科，1946 年生。安徽颍上人。毕业于北京第二外国语学院，1971 年进入外交部工作，先后在中国驻伊拉克、埃及、叙利亚使馆任职员、随员、秘书、公使衔参赞；曾任外交部办公厅秘书，西亚北非司处长、副司长、司长，2000—2003 年任驻沙特阿拉伯王国大使，2003—2007 年任驻埃及共和国大使，2005 年起兼任驻阿拉伯国家联盟全权代表。第十一届全国政协委员、全国政协外事委员会委员。2009—2014 年任中东问题特使。

　　2014 年退休后曾任中国阿拉伯国家友好协会副会长，中国人民外交学会理事，中国中东学会副会长，现为外交部政策咨询委员会委员。著有《特使眼中的中东风云》、《中国政府中东问题特使讲述："丝路"外交见闻》，主编《中国和埃及的故事》。

新中国中东外交的回顾与前瞻

吴思科

（原驻沙特、埃及大使，中国中东问题特使）

人们常说的"中东"，是指西亚北非地区。那是一片神秘的热土，哺育过两河流域文明和尼罗河文明，也是犹太、基督和伊斯兰三大宗教的发祥地，对人类文明的发展繁荣作出过杰出贡献。近代以来，欧洲经过工业革命强盛了，"欧洲中心论"流行于世，"中东"也就被叫开了。独特的地理位置和多民族多宗教的特点，使得这里热点问题集中，政治风云变幻，各种矛盾盘根错节，形势错综复杂，历来是世界各大国纵横博弈的重要舞台。

新中国自成立以来，秉持相互尊重、和平共处基本原则，先后与中东20多个国家都建立了外交关系，友好合作关系不断发展。20世纪50年代初，打破西方阵营对新生共和国的封锁遏制是我国外交的首要任务。中国与中东地处亚洲东西两端，且中东地区很多国家在二战后风起云涌的民族解放运动中获得独立，打开与这些国家的关系对我国意义重大自不待言。冷战时期结束，世界进入以"和平与发展为主题"的时代，中国与中东地区展开了全方位外交，为我国的改革开放创造了良好的外部环境，合作共赢、共同发展成为中国与中东国家关系的主旋律。进入新世纪，中国与中东国家建立起多种形式的伙伴关系，朝着共建命运共同体的宏伟目标迈进。随着国际和地区形势的发展变化，中国同中东各国发展友好合作关系的政策始终如一，并持之以恒为促进中东热点问题的和平解决不懈努力，贡献中国智慧。70 年的历史证明，中东是中国总体外交的重要基础和战略依托。

光阴荏苒，岁月如流。我自 1971 年开始从事外交工作就同中东打交道，经历了 40 多个年头，把自己的报国梦想融入中华民族伟大复兴的历程中，也与中东这片热土结下了不解之缘。我先后在伊拉克、埃及、叙利亚、沙特工作，单是埃及我先后三次在那里工作，在尼罗河畔度过了 13 个春秋。在结束外交生涯时，我曾写下几句小诗作为人生感慨："四十余载一挥间，折冲樽俎未敢闲。中东风云多诡谲，沧桑练得一片丹。"

万隆会议开启中东外交新纪元

中国和中东地区的渊源可以追溯到两千多年以前，古"丝绸之路"的凿通把中国与中亚、西亚至地中海周边地区连接起来，成就了我国早期的对外开放，为社会、经济和文化的发展带来新的活力。近代以来，中东地区沦为西方列强的殖民地和势力范围，中国同这些国家一样经历了受强权欺辱不堪回首的历史，我国和中东长期处于基本相互隔绝的状况，一直到新中国成立以后才有了改观。

1955 年第一次亚非会议（"万隆会议"）的召开，是亚非国家历史上具有里程碑意义的重大事件，也为中国与中东国家相互了解提供了历史机遇。周恩来总理兼外长率团与会，在惊涛骇浪中成为会议成功的定海神针，为中国外交史树立了一座丰碑，也为开启中国与中东国家关系奠定了基础，打开了新的篇章。

在万隆会议期间，周总理同当时中东地区的风云人物埃及总统纳赛尔以及其他中东国家领导人多次会晤，与纳赛尔更是彻夜长谈，互通各自国内情况，共商亚非团结，以推动亚非民族解放事业向前发展。万隆会议让纳赛尔等阿拉伯领导人直接认识、认知了新中国，中方也对风云变幻的中东有了更深入清晰的了解，为此后开展交往并建立关系奠定了基础。次年5月，埃及与我国建立外交关系，成为非洲和阿拉伯世界第一个同中国建交的国家。紧接着，叙利亚、也门、摩洛哥等西亚北非国家陆续同中国建交。一大批新获得独立的国家走上国际舞台，在民族解放运动风起云涌的浪潮中守护相望，在捍卫国家独立主权的斗争中相互同情、相互支持，中国的朋友圈不断扩大。

在中国的外交史上，1963年12月中至次年2月初周总理在陈毅副总理陪同下对埃及（时称阿拉伯联合共和国）、阿尔及利亚、摩洛哥、突尼斯、苏丹等非洲10国的访问，写下了浓墨重彩的一笔，是中非关系史上永久的丰碑。中国倡导的"和平共处五项原则"在亚非国家更加深入人心。我还记得2005年在埃及任大使期间，埃及外长盖特（从2016年7月起担任阿拉伯国家联盟秘书长）有一次同我谈起周总理访问埃及的往事。他说："周总理访问埃及那年，我还是个中学生，挤在夹道欢迎的人群里看到了周总理的风采，至今留在我的记忆里。周总理的那次访问在非洲留下的影响非常深远。"1971年我国恢复在联合国的合法席位，非洲和阿拉伯国家的支持起到了决定性作用。毛泽东主席曾形象地说，是非洲兄弟把我们抬进了联合国。对此中国人民永远铭记在心。

改革开放为中东外交开辟新天地

在开始外交生涯不久，我很幸运就赶上改革开放的大潮，中国外交也进入新阶段。当时，邓小平在对国际各种力量对比进行深入分析的基础上，提出"和平与发展"是当今时代两大主题的论断，外交上明确强调不以意识形态划线、坚持独立自主的和平外交方针，愿意同不同社会制度的国家发展友好合作关系。

外交政策的调整为我国外交工作注入新的活力，为我国实施以经济建设为中心的战略方针创造了较好的国际和平环境，也为我国对中东的外交带来崭新的局面。我国于 1990 年与沙特阿拉伯王国建交、1992 年与以色列国建交后，实现了与中东国家外交关系全覆盖，中国的中东外交进入更加生机勃勃的新阶段。我自己也经历了我国与以色列关系逐步松动到建立外交关系的过程。

以色列是中东地区最早宣布承认新中国的国家，但巴勒斯坦问题一直是各方关注的中东问题的核心，也是二战后延宕时间最久的热点问题。支持巴勒斯坦人民争取合法民族权利的斗争一直是中国中东外交的核心内容，也成为中国与阿拉伯国家建立良好关系的重要基石，鉴于此，中国一直未与以色列建交。冷战结束后中东形势发生了重大变化，以谈判方式解决争端成为巴以双方的选择。1991 年 10 月，中东有关各方在西班牙马德里召开了中东和平会议，我国随即水到渠成地完成了同以色列建交的历史进程。1991 年 12 月，我作为中国政府代表团的成员，赴以色列开启谈判建交的"破冰之旅"，第一次踏上以色列这片古老而又神秘的土地。一个月之后，中以两国于 1992 年 1 月 24 日正式建立大使级外交关系，开启了对中东地区"劝和促谈"的全方位外交，使我国在多边外交中处于更加主动灵活的地位。在 20 世纪 90 年代初活跃的中东和谈活动中，我多次参加各种国际会议和工作小组会议。由于中国与争端各方都保持良好关系的独特地位，中国的参与受到各方欢迎；中国既坚持原则立场，又积极促和的独特作用也为各方重视，扩大了我国的国际影响力。

1989 年春夏之交北京发生政治风波后，以美国为首的西方国家对中国实行封锁制裁，大有"黑云压城"之势。疾风知劲草，患难见真情，中东国家在协助我国打破封锁方面发挥了积极作用。1989 年 9 月钱其琛外长率先出访埃及、约旦、叙利亚、突尼斯四个友好国家，同年 12 月国家主席杨尚昆访问埃及、阿联酋、科威特和阿曼四国，在国际上引起强烈反响，对打破美国等西方国家的封锁制裁起到重要作用。我有幸参与了这些活动，留下深刻记忆。

中阿关系迈上新台阶

进入新世纪，国际形势发生一些新的变化。特别是"9·11"事件后，美国推行"大中东民主改造计划"，在反恐的旗号下发动对阿富汗和伊拉克的两场战争，阿拉伯世界面临巨大压力，而中国正进入对外开放合作发展的快车道，进一步提升中阿合作关系成为双方的共同愿望，于是承载这一使命的中阿合作论坛应运而生。

2004 年 1 月，胡锦涛主席对埃及进行国事访问期间，拜访了位于开罗的阿盟总部，并阐述了中国愿同阿拉伯国家增进政治关系、密切经贸往来、扩大文化交流、加强在国际事务中的合作、建立中阿新型伙伴关系的政策主张。之后，李肇星外长与穆萨秘书长共同宣布成立"中国—阿拉伯国家合作论坛",这一举措搭起了中国与阿拉伯国家集体对话与合作的平台,称得上是中阿关系的一次大提升。当年 9 月,中阿合作论坛首届部长级会议在开罗阿盟总部举行,中阿合作论坛正式启动。中阿合作论坛的成立是中阿关系史上的一个里程碑,为中阿在各领域的合作开辟了更广阔的领域。

我作为时任驻埃及大使直接参与这一重大历史事件,并于 2005 年被任命为兼驻阿盟首任全权代表,深为荣幸。全权代表的身份让我有机会参加每年两次在阿盟总部召开的阿拉伯外长理事会和每年一次在轮值主席国召开的阿拉伯首脑会议,扩大了外交活动空间。更令我欣慰的是,差不多每一次理事会都会有关于加强同中国合作关系的议题,重申对台湾问题等中国核心关切的支持,这标志着中阿整体合作不断有新内涵,对我来说也是外交生涯中难得的经历。

中东大变局下的创新外交

从 2010 年底开始的中东大变局,至今已持续 10 年多。随着突尼斯、埃及、利比亚、也门等国家在急风暴雨中政权更替,以及叙利亚冲突迅速演变为代理人战争,这场大变局已在中东多国内部引发了不同程度的动荡和变革。中东大变局的内因是保守僵化思想和体制导致的发展乏力和长期社会矛盾的积累;外因则是西方国家在金融危机后因急于摆脱困境而推行的"新干涉主义",以"人权高于主权"和"保护的责任"为旗号,干涉别国内政,包括直接以武力推翻别国政权。由于中国与俄罗斯联手几次在安理会使用否决权,他们的图谋在叙利亚未能得逞。与此同时,中国也在叙政府与反对派以及地区国家间穿梭斡旋,推动当事各方以国家和民众生命安全为念，停止军事对抗。战乱开始阶段，有一些阿拉伯国家对中方立场不理解甚至很不满，但经过中国持之以恒的工作，特别是地区形势发展变化的现实，让他们认识到中国的理念和主张是真正为地区国家和人民的利益考虑，经得起时间检验。

从外交实践角度看，在中东局势发生历史性大变化的时候，各种社会力量走上政治舞台，政治多元化进程加快，局势复杂多变。这种情况下，把政府间外交作为主渠道的同时，也要重视公共外交，同不同党派和政治力量接触，让中国与这些国家的关系经得住风云变幻的考验。我本人从 2009 年至 2014 年担任中国中东问题特使，不停穿梭

2014 年 7 月 7 日，中东问题特使吴思科在巴格达机场与中国武警战士

于地区各国以及对地区有影响力的大国之间，同时也注重与各种政治力量代表接触，传递中国理念和中国主张，收获了友谊，同时也加深了我对发展中国家是我国外交基础的认识。这一点在任何时候都必须坚定不移。

近年来，尽管中东地区的局势出现大变化，热点频生，但巴勒斯坦问题仍然是该地区具有全局性影响的一个热点。甚至可以说，巴勒斯坦问题久拖不决是中东大变局的重要诱因之一。在巴勒斯坦问题上长期以来积压的民族屈辱感，加剧了众多阿拉伯民众对当权者的不满。中国始终坚持支持巴勒斯坦人民的正义事业的立场，持之以恒推动巴勒斯坦问题得到公正解决。中国这一立场得到阿拉伯国家的高度赞许，也为我国中东外交赢得了主动权。我清楚地记得，党的十八大召开后

巴勒斯坦总统阿巴斯在总统府会见中国中东问题特使吴思科

中东问题特使吴思科会见巴勒斯坦谈判代表阿雷卡特

新一届政府刚成立不久，中国就邀请巴勒斯坦总统阿巴斯和以色列总理内塔尼亚胡于 2013 年 5 月上旬访华，反映出新一届国家领导人直面中东地区热点问题，愿意在推动热点问题解决方面作贡献，体现了一个大国的担当。在接待两位领导人访问期间，习近平主席就解决巴勒斯坦问题提出了"四点主张"：应该坚持巴勒斯坦独立建国、巴以两国和平共处这一正确方向；应该将谈判作为实现巴以和平的唯一途径；应该坚持"土地换和平"等原则不动摇；国际社会应该为推进和平进程提供重要保障。这两起重要访问的前后，我作为特使两次访问中东多国和阿盟总部，介绍中方的主张，深感中方立场和努力得到阿拉伯国家的高度认可，也获得了各方的积极反响。此后，随着中东形势的变化，中方对"四点主张"进行了调整和完善，包括提出合作发展与政治解决进程并促进和平稳定的主张。我相信，中国支持以"两国方案"为基础解决巴勒斯坦问题的努力会坚持下去，直至巴问题的全面公正解决。

2013年，习近平主席提出的建设"丝绸之路经济带"和"21世纪海上丝绸之路"的伟大倡议，迅速得到中东国家的广泛欢迎和支持。历史上，丝绸之路曾是连接中国与中东国家的纽带，新时期，双方是共建"一带一路"的天然合作伙伴。"一带一路"的提出，既是中国在新的历史条件下实行全方位对外开放的重大举措，也是中国面向亚欧乃至非洲大陆提供的最重要公共产品，顺应亚欧和非洲各国人民谋发展、求合作的共同愿望，符合世界发展进步的潮流。针对中东的特点，习近平主席还提出以能源合作为主轴、基础建设和经贸合作为两翼、航天新能源等高新科技合作为新动力的战略合作构思。在短短几年内，双方合作的步伐更快，整体合作的水平也得到进一步提升。

"一带一路"倡议弘扬东方智慧，把古丝绸之路孕育的和平合作、开放包容、互学互鉴、互利共赢精神与新时代中国倡导的平等互利、合作共赢的新型国际关系理念相互融合衔接，强调与沿线国家共同打造命运共同体和利益共同体，体现了具有新时代中国特色的外交创新思维，同沿线国家一道构建"一带一路"互利合作网络、共创新型合作模式，携手打造"绿色、健康、智力、和平"四大指向的丝绸之路。就我工作过的沙特和埃及而言，"一带一路"使我国与两国的合作有了大的提升。与沙特"2030愿景"战略对接，利用中方在基建、重化工、制造业和产能方面的优势，提高沙特自主发展能力，为沙特工业升级、经济多元化提供支持；扩大航空、航天、和平利用核能、可再生能源等高新技术领域合作。此外，沙特在其西部规划中提出愿与中国合作，以陆海并进方式构建以阿拉伯半岛为枢纽、承接中亚、联通欧洲、覆盖非洲的铁路网、港口链的宏大设想。埃及具有巨大的发展潜力，在经历多年动荡后更理解什么叫"发展是硬道理"，主动把"苏伊士运河走廊开发"等发展规划与"一带一路"对接。中埃双方在建设苏伊士湾经济区和新首都项目合作方面已取得可喜进展，也积累了经验。埃及在基础建设方面、推进工业化进程以及提升城镇化水平等方面的巨大需求，都为"一带一路"建设提供了广阔空间。

随着国际力量对比消长变化和全球性挑战日益增多，推动全球治理体系变革和完善是大势所趋。推动全球治理体系变革完善符合世界各国特别是发展中国家的共同利益，也需要各国的合作。2016 年 1 月，习近平主席对沙特、埃及和伊朗三个中东重要国家进行了国事访问，并到访阿盟总部发表面向阿拉伯世界的重要演讲，全面阐述了新时期中国对中东的政策和合作愿景。习近平主席在演讲中特别提出中国对中东的"三不政策"，即不找代理人，而是劝和促谈；不搞势力范围，而是推动大家一起加入"一带一路"朋友圈；不谋求填补"真空"，而是编织互利共赢的合作伙伴网络。这迥异于西方长期信奉的"零和思维"和霸权理念，受到地区国家的广泛欢迎。"一带一路"倡导的"共商、共建、共享"理念不断深入人心，写入了中阿合作论坛部长会的合作文件之中，为共同构建人类命运共同体提供了不竭动力。

中东外交前景广阔

以史为鉴，可以知兴替。我国在实现中华民族伟大复兴的征程中面临的风险挑战明显上升，我们需要不断从历史中汲取经验和教训，寄望新一代外交人有"聪者听于无声、明者见于无形"的政治智慧，迎接新的挑战。中东处于世界大变局的旋涡，其地位为各方所重视，在未来我国外交全局中仍有重要地位。

从多年在中东折冲奔波的外交生涯中，我有一些切实的体会：

第一，中东正经历百年未遇的变局，动荡转型变革是个较长时期的过程，各国都在探寻符合自己国情的发展路径，中国的发展为他们提供了借鉴，与中国保持和发展合作伙伴关系是各国的共同选择，这是中国在中东的外交优势；中国在国际关系中坚持和平共处五项原则打下的坚实基础会不断发力，而改革开放使得我国国力快速提升，又进一步夯实了这一基础。第二，中东是大国竞争与合作交织的舞台，是中国运筹大国关系、树立负责任大国形象的重要平台；中国伸张正义，信守联合国安理会相关决议在该地区持之以恒地劝和促谈，具有政治、外交等方面的多重优势，有发挥更大作用的基础。第三，中东地区历来是国际反恐斗争的前沿阵地，对维护我国的安全稳定和发展利益，打好前沿防御战，构建安全屏障具有重要意义。为此，做好与中东国家在核心关切方面的相互支持至关紧要。第四，中东作为世界能源富集地，是开展能源领域互利合作、保障我国可持续发展的战略要地。近年来我国进口原油的数量不断增加，其中50%以上的进口来自中东地区。在可预见的未来，我国对进口原油的需求还会持续；与之相对，中东的产油国也非常看重中国稳定巨大的市场。能源合作既保证了双方的战略利益，也构建起我国在这个地区非常坚实的外交基础，中国与该地区各方的互利合作关系有着广阔的前景。

古老的丝绸之路，让中国与中东的先人走在了古代世界各民族友好交往的前列。当前，中国与中东国家都面临实现民族振兴的共同使命和挑战，克服艰难险阻共建"一带一路"成为中国与各方合作的新起点。在构建人类命运共同体的进程中，中国与中东各国是好伙伴、好朋友，一定会携手谱写共同复兴的新华章。

| 作 | 者 | 简 | 介 |

华黎明，1939 年生。上海人。先后就读于北京外国语学院英语系和北京大学东语系。1963 年入外交部，先后在驻阿富汗、伊朗使馆和外交部西亚北非司工作，曾担任周恩来、刘少奇和邓小平等国家领导人的波斯语翻译。1988 年任外交部西亚北非司副司长。1991—2001 年先后出任中国驻伊朗、阿联酋、荷兰大使兼中国常驻禁止化学武器组织（OPCW）代表。1998 年被阿联酋总统扎耶德授予"一级独立勋章"。

现任外交部公共外交咨询委员会委员、中国国际问题研究院特聘研究员。被中国翻译协会授予"资深翻译家"称号。

"一条线"下的中伊关系和 90 年代中东外交

华黎明

（原驻伊朗、阿联酋、荷兰大使）

我当外交官完全是个历史的误会。我读中学是在上海，报考大学的时候，不知什么原因被保送到了北京外国语学院学外语。其实，我是酷爱音乐的，但那个时候，组织上分配干什么，我们就干什么。大家都是如此。当时，北外有许多语种专业，然而每个人学什么，自己是没有选择余地的。起初，我被分配到英语系学习。后来，周恩来总理指示，要从英语院校选拔一批学生，去学习亚非语言。在这种大的背景下，组织上分配我去学波斯语。从此，我就跟伊朗结下了不解之缘。

中伊关系一波三折

20 世纪 60 年代末，国际形势发生了重要变化，中国领导层决定要同美国改善关系。著名的"乒乓外交"就是在这种背景下展开的。1971 年 4 月在日本名古屋举行的世乒赛结束后，美国乒乓球队应邀到中国访问，释放出中美关系要改善的积极信号。当时伊朗与中国尚未建交，但伊领导人很快就捕捉到这个信息。5月，伊朗巴列维国王就派他的妹妹访华，中方给予隆重接待。周恩来总理亲自会见和宴请，还请她登上天安门城楼并见到毛主席。这是两国间第一次重要接触。之后，巴列维国王又派其孪生妹妹阿什拉芙公主访华。阿什拉芙与国王关系密切，在王室地位重要，所以中方接待她的规格更高。我记得周总理在前门烤鸭店宴请阿什拉芙，她抵达时周总理特意下楼迎接。

7月，美国总统国家安全事务助理基辛格访华。访问结束后中美发表公告，宣布尼克松总统将于1972年访华。当时很多国家慑于美国压力不敢同中国建交，但在基辛格访华后这种局面得到改变。从1971年7月起，中伊在巴基斯坦开始建交谈判，8月即正式签署建交公报。与伊朗迅速建交，这同我们将外交政策从反对美苏两霸，调整为联合反对苏霸密切相关。当时，我们称之为"一条线"战略，就是从美国，经过日本、中国、巴基斯坦、伊朗、土耳其到欧洲，建立一条反对苏联霸权主义的统一战线。伊朗位于这条线的"中间点"，是重要环节，因此我国领导人对同伊朗的关系非常重视。

1972年9月，巴列维国王拟派王后法拉赫、首相胡韦达访华。那个时候，我正在晋西北某干校参加劳动。有一天，干校领导突然把我叫去，说外交部让我立即回京，有重要任务要完成。于是，我连夜出发前往北京。到外交部报到后，有关领导表示，将我调回北京的主要原因是伊朗王后和首相即将来访，需要我担任周总理的波斯语翻译。当时我身上穿的是干校衣服，还散发着泥土味儿。于是，我到外交部服装库临时借了一套中山装。当晚，周总理在人民大会堂宴请法拉赫王后一行，我去做翻译。伊朗人首次得知中国外交部还有波斯语干部，感到很惊讶。翻译效果不错，之后外交部领导对我说，你就不要回干校了，留在部里工作吧。

从此，我就同伊朗打起了交道，并有幸多次为周总理当翻译。每次近距离接触，周总理的言谈举止都给我留下了深刻印象。

1975年5月，阿什拉芙公主再次访华并提出要见周总理。当时周总理病情很严重，已经做了第二次手术，医院建议他暂停接见外宾活动。外交部向伊方通报了有关情况。但阿什拉芙坚持要见周总理，称其1955年代表伊朗出席万隆会议时即与周总理相识，双方从那时起就建立了友谊，她十分钦佩周总理的伟大人格。现在周总理病重，她更要去看望了。在她的强烈要求和坚持下，最后我方同意了其请求。阿什拉芙去305医院看望周总理时，我也在现场。当时周总理看上去很憔悴，当阿什拉芙转达巴列维国王对其祝福并邀请其访问伊朗时，周总理的回答令大家非常伤心。他说，看来我是去不了了，将来在座的这些年轻人可以去。这是我最后一次见到周总理，也是终生难忘的一次。半年后周总理就与世长辞了。

1977年，我被外交部派往驻伊朗使馆任大使翻译。当时驻伊大使是焦若愚同志，他后来当过北京市市长。中伊建交以来，两国关系一直很密切。1978年，伊朗爆发伊斯兰革命。这场革命从库姆开始，逐渐席卷包括首都德黑兰在内的几十个城市。最后，伊朗石油工人也参加了大罢工。国王派军队进行镇压，导致抗议规模越来越大。在此期间，我经历了时任中共中央主席、国务院总理华国锋访问伊朗这次对两国关系有重要影响的外交行动。

1978年4月，中央酝酿我国新一届领导人出访计划，最后决定将

与我国关系友好的罗马尼亚和南斯拉夫作为首访国，出访时间定在 8
月。当时我国领导人出访所乘专机都是波音 707，续航能力有限，必须
在中欧间找一个地方加油。伊朗是友好国家，且位于中欧航线中点，因
此中央决定往返都在德黑兰经停加油，并在结束罗、南之行回程时访问
伊朗。但到了 8 月份，伊朗国内局势急剧恶化，德黑兰到处都是示威游
行的队伍，时常发生打、砸、烧事件，一般的交通工具很难通行，内阁
也换了好几次。在即将结束对罗、南访问时，代表团向我驻伊朗使馆征
求当时形势下能否按计划访伊的意见。当时，外交部副部长何英、亚非
司司长周觉都已提前抵达德黑兰进行接待准备。焦大使立即开会研究对
策，我作为工作人员列席。会议讨论认为，伊朗是"一条线"上具有重
要战略意义的国家，巴列维国王高度重视发展对华关系，我国代表团
"过门不入"会影响两国关系。尽管局势比较混乱，但国王尚能控制住
局面。于是，使馆建议代表团如期访伊。

　　华国锋主席一行抵达德黑兰时，巴列维国王亲自在机场迎接并举
行隆重欢迎仪式。由于地面交通严重受阻，国王不得不陪同华主席乘
坐直升机前往下榻宾馆。在两天的访问行程中，代表团都是乘直升机
往返于机场、宾馆和王宫三点之间，所有参观项目都被取消。在双方
大范围会谈前，巴列维国王与华主席举行了一对一会谈，当时只有我
作为翻译在场。巴列维情绪低落地对华主席说，伊朗的形势已经非常
困难，说他的前途还是个未知数。这表明，他对能否控制局势已经没
有信心了。此访在外交上留下后遗症。访问后不到半年，巴列维国王
被迫下台。新上台的伊斯兰政权认为，中国代表团在革命高潮之际访
伊是对巴列维的支持，是不友好行为。一些伊朗民众前往我驻伊使馆
前示威游行。此后相当长一段时期内，中伊关系冷淡，情况一直持续

到两伊战争爆发。

伊朗建立伊斯兰政权后，四面树敌，十分孤立。尽管两伊战争是伊拉克挑起的，但世界上没有几个国家支持伊朗。为改变不利处境，1983年伊朗外长访华，两国关系得到恢复。次年，吴学谦外长回访，中伊关系续有改善。

1991年至1995年，我出任中国驻伊朗大使。当时两伊战争结束不久，伊朗国内百废待兴，发展对华合作的积极性很高。我在任期间，两国政治关系继续发展，双方高层往来密切。在经贸领域，由中国援建的德黑兰地铁破土动工，这是中东地区修建的第一条地铁。后来，中伊贸易额达到五六百亿美元。

1991年，华黎明大使向时任伊朗总统拉夫桑贾尼递交国书

这些年来，中伊关系之所以持续发展，最重要的一条经验就是中国坚持和平共处五项原则，尊重伊朗人民的选择，对伊政权更迭不说三道四。此外，伊朗伊斯兰政权奉行反美政策，美不希望中国与伊朗走得太近。我们从外交全局出发，妥善处理了中、美、伊三角关系。

伊斯兰革命前因后果

1977 年至 1983 年，我曾在驻伊朗使馆常驻六年，见证了该国伊斯兰革命全过程，包括伊朗学生占领美国驻伊使馆并扣押美外交官为人质。如何看待和理解这场革命？前面说过，当时我们调研工作做得还不够扎实，对形势也出现过误判。现在回过头来看，这场革命的许多方面是值得思考和总结的。

1973 年，我作为翻译陪同姬鹏飞外长访伊，这是我第一次去伊朗。当时我国经济比较落后。但伊朗却因石油收入剧增而暴富，巴列维国王雄心勃勃，要为伊买来一个现代化，重现 2500 年前波斯帝国时期的辉煌。代表团乘坐的航班夜晚飞临德黑兰上空时，我从飞机上看到下面灯火通明。那时中国家庭一般用的都是 15 瓦灯泡，即使在北京的长安街上也看不到这种夜景。当时德黑兰约 1000 万人口，却拥有 200 多万辆汽车。虽建有高速公路，但交通已出现拥堵。20 世纪 70 年代中期后，伊朗人均收入从几百美元增至 3000 多美元，百姓逐渐有能力买车、买房和送子女出国留学。但恰恰是在国家最富有、最发达的时候，伊朗爆发了反对巴列维国王的伊斯兰革命。我当时看不懂其中的缘由。记得1979 年 1 月 16 日巴列维被迫下台流亡国外的消息传出后，德黑兰数以百万计民众走上街头，载歌载舞，互赠糖果，热烈庆祝。我正在外面办事，汽车都无法开动了。

现在回过头来看，革命的主要原因是伊朗在经济高速发展的同时，贫富分化、王室腐败和全盘西化引发的各种社会矛盾全面爆发。20 世纪 70 年代，在政府推动下，伊朗社会的方方面面都在西化，看上去已不像一个伊斯兰国家了，引起国内传统势力强烈不满。此外，伊朗人民最不能接受的就是，政府一切听命于美国。

冷战期间，美国将伊朗视为阻止苏联南下的重要门户，在该国建立了不少军事基地和情报基地。这场革命导致中东地缘政治格局发生重大变化，而美国被迫退出伊朗，是其战略上的一大损失。

中东问题撬动中美关系

1989 年政治风波后，美西方制裁中国。中国外交经历了一段最困难时期。钱其琛副总理的《外交十记》一书，主要就是回顾这段历史。当时我在外交部亚非司担任副司长，亲身参与了利用中东局势变化推动中美关系转圜这一重大外交行动。

1990 年 8 月，伊拉克入侵科威特，震惊世界。美国政府决定采取军事行动，迫使伊拉克撤军。美出兵前需要得到安理会授权，否则出师无名。当时苏联处于崩溃边缘，美国认为苏联这一票容易拿到。而中美关系跌入低谷，美对中方会不会在安理会否决授权动武议案心里没底，迫切需要与中方接触以争取支持。这其中的一大障碍是美国对华制裁措施明确规定，停止两国副部级以上官员互访。同年 10 月，中国外交部发言人宣布，钱其琛外长将赴伊拉克、埃及和沙特等中东国家访问。伊拉克是第一站，钱外长拟当面做萨达姆工作，劝其从科威特撤军。美方获悉后，立即通过外交渠道向中方表示，贝克国务卿也将同时访问中东，希望在开罗与钱外长会晤。中方决定接受美方提议，并对出访行程作出调整，将第一站改为埃及。钱其琛外长和贝克国务卿同日抵达开罗并在机场"偶遇"，在贵宾室举行了长达三小时的会谈。钱外长重点就中美关系做工作，要求美方改变对中国的态度。双方并就伊拉克入侵科威特后的中东局势交换了看法。贝克表示，11 月安理会将就授权动武议案进行表决，希望中方投赞成票。钱外长未予肯定答复。为争取中方支持，美方又提出，可考虑打破两国副部级以上官员不能互访的禁令，并邀请钱外长在纽约参加联合国安理会会议后赴华盛顿访问，并安排布什总统会见。

11 月，钱其琛外长前往纽约参加联合国安理会会议。在首都机场，外国记者问钱外长："中国准备投什么票？"他笑而不答。钱外长走后，这些记者又追问我。我说："这张票就在钱外长的口袋里，现在谁也不知道结果。"

中方反对伊拉克入侵科威特，但也不赞成对伊拉克动武，因此我们在安理会有关表决中投下弃权票，并做了解释性发言。美国提案获得通过，但对于中方未投赞成票不满，于是放风说钱外长在华盛顿见不到布什总统了。这对中方是一次重大考验。我们面临两种选择：一是赌气不去了，二是按原计划去并争取会见布什总统。钱外长决定请我驻美大使朱启祯连夜赶回华盛顿做工作。朱大使抵达华府后，即同美总统国家安全事务助理斯考克罗夫特联系，请其出面协助安排总统会见。次日凌晨，斯回复朱大使称，布什总统同意会见。

这就为中美关系打开了一个缺口。经过不懈努力，我们用中东问题撬动了中美关系，开创了外交工作新局面。

| 作 | 者 | 简 | 介 |

刘振堂，1945 年生。辽宁省丹东凤城人。1969 年毕业于北京第二外国语学院阿拉伯语专业。

1972 年入外交部工作，1973 年到驻黎巴嫩使馆，1976 年转到驻叙利亚使馆，1979 年在外交部西亚北非司中东处主管巴勒斯坦事务，1983 年调驻苏丹使馆任三等秘书，1985 年转驻埃及使馆任二等秘书，1988 年调回外交部任亚非司中东处处长，1992 年到驻约旦使馆任政务参赞，1996 年回亚非司任副司长，1999 年任驻黎巴嫩大使，2002 年调任驻伊朗大使。

2007 年末退休。先后任中国伊朗友协副会长、前外交官联谊会副会长、国际问题研究基金会研究员、全国友协理事、中国钱币学会理事、外交史学会理事和外交笔会理事等。

著有《伊朗零距离》、《波斯风情——伊朗》、《七千年古韵——埃及》、《中国驻中东大使话中东——黎巴嫩》，与他人合著《以色列》等。

三位伊朗总统的中国情

刘振堂

（原驻伊朗大使，中国伊朗友协副会长）

我于 2002 年出任中国驻伊朗大使，任上五年有幸结识三位总统，他们分别是前总统哈塔米、拉夫桑贾尼和艾哈迈迪—内贾德。他们三位虽然都是在同一位领袖主导之下，但在伊朗独特的政治生态中，他们分属于三大派系。他们以各自独特的气质和言行，分别守护在伊朗伊斯兰共和国航船的左、中、右船舷上，以确保这艘航船沿着霍梅尼确定的航向平稳地向前行驶，为伊朗人民带来平安与福祉。

在浩如烟海的书报杂志媒体里，尚找不到一把统一的尺子来界定伊朗的派系，权且将哈塔米称作温和派（改革派），那么内贾德就成为强硬派（保守派），介于两者之间的拉夫桑贾尼当为务实保守派了。内贾德为世俗官员，其他两位则为教士，且哈塔米为圣裔，与伊朗国教什叶派的十二伊玛目（大教长）有血缘关系。这又说明，对一位伊朗政治家来说，在伊朗这个世界最大的政教合一国家里，教俗身份与政治派系并无必然的联系。他们三位在对华关系上的共同点是，重视中国的国际地位，对中国友善，欣赏中国的和谐敦睦哲学，佩服中国几十年来取得

的建设成就，努力推进伊中务实合作，对中华民族复兴寄予厚望，期望
与中国一道共建一个公平正义、平等互利、和平发展的新时代。

温和派总统

我于 2002 年 12 月 7 日下午递交国书时结识了哈塔米总统。记得在
与使馆几位主要官员走进总统府接见大厅时，他端立在大厅对面正中，
中等身材，不胖不瘦，满面红光，戴了一副秀郎眼镜，黑色的头缠上微
显谢顶，身着淡灰色内袍，披淡茶色长袍，配上茶褐色皮鞋与袜子，显
得典雅大方。我晓得伊朗上层宗教学者都会讲阿拉伯语，站定之后便用
阿拉伯语向他致意并祝开斋节快乐。递交国书后，他也用阿语与我交

2002 年 12 月 7 日，刘振堂大使向伊朗总统哈塔米递交国书

谈，问我在哪儿学的阿语，并希望我能学波斯语，方便在伊朗交往。

哈塔米对中国友好，经常拨冗参加中伊合作项目的开工与竣工典礼。记得中国公司承包的卡拉季至古勒沙赫镇铁路竣工时，他刚刚结束对外国的访问，便风尘仆仆地赶来出席竣工仪式。他在仪式上高度评价与伊合作的中国公司优质高效，盛赞中国经济技术取得的巨大进步，期望伊中进一步加强有效合作，取得更多硕果。

哈塔米又是一位周到细致的领导人。记得伊朗中部的克尔曼省举行的一场中伊合作项目竣工仪式后，他本已在其他官员的簇拥下退席走向大门，临近大门口，突然回头转身走向我，与我道别，同时再次表达对中国的谢意。

哈塔米欣赏中国的和谐哲学。他称，无论一个民族还是一种宗教，没有自己的特性就无以生存。不同特点并不意味着对立，互相之间可以相互学习、相互欣赏、和谐共存。他认为，他所主张的东西方、各民族之间的文明对话，与孔夫子倡导的"和而不同"是一致的。他还多次表示，希望再有机会访华，与中国朋友探讨文明对话的途径与前景。

他一贯倡导不同国家、不同意识形态之间应进行"文明对话"。2000年，他在联大发言时全面阐述了这一主张，得到广泛响应。联合国遂决定将2001年定为"国际对话年"。随后，亚欧对话会议也设置了"文明对话"机制。

2005年2月行将卸任前，在为伊斯兰革命曙光节举行的使节团拜会上，哈塔米再次重申他的文明对话理念。他说，伊斯兰革命是非暴力革命，它使伊朗由落后与附庸变成独立、自由和发展建设的国家，从而结束了150年的屈辱史。欧洲、亚洲和非洲国家都要独立自主，相互进行文明对话，伊朗愿意与欧洲国家继续互利合作。

哈塔米作为改革派代表，主张言论自由、制度民主、改善与西方国家关系。其理念得到年轻一代及上层革新派的支持。在其任内，伊朗与欧洲、阿拉伯关系得到较大改善，欧盟成为伊朗主要贸易伙伴，英、法、德三国就伊朗核问题与伊朗开展对话。哈塔米往访多个阿拉伯国家，与没有正式外交关系的埃及总统穆巴拉克会晤时，主动提出愿更改以谋杀埃及前总统萨达特主凶命名的德黑兰一街道的名称，甚至提出伊朗欲以观察员的身份加入阿拉伯联盟。

1997 年执政后，哈塔米奉行开明的妇女政策，重视对妇女权益的维护。那时，女青年穿非黑色长袍的增多，有的甚至将头巾裹至脑后部，露出部分秀发也无须顾虑。在一年一度的外交使团团拜会上，他总是按"女士优先"的原则，首先与使节夫人寒暄。对于使节夫人在盛夏时节戴头巾的不便，他表示理解，甚至在某些场合还表达歉意。西班牙新任大使递交国书前，其夫人要求陪同，哈塔米迅即破例同意，并在接受国书时当面向大使夫人明确表示，他不赞成让非穆斯林戴头巾。2006 年，在会见到访的中国作家王蒙夫妇时，哈塔米主动询问王夫人："戴头巾不会感到不适吧？"接着，哈塔米以不无自嘲的口吻说："你瞧，包括我在内的许多男人也在陪戴呢（指宗教人士戴头缠）！"当王蒙答称其夫人戴了头巾更漂亮时，哈塔米幽默地说："是否比她年轻时更漂亮？"

为提升妇女社会地位，哈塔米将妇女事务局更名为"妇女参与中心"，并扩大其职能，设总统妇女事务顾问一职。该顾问由总统直接任命，无须经议会批准，且作为内阁的一员有资格参加内阁会议，其地位仅次于负责环保事务的女副总统。哈塔米任内，每个部委及各省都设有各自的妇女事务办公室，或设主管妇女事务的顾问，司法部门对不利于妇女的相关法律条文作了修改，在各部委和省市各级的总预算中专拨经费用于妇女活动与事务，以鼓励妇女积极参与政治、经济和文化活动，加入非政府组织，提高自立意识和维权意识。

务实保守派总统

另一位总统是拉夫桑贾尼先生，他是伊朗全方位的政治家，当之无愧的"德高望重"。在伊朗，拉夫桑贾尼所任高职之多之久，除领袖之外，没有任何政治家能与之比肩。他曾任两届议长、两届总统，卸任后即任确定国家利益委员会主席，直至 2017 年 1 月因病去世。2007 年 9 月之后，他又先后当选专家会议副主席、主席。这个专家会议非同寻常，它是负责推荐、选举、监督、罢免最高领袖的特殊机构。

拉夫桑贾尼 14 岁就进入库姆神学院读书。22 岁以后，他追随霍梅尼从事反对巴列维国王的活动，多次被捕入狱，曾坐牢三年。他所蹲过的监狱我曾参观过，即位于德黑兰中心区的前王朝临时监狱，附属于国王情报中心（萨瓦克）。自 1960 年开始，这里先后关押了 543 名革命者，现领袖哈梅内伊就曾被关押在此六次之多。拉夫桑贾尼当时属重犯之一，被单独禁闭在四平方米的牢房里。

霍梅尼被流放国外期间，拉夫桑贾尼是与霍梅尼一直保持联系的几位教士中最年轻的一位。1979 年革命胜利后，拉夫桑贾尼与哈梅内伊共同创立了执政的伊斯兰共和党，他本人除担任上文提及的高职外，还曾任内政部长、武装部队总司令、霍梅尼驻最高国防委员会代表、德黑兰市临时教长、星期五祷告领拜人。其教阶已升为阿亚图拉。

拉夫桑贾尼是中伊关系的缔造者与见证者之一。他采纳伊朗外交部国际问题研究所的建议，1985 年以议长的名义访华。应该说，这次访问是一次破冰之旅，从此，中伊两国关系特别是经贸关系进入了一个新的发展阶段。在他和中国领导人共同努力下，伊朗成功引进中国地铁技术，从而使伊朗成为中国地铁在海外的首个商业用户。

我在任期间多次拜会拉夫桑贾尼，他每每回忆起 1985 年、1992 年两次访华，都兴奋不已。他总是强调伊朗领导层都希望发展对华关系，他本人尤其如此。

拉夫桑贾尼 2007 年 10 月接受我辞行拜会时已年逾七十，但依然精神矍铄、笑容可掬。他与我交谈中提到，中国走的道路是正确的，取得了举世瞩目的成就。中国的砝码在世界的天平上越来越重，终有一天中国会变成世界上最强大的国家。随后，他转向轻松的话题，询问我退休后工资是否会降低，从而影响生活水平，退休后可否继续为增进两国关系出力。我答：中国发展了，百姓生活水平普遍提高。公务员退休后工资稍有减少，但生活无忧。我退休后的初步打算是推动"中国—伊朗友好协会"的建立，从而促进民间交流，争取尽早写一本关于伊朗的书，让更多的同胞了解伟大的伊朗和智慧的伊朗人民。他表示赞许，并将其新近出版的阿拉伯文版《拉夫桑贾尼传》赠送给我，我回赠了中国伊斯兰教协会出版的《中国穆斯林》画册，其中有他 1992 年作为总统访华时在钓鱼台国宾馆 18 号楼拍的照片。

伊朗新任命的大使赴任前，都要到主要领导人那里接受指示。新任驻俄罗斯大使安萨里受拉夫桑贾尼接见的 35 分钟里，拉夫桑贾尼大谈伊朗—中国关系，赞赏中国的发展，强调伊中关系的重要性及他本人为推进伊中关系所作出的不懈努力。安萨里听到这里，迷惑不解，便插话提醒拉夫桑贾尼，说他本人此次履新要去的是莫斯科而非北京。拉夫桑贾尼答称，知道你去俄罗斯，你曾任亚太总司长，更不能忽视伊中关系的重要性。

强硬派总统

我结识的第三位总统是艾哈迈迪—内贾德先生。他于 2005 年 6 月当选为伊朗伊斯兰共和国第九任总统，接替第七、第八任满的哈塔米总统。在担任总统之前的德黑兰市长任内，内贾德就曾多次接见我。记得 2006 年秋天，我陪同他参观刚竣工不久的塔里甘水坝。他望着波光粼粼的水面，感慨地说，中国公司了不起，保质保量，且提前完工，创造

刘振堂大使与伊朗总统艾哈迈迪—内贾德在德黑兰亚洲议会和平会议上

了多重效益，希望中国公司再为伊朗建设 20 座这样的水坝，使伊朗地表水得以充分利用，早日实现农产品自给的目标。

2006 年 6 月，内贾德作为观察员国元首出席上海合作组织首脑会议暨上合组织成立 10 周年庆祝活动。他返回德黑兰时，在机场向我表示：对此次上海之行十分满意，请相信，伊朗是中国可信赖的朋友，伊朗奉行"向东看，向中国看"的政策非权宜之策。伊朗希望全面开展双边经贸合作，两国贸易不应停留在一两百亿美元的额度，可以达到 2000 亿美元甚至更多。

谈起伊朗前任总统内贾德，不少人觉得他桀骜不驯、好战爱斗，而我在伊朗工作五年期间耳闻目睹，尤其是多次与总统本人接触交往后，对于他艰苦朴素、廉洁奉公、为人亲和、不畏强权、固守本国优秀文化传统和价值观等留下深刻的印象。

内贾德于 2005 年 6 月当选总统并于 2009 年胜选连任，应该说是大势所趋，是国际局势与伊朗国内形势交织互动的必然结果。对他的当选，国际上最先作出消极反应的是美国。美国称伊朗的选举不公正，并怀疑他参加了 1979 年绑架美国驻德黑兰使馆 52 名外交人员一案，还指称当年实地录像中的一个人很像他。伊朗官方当即予以否认，指出录像中与内贾德相像的那个人也已过世。美国太不情愿看到内贾德上台，然而内贾德的上台却与美国对伊朗政策有着内在的联系。伊朗前总统哈塔米是位相当务实开放的总统，他率先发出"文明对话"的倡议。令人费解的是，就在哈塔米总统第二任期过去不足半年时，美国总统小布什就给他当头一棒，将伊朗定为"邪恶轴心国"。向美国示好的路走不通，对美国强硬的思潮理所当然要重新抬头，这一思潮在伊朗是根深蒂固的，有广泛的社会基础。该思潮代表人物正是内贾德，他同以哈塔米总统为代表的温和派的首次较量，是在 2003 年 5 月的德黑兰市议会选举中，强硬派获得大胜，遂推举他任德黑兰市市长。这为他日后大展宏图，登上总统宝座开启了第一道大门。

当时，伊朗国内还有其他一些条件对内贾德胜选相当有利。伊朗的绝对权威哈梅内伊在大选的关键时刻宣示，国家领导需要新鲜血液。内贾德当年只有 49 岁，比他的竞争对手——确定国家利益委员会主席拉夫桑贾尼年轻了 22 岁！内贾德自身的魅力与理念也是他胜选的重要原因。除去他在治国方略、宗教心结、对外政策，特别是对美国、以色列的政策上与领袖哈梅内伊绝对保持一致外，他的政绩、品行和为人也是有口皆碑的。内贾德不但勤政，而且廉政。他出身卑微，作为铁匠的儿子，自幼生活在社会底层。任德黑兰市市长期间，他自驾一辆 1977 年款的标致 504 普通轿车，还常常自带午饭；他在任省长时还有银行存款，随着三个孩子渐渐长大并上学，夫妇俩工资刚够全家开销，任市长时已无银行户头。他唯一的不动产是位于德黑兰南区（穷人区）的 40 年老房，占地 175 平方米，建筑面积 127 平方米。内贾德穿的外套多是普通夹克衫，即使任总统后，在公众场合穿着依然故我，接待外宾或出访偶着西装，也是普通的面料；我见他穿的最好的西装是在 2007 年 10 月末向他辞行时，但面料质地看上去也不是特别高级。

内贾德强烈反对社会不公和贪污腐败，入主总统府伊始，就采取了一个令人吃惊的行动——将总统府所有高级地毯收起，送给清真寺，代之以平民用的普通地毯。波斯地毯举世闻名，它织进了波斯人的传统、性格、审美与追求，是地位与财富的象征。内贾德搬走一流地毯，显然用意在于拉近同普罗大众的认同关系。紧接着，他又采取了一系列亲民、勤政、廉洁措施，亲自带领内阁赴全国各地巡视工作，并在各省省会召开办公会议；规定新任部长要写保证书，不为自己或亲属谋利，违者扫地出门；到各地出差不下榻豪华饭店；等等。内贾德对自己的要求依旧严格，将总统专机改作民用，出国访问使用普通飞机；中午仍坚持食用自带的由妻子烹饪的饭菜；出差到外地不仅不住高级饭店，开的也是小房间，喜用小床垫、一条毛毯，席地而眠；每月仍拿在大学兼职的相当于 250 美元的薪水，不另拿总统工资。

内贾德对亲友黎民谦和、朴实的另一面，则是对敌人、对强权的超乎寻常的刚硬、坚毅与顽强，最具代表性的是他对美国的态度。他认为美国是当今世界霸道、蛮横、邪恶与野心的总代表，是国际上许多冲突和灾难的总根源；伊美敌对，理在伊朗，美国"9·11"之后完成了对伊朗的包围，志在囊括中东、掌控石油，进而称霸全世界；伊朗绝不会向美国妥协，除非美国放弃仇视、颠覆伊朗的立场。内贾德上台后，接连不断地向美国发动外交攻势。他先是向布什总统发出长信，从哲学的角度阐述伊朗的伊斯兰理念，剖析美国"9·11"之后在中东、在世界连连受挫的根本原因；接着两度提议，利用两国元首出席联大会议之机进行面对面的辩论。这些都被布什总统断然拒绝了。唯一一次没有被美方拒绝的是，2006 年联大会议期间，应内贾德本人要求，美国哥伦比亚大学邀请他到该大学发表演讲。令人莫名其妙的是，哥大这所全球闻名的高等学府之长，竟不留一丝斯文，当着他请来的客人——一个主权国家元首的面，极尽侮辱和攻讦。面对突如其来的羞辱，内贾德处之坦然，仅用三言两语不愠不火地回敬了这位校长，接着面对美国听众，慢条斯理地将伊朗的理念和立场娓娓道来。

那些年，伊朗及其总统内贾德成为全世界新闻媒体关注的焦点。中国《环球》杂志将内贾德选入 2006 年十大环球人物，与中国人和巴菲特、尤努斯、金正日、布什、潘基文、安倍晋三、凯阿斯林、齐达内并列。《人民日报》和中国国际广播电台联袂评出 2006 年十大国际新闻，将安理会就伊朗核问题通过的 1737 号决议与伊拉克危机并列为榜首。

而内贾德及其代表的伊朗强硬派，以及内贾德的反对派即温和派、务实派，对中国的关注丝毫不亚于中国对伊朗的关注。他们一直在琢磨，是什么神力庇佑着中国，在确保共产党的领导、政权不改变颜色的情况下，以世界一流的发展速度，取得经济建设的骄人成就。内贾德对中国的重视始于他就任德黑兰市市长后，他多次参加中国公司承建项目的开工、竣工典礼，深为中国公司所建项目的质量与速度折服，希望更多的中国公司参与德黑兰建设项目，为此期盼德黑兰市与北京市早日结为友好城市。内贾德任总统后，参加项目剪彩活动有增无减。

2007 年 10 月 24 日，内贾德刚结束对亚美尼亚的国事访问归来，就在总统府接受我的辞行拜会。看上去，他面带倦容，从讲话所带的浓重鼻音，我感觉他已受风寒，可是他始终热情周到，谈兴不减。最后，我受上海一位友人之托，请他为 2010 年上海世博会题词，他欣然接受，即兴命笔："辉煌的城市、温情的社会与共同的努力，为人类创造了欢乐、激情与高尚。让我们携起手来，为人类营造充满友谊、公正与和平的生活。这是永恒的秘密，是所有爱与友谊的源泉。感谢所有为实现这一伟大理想而奋斗的人们，祝他们成功！感谢尊敬的中国驻伊朗大使为两国人民与政府之间的关系所作出的杰出贡献！"

2010 年 6 月，我作为上海世博会中国政府副总代表，在上海参与接待内贾德总统。在俞正声书记举行的午宴上，我将刊载他的上述题词的上海报刊剪报及我写的《伊朗零距离》一书赠送给他，并告诉他中国—

伊朗友好协会业已成立，我作为该协会副会长将一如既往地为增进两国人民相互了解而努力。他深表赞赏，期望两国和两国人民在加深彼此交往和了解的基础上，使双边关系得到更大的发展。

伊朗的国策

对华友好是伊朗的国策，无关总统轮替。鲁哈尼总统上任以来一如前任，积极推进伊中关系。

2016年初，鲁哈尼与到访的习近平主席签署了关于伊中建立全面战略合作伙伴关系的协议。如今，中伊两国在抗疫中相互同情、相互支持，增进了政治互信，深化了战略伙伴关系。以鲁哈尼为首的伊朗政府在世界上最先公开声援中国并向中国提供援助；中国则向伊朗派出首个对外志愿医疗专家团，最先援助伊朗试剂盒、呼吸机等。习近平与鲁哈尼通话时强调，中国坚定发展中伊全面战略合作伙伴关系，坚定支持伊朗捍卫国家主权和尊严，反对单边制裁。

患难见真情。不难想象，经历考验的中伊伙伴关系前景可期！

｜作｜者｜简｜介｜

　　崔永乾，1944 年生。陕西高陵县人。1964 年考入北京外国语学院法语系。1970 年毕业分配至外交部所属北京外交人员服务局，先后在法国驻华使馆任中文秘书五年，在马达加斯加驻华使馆任中秘八年。1983 年初在中国驻上沃尔特（布基纳法索）使馆任三秘、二秘。1987 年任北京外交人员服务局翻译职称评审办公室副主任。1988 年起任外交部非洲司二秘、副处长、一秘、处长。1993 年任中国驻几内亚共和国大使馆参赞。1997 年任外交部办公厅参赞。1998 年任中国驻中非共和国大使。2001 年任中国驻刚果民主共和国大使。

　　2005 年退休后曾多次担任中国政府特使赴非洲工作，并曾担任中非合作论坛首次北京峰会礼仪大使。2006 年后担任中国国际问题研究基金会常务副会长兼秘书长、中国前外交官联谊会副会长、中国亚非发展交流协会副会长，以及中非友协、中国人民外交学会、中国联合国协会、中华人民共和国外交史学会等社会团体职务。

四十多年的非洲深情

崔永乾

（原驻中非、刚果（金）大使）

从 1975 年起，直到 2005 年退休，整整 30 年里，我的工作单位在国内是外交部非洲司，在国外则先后是布基纳法索、几内亚、中非、刚果（金），清一色的非洲撒哈拉沙漠以南法语国家，即使退休之后 10 多年，我奉命作为中国政府特使，肩负有关联合国改革、代表中国政府出席新的国家领导人当选就职典礼、处理突发事件等重大使命，十几次赴非洲多国工作。

非洲朋友都会说"你好"

非洲是"阿非利加洲"的简称，希腊文正是阳光灼热的意思。不过，也就是在这些终年炎热的非洲国家，我深切感受到了非洲人民的热情。在非洲，就是在偏僻农村完全没有文化的普通老百姓，多数都知道中国、了解中国，知道中国好，说中国好。

有一次，我跟其他四个联合国安理会常任理事国的大使到一个法语及英语比较普及的地区考察。当地的民众面对四个白种人、一个黄种人时，却只用中文"你好"跟我们打招呼。到处是"你好"的声音，我也很自然地回应"你好"。而另外四位大使互相看看，只能不说英语，也不说法语，同样用"你好"来问候。日本大使和韩国大使也曾对我说，他们常"沾"这种"光"，由于长相与中国人差不多，老百姓以为他们也是中国人，就用中文问候他们。

"你好！"就是这么一句普通的问候语，成了非洲人民对中国和中国人民深情厚谊的美好见证，也印证了新中国自成立以来为非洲兄弟们反对殖民统治、实现民族解放和发展振兴所作的巨大贡献。20 世纪 60—70 年代完成的全长 1860 公里的坦赞铁路就是一个明证，而且那里至今还长眠着 66 位为之献出宝贵生命的中方员工。

非洲面积为 3030 万平方公里，人口 12 亿，有 54 个国家，且全部是发展中国家，是世界上发展中国家最集中的大陆；而我们中国是世界上最大的发展中国家，在 20 世纪 50—60 年代，当非洲兴起反殖、反帝，争取国家独立和民族解放运动的时候，毛主席、周总理高瞻远瞩，领导新中国对非洲国家和人民给予了坚定有力支持。非洲国家获得独立后，又在国际事务中坚决排除西方反华势力的反对和阻挠，坚定站在中国一边，为帮助中国恢复在联合国的合法席位、提高中国的国际地位出了大力。正是在以非洲朋友为主体的国际友华力量的支持下，我们屡屡挫败了以美国为首的西方反华势力在人权、涉台、涉藏、涉疆、涉南海等重大问题上的反华图谋，维护了中国的核心利益。

发展与非洲的友好合作关系，向来是中国外交基础的基础。事实已经反复证明，深厚的中非友谊完全符合中国和非洲人民的利益，也符合全世界人民的利益。带着这种认识和自觉，尽管经历过各种艰辛和磨难，我却深情享受着其中的苦和乐，我为自己终身从事对非友好事业感到神圣而光荣。

"肝大一指、脾大一指"

1983 年初，我奉派前往驻上沃尔特使馆常驻。这是我长期常驻非洲艰苦地区国家的第一站。赴任前，我已了解到这是个经济欠发达，动乱、战乱频发，而且天气常年炎热的国家。

当时，我们国家刚刚启动改革开放，国力十分有限。驻上沃尔特使馆是一所租下的普通民房，居住和办公条件都很差。我作为三等秘书，被安排和另一位工勤合住在房主原先的厨房里，他住在备餐间，我住在有炉灶、洗碗池的操作间。二三月份，正值旱季，天气非常炎热，晚上的温度也在 35℃以上。住房里只有一台十分老旧的窗式空调，晚上开到最大值，房间温度也在 30℃以上。初到时的确难以入睡，但慢慢就习惯了。

首都瓦加杜古树木不多，外出开车办事常常会在停放时经受太阳暴晒。老同志告诫开车必须戴手套，以防开车门时被把手烫伤。当地卫生条件恶劣，全城罕见公共厕所，即使有也实在进去不得。加上当地人办事效率低下，外出往往四五个小时至七八个小时不能返馆。为了减少不便，我出门之前不喝水，也不带水。这样长时间因大汗淋漓而失水，到馆不到一年，我平生第一次患上了肾结石。这是一种虽不致命，但却疼痛难忍的疾病。最痛苦的时候，我忍不住满床翻滚，多次从床上滚落床下。

上沃尔特是非洲疟疾多发区之一。为了避免被蚊虫叮咬患病，我自到馆后即遵从医嘱，每天自觉坚持服用奎宁类预防药。此药副作用是影响食欲并伤肝，较长时间服用后，我的体重下降了16斤。尽管万分注意，还是未能逃脱患上疟疾的厄运。

疟疾俗称"打摆子"，实际上非洲疟疾比中国南方人许多年前曾经有过的打摆子严重得多，迄今仍是引起非洲人死亡的第一大病因。那时，由中国科学家屠呦呦研发的青蒿素系列特效药尚未问世，我只能服用价格昂贵、副作用极强，但却能救命的药物"奎宁马克斯"。在中国医疗队医生的精心治疗护理下，我治愈了疟疾。但从此每每体检报告均会标明"肝大一指、脾大一指"的提示，而且由药物导致的日常性耳鸣将不可逆地持续到老。

"哗变"、"兵变"、"政变"

1993年7月，我被任命为驻几内亚共和国使馆参赞。几内亚与同处西非的马里、加纳一起，是20世纪50年代末刚获独立即与我国建交，并一直保持对华友好关系的三个"铁杆"朋友，中国外交界尊称为"几、马、加"。

20世纪90年代初，西方在非洲掀起"多党民主化"狂潮，几内亚也受到强烈冲击，国内各种矛盾冲突显现，动乱频发。我到馆后临时安排住在离使馆几步之遥的原新华社驻几内亚记者办事处小院内，两三个月后搬回使馆。该小院由某国企在几内亚机构一对工作人员夫妇暂住。他们入住不久，一天夜晚，忽然听到该小院内枪声大作，并有手榴弹爆炸声，全馆人员被惊醒，大家都手无寸铁，心急如焚却无法救援。有人试图出去看个究竟，被手持木棍的当地值班雇员喝止："这是强盗武装抢劫，出去就是送死！"半个小时后，枪声平息，估计匪徒已经撤退，我带领几个官员冒险进入小院，发现房屋大门已被手榴弹炸开，室内房间门上弹孔累累，门厅弹壳满地。幸好卧室房门坚固，挡住了这伙匪徒的枪弹攻击，那对夫妇才幸免于难。

1995 年元月，新年刚过，首都科纳克里一批军人因政府长期拖欠军饷上街示威游行，其中不少人携带武器。为制造声势，扩大影响，一些人不断朝天开枪。短时间吸引大批军人参与，密集朝天射击。我们使馆游泳池中也落下十多个弹头，可见射击密集程度。一时间全城枪声大作，军人开始冲击国防部、总统府等要害部门。国防部随即陷落，国防部长被抓并遭毒打，口中牙齿全部被打落。到了晚上，事态进一步扩大，导弹部队向总统府发射了一枚短程地对地导弹，摧毁总统府大楼屋顶。孔戴总统事先躲入地下室，很快被发现活捉。

由于此次事变由普通士兵不满发起，仅为情绪发泄并无真正的组织者，更无目标规划，中高级军官极少参与，更不愿为此事件挑头。而国防部长和总统被抓后，都表示无论国家多困难也要优先解决军人的军饷问题。在群龙无首的情况下，军人将孔戴总统释放并扶上原位。所以，这次事件只被称为"哗变"、"兵变"，而非"政变"。

"单打冠军"、"混合双打冠军"

1998 年 1 月 29 日，中国和中非共和国同时宣布恢复外交关系。2 月 24 日，我疟疾复发、高烧未退正在家休息。突接外交部干部司通知，组织决定由我出任刚刚复交的中非共和国大使。因事情紧急，我需在一周内搭建不超过 10 个人的复馆工作班子，然后以临时代办身份赴任。

3 月 19 日，到达中非首都班吉。到馆当日，我即约见中非外交部部长亚彭德，通知其我将于明日上午举行复馆升旗、挂牌仪式。第二天上午 10 时，在激扬的国歌声中，在中非高级官员和对华友好国家驻中非代表的见证下，在中非数十位华侨代表的簇拥下，我亲手升起了鲜艳庄严的五星红旗。时隔七年多，中国国旗在中非上空再次高高飘扬，我和馆员们及华侨们激动万分，互相拥抱欢呼，许多人喜极而泣。此情此景，将永远铭刻在我们的记忆中。

复馆后，我向中非外交部礼宾司司长递交临时代办介绍信。到其

崔永乾大使在大使馆举办 1999 年新中国成立 50 周年招待会，中非总统帕塔塞率中非总理、议长及政府全体部长出席

办公室后，我猛然发现他的办公桌上放着有书本大小的所谓"中华民国驻中非共和国大使刘××"的名片。我强压怒火，向其重申两国复交立场并严肃追问缘由。对方理亏，忙赔笑脸说，这位刘某人半小时前来向他辞行，顺留名片，尚未得空处理。为表示拥护复交原则，他随手撕碎那张名片，扔进垃圾筐。

中非是世界上最不发达的国家之一，加上连年动乱、战乱，国家经济已经崩溃。为避战祸，商贩们许久不再进货，商店常年关门，包括米面等生活必需品早已断货。我们离京前即有同事叮嘱，班吉几乎一无所有，吃饭的碗筷最好也自己带去。同志们开玩笑说："崔大使，你应该是当今世界自带碗筷赴任的第一人吧。"全馆同志的生活成了复馆后的第一大难题。开始几天，有以上海餐厅夫妇二人为代表的爱国华侨提供吃喝，我们感激不尽。但这绝非长久之计。我发动馆员和当地雇员到处寻购米面，但一无所获。后有一雇员说，他了解到一家粮店似有存货，只是品质太差，长期无人问津。我指派办公室主任等前往查看，发现只是一些早已发霉并夹杂大量死蟑螂和老鼠屎的米和面粉。粮店老板说，整个城市恐怕只有这些粮食了，如你们犹豫，可能明天就会被别人买走。为了生活、工作，我们最终决定买下这些当地仅有的"粮食"。米面虽经洗、筛，捡出许多完全发霉的颗粒和死蟑螂、老鼠屎，但一进锅笼加热，厨房以及整个使馆院内到处散发着极其难闻的味道。米饭和面食气味刺鼻，实在难以下咽，我带头并鼓励大家勇敢吞下去。这样的日子，一直到半年后从国内采购的集装箱到馆才告结束。其他办公和生活条件，也是一片空白。馆员们都睡在铺在水泥地上的硬纸板上，我倒是有个上面铺着纸板的旧床架，还享受到全馆唯一的一台14寸黑白电视机和一把当地雇员用板子钉起的"靠背椅"。

复馆之初，馆内尚不具备机要通信条件。每逢重大事项向国内请示汇报，我必须要去邻国喀麦隆首都雅温得中国使馆出差。为了给馆员增加营养，我每次自喀麦隆回来都带着允许重量极限的肉、蛋、菜等物品。一次，厨师嘱咐我多带些鸡蛋回来。在驻喀使馆同志的帮助下，用了两个较大纸箱，分层铺好纸屑，每箱各装 20 公斤。鸡蛋易碎，不能托运，只能手提，上下舷梯还得挺直腰杆，装出轻松的样子，以免被发现而遭拒载。

在中非工作的艰辛当属疟疾肆虐，防不胜防。我在中非三年任期中，竟有十多次发病。有时刚治好，接着又被蚊咬感染。1998 年底打摆子时，高烧 40℃以上。当时意识模糊，全身蜷缩成一个硬团，医生说已濒临休克，最后抢救脱险。20 世纪 90 年代末，青蒿素系列特效药品已经上市，它挽救了无数非洲人的生命，也挽救了我。

中非摆子频发高发，许多馆员都曾中招，而我和我夫人反复发作十多次，则较为罕见。在男馆员中，数我打摆子次数最多，大家戏称我为"男子单打冠军"；我夫人在女馆员中打摆子次数最多，被戏称为"女子单打冠军"；我们夫妇二人则有"混合双打冠军"的雅号。

"插国旗，穿防弹衣，戴钢盔"

2000 年底，唐家璇外长访问中非，在同帕塔塞总统会谈时向对方透露：崔永乾大使将结束在中非任职，改任驻刚果民主共和国大使。2001 年 1 月 16 日晚，帕塔塞总统夫妇设家宴为我和夫人饯行。席间，帕频繁离座，神色反常，不等我问，直告刚果（金）那边今天上午出了大事，总统洛·卡比拉遇刺，国家已分裂，政府军和另两支叛军三分天下。对我这个尚未赴任的大使来说，心中不免平添诸多忧虑和警惕。回国后得知，卡比拉已遇刺身亡，政府内部以及与两支叛军之间正激烈交锋。

2001年3月初，我赴刚果（金）任职。老卡比拉遇刺后，政府方又推举其年仅29岁的儿子小卡比拉继任总统。趁其立足未稳，国内各种势力轮番出手，不断策划、组织武装袭击总统府等要害部门。中国大使官邸距总统府和总统官邸都不足两公里，所以每次发生袭击事件时，都看得十分清楚真切，官邸游泳池中常见飞落的弹头。武装组织的袭击多发生在深夜，战斗非常激烈。一次，当地和西方广播多次发布小卡总

刚果（金）政府军追击叛军，在中国大使馆楼下发生交火。图为崔永乾大使在楼上办公室隔窗拍到的政府军照片

崔永乾大使和其他四位五常大使乘驻刚维和部队飞机抵达北方叛军防地。图为红土机场航站楼

统在冲突中身亡的传闻。为搞清真相，我当晚打过成百次电话，从总统身边人士和知情朋友处获取可靠消息。因事情重大而紧急，我必须在天亮后第一时间向国内通报。每逢战事，首都必全城戒严，当地雇员司机不能上班，我只能自己驾车，插上国旗，穿好防弹衣，戴上钢盔，前往约八公里路程的大使馆发报。清晨，战斗后还有零星枪声，大街上空无一人，但在途中却有八九道由全副武装的军人把守的封锁线。每到关卡路口，士兵们齐刷刷地把枪口对准我和车辆。我从容下车，亮出大使证件，手指中国国旗，声明必须去大使馆处理紧急公务。其中的军官略懂外交，先说戒严针对所有人士，大使也不能例外，这样冒险外出，恐有

士兵开枪。看到您是中国大使，可勉强放行，但不能保证您会顺利通过下站。每到一关卡，都如此这般，平时上下班大约半个小时，这回居然用了近三个小时。

从 2001 年下半年开始，为推动刚果（金）各派和解，进而实现国家和平，在联合国的授意下，驻刚安理会五常大使组成一个小组向刚政府和在东方和北方的反政府武装派别做劝和工作。刚领土辽阔，到叛军防地须乘坐驻刚维和部队的飞机，因飞机不论是运输机还是客机大都十分陈旧，已有多架飞机在执行任务时失事。我和其他四位大使按要求每次登机前均须由本人填写一份表格，承诺如遇意外，有关责任全部由自己承担，实为生死状。为在各派中劝和促谈，我多次赴外地，乘坐过多种型号的运输机和客机，虽经历多次地面故障长时间延误，庆幸未出大事。

与中非比较，刚果（金）的疟疾没有那样高发、频发。即便如此，我也未能幸免。2001 年年中，我刚觉得身体不适，当天即开始发高烧，头痛欲裂，呕吐不止，几天水米未进。眼看病情加重，经请示国内同意，从邻国刚果（布）中国医疗队紧急抽调医疗小组入境刚果（金）对我进行救治，这可能是中国医疗队跨国救治一位大使的唯一例子。

"礼仪大使"、"政府特使"

2006 年 11 月，首次中非合作论坛峰会在北京举行，已经退休的我作为中国礼仪大使负责迎送非洲国家与会领导人，再次亲历见证了非洲各国对中国深厚而独特的友好感情。

当时，与我建交的非洲国家共 48 个，出席峰会的国家元首有 35

人，6 位政府首脑，1 位副总统，6 位高级代表以及非盟委员会主席科纳雷。时任非盟委员会主席、马里总统科纳雷对我说，他作为非盟领导人，在北京峰会上见到这么多非洲国家和国家领导人踊跃与会感到既自豪又激动。因为从非盟成立至今，召开过无数次峰会，但成员国从未到齐过，比如塞舌尔总统米歇尔长期在位却从未参加过非盟峰会；埃及总统穆巴拉克也几乎从未与会。加蓬总统邦戈每次参加非洲地区或国际重大会议，从未一次按时到会过。而在这次北京峰会上，他们不仅亲自参加，而且在大大小小各种活动场合，未发现包括邦戈总统在内的各国代表中有任何人迟到或早退。他感慨地说："非洲是齐心

在就职仪式现场约 6 万人暴风雨般的掌声、口哨声和震耳欲聋的欢呼声中，中国政府特使崔永乾离座向卡比拉总统夫妇表示热烈祝贺

的，而非洲各国与中国更齐心！"

2006年12月，我作为中国政府特使应邀赴刚果（金）参加该国独立以来首次民选总统约·卡比拉的就职典礼。应邀参加仪式的外国嘉宾众多，有九位国家元首，包括比利时首相在内六位政府总理，英国副首相，法国最高法院院长，美国劳工部长赵小兰等正部级以上高官，在礼宾排位名单上，我记得我是第39位。仪式开始后，当礼宾官按名单念到前边几位某某国总统时，场上热烈鼓掌并伴有口哨声，念到总理、首相名单时，掌声已不太热烈，对赵小兰部长等掌声已稀稀拉拉，我当时估计念到我时应已没有掌声。但完全出乎意料的是，在经过对名单宣布多时反应沉寂之后，当念到中华人民共和国政府特使崔永乾名字时，全场6万多人顿时掌声雷动，大家全部自动起立，尽情欢呼"Chine！Chine！ Chine！"响彻云霄的欢呼声持续四五分钟，才平静下来。而在现场的我，却还激动得泪流满面，久久难以平息。

这就是非洲、非洲人民对我的祖国的极其崇高的赞美，就是对我40多年从事对非友好工作的最高嘉奖。若问起，经生从事对非友好工作的最大感受，我的回答是："无怨无悔，无上荣光！"

|作|者|简|介|

程涛，1945年生。安徽肥东人。1969年毕业于北京外国语大学法语系。曾任中国驻贝宁大使馆政务参赞、外交部办公厅副主任、外交部非洲司副司长、中国驻马里大使、外交部非洲司司长、中国驻摩洛哥大使、中国人民外交学会副会长、中国前外交官联谊会副会长、中国亚非发展交流协会副会长，中国亚非学会副会长。

现任中国人民外交学会理事、北京市人民对外友协常务理事、北京大学非洲研究中心特邀研究员、外交学院兼职教授、国防大学客座教授、中南民族大学客座教授、中国光华研究院研究员和光华讲堂导师、北京外国语大学教育发展智库专家、广东外语外贸大学非洲研究院高级顾问、察哈尔学会外交事务委员会委员、浙江工商大学研究员、中国国际问题研究基金会特邀理事及高级研究员和外交部公共外交咨询委员。

曾被评为外交部驻外使领馆优秀共产党员和优秀外交官。

我与非洲情未了

程　涛

（原驻马里、摩洛哥大使）

　　从 1972 年开始，我同非洲人打交道。在加蓬、贝宁、马里和摩洛哥常驻加起来有 16 年，到过 40 多个非洲国家，亲眼目睹中国和非洲互利合作的不断扩大，见证中非人民友谊的日益巩固。长期与非洲人亲密接触，逐渐加深了对非洲的了解，使我对这个多姿多彩的大陆和她的人民产生了浓浓的情、深深的爱。

　　许多闯过非洲的中国人都有共同的感觉，就是"不到非洲怕非洲，到了非洲爱非洲，离开非洲想非洲"。离开大学的校门不久，踩着《赤道战鼓》的鼓点，在"亚洲在战斗，非洲在怒吼，反美风暴席卷着拉丁美洲"革命形势的激励下，踏上"阿非利加"这条"黑道"，我就一直走到底了。

中非友谊，源远流长

　　谈及中非交往时，人们总是列举明朝著名的航海家郑和率船队四次到达东非沿海。但那样蜻蜓点水式的接触非洲，并没有留下翔实的资料。我们和非洲交往的新篇章，是从新中国成立开启的。从新中国诞生到改革开放，中国与许多非洲国家相继建立了外交关系。中非双方在和平共处五项原则和中国对外援助八项原则的指导下，相互同情、相互尊重、相互支持，建立起基础牢固的友谊。

1955 年 4 月，周恩来总理在万隆会议上首次与非洲领导人直接接触、会晤，开启了中非友好交往的历史新篇。20 世纪 60 年代，周总理为了"寻求友谊、寻求和平、寻求知识"三次访问非洲，对中非关系产生了重大和深远的影响。

在这段特殊的历史时期，顺应非洲"国家要独立、民族要解放"的历史潮流，我们坚决支持非洲人民争取和维护民族独立的正义斗争，在政治、经济上给予非洲国家大量真诚的援助，奠定了中非友好的牢固基础。为了帮助非洲国家发展经济、巩固独立，中国在自己的国家百废待兴、经济十分困难的情况下，仍然向非洲国家提供了大量无私的援助。我们曾勒紧腰带帮助非洲修建坦赞铁路、毛塔友谊港和许多会议大厦、体育场馆，树起一座座中非友谊的丰碑，产生了巨大影响。

20 世纪 70 年代，中非关系进入了平稳发展的新时期。我们坚持平等待人、尊重别国领土主权、不干涉内政、经援不附加政治条件和互惠互利，深得人心，赢得了信任。80 年代后，中非经贸合作突飞猛进，形成互利共赢、共同发展的大好局面。

投桃报李，相互支持

真正的朋友间的理解和支持，总是相互的。非洲政府和人民十分感谢中国的大力支持和无私援助，把中国看成其可以信赖和患难与共的朋友。他们也总是投桃报李，在政治上给中国十分真诚和宝贵的支持。非洲朋友在国际斗争中坚定地与中国站在一起，对中国恢复在联合国的合法席位给予了有力的支持。毛泽东主席曾动情地说，是非洲朋友把我们"抬进"联合国。

非洲国家支持中国统一大业立场坚定。非洲有 54 个国家，其中 53 个国家与我们建立了外交关系。非洲兄弟在坚持一个中国立场上总有上乘表现，其例子不胜枚举。我曾经 16 次打掉台湾加入联合国提案、12 次挫败台湾加入世界卫生组织图谋，都是由于非洲国家的鼎力支持而取得胜利。非洲是我维护国家统一的主要支持力量。

在涉及中国核心利益时，非洲国家总是给我以有力支持。2008 年北京奥运圣火传递在巴黎遇到阻碍，而在非洲传递则特别顺利，非洲万人空巷，载歌载舞。2008 年 5 月，我国遭受特大地震灾害，非洲国家自身并不富裕，但还是提供了宝贵援助。仅 100 万人口的赤道几内亚就捐赠了 100 万欧元，平均每人 1 欧元，体现了难能可贵的纯真友谊。赤道几内亚还给我国云南贫困地区捐赠了一所希望小学。就在 2020 年初，我国遭遇新冠疫情的严峻挑战，非洲国家和人民一如既往地以各种形式给予中方有力支持。非洲国家领导人和非盟委员会主席来电、来函或以其他方式向中方表达真挚的慰问和兄弟般的支持。利比里亚总统维阿在致习近平主席的慰问信中表示："在利比里亚抗击埃博拉疫情期间，中国率先驰援，提供了大量物资和技术支持，中国医务人员奋不顾身挽救利比里亚人民的生命，我们对此永志不忘。我们对中国人民当前的遭遇感同身受，坚信自信自强、坚忍不拔的中国人民一定能够遏制并战胜这次疫情。"赤道几内亚又捐赠 200 万美元，相当于该国民众每人捐赠 1.5 美元。埃塞俄比亚航空公司在疫情暴发后坚持不停航，并运送大量医疗物资助力中方抗击疫情。中国人讲滴水之恩当涌泉相报，非洲人也有"投桃报李"的传统道德，中非人民的思想和感情总是相互融通的。

在马里期间，我与当时的总理凯塔先生交往甚密。凯塔总理说他是周恩来总理的铁杆粉丝，更是中国的忠实朋友。我永远忘不了第一次拜会凯塔总理时那非常独特和亲切友好的场面。一见面，总理就开玩笑

程涛大使与马里总理凯塔合影

地说，他是"百分之百的毛泽东主义者"。20 世纪 60 年代在非洲学联时就到过中国，从那时就爱上了这个伟大的国家和人民，至今不变。他还背诵了一段法语版毛主席语录："谁是我们的敌人，谁是我们的朋友，这是革命的首要问题……"接着，又用中文唱了几句"大海航行靠舵手"，字正腔圆。在马里任职期间，我经常应邀去凯塔总理家做客聊天，我们的交谈话题广泛、坦率、深入。我给他介绍中国政治、历史、改革、开放，谈成功之道，也谈失败和挫折。我们的话题还包括中国的"文化大革命"、宗教政策、计划生育，当然还有国际关系和地区问题。通过频繁、深入和广泛交流，我们之间的友谊和信任不断加深。我和凯塔都是1945 年出生的，同龄人之间的感情可能更容易沟通。他说，从我们的交往中汲取了许多东方的知识和智慧。

2010 年 8 月，在法国举办了一场题为"中国与非洲关系"的研讨会。参加会议的有法国的内阁成员、议员、外交官和学者，以及其他欧洲国家的官员和学者 500 多人。会议的组织者是法国前总理、法国参议院第一副议长拉法兰。我被邀请参加会议，做主旨演讲并回答与会者的问题。马里的凯塔先生也作为演讲嘉宾出席研讨会。凯塔发言的第一句话是："有人在讲话中说到了'中国威胁'，你们欧洲国家都很富有和强大，而我们非洲国家是相对贫穷和弱小的，但我们从来也没有感觉到中国的威胁，相反我们非洲很爱中国。"他用亲眼目睹和亲身经历，列举中国对非洲的有效援助，用事实证明中国和非洲的友谊和合作。针对有的西方政客"中国掠夺非洲资源"的谬论，凯塔明确指出："中国帮助非洲国家开发利用资源体现了平等互利的合作与共赢精神，这与殖民主义者掠夺非洲资源有本质区别。"凯塔的发言声情并茂，有理有据，给我后来的演讲和解答问题提供了很多的启发和鼓舞。

2011 年 5 月，外交学会邀请凯塔访华，我有幸全程陪同。在参观访问中，他特别认真地了解和学习中国的管理和发展经验。凯塔说，他现在是马里联盟党主席，回国以后将积极准备参与 2013 年的总统竞选。马里这些年来发展缓慢，如能当选总统，一定会努力学习中国的发展经验。2013 年 8 月，他果然成功当选。选举获胜后，他亲自给我打电话，邀请我出席他的就职典礼。我虽然没有应邀前往，但他派来的新任驻华大使抵京后第二天就约见了我。大使说，总统指示他到北京后，应该尽快会见他的好朋友程涛先生。大使带来总统的亲切问候和友好情谊令我永志不忘。非洲人坦率、朴实、重情义，这也就是我非洲情结的根之所系。

平等待人，以诚相交

国家关系基础在人民，未来在青年，而关键在领导人。非洲领导人对中国的友好感情和历届中国领导人对非洲的友谊是中非关系历久弥坚的关键因素。非洲老一辈领导人，如加纳的恩克鲁玛、几内亚的塞古·杜尔、马里的莫迪博·凯塔、前扎伊尔的蒙博托、加蓬的邦戈等领导人都是中国的铁杆朋友。长长的名单，数不胜数。

我在加蓬常驻五年半，与邦戈总统有比较多的接触，深切感受到他对中国的情谊。中国派驻加蓬的医疗队经常去给总统做中医保健推拿，我有幸多次担任翻译。在理疗前后和一个多小时的治疗过程中，总统总是问许多有关中国的问题，也侃侃谈论他对中国的美好印象。邦戈总统曾 10 多次访问中国。他说在这个世界上他只服中国，把毛主席视为偶像。总统办公室里一直挂着他与毛主席的合影。在国际事务中，他一贯支持中国。比如在反对西方炮制的涉华人权提案问题上，邦戈态度十分明确和坚决，他特意指示加蓬外交部，凡是有关涉华提案，不用请示，一律支持中国。2008年8月，邦戈总统来华出席北京奥运会开幕式，在开幕式的前一天，我陪同法国前总理拉法兰参加在北京举行的法语国家领导人碰头会。在见到邦戈总统时，拉法兰向邦戈介绍说，程涛先生是前驻非洲大使。

邦戈总统笑着说："哈哈，我在26年前就认识他了，那时他还是一个小伙子。"这么多年过去了，总统还能记得我，让我深为感动。

非洲人民曾经遭受过沉重的苦难，500年的殖民统治，300年的奴隶贸易给非洲人民留下了难以治愈的创伤。他们获得形式上的独立以后，也从来未能摆脱西方国家的压迫、干涉、欺负和掠夺。只有中国把非洲视为兄弟，平等相待，从不干涉非洲国家的内政，尊重非洲国家和人民探索符合本国国情的发展道路。有许多非洲朋友在谈到这个问题时都流露特别感激之情。

我曾有幸多次参加过邓小平会见来访的非洲国家元首活动，他充满感情的深入谈话总是令非洲领导人深受教育和感动。20世纪80年代初，由于西方民主化浪潮的冲击，绝大多数非洲国家在政治上被迫实行了西方的多党民主，经济上按西方国家、国际货币基金组织和世界银行的"药方"进行结构调整，但总是问题多多。有的非洲国家模仿中国的社会主义模式，但也成效不大。邓小平在谈及这个问题时特别强调，我们的成功经验可以让别人分享，我们的教训希望朋友不要再重复。

1986年12月，邓小平会见贝宁共和国总统马蒂厄·克雷库的谈话给我留下非常深刻的印象。克雷库总统是中国的老朋友，他学习毛泽东思想，坚决走中国式的社会主义道路。克雷库的穿着也深受中国的影响。每一次来中国访问，他都要定制几套中山装或中国的军便服。在贝宁国内的重要活动和出国访问时，他总是身着中山装和中国军便服。在那次会见中，邓小平推心置腹地与克雷库交流治国理政的体会，毫无保留地介绍了中国社会主义革命和建设的经验和教训，强调"贫穷不是社会主义"，鼓励贝宁和其他非洲国家领导人探索符合本国国情的政治制度和发展道路。不久后，克雷库就对贝宁的政治体制和发展战略进行了重大的调整，使国家政治和经济得到了积极的变化。

神秘热土，情缘未了

在国外工作期间，摩洛哥留给我的印象特别深刻。摩洛哥身在非洲，不像非洲；不是欧洲，近似欧洲；是阿拉伯国家，又不同于其他阿拉伯国家，比其他阿拉伯国家更加开放。开放到君主立宪制度，但实行多党民主；开放到伊斯兰国家，但女孩子上街不需要戴黑面纱，可以穿超短裙；开放到同桌的你可以喝酒，他可以与你碰杯，不过他杯子里装的是可乐；开放到外国驻摩洛哥大使馆的国庆招待会上，可以上猪肉和猪肉做的香肠，但条件是你必须在猪肉制品前面放一张猪的照片。穆斯林兄弟不吃猪肉，但对猪的形象并不陌生。摩洛哥与中国不同制度、不同宗教、不同文化，而这些不同丝毫并没有影响他们与中国的友谊和合作。摩洛哥是一个君主立宪国家，但早在 1958 年就与新中国建立了外交关系，在非洲大陆名列第二。

在任中国驻摩洛哥大使后，遇到的第一件事就令我十分感动和感激。2003 年 6 月底，国际非政府组织在摩洛哥的马拉喀什举行"全球妇女论坛峰会"。当时中国国内正闹"非典"，无法派团参议。台湾趁机钻空，派出以"新闻局副局长"为首的"部长级"官方代表团。会议前一天，我从摩洛哥朋友那里得到信息，立即找到摩外交部和妇女组织负责人做工作，要求阻止台团与会。摩方表示，此会系国际非政府组织举办的，作为民主开放和外交多元的国家，台湾代表团已经受邀，并在来摩途中，完全打掉台湾参会难度太大。我从两国关系的历史和大局的高度，强调摩洛哥是主权国家，国际会议在摩洛哥的领土上召开，就必须尊重摩洛哥的意愿和原则。而摩洛哥历来是坚定奉行一个中国立场的。我还用敏感的西撒哈拉问题，明之以理、动之以情、晓以利害，说服摩洛哥外交部和妇女组织领导，批驳了国际妇女组织头头（法国人）的谬论。

最后，经过反复交涉和协商，摩方决定采取果断措施，阻止台湾代表团入境。摩洛哥外交部、海关、边防统一行动，把台湾代表团挡在卡萨布兰卡机场20个小时，使他们被迫乘飞机经阿姆斯特丹原路返台。在会场里，"中华民国"的伪旗被摘掉，换上了五星红旗。那个国际非政府组织对此表示强烈不满，但摩方顶住了压力，坚持了原则。后来，我看到台湾报纸有一则题目为《世界妇女高峰论坛风波，中国驻摩大使捣鬼》的报道说，台"外交部"经过连日查证，李雪津一行被摩洛哥海关留置一天多后被迫离境，背后系中国驻摩洛哥大使程涛一手主导。该报道还说，"程涛对台湾'恨之入骨'，早在任中共外交部非洲司长时就对台湾打压毫不手软，在非洲各国挖我墙脚不遗余力"。

台湾报纸还有一则报道说："这位中共大使之所以千方百计破坏台湾参会，是中共外交部给大使下了'只要台湾突围成功，大使就立即提头回北京'的死命令。"当然，我没有接到这样的所谓命令，但即使大使的工作力度再大，没有摩方的鼎力协助，也是枉然。

　　这次交涉也给摩洛哥政府部门留下深刻记忆。第二年又在摩洛哥召开一次重要国际会议，摩外交部在会前三个月就通知其驻各国使领馆停发台湾人员进入摩洛哥的所有签证，包括旅游签证。

　　在摩洛哥的四年，的确让我对这个多姿、多彩、多情、多元的美丽国度情有独钟。我离任时，的确有一种恋恋不舍的感觉。在我离任前，王宫典礼局通知说，国王明天要在马拉喀什见你，给你授勋。于是，我在当天驱车到了离首都300多公里以外的马拉喀什。国王会见和授勋定在第二天上午10点钟，可10点前王宫典礼局长打电话说国王因故今天不见大使了，可能改在明天。典礼局长还说，国王要派专机送我回拉巴特。我说，我的车还在这里，就乘车回去吧。他说不行，这是

摩洛哥国王为程涛大使授勋

"圣旨"，让你的司机自己开车回去吧。于是，我同外交大臣一起坐国王派的专机回到拉巴特。当晚 10 点左右，外交大臣打电话给我说，大使阁下，有个特殊情况，实话告诉你，国王生病了，重感冒，正在发烧，医生让他一个礼拜不要有外事活动。因此，国王把见你的时间推迟一个礼拜。我说机票都定了，还是按时回国吧，请摩洛哥驻华大使馆把勋章转交给我就行了。我请外交大臣转达对国王诚挚的歉意和谢意。第二天清晨，王宫典礼局长打电话来说国王决定今天见你。我说，不好意思，他不是生病了吗？对方说，由于你改不了行期，他就只好带病见你了。后来，我和外长又乘国王专机到马拉喀什，国王见了我，还授了勋。外长告诉我说，这一天国王就只有这场活动，这也是国王这一周的唯一对外活动了。第二天报纸头版头条新闻就是国王见了中国大使，并刊登了国王给我授勋的照片。国王在生病的时候坚持会见了我，给我授勋，确实让我感动不已。国王在授勋时讲了几句话也令我深受鼓舞。他说："你是一位非常活跃、非常能干的大使，你为我们两国的关系做了很多工作。摩洛哥的百姓和大臣们都喜欢你。"接着，他对站在一边的外交大臣说："以后要经常请大使到摩洛哥来做客，你要记住啊。"外交大臣说："一定！"我说："请国王陛下放心，从此你们在北京又多了一个大使，一个大使是陛下任命的，另一个大使是我毛遂自荐的。我将是摩洛哥一名驻华民间的、志愿的、义务的大使。我一定继续为中国和摩洛哥之间友好合作关系的进一步发展作出我的微薄贡献。"国王把摩洛哥王国大阿拉维高级将领勋章别在我的胸前，还授予证书。国王在和我握手时，我明显地感到国王的手很烫，他的确正在发烧。

自 2007 年至今，我应摩洛哥政府的邀请，多次返回摩洛哥，参加各种研讨会、参观访问和文化活动。我也不遗余力地在全国各地不同场合和在媒体上宣传摩洛哥。2017 年 5 月，穆罕默德六世访华，我被邀请出席习近平主席为国王举行的欢迎宴会，见到了国王和许多熟悉的老朋友，畅叙友情，格外高兴。

　　毛主席说过，世界上没有无缘无故的爱。参与对非洲工作近 40 年，在非洲的所见、所闻、所感、所思，使这片神秘热土永远让我留念。退休以后，非洲情缘未了，一直关注非洲，参与对非工作，多次应邀故地重游，看到非洲日新月异的发展变化，看到中非合作的丰硕成果，看到中非人民的友谊历久弥坚，我感到无比的欣慰。

｜作｜者｜简｜介｜

王四法，1946 年生。上海市人。高中毕业后，被公派赴法国留学。1970 年进入外交部，曾任北京外交人员服务局中文秘书。1984 年常驻阿尔及利亚使馆二等秘书、办公室主任。1988 年任西亚北非司一等秘书。1991 年任干部司处长。1994 年任驻毛里塔尼亚使馆参赞。1998 年任外交部纪律检查委员会副书记兼派驻监察局局长。2001 年任驻中非大使。2004 年任驻喀麦隆大使。

2007 年退休。曾任 2008 年北京奥运会、残奥会联络员，2010 年上海世博会中国政府副总代表。现任外交部老干部笔会副会长兼秘书长。

参与编写《法汉建筑工程词典》、《金色的回忆——新中国首批留法学生的故事》；合译科普读物《地球》（汉—法版）；合著《中国与非洲合作与共赢》画册；在《共和国外交往事 2》等书、《北京青年报》等刊物发表文章若干篇。

临危受命，坚守阵地

王四法

（原驻中非、喀麦隆大使）

2001 年至 2003 年，我出使中非共和国，经历了三次武装政变，终不辱使命，守住外交阵地，维护了国家最高利益，也深深感受到一个中国原则深入非洲民心，难以撼动。

一个中国原则是我国与世界各国保持和发展友好关系的根本前提和政治基础，得到广泛而坚实的国际认同。历史上，台湾当局一度打"银弹"，少数非洲国家有奶便是娘，也爱打"台湾牌"，双边关系便出现高危情况。1997 年，我在毛里塔尼亚常驻，外交部曾将由非洲司主管的塞内加尔留守组的工作交由属西亚北非司的我馆兼管。非洲国家的"苦跌打"（法文"政变"的音译）频发，新当权派也常用"台湾牌"对付我们。随着我经济实力的发展，国际地位的提升，"台湾牌"在非洲已无市场。至今，与我建交的非洲国家达 53 个，仅斯威士兰一国尚未与我建交。相比当年，我国"被非洲国家'抬进'联合国"时，投赞成票的 76 国中，非洲有 26 个。这又是多么巨大的外交成就呀！

临危受命，义不容辞

2001 年 5 月，正当我紧锣密鼓准备出使中非时，该国发生了未遂政变，政局风雨飘摇，形势尚不明朗，国际机场关闭。外交部领导指示，鉴于中非政局动荡，前方急需大使坐镇。一俟航班恢复，立即赴任。我知道，自 1964 年两国建交起，曾两度断交，系高危国家；我也知道，1998 年两国再度复交时经历了诸多磨难。我深深感到，此刻受命，如履薄冰。但国家利益高于一切，我义无反顾地立下了"守住阵地，不辱使命"的军令状。

7 月 6 日，我赶乘首架复飞班机赴中非。20 日，帕塔塞总统在接受我递呈国书时大加赞赏说："当诸国大使纷纷离馆避难时，中国大使却

王四法大使递呈国书后与帕塔塞总统友好谈话

337

临危不惧，走马上任。这是贵国政府对中非政府最大的支持，令人感动，请向江泽民主席及贵国政府转达本人最诚挚的感谢。"

经历了此次政变后的帕塔塞总统变得风声鹤唳，疑心很重，开始清理高官，搞得人人自危。是年10月底，帕塔塞总统以原总参谋长博齐泽涉嫌"5·28"政变为由解除其军职。11月3日，政府试图逮捕博齐泽，遭武装抵抗。在经历了一天一夜的枪战之后，博齐泽领导的叛军控制了首都班吉的南北向主要干道"独立大街"，并设置了路障。当日，联合国秘书长安南的代表西塞将军安排帕塔塞总统领导的政府和叛军进行谈判未果。五天以后，在利比亚军队的帮助下，政府军出动飞机轰炸并占领了叛军的大本营，博齐泽逃往乍得。

2001年元旦前夕，中非政府三令五申，严禁进口和燃放鞭炮。但元旦零时，首都枪声四起，足足放了半个时辰。经核实，原来是政府军用枪声当鞭炮，喜迎新年的来临，实在让人虚惊一场。中非政局继续动荡，大有乌云压城之势。

2002年10月，博齐泽的部队再度进攻首都。市内所有商店全部关门，部分居民逃往乡下或其他安全地带。当时，中部非洲国家经济共同体向中非派遣一支331人组成的多国部队维持当地治安。此外，还有大约200名利比亚士兵负责总统的安全工作。利比亚的骆驼兵很会打仗，他们将高射机枪平架在马路中央，猛烈还击。博齐泽的武装人员终被击退，撤向中非北部及乍得边境。

2003年3月15日，博齐泽的军队第三次进攻首都，上午9时许已到离首都60公里处。途中13公里处，有中方100套经济住房建设工地，专家组人心浮动。我召集使馆党委会议，决定与商务参赞王忠余去看望大家，安抚情绪，取回其个人贵重物品，并把有关情况报告国内。

我们目睹载着反政府军的车队飞驶进城。反政府军一路放枪，未遇抵抗，直奔总统官邸及总统府。还有不少反政府军由内线接应，到政府高官家进行追捕及抢劫，总统官邸和议长家被洗劫一空，总理官邸被付之一炬。总统卫队司令的家被抄、被烧时，还殃及了一墙之隔的我电台专家组。他们的住地被洗劫一空，反政府军甚至扒下脚上的休闲鞋。我专家反抗了一下，他们居然开枪示警，弹头打在地上乱蹦，所幸未伤到人身。使馆墙皮数处被流弹击中剥落，游泳池里捡到三个弹头。

因祸得福，抓住先机

反政府军进城后，我和商务参赞被滞留在工地上。当晚，外交部指示要不惜一切代价设法安排大使返回使馆接受新任务。我们在工地成立应急小组，布置了昼夜值班。王参赞还商专家组领导成立保护工地及大使的小组。

夜黑黑的，远处的村里，反政府军到处抢劫，搞得鸡犬不宁。我们的工地静悄悄的，倒成了"世外桃源"。我心神不安，不时四处察看情况。五名复员军人出身的专家，不顾自身的安危，贴身保护，令我深受感动。当晚，我彻夜未眠，每隔半小时，收听一次广播，随时跟踪着形势的进展。深夜，分工坐镇使馆的张国保参赞通过联合国支助处西塞将军联系到了博齐泽的卫队司令，允诺于第二天护送我回馆。

3月16日凌晨，村里传来了枪声，但反政府军没有到工地来骚扰。时间一分一秒，过得漫长、沉重，令人窒息、焦虑，我们耐心等待，但卫队因忙于安排新总统返都，无暇顾及。好在我们始终没有受到骚扰，看来，反政府军采取了一定的措施来保证我们的安全。

3月17日上午，总统卫队司令率着武装车队开进了工地。根据当时的特殊情况，我不忍独自离开工地回馆，未经请示便决定将专家组全部随我撤回使馆。我向卫队司令交涉，要求其安排军队保护好工地。我说，我们专家不顾生命危险，在这里为你们建设，我们专家走时是不能把这些住房打包带走的。这是属于你们国家和人民的财产，你们要负责保护好，不能让人破坏。

回馆的路上很冷清，没有行人，只见到不少被抢被烧的店面、住房。长长的车队由架着机枪的吉普开道，威风凛凛地飞驰着，令人有点恐惧。车里，我静静地思考如何完成新的任务，只有车上的五星红旗在风中啪啪作响。当我的车快到使馆大门时，卫队荷枪实弹，封锁了大路的两端，司令让我的车直接开进使馆院内。卫队又按我的要求去商务处把在那里坚守的两位同志接回使馆。当我向司令道别时，提出了要见总统的要求，并互留了联系方式。就这样，我们因祸得福，早于驻乍得的台湾人员与博齐泽接触，赢得了稳住双边关系的先机。

地处使馆对面的中非外交部官员事后告诉我，当车队抵达我使馆时，他们以为是反政府军冲击大使馆，立即打电话给总统府表示抗议，要求停止这违反国际法的野蛮行为。这让我深受感动，也让我体会到两国人民间的友谊已深入人心。

两天后的3月19日，我按中、法两国外交部协商精神，赴法国使馆落实请法军护送及搭其军机撤退专家及部分自愿离开中非的华侨、华人事宜。专家临行前，我讲了话。我们在一起工作生活，又经历了战火的考验，是一条战壕里的战友，真是难以形容这种离别的情感。面对已一无所有的电台专家们，我宣布应新政府请求，经国内同意，要求他们坚守岗位，修理被毁坏的设备时，难忍眼眶里的泪花，同志们也都动情地哭了。

被洗劫一空的电台专家组为了国家的最高利益，擦干泪水，克服种种困难，坚守阵地。虽有武装护送，但路途仍充满了危机。他们义无反顾地投入工作，以精湛的技术抢修被毁坏的电台。值得一提的还有浙江省援中非医疗队。2001年11月发生政变的主战场就离我援建的"友谊医院"不远。当时枪声四起，路人慌忙乱逃，不久就有被流弹击中的送到医院。他们临危不惧，奋力抢救伤员。但战乱持续数天，为确保我们白衣使者的生命财产的安全，使馆决定把他们全体撤回使馆。2003年3月发生第三次政变时，使馆根据前次经验，发现叛军因医院是非战斗区，未胡乱冲击，在最紧张的时候，只是把女医生撤回使馆，而要求男医生坚持在一线上班。两个专家组的无私无畏，得到了博齐泽总统的赞扬和嘉奖，也为我们守住阵地作出了积极的贡献，功不可没。

3月25日，我会见博齐泽总统时说，中方不干涉他国内政，尊重人民选择；愿在一个中国原则下，保持与贵国的友好合作关系。如蒙总统确认，中方将安排一位副外长来访。总统对我援助如数家珍，给予高度评价，称愿与中国保持友好合作关系，但对一个中国原则却矢口不提。在我反复追问下，他仅表示尊重其总理与外长的意见。无论如何，我们与总统建立起直接对话的渠道，好像在黑暗中见到了一丝光明。我还不失时机地拜会总理贡巴、外长梅卡苏瓦，他们说，我们是"老友重逢"，坚持一个中国的原则立场，给我吃了定心丸。于是，我便开始落实杨文昌副外长访问中非的事宜。

4月5日，杨副部长结束访问喀麦隆后乘包机飞抵班吉。当时，机场贵宾室仍然玻璃破碎，弹痕累累。杨副部长先后会见了总统、总理、外长，重申我一贯奉行不干涉别国内政的政策，尊重各国人民的政治选择，愿在和平共处五项原则基础上与中非新政府继续发展在各个领域的友好合作。双方签署了《关于发展和加强两国友好合作的谅解备忘录》。杨副部长此访基本稳住了双边关系。

克尽职责，坚守阵地

为落实部领导的指示，进一步营造两国友好合作气氛，不断巩固双边关系阵地，我想方设法、不失时机地邀请博齐泽总统视察我多个合作项目，达到坚定其加强与中方合作的决心。他在参观后十分感动地说："想不到中国人是如此真诚地帮助我们建设。我们在不断打仗，你们却不顾政局动荡，坚持工作，丝毫不受影响，谨向你们致敬。"

9月30日，博齐泽总统应邀出席我国庆招待会，此举本身足以进一步表明其对华态度。在招待会上，他改变了以往为安全自带饮料食品出席外国招待会的做法，品尝了我们准备的饮食。祝酒时，博齐泽见证了其外长再次宣布坚持一个中国立场的讲话。会后，各国大使纷纷与我握手，祝贺我工作取得的积极成果。

10月24日，我陪同总统视察中国援建的100套经济住房工地。总统与项目组代表一一握手，并用中文"你好"问候。他听取了情况汇报，察看了室内设施，连声赞赏："很好，房子造得真漂亮，展现在我们面前的住房，不愧是班吉市最好的一道美丽风景线。"总统请我向中国政府转达其真诚的谢意，并高度赞扬了我专家付出的辛勤劳动。他听取我的建议，立即召开现场会，责成其总参谋长组成部队、警察和宪兵联防，增加哨位，加强夜间巡逻，严防偷盗。

12月15日，我陪同博齐泽总统主持中国援建的体育场开工仪式。他率多位部长，兴高采烈地主持了两万人座体育场项目开工仪式，亲自启动了混凝土搅拌机的按钮。

同月23日，我又代表中国政府向其正式移交了100套经济住房。博齐泽总统在仪式上发表了热情洋溢的讲话。他说："值此机会，我衷心地感谢中华人民共和国政府自'3·15'事件以来对我国的无条件支持。感谢中国政府和人民对我过渡政府在财政、物资等多方面的援助以及承诺提供新项目的资金。由于中非国家各种突发事件，使100套经济住房项目的竣工并非易事。尽管中国专家组在身心和物资方面都遭受了严重

博齐泽总统为王四法大使授勋

博齐泽总统与王四法大使拥抱道别

的损害，仍坚守岗位，不屈不挠地坚持到工程完工。我对他们的特殊功勋深表感激。"随后，我亲手将象征此项目的一把挂着红色中国结的银钥匙转交给总统。

　　五天后，我奉召回国。临行前，博齐泽总统亲自为我授勋并饯行。他首先与我进行友好谈话，对我的离任表示惋惜，对我为两国友好合作所做的努力表示感谢，祝我在新的工作岗位取得成功。仪式开始，军乐队奏两国国歌，总统亲自为我佩戴勋章，他动情地用双手握住我的手表示祝贺。然后，其他领导人及各国驻中非使节们也一一与我握手致贺。我深知，这不仅是我个人的荣誉，更是我祖国的荣誉。

　　宴会上，我发表了动情的告别演说。博齐泽总统在致辞中则首次亲口承诺坚持一个中国立场。在授勋仪式和宴会上，总统两次主动与我拥抱，表示感谢与惜别。宴会结束前，总统向我赠送了精美的礼品。至此，博齐泽总统完成了他对华态度的"三部曲"。我出使中非，画上了圆满的句号。

我离任后，中非又发生多次政变，但中非政府坚持一个中国立场没有出现反复，让我深感欣慰。

| 作 | 者 | 简 | 介 |

　　孙海潮，1954 年生。陕西韩城人。毕业于西安外国语大学。1977 年进入外交部。1991—1994 年任外交部办公厅副处长。1994—1997 年任中国驻瑞士大使馆秘书。1998—2003 年任中央外事工作领导小组办公室处长、参赞。2003—2011 年任中国驻法国大使馆公使衔参赞。2011—2014 年任中国驻中非共和国大使。

　　2015 年退休，任外交笔会副会长，国际问题研究基金会欧洲中心主任。著有《外交官眼中的法国》、《发生在非洲心脏的原生态故事——一位大使的亲身经历》，参加了《邓小平外交思想学习纲要》的编写，另有多部译作，在各种媒体发表各类体裁文章数百篇。

五星红旗为我指明外交生涯方向

孙海潮

（原驻法国使馆公参，驻中非大使）

1977 年，我从西安外语学院毕业，被分配到外交部工作。近 40 年的外交生涯，不论是到外交部上班，还是穿过长安街、经天安门广场和新华门到中央外办工作，再就是 24 年在我国驻外使馆常驻，五星红旗始终在我眼前或心中高高飘扬。我自己形容为："每天都是迎着初升的太阳，奔向五星红旗飘扬的地方。"

外交新兵初次出国的感受

1977 年秋，我被分到外交部西欧司法国处。为尽快适应工作和提升自己，我当时"如饥似渴"地作出努力，基本上都是晚上 10 点左右离开办公室，周末也不例外。我的工作主要是办案，同时学习速记。参加领导会见后，有时通宵整理谈话稿，第二天在水龙头前洗把脸再接着上班。

1978 年 1 月，法国总理雷蒙·巴尔访华。双方在重大国际问题上取得一致看法，签署中法两国政府科学技术协定。这是中国改革开放前与西方大国签署的第一个此类协定。谷牧副总理陪同巴尔参观辽阳中法大型石化项目。这一重大合作项目在我国引进西方先进技术过程中起到引领和开拓作用。我作为一名外交新兵，参与了接待巴尔访华的全过程，感受到中国经济发展的勃勃生机，以及西方国家发展对华实质关系的迫切愿望。随行的法国外贸部长德尼奥认为，访华成果低于预期不好向总统交代，用法文写了一张只有一句话的《我的大字报》："合同也是友谊"。法国急于向中国出售产品的心情溢于言表。

1978年5月，谷牧副总理率经济代表团访问西欧五国，首站便是法国，受到超规格接待。德斯坦总统和巴尔总理分别与代表团会谈，要求"只谈经济和经贸"。德斯坦明确提出：中方需要什么，法方可做什么？谷牧欧洲经济考察之行对促进中国改革开放的历史性作用不容低估。我参与了谷牧代表团访法的准备工作。

1978年10月下旬，北京市交通考察组赴法。公安部负责交通的局长为团长，我被借调担任翻译。出国前

1980年，孙海潮在巴黎埃菲尔铁塔前留影

在公安部借了服装，还领了三四百元制装费到出国人员服务部买了"三接头"皮鞋和衬衣等。我们抱着学习的态度到法国考察交通管理。经使馆与巴黎有关方面联系后得到满意的答复，中方考察团一行十多个人受到热情接待。我们到使馆汇报工作时，我第一次见到飘扬在异国土地上的五星红旗，倍感亲切，回家的感觉油然而生。

从百废待兴的祖国到以繁华著称的法国，从数百万自行车洪流的北京街头到车水马龙的香榭丽舍大道，从许多商品仍在凭票供应的排队购物到商品极为丰富的超市，心中的反差实在太大了。我从巴黎给爱人发回的明信片中简单写下"铁塔的高耸，香榭丽舍的繁华，超市的物品和人流，道路上车流如梭"等字句。回国后，见到西欧司主管副司长说起法国之行，我怯生生地用法语悄声说"巴黎比北京漂亮"。他一听，站了起来用中文回我"漂亮多了！"我心中踏实了：领导没有批评我"崇洋媚外"。

40多年之后的今天，巴黎还是当年的巴黎，不仅没有改变甚至还要更破败一些，特别是基础设施严重落后。为时一年多的"黄背心"运动使香榭丽舍大道百多家

孙海潮夫妇在新落成的中国驻法国使馆门前合影

商场被烧毁，面目全非。今天的北京，全面现代化程度已把巴黎远远抛在身后。我出国后，时常怀念国内的住房、交通、食物等等便利和丰裕，现在冲口而出的一句话当是："北京可比巴黎漂亮多了！"

中法关系史上的多次"第一"

我曾先后 12 年在驻法使馆工作。1979 年 12 月，我到中国驻法国使馆常驻。在外交部工作两年多以及曾短期到法国出差，加上与法国各方面交流和与访华的法方代表团接触，我对法国已有了较深的了解。到馆后，从跑机场接送、门口值班、帮厨、水电及设备维修，以及信件处理、礼宾安排、给领导当翻译等，所有工作都接触到了。这是一个年轻外交人员的必修过程。也曾有过眼里看的是"尼日尔"，落笔写成"尼泊尔"的经历，幸好及时发现，没有让领导跑错地方。

有一年多时间，使馆的国旗由我负责升降。每天清晨，我提前赶到使馆，把鲜艳的五星红旗拉上旗杆顶部，看着她在巴黎上空迎风招展，心中油然产生出一股豪情。每天一大早，兴冲冲赶往使馆上班，感觉的确就像"迎着初升的太阳，奔向五星红旗升起的地方"。

1980 年 10 月，法国总统德斯坦对华进行正式访问。接待外国元首的准备工作是国内、国外同时进行，到使馆后的工作也"由内转外"。德斯坦访华取得圆满成功，双方同意从战略高度考虑中法关系。这是我国同西方大国首次提出这一观点，双方在重大国际问题和欧洲前途以及发展双边关系问题上取得一致看法。德斯坦指出，两国良好的政治关系应在经济关系中得到反映，法方愿根据中国的特点发展对华经济关系。

德斯坦访华后，便投入紧张的总统选举，谋求连任。左翼方面则推出了社会党领导人密特朗参与竞选。访华成果是德斯坦竞选的一项竞选资本，密特朗因之也要求访华并得到中方同意。我参与了密特朗访华的准备工作，还与使馆领导一起送机和迎接。密特朗虽以个人名义访华，但受到周到热情接待，邓小平会见并宴请，参观故宫，游览长城，还专程去曲阜领略中国古老文化。密特朗后来如意当选总统，认为访华成功是"福报"。后来，参加法国总统竞选的候选人都希望访华。

2003 年，我第二次到驻法使馆工作。其间，我经历了胡锦涛主席两次对法国进行国事访问、希拉克总统和萨科齐总统分别两次访华、总理互访以及互办文化年等多项重要交往。中法互办文化年为时两年，是两国关系史上的一个创举。中法相互在对方举行了数百场活动，埃菲尔铁塔曾被数千束灯光染成"中国红"，北京正阳门也曾披上法国国旗的蓝白红三色。2006年春节期间，中国在香榭丽舍大道举行大规模彩妆巡游，吸引了数十万人观看。"法国巡逻兵"飞行队在长城飞行，把法国三色抛洒在长城之巅。

2004 年，孙海潮与法国总理德维尔潘合影

中法关系史上曾有过多次"第一"。法国是第一个承认中华人民共和国的西方大国，中法建交爆炸了一颗"外交原子弹"，在当时冷战形势下引起巨大反响，是世界政治多极化的最早表现。法国也是第一个放弃在人权问题上对抗中国的西方大国。中法第一个互办文化年，第一个建立战略对话机制，第一个建立全面战略伙伴关系，第一个签署投资与贸易协定等。两国在推进国际关系民主化、维护巴黎气候协定、维护多边主义和自由贸易等方面，有着相互接近的立场并相互支持。正如习近平主席指出，中法关系成为世界大国关系中的一对特殊关系，始终走在中国同西方主要发达国家前列。

中法双边关系也具有中国与西方关系的共同属性。两国关系也经历过波折和起伏，有时甚至是惊天巨澜。1989年北京政治风波后，法国在西方国家中率先对我实施"制裁"，中止高层往来和在台湾问题上干涉我国内政，2008年北京奥运会火炬传递在巴黎遭遇严重阻挠，使中国人民看到了法国的另一面。当奥运火炬在巴黎遇阻的画面传回国内时，举国愤怒，但守护火炬的场面同样感人。五星红旗在巴黎全城飘扬，《义勇军进行曲》在巴黎上空回响。此情此景，与香港同胞阻止暴徒撕扯国旗的举动何其相似！北京奥运会开幕前夕，我国驻欧美主要国家大使馆悬挂的国旗同时遭到撕扯。五星红旗是中华人民共和国的标志，暴行污辱的是我们的国家。保护国旗是每个中华儿女的责任，更是我们这些代表祖国的外交人员的重大责任。

青山遮不住，毕竟东流去。中法关系虽然有过波折，但阻止不住两国关系深入发展的总体趋势。只是我们心中要知道，任何事情都不会一帆风顺，并非所有国家和团体或个人都乐见中国发展强大。

在中非三次组织紧急撤侨

2011 年 4 月，我出任驻中非共和国大使。这是我首次到非洲国家工作。中非自然资源极为丰富，却属于世界最不发达国家。63 万平方公里土地上河流纵横，没有沙漠，是"流淌着奶和蜜的地方"，但人们仍是"躺在财富上受穷"。首都班吉在当地桑戈语中是"俏女郎"之意。1960 年独立后，平均 10 年发生一次军事政变，政治动荡，战乱不断，社会难安。首都更遭受到前所未有的浩劫，"俏女郎"衣衫褴褛，已不复当年模样。

从欧洲到非洲的反差十分明显。美国驻中非大使告诉我，据他所见，中非比 20 世纪 70 年代时的情况还要落后。据我的观察，非洲贫穷

孙海潮大使向中非总统博齐泽递交国书

的原因较为复杂，但发展中世界的落后绝对与发达国家的繁荣有着最为直接的关系，也就是说与发达国家的压榨、掠夺、控制有关，至今并无多大改变。中非合作使非洲受益，非洲对华友好是发自内心的。世界向东看，非洲最积极。非洲的日常消费进口市场已是中国商品的天下，对非合作也促进了商品出口，从一个侧面说明了中国在非洲的影响力。中国对非关系的发展也促使其他大国更加重视非洲，为非洲人民做一点实事。

中非作为世界最不发达国家，仍处于经济和发展"靠援助"、安全"靠维和"的阶段。我到任第二天便向博齐泽总统递交国书，紧接着拜会总理、议长及近 40 个部长，还有外交使团、国际组织和国际维和机构以及中资机构，举行有总统、总理及全部内阁成员出席的到任招待会，安排使馆工作等。但到任仅 30 天后，我便患上疟疾。当晚打吊针治疗，次日上午又主持中国国际广播电台法语节目在当地落地仪式。

2012 年 12 月初，四支反政府武装联合组成"塞雷卡"集团，半月便占领半数国土，与非洲多国部队形成对峙。博齐泽总统向法国政府求救，希望法国驻军帮助控制形势。奥朗德总统的回答是法国不干预中非内部事务，驻军只保护本国侨民和利益，态度与前几次截然不同。根据我数十年的形势调研经验直觉，这次叛军举事意在推翻博齐泽政权，法国的态度更使之可以胆大妄为，政局将有大变化。使馆当即决定，中方所有人员安全至上，先撤到首都地区，观察局势变化再做决定。在美国关闭使馆、联合国组织撤离人员的情况下，局势混乱、人心惊恐，安全已无保障。在国务院和外交部的关怀指导下，我方人员撤离的计划提上日程。法国、埃塞俄比亚等航空公司均已取消航班，只有肯尼亚航空公司还偶尔不定期派出飞机。300 多名同胞，如何安全、迅速地撤离？使馆果断决定：全力争取安排同胞乘坐肯航班机，同时尽快租用包机，最短时间内安全撤离。中非政府各部门已陷入瘫痪，首都社会秩序十分混乱。使馆人员在最短的时间内联系航班、购买机票、租用包机，为我同胞加急办理证照、第三国签证等必要手续。经过整整七天的连续奋战，截至 12 月 27 日，共撤出华侨华人及中资企业员工 317 人，绝大部分安全返回祖国。

2013 年 1 月下旬，在非盟和联合国斡旋下，中非组成联合政府，反叛武装头目入阁，局势趋缓。出于设备安全和工程进度考虑，一些中方人员陆续返回。3 月 22 日中午，我出席中方援建的医院救护车交接仪式刚返回使馆，便得到消息说联合政府总理被非盟维和部队保护起来，叛军已突破达马拉防线，向首都进发。多国部队未加抵抗。我电话询问法国驻中非大使，回称班吉危在旦夕，但法国军队不会干预。使馆立即启动应急机制，通知中方人员到使馆暂避。两个小时后，67 名中方人员带着重要资料和随身物品赶到使馆。中资企业的数十辆汽车停在使馆，安全无虑。国内得到使馆汇报后指示，以人为本，外交为民，确保公民和企业及使馆安全。我向大家讲解形势发展，着手准备第二次撤侨。使馆连夜与法国人和黎巴嫩人经营的各有一架小型飞机的包机公司联系，定妥舱位。23 日一早，30 人在使馆外交官陪同下前往机场，分乘两架包机离境，剩下的 37 人于下午离境。为预防有变和登机方便，包机公司经理也被请到使馆，随我方人员一同前往机场。但六辆越野车却在沿途遭遇手持棍棒刀具的市民拦截，高喊外国人不能丢下我们不管，石块雨点般砸来，道路已被切断，使馆车辆只好掉头返回。停水停电已近 30 个小时，酷热难耐。使馆同时得到消息，"塞雷卡"已定于 24 日晨进攻首都。24 日凌晨 4 时，中方六辆越野车趁着夜色再闯机场。

我事先已与法国大使通话,请法国士兵放行。当车队强行突破路障,刚到机场停稳,周边便响起密集的枪炮声。这是一场与时间赛跑的战斗,我们赢得了一个时间差。我亲眼看到叛军车队从使馆门前的烈士大道入城的情形,也目睹了叛军抢劫使馆旁边的总理府和对面的高级住宅区的场景。叛军在城里抢劫得手后,装满物资的车辆又呼啸着往城外开去。在国际社会斡旋下,过渡政府成立,非洲维和部队升格为联合国维和部队,欧盟派出 1000 名警察维持首都秩序。中资公司先后又有 30 多人返回,了解情况和探索恢复有关工程的可能性。

2013 年 10 月,形势再度恶化。10 万班吉市民占领机场,并在机场附近设立难民营。时局混乱,全国 460 万人口中 2/3 沦为难民。由于时差关系,国内记者电话采访时都是半夜或黎明时分,我在电话里时常反问:"你可听到枪炮声?"回答:"听到了。请你们注意安全!"在这种情况下,使馆第三次组织撤侨。赤手空拳的中国外交官,为了发展与驻在国的关系,为了保护中方人员的生命财产安全,在极为艰苦的环境中坚守,与酷暑疾病恐惧劳累为伴,付出了巨大的努力,也取得了一定成绩。五星红旗每天照常升起,在赤道非洲的骄阳下迎风招展。有我们在,就有五星红旗在,默默地向外界宣示着中华人民共和国的存在!在极端艰苦的条件下,正因为有五星红旗的存在,才赢得了当地人民的信任,也推动了两国关系发展。

2014 年 5 月和 11 月,中非过渡元首庞扎女士两次为我授勋,是两国关系史上从未有过的情况。这一举措既是对中国的感谢,也是对使馆工作的肯定。中国与非洲的友谊得到上至政府、下至普通民众的高度称誉。

我个人的命运与国家紧密相连。作为一个已有 46 年党龄的共产党

中非过渡元首庞扎女士为孙海潮大使授勋

员，要时刻铭记入党誓词，脑海里要时刻浮现在党旗下宣誓的情景。作为一名共和国外交人员，奉行"忠诚、使命、奉献"的核心价值观，要把捍卫国家利益置于最崇高的地位，五星红旗永远在心中飘扬！

| 作 | 者 | 简 | 介 |

汤铭新，1938 年生。上海人。1960 年毕业于外交学院，分配到外交部。因工作需要，1960—1980 年安排到中国人民外交学会工作，任科员、拉美处处长。1980—1983 年任驻哥伦比亚大使馆二秘。1983—1987 年任中国人民对外友好协会美大部副主任、中国拉丁美洲友好协会秘书长。1991—1993 年任外交部拉美司副司长。1993—1996 年任驻玻利维亚大使。1996—1999 年任驻乌拉圭大使。

退休后，2000—2002 年任北京奥申会网站西班牙文版主编。2002—2012 年任中国前外交官联谊会副会长兼秘书长。2012 年迄今，任中国国际问题研究基金会研究员和北京市人民对外友好协会特邀理事。

著有《飞架太平洋上空的虹桥》、《哥伦比亚——黄金和鲜花的国度》。主编《国之风采》、《见证奥林匹克》等。翻译老子《道德经》中文—西班牙文对照文本。

天涯若比邻的中拉关系诗史篇章

汤铭新

（原驻玻利维亚和乌拉圭大使）

我国和拉丁美洲及加勒比地区（统称"拉美"）的关系，在历史上早期的文化接触、贸易往来和人文交流，可追溯到公元 5 世纪中叶，可谓源远流长。

在新中国成立 70 多年的漫长历程中，我们党和国家的几代领导人，十分重视与世界各国发展友好关系。而拉美是发展中国家的重要组成部分，是当今国际舞台上的一支重要力量，是我们外交工作的重要依托。所以，中国和拉美虽然由于太平洋的阻隔，文化差异和历史因素，以及美国的"后院政策"等原因，曾经联系薄弱，相互了解不够。然而，在争取民族独立、促进国家发展的进程中，始终相互支持、相互帮助，从而结下了深厚的友谊。进入新世纪，双方都面临发展经济、改善民生的共同任务。相近的历史遭遇，相同的奋斗目标，把双方更紧密地联系在一起。因此，我国同拉美的关系，从民间外交涓涓细流起步，携手经贸合作，到拓展人文交流，汇合成滔滔的全方位洪流，逐步进入了一个新的历史时期。

我作为一名在党的哺育下成长壮大的外交战士，作为一员中拉友好关系六阶段史诗般飞跃发展的见证者与参与者，思今忆昔，真是百感交集，一幕幕难忘的外交往事浮现脑际，涌上心头……

"以民促官"，水到渠成

1949 年至 1959 年新中国成立初期 10 年间，以友好往来和民间外交开启了中拉关系新的一页。

新中国成立后，中国和拉美国家的友好来往和政治关系进入一个崭新但并不平坦的发展阶段。因为以美国为首的西方对中国实行封锁包围，千方百计阻挠被视作美国"后院"的拉美国家同新中国发展关系。但是，毛泽东主席和周恩来总理等新中国领导人高瞻远瞩，从全球大局的高度出发，提出了耐心等待、多做工作、广交朋友和细水长流、稳步前进、官民并举、以民促官的指导方针。"以民促官"的这一指导方针，很快推动中拉关系从民间外交起步，跨上了一个新的台阶。

1954 年，毛主席在接见一批拉美进步青年代表团时曾经意味深长地说，你们不怕美国为首的西方对中国的封锁包围，冲破重重障碍来到我们这里，是"过五关，斩六将"的英雄！可见，人民团结的力量是谁也阻挡不住的啊！你们是拉美人民同中国人民友好往来的开路先锋，我们感谢你们对中国人民的友好深情。拉美外宾听完后非常感动。记得有一次周总理接见一批拉美代表团时幽默地说，中国和拉美应该是近邻。因为，我们只是太平洋一水之隔。可谓"海内存知己，天涯若比邻"。我们和拉丁美洲就是一水之隔的最好的邻居和朋友。所以，希望我们共同努力，让太平洋成为真正的和平之洋，给我们带来世界进步和人类幸福所必需的和平！智利前总统阿连德也曾经说，中国的比喻何等好啊！因为我们和中国的确是友好的近邻。不但没有"万水"之隔，也没有"千山"的阻挡。如果我们从智利往地球下方深处打一个笔直的通道，那么通向地球另一端的正好是中国。可以说，我们是地球两端心心相连的邻居啊！

果然，事实印证了毛主席和周总理的预言。根据上述民间外交起步的方针，中国积极主动与拉美开展民间往来，组织形式多样的文化和经贸交流，先后派出文化、教育、艺术、经贸、新闻、工会、青年、妇女等16个代表团访问拉美。另一方面，拉丁美洲也涌现了一大批对新中国友好的先驱，仅在1950年至1959年期间，就有19个拉美国家、1200多人访问中国。一批批友好人士，包括后来担任智利总统的阿连德和墨西哥总统的卡德纳斯，以及国会、政党等各界社会著名人士，克服重重困难和障碍分别来中国访问，进一步加深了对中国的了解和友好感情。许多拉美国家还成立了对华文化协会、友好协会或商会机构等民间组织，成为推动中拉民间交往的桥梁。1952年10月，拉丁美洲12个国家的和平人士参加了在北京举行的亚洲及太平洋区域和平会议，在反对帝国主义侵略战争、保卫世界和平的共同事业中增进了中拉人民的友谊。随着民间交往的增多，拉美逐渐形成了一股由民间推动，"以民促官"的潮流。

在中拉友好交往史上，友好使者可谓多不胜数。他们的业绩一直铭记在人们心中，成为脍炙人口的佳话。智利前副总统贝德雷加尔是一位积极推进智中关系的"全天候"的老朋友，1959年和1965年两次访华。他就提出，考虑到当时形势，为了推动智中关系，建议分两步走。先从贸易和人文交流着手，取得成果后再谈判建交。毛主席和刘少奇主席会见他时对此给予高度肯定。我清楚地记得为刘少奇做翻译时，他幽默地说，这就是先"开沟挖渠"，等到水流奔腾而下时，最后"水到渠成"的好办法！在贝德雷加尔帮助下，1965年6月中国国际贸易促进会在智利首都圣地亚哥设立了半官方的商务代表处，推动了多项贸易协定的签订。接着，两国关系在文化等领域很快进一步发展起来。1970年12月15日，最终实现了中智建交的目标。智利成为同新中国建交的第一个南美国家。

"拉美雄鹰"，掀"中国热"

1960年至1970年，这一阶段的特点是大力支持拉美的民族民主运动和反帝斗争，始终不渝地同拉美人民站在一起，沉重地打击美帝国主义的霸权势力，大力鼓舞拉美各国人民维护民族独立和国家主权，发展民族经济和争取民主权利的斗争。中拉关系在此基础上迈上了新的台阶。

1959年1月古巴革命胜利后，我国政府和人民从各方面积极支持古巴人民的反帝斗争和国内建设。同年1月25日，首都各界人民举行了有几百万群众参加的支持古巴人民反帝斗争，谴责美国干涉古巴内政的游行。我作为一支大学生队伍的领队，到了天安门广场带领大家用西班牙文高呼：Cuba Si, Yanquis no！（要古巴，不要美国佬！）游行队伍爆发了热烈的共鸣。1964年1月，毛主席发表了《支持巴拿马人民反美爱国正义斗争的谈话》，支持巴拿马收回运河主权的斗争。1965年5月，毛主席发表了《支持多米尼加人民反对美国武装侵略的声明》，支持多米尼加人民的爱国武装斗争。全国各大城市还为此举行了群众集会和游行，表示有力的声援和支持。

1960 年和 1965 年，格瓦拉率领古巴政府代表团先后两次访华。毛主席和周总理分别会见，进行了亲切的交谈。此外，同李先念副总理就中古经贸合作商谈并达成重要协议。格瓦拉非常满意中国之行的巨大成功。

格瓦拉离京前，和我陪同接待的古巴青年代表团交谈时告诉他们，中国对青年工作非常重视，希望代表团好好学习中国的经验。格瓦拉微笑着问我："毛泽东主席说青年好像早晨八九点钟的太阳，您知道这段话全文是怎么说的吗？"我说："知道。那是毛主席 1957 年在访问苏联时，对中国和苏联大学生的一次精彩讲话。毛主席说：'世界是你们的，也是我们的，但归根结底是你们的。你们青年人朝气蓬勃，正在兴旺时期，好像早晨八九点钟的太阳。希望寄托在你们身上。'"格瓦拉听完后紧紧地握了握我的手，然后用寄予重托的犀利目光对代表团说："青年是我们的希望！你们回国以后要好好传达毛主席的讲话，努力做好青年工作！"大家听了都频频点头，还和我热烈地握手。

格瓦拉回国以后做了许多介绍中国情况的报告。他首先表达了对毛主席的崇敬，称颂毛主席是他"革命道路的导师"；认为中国革命的成功，给拉丁美洲和其他国家树立了一个榜样；指出中国自力更生，奋发图强的精神值得学习；领导干部要同群众共甘苦，与官僚主义决裂；号召广大民众要为国家建设发挥奉献精神；介绍中国情况的报刊，应该好好阅读，因为它们是丰富的精神食粮；等等。想不到格瓦拉的这一系列报告在古巴人民和拉美左派进步人士中产生了热烈的反响，以至于一时间吸引了络绎不断的人群到我们驻古巴大使馆文化处和新华社驻古巴分社索要介绍中国的图书杂志和新闻报道，在古巴掀起了一股"中国热"。

建交高潮，"下马看花"

1971 年至 1977 年，中国同拉美的关系进入了迅速发展时期，迎来了同拉美 11 个国家建交的第一个建交高潮。那个时期的有利因素有：中美关系"解冻"；中国重返联合国；拉美地区反帝民主进步力量已占据主导地位，出现了多位民族主义意识较为浓厚，独立自主倾向较为强烈的国家领导人；毛主席提出的划分"三个世界"的理论赢得了拉美的赞赏；我们坚持不懈地支持拉美的正义斗争；等等。这些因素改变了拉美过去对中国的偏见，也提升了中国在国际舞台上的地位。

1973 年，墨西哥总统埃切维里亚访问中国。我被安排参加接待任务。在上海参观马陆人民公社结束回宾馆路上，他突然提出要步行到附近的"人民饭店"，到那里用午餐，而且不愿去楼上雅座，径直走到已有几位顾客的桌子就座，还表示就按照他们的菜单用餐。他边吃边与旁边的几位顾客聊天，询问他们的工作和生活情况。想不到的是，其中两位顾客得知与他们交谈的是墨西哥总统时，表示非常荣幸并立即起身说，中国人民和墨西哥以及其他拉美国家人民是真诚的好朋友，我们坚决支持墨西哥和拉美人民维护 200 海里领海权和巴拿马人民收回运河主权的正义斗争。还介绍了在北京举行的声势浩大的群众集会。埃切维里亚听了后高兴极了，对他们表示感谢并热烈握手。他对我说，没有想到上海一个街上的普通老百姓这么关心国际大事，对我们墨西哥和拉美人民维护海洋权和收回巴拿马运河主权的斗争也表示了关心和支持。接着，若有所思地说："那不就是周恩来总理告诉我的吗？参观访问不能'骑马观花'，要'下马看花'才能收到实效啊！"我回应说："对啊，今天总统阁下'下马看花'，可不是收到了实际效果了！"

互通交流，授之以渔

1978 年至 1992 年，中国和拉美关系出现平等互利、共同发展的崭新局面。

在 1978 年中国改革开放政策和以和平与发展为时代主题的思想指引下，我们对拉美的政策作了调整，国家关系摆脱了以意识形态和社会制度划线的做法，制定了"和平友好、互相支持、平等互利、共同发展"的四项原则。在巩固和扩大在拉美外交阵地的同时，重视发展与拉美经贸合作，努力扩大对外经贸关系，拉美出现了与中国建交的第二次高潮。到 20 世纪 80 年代末，中国共与 17 个拉美国家建立了外交关系，外交阵地进一步巩固与扩大。与此同时，中拉经贸关系也迅速发展起来。在 1978 年至 1992 年 15 年间，中拉贸易总额达到 290 亿美元，是改革开放之前 27 年累计额的 5 倍。

1979 年 5 月，我陪同全国友协代表团访问哥伦比亚，受到图尔巴伊总统高规格的接见。他说，哥中双方具有共同的目标和处于相同的发展阶段，希望看到哥中关系有实质性的进展，从而造福两国人民。总统接着说，哥伦比亚盛产咖啡。如果中国人每天少喝一杯茶，改为喝哥伦比亚的咖啡，那哥伦比亚的咖啡出口定会供不应求，这对推动哥经济发展和造福两国人民该是多大的好事啊！因此，他希望两国外交代表能够具体商谈。我们代表团团长很高兴地做了积极的回应。我接着补充说，1962 年 9 月，毛主席接见一批拉美代表团时，我有幸担任翻译。其中有一位哥伦比亚朋友也提到过和总统类似的想法。毛主席听了后笑了笑说，那如果哥伦比亚人每天少喝一杯咖啡，改为喝中国的茶，不就是咖啡和茶互通有无，有利双方的好主意吗？总统听后说，今天的交流太好了，很务实。他相信，咖啡和茶叶的交流，一定会有助于两国关系的建立，而且也不会是遥远的。果然，此后不久，哥伦比亚和我国常驻联合国代表就建交问题启动了会谈。1980年2月7日，终于在纽约签署了建交公报，同时双方还就中国进口哥伦比亚咖啡贸易也达成了协议，打开了两国关系的大门。

1984年，我随中国国际贸易促进会代表团赴拉美考察。访问哥伦比亚时，在哥中友协主席戈麦斯陪同下到卡塔赫纳市参观一家鱼类加工厂。刚走进大门，猛然看见墙上一行大字："赐之以鱼，果腹一日；授之以渔，享用终生"，下面一行字是"中国古训"。这立即引起了我们的兴趣。戈麦斯注意到了我们的表情，立即交谈起来。他说："事情的起因是因为哥伦比亚有丰富的资源。但多少年来，西方国家只是把我们当作原料输出国和廉价劳动力市场肆意掠夺，从来不传授先进技术，更不想让我们自强自立。中国和哥伦比亚发展经贸关系就完全不同，是双方平等相待，互利合作，谋求共同发展。正如中国的古训说得好'你给我们鱼吃，只能喂饱一天的肚子；你若教我们如何捕鱼，那我们可以一辈子独立谋生'啊！"我们代表团听完后深为感动。当即表示，我们一定会根据哥伦比亚经济发展的需要，探索谋求共同发展的项目。

党际交流，"红娘大使"

1993年至2012年，中拉关系从"跨越式发展期"进入"不断深化和全方位的长期稳定关系"。

20世纪90年代以来，中国改革开放的巨大成就，对拉美的影响力和吸引力随之加大，拉美国家更加重视对华关系。中拉各领域的友好合作取得长足发展。到 90 年代末，中国共与 19 个拉美国家建立了外交关系。中国又加强了同拉美地区组织的关系，与里约集团、南方共同市场等建立了对话或磋商机制。此外，根据"独立自主，完全平等，互相尊重，互不干涉内部事务"的原则，加强与拉美各国党际关系。现在中国共产党与拉美的 80 多个政党建立了新型党际关系，推动中拉友好关系全面深入发展。

乌拉圭的历史上，传统是"红党"和"白党"两大政党轮流执政。第三个政党"广泛阵线"成立于 1971 年，政治活动起步较晚。1996 年我在乌拉圭任职后不久，从开展政党工作的全面性出发，开始与"广泛阵线"接触，并主动与巴斯克斯主席就党际联系和人文交流交换意见，并达成了广泛的共识。1998 年巴斯克斯应中联部邀请访华并达成了两党建立友好交流的机制和开展工作培训。同时，我还同"广泛阵线"领导的蒙德维的亚市政府商讨了开展文化活动的计划，并

2016 年 10 月，汤铭新大使与乌拉圭总统巴斯克斯在北京会面，赠送他一幅国画：牡丹花香，和谐满园

且达成了和山东省青岛市建立友好城市的协议。显然，这一系列工作，对"广泛阵线"的发展和巴斯克斯的工作起到了很好的积极作用。巴斯克斯在 2005 年竞选中担任了总统。此后，2015 年再次当选总统。2016 年 10 月访华时，我和他在北京的一次聚会上又相见了。我说，在总统阁下高瞻远瞩的领导下，乌拉圭和中国的关系顺利发展。他说，深感庆幸认识了我这位"红娘大使"。乌拉圭已成为中国的好朋友、好伙伴。他将通过这次访问，和习近平主席进一步交流，一起宣布乌拉圭和中国在相互尊重、平等互利的基础上建立战略伙伴关系，把两国关系全方位地提升到一个新的高度。

"美人之美，美美与共"

2013 年至今，在"一带一路"引领下，中拉携手并进，推动构建人类命运共同体。

进入 21 世纪，尤其是党的十八大和十九大以来，中拉关系在习近平外交思想指引下进入了历史性飞跃发展的新阶段。习近平主席提出以共建"一带一路"引领中拉关系的发展，得到拉美国家的积极响应。迄今为止，拉美 19 个国家同我国签署了"一带一路"合作文件。我国在拉美的朋友圈，进一步扩大。继巴拿马之后，多米尼加、萨尔瓦多同我国建立外交关系。目前，拉美地区同我国建交的已达 24 国。

中拉经济关系日益密切，双方的经济合作方兴未艾。中拉贸易额 2000 年不到 126 亿美元，2018 年超过 3000 亿美元，增加了 20 多倍。中国对拉美的直接投资额 2001 年仅 6 亿多美元，到 2018 年累计投资已超过 3800 亿美元，扩大了 333 倍。目前有 2500 多家中国企业在拉美投资设厂，开展经贸合作，在当地累计创造了 180 万个就业岗位。中国已成为拉美第二大贸易伙伴和海外投资来源国。

另一方面，中拉间丰富的人文交流也在轰轰烈烈地开展起来，成功地拉近了中国和拉美人民心灵的距离。2016 年是中国和秘鲁建交 45 周年。秘鲁驻中国大使卡普内伊和我本人，联手用中文和西班牙文编辑出版了一本纪念横跨大洋的两大文明古国古往今来友好关系发展的华美文集。那一年成功举办了"中拉文化交流年"，覆盖中国多个省市和近 30 个拉美国家，直接参与人数达 600 多万。2017 年是中国和阿根廷、墨西哥建交 45 周年，一系列丰富多彩的文艺表演和文化交流活动如火如荼地进行，受到广泛的欢迎，进一步加强了中拉人民相知、相识、相交的友谊。

总之，中拉关系的目标，正如习近平主席所深刻指出的："政治上，中拉要坚持真诚友好，在涉及彼此核心利益和重大关切的问题上继续相互理解、相互支持。经济上，中拉要抓住双方转变经济发展方式带来的机遇，深挖合作潜力，创新合作模式，深化利益融合，建立持久稳定的互利经贸合作伙伴关系。人文上，中拉要加强文明对话和文化交流，不仅'各美其美'，而且'美人之美，美美与共'，成为不同文明和谐共处、相互促进的典范。"深化友好合作，实现共同发展，保障世界和平和人民幸福是中国同拉美共同追求的梦想。中国人民将同拉美各国人民携手并进，为推动构建人类命运共同体作出更大贡献。

｜作｜者｜简｜介｜

　　朱祥忠，1932 年生。江苏涟水人。1945 年加入中国共产党，从事地下党工作。1955—1960 年在莫斯科国际关系学院学习中南美洲外交专业。

　　毕业回国后一直在外交部工作，曾任美大司主管拉美事务的副司长。曾两次到中国驻古巴使馆工作 10 年，先后任二秘、一秘和政务参赞。1988—1990 年任驻秘鲁大使，获秘鲁总统授予的"太阳大十字勋章"和众议长授予的"塔瓦拉大十字勋章"。1990—1995 年任驻智利大使，被智利政府授予"功勋大十字勋章"。

　　1996 年离休后，任钱其琛主编的《世界外交大辞典》和唐家璇主编的《中国外交辞典》常务编委。曾任中国外交史学会理事、中国国际问题研究基金会理事、外交笔会理事等。著有《在拉美任职的岁月》、《拉美亲历记》、《我的拉美外交生涯》、《世界最狭长的国家——智利》、《拉美外交风云纪实》等。在各种报利发表文章 130 余篇。2019 年被中共中央组织部授予全国离退休干部先进个人荣誉称号。

外事战线上的"九颗红心"

朱祥忠

（原驻秘鲁、智利大使）

我于 1945 年 12 月加入中国共产党，从事过地下党工作。1955 年，我被派到莫斯科国际关系学院学习。1960 年毕业回国后在外交部工作，一直与拉美地区国家打交道。

2021 年是中国共产党成立 100 周年。百年来，在党的英明正确领导下，我们伟大的祖国发生了翻天覆地的变化，各方面取得了举世公认的巨大历史性成就，其中也有我们外交战线同志们的一份贡献。此时此刻，我激动地追忆起大家引以为傲的"九颗红心"的英雄事迹，以作纪念。

政治迫害，身陷囹圄

20 世纪 60 年代初期，在古巴革命的影响下，拉丁美洲人民反美、反独裁统治的斗争开始高涨，对巴西也产生了较大的影响。巴西全国民主联盟的总统候选人雅·达·夸德罗斯在 1960 年的大选中获胜，工党领袖若奥·贝·古拉特出任副总统。新政府实行具有独立倾向的外交政策，主张同所有国家发展关系，对社会主义国家实行外交和外贸的开放政策。

1961年8月，应中国国家副主席董必武的邀请，古拉特率领巴西政府贸易代表团访华。这是新中国成立后第一位来访的拉美国家领导人，双方对此访都非常重视。毛泽东、刘少奇、周恩来等我国主要领导人分别会见了古拉特，双方就发展中巴两国友好关系深入地交换了意见，并取得了广泛的共识。但古拉特在访华后归国途中得知，夸德罗斯总统在亲美右翼势力的压力下，已被迫辞职。古拉特当时有国难投，不得不前往邻国乌拉圭，在那里为恢复国内正常政治秩序而斗争。几个月后，他终于争得了宪法赋予的合法权力，回国继任巴西总统，继续推动巴中两国关系的发展，双方经贸和文化往来增加。根据双方达成的协议，中方先后派驻巴西的工作人员有：新华社记者王唯真和鞠庆东，赴巴西经济贸易展览筹备小组组长侯法曾和工作人员王治、苏子平、张宝生，中国国际贸易促进会赴巴西贸易小组组长王耀庭和工作人员马耀增、宋贵宝，共九人，其中苏子平和张宝生是外交部派出的干部。

在中巴关系逐步发展之时，巴西风云突变。1964年3月31日深夜，巴西右翼军人在美国策动下，以古拉特企图在巴西推行共产主义革命为借口，发动了军事政变。古拉特政府被推翻，以总参谋长布兰科为首的"猩猩派"军人集团上台执政。军政府大肆逮捕进步人士，巴西处于白色恐怖之中。我国合法居留巴西的九位同志也被无理逮捕入狱。

4月2日晚，巴西军警包围了位于里约热内卢市维尔盖鲁大街的新华分社的公寓。当时住在这里的除新华社两位记者外，还有马耀增和苏子平等四人。军警们急促地撞击着大门，吼叫着要他们快点开门。情况紧急，新华分社负责人王唯真等机警地商定，绝不能被军警在深夜秘密绑架。他们一边与军警周旋，一边立即将这一情况通知了住在该市另一地方的王耀庭等五人和一些巴西朋友。4月3日凌晨5时许，天蒙蒙亮，军警手持冲锋枪和警棍破门而入，经过仔细搜查，军警们并没有发现任何能说明这些中国人有罪的证据。但仍将住在这里的四名中国人锁上手铐押往警察局。王唯真当时提出了强烈抗议，说明他们是应巴西政府邀请来巴西工作的。当时军警用枪托把他打得昏了过去。3日凌晨，住在另一处的王耀庭等五名中国人也被带到警察局。九名中国人都被投入同一个监狱。一场罕见的国际政治迫害案件就这样开始了。

坚贞不屈，英勇斗争

事件发生后，中国政府立即展开了营救行动。4月4日，在中国和巴西没有外交关系的情况下，中国外交部负责人紧急约见了巴基斯坦和印度尼西亚驻华大使，请他们向其国内转达中国政府的请求：请上述两国驻巴西大使馆代向巴西当局查询中国九人情况。同时，对外贸易部也委托中国人民银行致电巴西银行了解中方人员情况。

4月5日，中国外交部再次紧急约见巴基斯坦和印度尼西亚驻华大使，请他们以受中国外交部委托的名义，向巴西外交部提出交涉。第一，据某些通讯社报道，中国新华社驻巴西记者王唯真等九人已被巴西当局逮捕。中国政府对此感到非常惊讶。中国有关方面，从4月3日起已经不能同他们取得联系。中国政府对他们的情况非常关注，急切等待巴西政府对中国在巴西的上述九人的现状予以澄清。第二，以上九名中国人都是得到巴西政府同意，并按巴西政府规定的手续进入巴西居留

巴西监狱的中国人（左一为王唯真，左三为张宝生，左四为王耀庭，右一为鞠庆东）

的。他们在巴西进行的各自业务活动都是正当的和合法的。要求巴方对他们的人身安全和合法权益予以保护，以便他们能够恢复自己的业务活动。但巴西当局不顾中国政府的严正交涉，在阴森的监狱中，继而对我九位同志施加各种毒刑。他们用橡皮钢筋警棍拷打王唯真和鞠庆东等人，我同志被打得鼻青脸肿，满身伤痕。他们还野蛮地把九人衣服扒光，让其一丝不挂地站着，有的被罚站达 13 个小时之久。在敌人的强暴下，我九位同志正义凛然，坚贞不屈，表现出了大无畏的勇敢精神。

中国外交部于 4 月 12 日和 14 日又先后两次发表声明，对九名中国人员在巴西无辜被捕一事表示震惊，向巴西当局提出严正抗议，并指出："巴西当局无理逮捕九名中国人员，不仅违反国际交往中的基本准则，而且违背中巴两国人民要求发展和增强友好关系的良好愿望。要求巴西当局立即无条件予以释放。"

巴西当局开动一切宣传机器，污蔑九位中国人是古拉特试图在巴西推行共产主义的"政治顾问"，进行"间谍活动"，"煽动叛乱"。他们把从九人住处搜查来的仁丹和清凉油等说成是"用于谋害巴西政治家的毒药"，将新华社散发的我国古代火箭图片说成是"中国在巴西训练游击队，企图推翻巴西现行制度的武器"。他们还把我九位同志带到电视直播室，并当面展示上述的所谓"证据"。这时，说一口流利葡语的张宝生同志，机智地利用这一极好机会，通过电视向巴西广大观众揭穿了巴西当局制造假证据，对我九人进行政治迫害的阴谋，并说明九位中国人是为发展中巴友好关系而来，是清白无辜的。这一举动使巴西当局始料未及，狼狈不堪。

美蒋特务还对我九位同志进行策反活动。自九人被捕当天起，台湾当局就派人参与各种阴谋活动，秘密审讯时都有他们的人在场。自称从台湾来的张行知等特务，反复找我同志进行"个别谈话"，动员甚至威胁绑架他们去台湾。我同志则幽默地回答说："台湾是中国领土，我们迟早要去的，但那是中国人民解放台湾之时。"我九同志同时向巴西军警发表了抗议声明，并宣布进行绝食斗争。绝食前，他们一致高高地举起拳头愤怒高呼："坚决反对政治迫害，坚决反对绑架阴谋，头可断，志不可夺！"他们还有意设法把这一消息通过巴西难友和狱中工作人员传出监狱，引起当地和驻巴西的各国记者的注意。他们纷纷赶到监狱进行采访报道，社会舆论哗然，赢得广泛的同情和支持，对巴西当局形成了很大的压力。敌人又企图用金钱和美女进行诱惑，同样遭到我同志的严词痛斥。中国外交部则声明，强烈抗议巴西当局同台湾当局勾结，企图将中方被捕人员送往台湾。为此，要求巴方立即释放中方人员，切实保障他们的人身安全和合法权益。否则，巴西当局应对此承担全部责任。面对国内外的压力，巴西当局不得不同意中国人员提出的要求，保证不将他们送往台湾。但仍于 5 月 21 日宣布对他们进行"预防性逮捕"，并将其转移到陆军监狱。

美国特务则通过巴西当局向中方提出，企图以我九人换取释放关押在我国的美国间谍。这一无理要求理所当然地被我国断然拒绝。中国外交部通过巴基斯坦外交部转告巴西政府："巴西当局屈从美国的意旨，长期扣留无辜的中国人员，已经在国际关系中犯下了史无前例的过错。中国政府希望巴西当局不再上美国的当，以中巴友谊为重，立即无条件释放无辜被捕的中国人员，以免产生更严重的后果。"从而挫败了美国的图谋。

法庭较量，三次绝食

1964 年 10 月 12 日，巴西军事法庭以九名中国人在巴西进行所谓"间谍和颠覆"活动为由，正式开庭审理。我九位同志刮净脸上长长的胡须，梳理了杂乱的头发，穿着整洁的衣服，昂首挺胸走上法庭。但军事法庭不让他们自我辩护，只能委托律师辩护。

我国有关部门曾聘请两名美国著名律师为我九名同志辩护，但遭到巴西当局拒绝。这时年已 72 岁高龄的巴西著名的律师协会主席索布拉尔·平托律师挺身而出，勇敢地担当起为身陷囹圄的九名中国人辩护的重任。在那个时候，为"共产党中国"派来的人进行辩护是要冒很大风险的。但平托律师不畏强暴，根据我九位同志提供的 10 万多字的说明事实真相的材料，写出了长达 51 页的辩护词，提出了 182 项无可辩驳的事实和论据，证明九名中国人是在巴西政府同意下合法进入和留驻巴西的，他们在巴西进行有关贸易、筹备展览和新闻报道的业务活动都是光明磊落的，九名中国人是清白无辜的，要求法庭立即宣布他们无罪，予以释放。但巴西检方又以在我同志被捕 35 天后搜出的一把消声手枪作为"颠覆"活动的证据，坚持要求对我九人各判 23 年徒刑。平托律师反唇相讥："一个月后你们搜出了手枪，再过些时候，你们还可以搜出机关枪、大炮和原子弹。"话音一落，引得旁听者哄堂大笑。另外，17 名巴西人士，其中包括多名国会议员和政府高级官员出庭，证明九名中国人无罪。巴西前总统夸德罗斯还写了书面材料，证明九名中国人是他担任总统时批准他们来巴西从事新闻、贸易和筹备经济展览等业务活动的，并表示必要时可以出庭作证。

这时，我九位同志进行了第二次绝食斗争，并写下了给家属的遗书和给祖国的诀别信。在信中，他们对祖国表示了无限的忠诚和热爱，对能为祖国献身而感到自豪。后来，巴西当局再次伪造了所谓的"调查报告"，又要开庭了。我九位同志为了准备上法庭同敌人进行斗争，决定暂停绝食。由懂葡语的张宝生和鞠庆东同志以审判者的姿态写出了六份金石般的声明，证明我九人无罪，一份交给军事法官，四份交给律师，一份留存。共经过七次法庭的斗争和较量，检察官拿不出任何站得住脚的证据。法官私下说："这个案子很棘手，但为了巴西军队的名誉，为了美国朋友，我们不得不硬着头皮干下去。"一语道破了天机。

12 月 21 日，在最后一次庭审中，平托律师在陈述辩护词中对法官说："我从业律师 50 年，还从未见过如此无端的陷害。你们强加在九名中国人头上的'罪证'，是我平生所耳闻目睹的最可耻的东西。本案的事实已昭然若揭，巴西舆论也很清楚了。现在的问题不是你们不懂得怎么判决，而是你们如何向你们的上级交代！"最后，法庭不得不宣布"间谍"罪名不能成立，而仍以"颠覆"罪对我九人判刑，并说由于这些中国共产党人特别狡猾，分不清他们中谁是主犯，谁是从犯，所以一律判以 10 年徒刑。对此，我九同志当即发表声明，指出这是新的政治迫害，表示强烈抗议。平托律师表示："我要向全世界宣告，九名中国人是清白无辜的，他们是政治偏见的受害者。"

1964 年 12 月 23 日，中国政府发表声明，对巴西当局非法无理的判决提出强烈抗议。指出，巴西当局对这些无辜的中国人员的审讯和判决，无论在事实上、道义上还是法律上，都是毫无道理的，完全非法的。这一骇人听闻的诬陷中国人民的案件，决不会损害中国人民的一根毫毛，倒是一味屈从美国意志的巴西当局，使巴西自己的民族尊严和国际信誉受到了玷污。

为抗议巴西当局的无理判决，我九位同志决定进行第三次绝食斗争。平托律师闻讯后立即赶到监狱看望他们。张宝生拿出一封还没有来得及翻译成外文由九人签名写给他的中文信，用葡语读给他听："我们决定绝食，是为了维护我们祖国的尊严和荣誉，我们中国人绝不容忍巴西当局任意摆布。如果我们牺牲了，请向全世界公布真相，感谢你为我们所做的努力。"这位经办过无数重要案件的大律师，听完信后，眼泪夺眶而出，一再劝我们同志要珍惜自己。

九颗红心，学习榜样

九人案是新中国成立后在拉美发生的最重要的涉外事件之一，在国际上产生巨大影响。这一事件还涉及对美和对台斗争问题，十分复杂。因此，中央领导对此高度重视。毛泽东主席得知这一消息后气愤地说："岂有此理，要跟他们针锋相对地斗！"当即决定由周恩来总理亲自挂帅、陈毅外长和廖承志外办副主任直接领导，外交部牵头，协助有关部门，多方组织营救工作。为此，先后召开了各种形式的大小会议400多次，发表各种声明和文章数百篇，还请国际红十字会出面干预，以九人家属名义邀请了日本、阿根廷、印度尼西亚、巴基斯坦、英国、法国和比利时等七国著名律师组成律师团，敦促巴西当局释放九名中国无辜公民。以78岁高龄的日本著名律师长野过助为首的该律师团，在巴西当局对我九同志无理判决后，向中外记者发表声明："我们毫不犹豫地指出，这种审判是一次政治审判。我们相信，进行这种审判的巴西当局，必将遭到全世界人民的谴责。"同时，一年内，我九名同志家属两次赴巴西监狱探监，对巴西当局施加压力，也增强了九名同志坚持斗争的信心。

得道多助，失道寡助。巴西政变当局勾结台蒋集团，以美国为后台，三家狼狈为奸合演的反对新中国的政治丑剧，不仅激起了中国人民，也激起了巴西人民和世界各国人民的愤怒。当时，有87个国家的政界、法律界、新闻界、企业界、文艺界和宗教界1000多位著名人士，在一年多的时间里对受迫害的九位中国人表示了声援。面对日陷被动的困难处境，巴西司法部部长和外交部部长上书总统，指出"扣押九名中国人一案已成为巴西摩擦与忧虑的焦点，如不及早驱逐中国人出境，势必损害我们国家的利益"。

在国内外强大的压力下，巴西政变当局以总统法令方式宣布"驱逐"我九人出境，并给十天上诉时间。我国有关方面当时考虑到，驱逐出境系行政决定，并非根据司法程序定罪，即使上诉巴方也不会改变决定，更主要的是为争取我九位同志早日离巴回国。因此，我国外交部于

1965 年 3 月 2 日请平托律师转告我九位同志："巴西总统用行政命令驱逐你们出境，届时可声明无罪，不必对驱逐令进行上诉。望你们早日回国。"中国九位同志在声明无罪、不承认任何判决的情况下，于 1965 年 4 月 17 日离开巴西回国。平托律师受托在他们离境后也发表声明以示抗议。

1965 年 4 月 20 日，九位同志终于回到祖国首都北京，李先念副总理和首都各界代表以及九人亲属等到机场欢迎。他们在巴西监狱经过一年又两个星期的顽强斗争后，胜利地回到日夜思念的祖国怀抱，见到了久别的亲人，紧紧地拥抱在一起，悲喜交加，难以言表。在敌人的酷刑拷打下，他们团结一致，进行了针锋相对的斗争，表现得那样英勇、无畏，铁骨铮铮，而此时此刻，却忍不住流下了滚滚热泪。

随后，国家主席刘少奇和周恩来总理分别接见，向他们表示亲切问候，高度赞扬他们在巴西监狱里和法庭上所表现的坚贞不屈的大无畏精神，是中华民族的好儿女。中国报刊在报道他们的英勇事迹时，都称他们为"九颗红心"。这一称谓再确切不过了。这是忠于党、忠于祖国和人民的"九颗红心"，他们成为全国人民特别是我们外交战线同志们学习的榜样。

1974 年 8 月，在中巴建交谈判过程中，中方主动提出两国间未了事宜，即"九人案"事件，并重申了我国原则立场。巴方表示，从政治上说此案是错误的，巴政府将采取措施，撤销这一案件的司法诉讼。至此，时隔 10 年之后，震惊世界的中国"九人案"终以巴方承认错误而告结束。

张宝生同志在一篇回忆文章中，对这一事件作了很好的总结："我们九人能得以脱离'洋监狱'的苦难，是因为有强大的祖国做后盾，这是我们自始至终能进行坚定斗争的力量源泉。国内领导展开的有力斗争和营救工作，给了我们九人以极大的鼓舞，是取得这场斗争最终胜利的保障。"后来，张宝生同志曾任外交部拉美司第一任司长和驻莫桑比克、安哥拉等国大使，王唯真同志曾任新华社社长，王耀庭同志曾任中国贸易促进会会长。"九颗红心"在各自的工作岗位上，继续为国家作出了重要贡献。

1965 年 6 月 1 日，张宝生从巴西归来后摄于杭州

|作|者|简|介|

陈笃庆，1947 年生。江苏兴化人。1964 年在上海高中毕业后，由高等教育部选送到澳门学习葡萄牙语。1970—1972 年在广东佛山地区革委会工作。1972年 6 月底调入外交部，先后在美洲大洋洲司、拉美和加勒比司工作，任科员、副处长、处长、参赞。1981—1985 年、1990—1994 年、1998—2000 年先后任驻巴西大使馆随员和秘书、驻圣保罗总领馆副总领事、驻巴西大使馆政务参赞和驻里约热内卢总领事。2000—2004 年任驻莫桑比克大使。2004—2006 年任驻东帝汶大使。2006—2009 年任驻巴西大使。

2009 年退休。2009—2017 年任中国社会科学院拉美所巴西研究中心主任。现为中国国际研究基金会研究员。

2009 年被外交部党委授予"优秀外交官"称号，2012 年被中国翻译协会授予资深翻译家荣誉证书。

我和巴西难以割舍的情结

陈笃庆

（原驻巴西、莫桑比克、东帝汶大使）

我第一次听说巴西，还是在念中学的时候，1961年时任巴西副总统古拉特应邀访华。第二次听闻巴西，则是1964年巴西军人发动政变，

2006年6月，陈笃庆大使向巴西总统递交国书后检阅仪仗队

383

推翻了古拉特政府,制造了骇人听闻的中国"九人案"。说实在话,那时我对巴西没有什么好印象。

说来也巧,1964 年我被高等教育部选中,准备外派学习外语。据说,本来是打算送我们到巴西学习的,由于政变就不可能了。于是,高教部就安排我们这一批 30 多名学生到澳门学习葡萄牙语。1971 年中国恢复联合国合法席位后,外交部立即召集散落在各地的外语人才,我当时正在广东佛山地区机关工作。1972 年 6 月,我接到调令,立即赴外交部报到,加入了"文装解放军"的队伍。我被分配到地区司,主管巴西事务,开启了自己的外交生涯,也开始与巴西结下了不解之缘。

参加中国和巴西建交进程

早在 20 世纪 50 年代,中巴之间就有民间交往。然而,巴西军政府制造了"九人案"之后,中巴的关系完全中断。到了 1971 年底,才有缓和的迹象。巴西通过英国转口,向我国卖了一批糖。据当年曾担任巴西农业部长的普拉蒂尼告诉我,为了这次出售,他还专门找了梅迪西总统,说糖本身是没有政治的,总统就同意了。1973 年,巴西淡水河谷公司开始向中国出售铁矿砂。1974 年 3 月,巴西新总统盖泽尔就职,于 4 月就派遣外交部和计划部的官员参加企业家访华团。访问期间,与我国外交部美大司林平司长举行会晤,表达了巴方愿与中方进一步发展关系的愿望,并邀请中方派团往访。8 月初,我代表团回访。由于中巴之间尚未建交,代表团名称为中华人民共和国贸易代表团,没有政府二字。时任外贸部副部长陈洁任团长,成员有外贸部、国际贸易促进会、中国银行、中国粮油公司的成员,外交部美大司有陈德和副司长、肖思晋和我。肖和我对外名义则是贸促会工作人员。我对当年的谈判过程记忆犹新,对自己能参与两国关系中具有划时代意义的事件,感到十分荣幸。

1974 年 8 月 6 日,我们代表团一行乘坐法航班机抵达里约热内卢后,巴西方面派出军用飞机将我们送到首都巴西利亚。这次访问,谈判非常顺利。一般来说,往往是双方先达成初步谅解,然后通过驻第三国的外交代表进行详细商谈,然后再正式签署建交公报。然而,巴西外长西尔维拉第一次见面,就直截了当地向我方表示建交意愿,并希望此访中就把建交的事情敲定。这有点出乎我们的意料,但代表团立即作出积极回应,并提供了建交公报的方案。双方很快就达成了一致。代表团还和巴方商签了一份关于促进双边经贸关系的会谈纪要。巴西外交部官员也向我方表示,1964 年的"九人案",在政治上是错误的,巴方将采取措施予以消除。8 月 15 日下午,西尔维拉外长和陈洁分别代表双方签署了建交公报,实现了两国关系的正常化。西尔维拉在签字当天上午,召见台"大使"朱抚松,宣布断绝与台湾当局的"外交关系"。巴西政府还应我方要求,冻结了台"使馆"的不动产,其中包括两处房产和五辆汽车,并在我建馆人员到达后移交我方。中巴外交关系的建立,对中国与整个拉美地区的外交来说,是很大的进展。

对我代表团的访问,巴方十分重视,隆重接待,安全保卫也做得很到位。除外长本人接谈和宴请外,还安排工贸部长戈麦斯在巴西利亚电视塔的餐厅请中国代表团品尝巴西风味,双方交谈甚欢。建交公报签字时,巴西多名内阁部长到场见证。盖泽尔总统本人于 8 月 16 日接见代表团全体成员,说与中国建交是他本人的决定。有两件小事,也说明巴方的积极态度和对中方人员的重视。听说陈德和副司长和我要去阿根廷,通过我驻阿使馆向国内请示、报告,巴方立即替我们买好机票,费用由他们出，还表示这仅相当于北京到上海的机票而已。巴方并派出联邦警察一路护送。中方人员在酒店给国内打电话，报告建交喜讯。付账时，酒店人员告知，巴方外交部业已将费用结清。

关于巴西同中国建交的决策过程，据传当时巴西内部是有激烈争论的。后来，总统府民政办公室主任莱唐在回忆录中披露，当时军队确实有一些高级将领反对与中国建交。盖泽尔总统召集陆军高级指挥部会议时说，今天开会，不是来听取意见的，而是宣布我已作出的决定。盖泽尔是普鲁士后裔，处事非常果断坚定，我们始终铭记他为发展双边关系起过的关键作用。我方曾拟邀盖访华，他也很高兴。但由于种种原因，访华一直未能实现。

增进了解是巴西缘的基础

1974 年第一次踏上巴西大地之前，虽然也听说过巴西"经济奇迹"，但并没什么具体概念。实地一看，就被巴西经济取得的成就震惊了。巴西利亚是巴西的工程师和工人在中部高原花了四年时间基本建成的，这本身就是一个奇迹。在我们从机场前往酒店的途中，崭新的城市所带来的视觉冲击非常强烈。当时，整个市区只有一个红绿灯，高楼林立，城市的不同功能区分布整齐。

1981 年 3 月，我首次到驻巴西大使馆工作，经常有机会陪同大使到各地，对巴西的了解逐渐增加。巴西真正是地大物博，在经济发展的许多方面领先于我国，城市化程度很高，服务业很发达，金融业也早就实现了全国通过卫星联网。直到 1985 年 4 月我结束第一次常驻时，这种印象一直没有改变。我感到，巴西还是有不少地方值得我国学习借鉴的，两国友好关系发展的潜力巨大。1990 年 2 月，我二度赴巴西，担任驻圣保罗总领馆副总领事。在圣保罗的两年半时间里，对巴西的经济首都圣保罗及该州在国民经济中的重要地位有了深刻的认识，该州的国内生产总值几乎占全国的半壁江山。1992 年 8 月，我奉调驻巴西使馆担任二把手。1994 年 8 月回国。1998 年 9 月，我第三次到巴西常驻，出任驻里约热内卢总领事。里约市是昔日的巴西首都，又是巴西的文化之都。巴西各界许多的名人和权贵，在里约或有别墅或经常来此度假。里约不仅风光秀丽，景色宜人，也是一个开展工作的理想之地。2000 年 6 月，我奉调离任。此后的五年，我先后出任驻莫桑比克大使和驻东帝汶大使，虽然离开了巴西，但仍在葡语圈内。在东帝汶时，巴西驻东使馆和我原馆舍仅一墙之隔。

2006 年，陈笃庆大使在巴西利亚电视台接受直播采访

2007 年，陈笃庆大使在伯南布哥州对企业家发表演讲

2006 年 4 月，我作为中国驻巴西第九任大使到巴西工作，于 2009 年 2 月底结束任期。在巴西四次常驻，五个岗位，历时超过 13 年。随着对巴西了解的加深，我对巴西的感情也逐步升华，喜欢上了这个美丽的国家和淳朴的巴西人民。可以说，我的驻外经历是从巴西开始，在巴西结束。也可以说，巴西是我名副其实的"第二故乡"。

广交朋友是加深缘分的重要基础

外交官的使命，一是深入了解驻在国，二是向驻在国的官方和民众介绍自己所代表的国家。由于我在巴西常驻的时间长，又在首都和两个主要城市工作过，因此交了不少朋友。他们中有国家领导人、政府高级官员、议员，也有普通的记者和企业家。在巴西工作，就是要多了解、多接触当地的人民和文化，尽量试着用巴西人的思维方式去理解在巴西发生的情况，融入他们中间，使他们体会到你的真诚。有巴西朋友戏称我"像巴西人"。同时，针对巴西对中国还很缺乏了解，受西方舆论影响又很大的情况，需要我们多积极主动地开展工作，释疑解惑。推进两国关系向前发展，最重要的是要加深相互了解。这样，你才有可能在需要的关键时刻，找得到人、说得上话、办得成事。

2006 年 6 月，我的老朋友、巴西外交部前常务副部长利马大使在家里为我举办了一个盛大的欢迎晚宴，出席者超过 200 人，有巴西各界名流，联邦大法官、议员、企业家，还有好多位欧洲国家驻巴西的大使。这样场面的活动在巴西利亚非常罕见，欧洲大使们甚是羡慕。其实，我和利马的缘分是 1974 年 8 月开始的。当时，他是巴西外交部贸易促进司司长，代表外交部和我们代表团的郑拓彬司长（后曾任外贸部部长）商谈贸易问题，并签署了会谈纪要。1977 年，他率领巴西第一个官方贸易代表团访华，当时外贸部没有葡语干部，我被借去协助接待。他访问回国后，还专门捎来一本葡语大词典，通过驻华大使送给我表示感谢。后来，我在驻巴西使馆常驻期间，与他本人和他的下属经常打交道。利马后来出任过驻英国、美国和意大利大使。在英国期间，他夫人露西和戴安娜王妃关系非常密切，情同母女。利马退休后在首都居住，在社交场合仍十分活跃。通过这次晚宴，我结识了不少新朋友，对我开展工作很有帮助。

巴西朋友帮助我的例子很多。1994 年夏天，国内通报有一个诈骗犯潜藏在圣保罗。我馆通过巴西官方渠道，希望协助拘捕此人。巴西联邦警察很快就找到此人的藏身处，但须有最高法院的批准才能抓捕。如果当天不采取行动，此人有可能再次潜逃。时间十分紧迫，但应通过巴西外交部，向司法部提出申请，司法部部长签署文件后送到最高法院，法官才能签发拘捕令。朋友告诉我，递交最高法院的文件已经在司法部长的案头，只等签字了。但司法部部长何时能签，他们则左右不了。我找到了多年的老友、联邦审计法院大法官吉济帮忙。吉曾经连续几届担任联邦众议员，两次访华，我均参加接待，结下了深厚的友谊。吉本人与司法部部长并没有私交，但立即打电话请总统府秘书长给司法部部长递话。很快，司法部部长就签了字。最高法院的朋友在第一时间把法官签署的拘捕令发传真给我。当晚，潜逃犯即被巴西联警控制。后来由于种种原因，此人未能被引渡，又继续搞诈骗，败露后潜逃到巴拿马。天网恢恢，我有关部门最终还是把他拘押回国了。

在巴西工作的岁月里，我欣喜地看到两国关系的稳步前进。在任大使期间，更见证了中巴关系的快速发展，充分感受到了中巴两国巨大的合作潜力，但中巴经贸关系也面临着一些现实问题。为了使中巴合作延续快速发展的节奏，我深刻认识到舆论转化工作的重要性，并利用自己对巴西政治、经济、文化等各领域的了解以及精通葡萄牙语的沟通优势，为进一步推动两国战略伙伴关系的发展，更主动、积极地展开工作，广泛地参与到与巴西各界的交流沟通，让他们能够全面客观地认识中巴关系的重要性，尤其给他们提供看待这些问题的中国视角。

由于两国最高领导人的重视和中巴高层协调与合作委员会的推动，2006 年中巴经贸关系开始呈现快速推进的势头，双边贸易一举突破 200 亿美元。我向巴采购支线飞机、中石化承建巴西的天然气管道项目、国开行"贷款换石油"协议成为这一时期最具代表性的合作项目。2009 年，我超过美国成为巴西第一大贸易伙伴，这个纪录迄今还保持着。如今，中巴贸易总额已超过 1000 亿美元。中国和巴西是全面战略伙伴，同为"金砖国家"，在许多重大国际问题上持有相同或近似的立场。两国加强合作，可共同为建立新的国际秩序作出贡献。

续写和巴西的情缘

2009 年 5 月，我办理了退休手续。中国社会科学院拉美研究所随即聘请我担任巴西研究中心主任，希望我能继续为巴西研究和促进双边交流方面做些工作。我接受了邀请，并做了一些力所能及的事情，直至 2017 年底。

我认为，为进一步夯实两国友好的基础，双方在密切各方面合作的同时，应加强文化、智库和媒体等方面的交流，特别是智库交流，要务实、多元化。也可以通过民间交流的方式，推动两国人民的民心相通。我曾经参加过在巴西举行的金砖国家智库理事会会议和工商论坛，并随同国际问题研究基金会代表团访问巴西、阿根廷、智利和委内瑞拉等国，与当地的智库和研究机构进行面对面的交流。在国内，曾多次参加过中拉智库会议和上海论坛等。也多次接受过人民网、政府网、新华社、环球时报等国内媒体采访，就中巴关系或对有关巴西的一些新闻热点阐述自己的意见。有巴西临时来华的记者或参访团组，通过我在巴西的老朋友或直接找到我，听我介绍中巴关系的历程和我国改革开放的情况。

我还协助民营的河北传媒学院开设了葡萄牙语专业，利用自己在巴西的人脉，帮助该校与圣保罗州立大学签署合作协议，安排葡语学生到巴西留学。此外，我还协助河北精英集团派遣小足球运动员到巴西接受培训。目前，由这些球员为主体的精英队，在中乙俱乐部比赛中取得了良好的战绩。

2016 年里约奥运会前夕，中央电视台新闻频道采访组到巴西，拍摄全面介绍巴西的新闻片，邀请我担任总顾问。我为摄制组在选题、安排行程和采访对象等方面提供了意见或协助联络，在需要时临时充当翻译，还客串嘉宾在奥运会新闻中心接受主持人白岩松的简短采访。为了摄制组在巴西工作顺利，我也发动了在巴西的朋友给予大力配合。新闻片一共五集，系统介绍了巴西的经济、社会、文化、足球等方面的情况，于 2016 年 8 月 1 日至 5 日在新闻频道播出，受到广泛的好评。

作为一个受党和国家培养成长起来的外交官，又是近 50 年党龄的老党员，时刻要牢记自己的使命。在任何情况下，都要忠于祖国，把国家的利益摆在第一位，为捍卫国家的荣誉而奋斗。退休了，还要为实现"两个一百年"奋斗目标发挥余热。我虽不在岗，但仍然关注着巴西，关注着中巴关系。凡是有利于两国关系的发展、有利于增进两国人民之间友好的事情，我都会乐此不疲，一直做下去，把这份情缘坚持到底。

作 ｜ 者 ｜ 简 ｜ 介

　　徐贻聪，1938 年生。江苏淮阴人。1958 年于淮阴高中毕业，同年考入北京外国语学院西班牙语系。1963 年从该校毕业后被分配进外交部，先后担任外交人员服务局中文秘书，外交部美大司科员、处长、参赞、副司长和拉美司副司长，以及中国驻尼加拉瓜使馆政务参赞，驻厄瓜多尔、古巴和阿根廷等国大使。其间，还曾出任过新华社驻巴拿马记者和世界知识出版社社长等职。

　　2001 年退休。曾分别担任过北京市人民政府外事顾问，以及外交史学会、前外交官联谊会、外交笔会等机构的理事，现为中国国际问题研究基金会研究员、品牌联盟高级智库研究员、江苏师范大学和山东聊城大学兼职教授。2012年被中国翻译协会授予西班牙语资深翻译家称谓。

　　曾因对推动相关国家与中国关系发展所做的贡献，被厄瓜多尔、古巴和阿根廷政府授予高级别的勋章。出版有《结缘拉丁美洲》、《雅园拾趣》、《轻走天下》、《余温犹存》、《我与卡斯特罗》及与夫人合著《加勒比绿鳄——古巴》等书，并有多篇作品被其他书籍收录。此外，还在《人民日报》、《经济日报》、《大公报》、《环球》、《瞭望》等 60 余家中央和地方报刊上发表过评论文章。

卡斯特罗兄弟的中国知己

徐贻聪

（原驻古巴、阿根廷、厄瓜多尔大使）

我出生在农村。从中学时代就对外语感兴趣，一直以为学习外语可以全方位地阅读世界。"天道酬勤"，我于 1958 年考入北京外国语学院西班牙语系。1963 年 3 月进入外交部工作，开始在西半球第一个与新中国建立外交关系的古巴驻华大使馆担任大使翻译。

后来，经历了外交部美大司、拉美司以及我国驻墨西哥、巴拿马、尼加拉瓜和厄瓜多尔等国机构的工作后，1993 年被派往古巴担任大使。此时，正值冷战结束后的混乱时期。

劳尔·卡斯特罗品尝中国黄瓜

我到达哈瓦那履新时，古巴正处于经济极其困难的时期。自 1959年古巴革命胜利后，美国对古巴采取的长期封锁并未因冷战结束而中止，古巴来自苏联的经济援助也因苏联解体而难以为继。古巴人民的生活面临前所未有的困难，甚至影响到像我们这样的古巴驻外人员的生活。

　　蔬菜成为当时古巴非常短缺的物资供应，也成为我们面临的一个现实挑战。中国驻古巴使馆占地面积 15 亩，院子里除了几座房子、草地，边上还有一些空地。我开始在这些空地上打主意，准备发扬自力更生的精神，自己动手解决菜篮子的问题。

　　使馆工作人员把空地整理出来种了一点蔬菜，其中包括冬瓜、茄子、西红柿还有韭菜，这里就变成了一个菜园子。1994 年，我和夫人回国休假的时候，在北京市场上买了黄瓜种子。古巴的气候一年四季都比较热，很适宜黄瓜生长。作为兼职"菜农"的我没有想到，北京市场

徐贻聪夫妇与卡斯特罗三兄弟

上这普普通通的黄瓜在古巴使馆的菜园子里一种，引出一段中古关系史的佳话。

1994年下半年的一天晚上，当时古巴的二号人物劳尔·卡斯特罗，带领一批军队领导人应邀到使馆做客。就餐前，我陪贵宾在使馆的院子里散步，同时就一些双边和国际问题交换看法。一行人信步走到了菜园子一角，劳尔·卡斯特罗在菜地旁突然站住，指着架子上细长的黄瓜问我："那是什么植物？"我回答说："那是来自中国的一种黄瓜，我们馆员们种着调剂生活用的。"在古巴也有黄瓜，但古巴的黄瓜品种都比较短粗，而细长的中国黄瓜引起了劳尔·卡斯特罗的兴趣。他问："我可不可以看一看或尝一尝？"我说："当然可以，您要是能够品尝我们使馆工作人员自己种的蔬菜，大家都会感到十分荣幸的。"于是，劳尔·卡斯特罗自己钻到菜园子里，亲手摘了一个稍微大一点的黄瓜，在衣服上蹭了蹭就开吃，咬了一口说："哎，这个黄瓜怎么那么好吃？"一边说，一边把目光瞄向了陪同他到中国使馆做客的华裔将军邵黄。

邵黄将军的父母都是广东省增城县人，他是生在古巴的华裔，20世纪50年代起就追随菲德尔·卡斯特罗与劳尔·卡斯特罗兄弟参加了古巴游击战争，与卡斯特罗兄弟结下了深厚的战斗情谊并深得他们的信任。1959年古巴革命胜利后，邵黄当过一段时间劳尔·卡斯特罗的办公室主任，后来被任命为物资储备局局长，同时还是古中友协会长。劳尔·卡斯特罗边吃黄瓜、边佯装生气地对邵黄说："你在古巴生活了50多年，怎么从来没有跟我说过中国有这么好吃的黄瓜呢？"在场的众人见状都哈哈大笑。

吃罢中国黄瓜的劳尔·卡斯特罗意犹未尽，指了一下身边的随从人员，问我："能不能让他们几个也尝一尝？"我说："当然可以，随便吃。"然后，我与劳尔·卡斯特罗等人一起动手，把能吃的大大小小的黄瓜全都摘了下来，给陪同来访的古巴国防部副部长、参谋长及海军、空军司令等人每人掰了一点分着吃，吃完之后大家都异口同声地说这个黄瓜很好吃。当时我们心里都美滋滋的，很自豪。

荣获"徐贻聪黄瓜"证书

俗话说，言者无心，听者有意。劳尔·卡斯特罗就中国黄瓜开的玩笑，让我若有所思。古巴客人走了以后，我的夫人建议："你要不要把这个黄瓜种子送一点给邵黄？"

我与邵黄的关系一直不错，很多外事活动，包括和古巴领导人联系等都是通过他安排的。第二天一大早，我就给邵黄打电话："昨天的黄瓜觉得怎么样？"他说："我一晚上都没睡好觉，现在脑袋还疼。劳尔那句话是在批评我呢。"我说："你想不想要黄瓜种子？你要的话，我给你送点去。"邵黄一听大喜，说："你一下子把我的脑袋疼给治好了！"

那时古巴比较困难，各个单位都在想办法搞点生产，邵黄是负责物资储备的，他的这种生产意识就更强一点。他办了好几块试验田，专门种各样蔬菜。古巴有一个制度或者说一个惯例，就是一般的机关单位、工厂和学校，中午要给工作人员或者学生做一顿饭吃。当然，吃得好坏要看各单位自己的条件。我送的黄瓜种子，他专门派人在试验田里种。因为古巴的气候热，黄瓜随时都可以栽种。邵黄非常关注他在试验田里栽种的黄瓜，长出芽了、苗长多高了，都打电话告诉我，其重视程度可见一斑。

栽种黄瓜的试验成功后，邵黄扩大了栽种范围，把种子传播到了哈瓦那附近的一个省，后来又逐渐扩大到其他地区。从此，古巴开始比较广泛地种植细长的中国黄瓜。一直关注此事的我自己也没有想到，从北京市场带回来的黄瓜种子，会迅速地在古巴全国大范围地传播开来。这也应了我们中国的一句古话：无心插柳柳成荫。还有更令我没有想到的是，我居然因为这个黄瓜受到了古巴政府的表彰。

1995 年上半年的一天，我突然接到邵黄的电话。他说："你没事上我这儿来一趟吧！"我也不知道出了什么事情，匆匆赶到了邵黄那儿，发现一大堆人围着，其中有古巴政治局委员兼农业部长，周边好几个省的书记、省长和副省长。我一看好像这里没有我什么事情，和他们打了招呼之后就准备离开。没想到农业部长说："你不能走。"我正在诧异呢，什么事情还不让我走？这时农业部长对旁边的人说："宣布开始吧。"

我这下就更不知道是怎么回事了，心想："宣布什么开始？和我有什么关系？"但是心里虽然犯着嘀咕，也只好站在那里。接着，农业部长把我、邵黄和哈瓦那的一个市领导请到主席台上，开始讲话。当中就提到了这黄瓜的由来，黄瓜怎么在古巴推广，对古巴产生了什么样的作用。最后，庄重宣布：古巴国务委员会决定给我颁发一个"徐贻聪黄瓜"的证书。证书是用古巴的官方语言西班牙文写的，我的名字是用拼音书写的。看着我恍然大悟的神情，邵黄得意地说："这是给你的一个惊喜。"

在致答谢词中，我简单地说了这个黄瓜的来历。黄瓜不是我发明出来的，只是从国内带回来一些种子，而且是我夫人买的，我获得证书应该是"无功受禄"。我强调，这件事体现了古巴对中国的感情，体现了两国的友谊，最后我做了个总结："这件不大不小的外交上的事情，表达了古巴人民对中国的友好感情。我个人只是在这里承担了一个载体而已，黄瓜是两国之间的友好关系、两国人民之间深情厚谊的体现。"

离开古巴之后，我一直把这个象征着中古两国人民友谊的"徐贻聪黄瓜"证书珍藏着。这是我外交生涯中的一段小插曲，确实有着特殊的纪念意义。

与卡斯特罗主席彻夜长谈

菲德尔·卡斯特罗，1926 年 8 月 13 日出生于古巴东方省比兰镇。作为 20 世纪五六十年代全球民族解放运动的代表人物，他不仅是古巴的传奇，甚至成为世界范围的传奇。环顾当今世界政坛，能数十年受到

徐贻聪大使与菲德尔·卡斯特罗亲切交谈

本国人民的一贯拥戴，又始终受到国际舆论极大关注的政治领袖为数不多，卡斯特罗就是其中最突出的一个。即使是在执政古巴半个多世纪之后，他也仍然是世界媒体的焦点，仍然是中国人最为熟悉的外国领袖。

如果说切·格瓦拉成为一种全球认可的古巴文化符号的话，卡斯特罗就是这个文化符号背后的最初描绘者。他那极具威严的大胡子、永不改变的绿军装以及伴随他 40 余年的雪茄烟，本身就让卡斯特罗成为一种古巴的象征符号。

对于卡斯特罗这个人我是非常尊敬的，他是一位非常了不起的领袖人物，他的一生非常艰苦坎坷。我在古巴时，卡斯特罗的身体和精神都非常健旺，掌控着古巴革命后这个国家发展的总舵。我有幸与这位传奇人物有一段深入交往，甚至在十几年后回忆起来时，仍感觉历历在目。

第一次见到卡斯特罗，可以说是一次很偶然的机会。我去古巴当大使的时候，他作为古巴国务委员会的主席是不出面接受外国使节的国书的。这项工作都是由他的助手们来完成，即几个国务委员会副主席轮流接受外国使节的国书。

1993 年 9 月，我抵达古巴，并未立刻见到卡斯特罗。10 月份，我接到国内通知，时任国家主席江泽民准备对古巴进行短暂访问，让我去交涉相关事宜。我对古巴外交部相关人员说："我们国家主席马上就要来了，我还没有机会见到卡斯特罗主席，能不能在我们国家主席到来以前见见面，谈谈这次访问的事情，也让我能够更好地向我们的国家主席报告情况，使得这次访问可以更圆满呢？"古巴外交部给我答复说："我们会把你的想法转告给我们总司令。"——总司令，这是古巴人对卡斯特罗主席的亲切称呼。

没过多久，在江主席出访的先遣组到达我们使馆的当天晚上，卡斯特罗主席办公室打来电话，通知我去见卡斯特罗。这天是10月25日，我印象非常深刻。晚上10点钟，我准时来到卡斯特罗办公室，还没等我坐下来，他走到我坐的地方，拍了拍我，开口第一句话就问："你不是在吃饭吗？饭吃完了没有？"一边说，一边亲切地搂着我的肩膀到他的办公室里间。卡斯特罗说："我希望你能把江主席的事情跟我讲得详细一点，这样我们可以接待得更好。"

令我没有想到的是，我们的首次谈话从一开始就成了中国革命史的回顾课。从中国历史到中国革命，从井冈山、长征、延安到抗战、解放战争，卡斯特罗一路问下来，我顺着他的问题一一介绍。然后，他询问了江主席的一些情况和中国改革开放的形势。不知不觉中，会见的时间超过了两个小时。我感觉时间已经比较长了，忙说："总司令，我今天见您的时间太长了，您太忙了，我该告辞了。"卡斯特罗回答："不着急，我还有很多问题。"

结果第一次会面，我们从头一天晚上10点钟，一直谈到第二天凌晨近3点钟，长达五个多小时。到最后，卡斯特罗好像突然想起了什么似的，说："哎呀，我忘了招待你了，我这儿有中国茶叶、中国酒，光知道跟你讲话了，连茶都没让你喝。"卡斯特罗给我倒了点茶，然后又把茅台酒拿出来，他说："这样吧，我们俩先干一杯，预祝江主席访问古巴成功！"

"我们是两个不同时代的老虎"

这次和卡斯特罗的首次会面给我留下了深刻印象，尽管已经过去近 30 年，我仍然记忆犹新。起初，我印象中的卡斯特罗应该是一个非常威严的领导人，但是见面以后，特别是和他接触时间长了则感觉到他非常可亲，待人亲切诚恳，没什么架子，和他谈话也非常随便。

不过，令我念念不忘的还有第一次见面中一个让我卡了壳的问题。

卡斯特罗从中国古代历史、近代历史一直问到现代的情况，我都如实地给他作了回答和介绍。讲到中国人民解放军 1949 年渡江战役的时候，卡斯特罗问我："你们解放军渡江战役有三个前沿指挥部，这三个指挥部都在哪里？三个指挥官都是谁？"这下可难住了我，只好回答："总司令，很抱歉，我没记住，以后我给你查查。"卡斯特罗说："你不用查，我来告诉你。"于是，他把三个前沿指挥部都在哪里，三个指挥官都是谁，一一向我道来。

这时我才了解到，原来卡斯特罗向我询问，不代表他不知道，而是通过他的提问，让我答复，这样就使得他对这些情况有更多的更直接的或者说更深刻的了解。有了这次前车之鉴，以后每次我与卡斯特罗见面，事先都要准备很多东西，因为他的知识很渊博，了解的东西也非常广泛。

1993 年首次见卡斯特罗那一年我 55 岁，卡斯特罗 67 岁，他比我大 12 岁，正好一轮。按照中国的传统，两个人都是一个属相——虎。我与邵黄同龄，还有使馆的政务参赞林良由也属虎，被称为"哈瓦那的三只老虎"。卡斯特罗主席知道后说："应该是四只，因为我也是，比你们大一轮的老虎。"我们都感到非常高兴和荣幸。卡斯特罗显然很了解中国的属相，所以他对我说："我们是两个不同时代的老虎。"

或许是因为这个原因，我与卡斯特罗确实是一见如故。在哈瓦那，并非所有的驻古巴外交官都能够见到卡斯特罗。许多大使级外交官从上任直至离开，始终不能得到与卡斯特罗面谈的机会。而在首次见面后，卡斯特罗与我这两只"老虎"，在短短的两年三个月的时间里就进行过十多次的长谈，最长的一次九个小时，短的也近四个小时，结下了很深的友谊。

由于古巴当时面临着国内经济恶化和国际环境的困难，卡斯特罗需要了解世界，需要找到朋友。而古巴在很多方面跟中国有很相似的地方，因此，除了中国革命史之外，研究中国对外政策、国内建设、邓小平关于改革开放的战略等等，也成了卡斯特罗的"必修课"。我是学习西班牙语出身，与卡斯特罗没有语言障碍，可以说部分地充当了卡斯特罗了解中国的一个桥梁——我们两个人差不多每两个月就要深谈一次，谈话地点有时是在卡斯特罗办公室，有时是卡斯特罗专门到使馆来看我。这在哈瓦那的外交圈，确实引起很多外国同行的"嫉妒"。

"老卡"亲率最牛裁判团

卡斯特罗的中国菜情结，是自年轻时就有的。他亲自跟我讲，年轻的时候哈瓦那有一些中餐馆，他经常到那里去吃饭。他一直清楚地记得有一家中餐馆的名字叫"太平洋酒楼"。另外，卡斯特罗本人还会做饭。他坐牢的时候，牢里边的犯人要自己做饭。当时，他与劳尔兄弟俩关在一起，他负责做饭，照顾弟弟。

懂烹饪、喜爱中国菜的卡斯特罗，有一次还担任过厨艺大赛的裁判。我有时请卡斯特罗吃中国饭，而卡斯特罗有时也会回请，地点大部分是"小湖区"，类似于北京钓鱼台国宾馆。一个院子里面有很多小楼，中间有一个湖，我们的许多代表团都被安排住在那里，所以中国人经常把它称作"哈瓦那的钓鱼台"。有时卡斯特罗在这里请客，由邵黄将军的姐姐当厨师，做的也是中国菜。她是广东人，做的是粤菜，我们使馆的厨师是做淮扬菜的。两种菜系不一样，风格也不同，由此引发了一场竞赛。

竞赛由劳尔·卡斯特罗发起。有一次吃饭的时候劳尔对我说："你干嘛不跟邵黄将军搞一场比赛？"我问："比赛什么呀？"劳尔说："看你们俩谁的中国菜做得好。我建议由总司令当裁判长，我们这些人都可以当裁判组的成员。"古巴国务委员会还有很多资深的副主席都是当年卡斯特罗兄弟打游击的老战友，无论在使馆还是他们的"钓鱼台"聚会，这些人基本上都在。劳尔的这个提议让我非常高兴，也得到了卡斯特罗的赞成。此后一段时间，每次请客完了，都会举行厨艺评选。我们中国使馆有专业厨师，材料也比较丰富齐全，理所当然要比邵黄姐姐做得好，所以每次饭后的评价都是使馆方领先。

有一次，劳尔告诉我说："比赛已经进行一段时间了，咱们适当的时候找个时间争取在年底做一次总结。我建议双方都是第一，这样可以体现两国的友谊，我们也不是真的比赛，只是表达友好的一种方式。"我笑着说："嗯，这是个好主意。"但不久之后，我接到了调任通知，卡斯特罗还专门举行了宴会为我送行。之后，由于卡斯特罗要访问中国，我的任期又延长了一段时间，以便陪同他访问，直到访问结束。就这样，由于工作的忙碌耽搁了厨艺评选。我临走的时候劳尔对我说："很遗憾，我们这场竞赛没有结果，以后再说吧。"

这场中古双方的厨艺比赛有裁判组，有裁判长，也有大部分的竞赛过程，但是没有最终的结果——我想其实已经有了结果，就是中古关系的长期稳定发展。这样的事情在中国驻外机构、外国其他驻外机构中，应该是不多见的。一次没有结果的比赛，反而在不知不觉中更加拉近了彼此的距离。

1995 年 11 月，我离开古巴回到了国内。但和卡斯特罗以及其他古巴政要之间的友谊并没有因距离变远而变淡，我本人也会时常收到来自"老卡"多种途径的问候。古巴有人访问中国时，就会通过他们的大使找我，向我转达问候说："我们总司令问你好。"

如今我已经 80 多岁了，退休也已经 20 多年。不过，仍在力所能及地发挥一点微小的作用，做些公共外交方面的事情，特别是经常参加与古巴有关的活动，包括纪念菲德尔·卡斯特罗逝世周年的座谈会等。因为我确实非常敬重"老卡"和劳尔，钦佩古巴。那些历久弥新的岁月，不知会有多少能成为被后人记忆的传奇。

｜作｜者｜简｜介｜

　　马克卿，1955 年生。天津人。1970—1973 年在天津外国语学校学习英语。1973 年被外交部选派到芬兰赫尔辛基大学留学，至 1976 年回国。之后，先后在驻芬兰大使馆和外交部西欧司工作。1993 年起历任外交部西欧司北欧处副处长、处长，驻芬兰使馆政务参赞。2000—2006 年任西欧司政工参赞，西欧司、欧洲司副司长。2006—2009 年任驻芬兰大使。2009—2012 年任外交部机关党委常务副书记。2012—2013 年任驻菲律宾大使。2014—2018 年任驻捷克大使。

　　2018 年退休。现任外交部公共外交咨询委员会委员、中国太平洋经济合作全国委员会常务副会长、中国国际问题研究基金会高级研究员。

我与芬兰结下不解之缘

马克卿

2006 年 5 月 14 日，我抵达曾经学习、工作过 17 年的芬兰，开始了我的首任大使生涯。芬兰可以说是我的第二故乡，一切都是那么的熟悉，但我对在大使的岗位上如何有所作为，还是充满了憧憬和敬畏。

与两位总统不同寻常的交往

芬兰方面很关照，在我到任后第四天就安排向哈洛宁总统女士递交国书。20 世纪 90 年代我在芬兰使馆当参赞时，与时任外长的哈洛宁有过交往。事先芬方询问我是否与总统直接用芬兰语交谈？我想这样效果会更好，便欣然同意。

检阅仪仗队、进入室内与总统助手一一握手后，我一转身，看到总统已站在离我只有 1.5 米的地方。我马上按照礼宾程序向总统鞠躬并呈递国书。她满面笑容地握着我的手说，很高兴你来芬兰当大使，热烈欢迎你重返芬兰。落座后，总统又说，中国政府任命你做驻芬兰大使，

马克卿大使递交国书后与哈洛宁总统合影

是个正确的决定。过去我们曾多次见面，我记得你。我向总统转达了国家主席胡锦涛的问候。总统兴奋地回忆起 2002 年访华与刚刚就任中共中央总书记的胡锦涛会见的情景。她不无自豪地说，芬中关系很好，已成为欧中关系的典范。会见中，双方还谈到两国企业增加双向投资，开展科技合作，在应对全球化和经济社会发展方面多交流，以及在下半年芬兰轮值欧盟主席国期间推动中欧关系等广泛的议题。我表示，这次来芬兰仅几天，明显感到芬兰对中国的兴趣更大了，我的任务是向芬兰各界推介中国。总统说，中国比整个欧盟都要大，其重要性是不言而喻的。同时中国又是多维度的，你要把这一点向芬兰人讲清楚，全面认识中国很重要。中国在国际上很活跃，与美国等各大国发展良好的关系。

说到这里，她指着在一旁做记录的外事顾问说，今后你们两人多联系，我很想通过你们俩的接触多了解中国在外交上的重大行动。我心中一喜，马上与顾问交换了名片。

从总统府出来后，陪同的芬兰礼宾官对我说，你与总统的谈话足足有 20 分钟，你们直接讲芬兰语，省去了翻译的环节，实际谈话时间要加倍，这是其他国家大使望尘莫及的。我心里盘算着，芬兰是所谓"半总统制"国家，总统在内政、外交方面都有比较大的权力，如何用好这个优势，加强同芬兰的交流。

在以后的工作中，我与哈洛宁总统有了更多的接触。哈很亲民，重视女性。外国使节中有十几位女大使。她不仅出席女大使集体午宴，还在官邸回请，惹得男大使们很"嫉妒"。我也曾以亚洲使节的名义，在使馆宴请哈。按照芬兰的外交惯例，总统在为来访外国元首设宴时，会有选择地请第三国大使作陪，我有幸几次受邀。哈在向外国元首介绍我时，总是说，这是中国大使，她的芬兰语讲得好。她也是外国大使中唯一讲芬兰语的（爱沙尼亚大使除外，芬兰语与爱沙尼亚语相似度很高），我们很自豪。我还多次陪同国内代表团参加哈的会见。由于有总统的"尚方宝剑"，我与总统办公厅主任、外事顾问等侧近保持了密切来往，经常交流，互通信息，关系很顺畅。

2009 年 7 月，我结束任期奉调回国。正值夏季，总统已到夏季别墅休息。在芬方安排下，我专程到夏季别墅向总统辞行。双方说了不少依依惜别的话。之后总统拉着我的手说，我带你参观一下。最后来到院子。她让助手提来一大篮子蔬菜和水果，说这是别墅院子里种的，很新鲜，希望你能够记住。身为一国总统，给一个外国离任大使送一篮子自家种的蔬菜水果，恐怕并不多见。也正因为这"礼轻情意重"，我难以忘怀。

另一位芬兰前任总统科伊维斯托是使馆的座上宾，我与他交往的渊源更深一些。科的经历颇为传奇。他在二战中与苏联打过仗，当过码头工人，凭着刻苦，以小学文化程度拿下哲学博士，多次任部长、央行行长和总理，1982—1994 年任总统。1979 年，中国同苏联的关系尚未解冻，芬兰对华关系一定程度上仍受制于苏联和中苏关系。科作为刚就任的新总理，顶着内外政治压力，接待了耿飚副总理访芬，由此开启了两国高层交往和合作的新时期。当时我在使馆刚参加工作两年，作为代表团的芬兰语翻译初次领略了科的风采。

1988 年，科作为总统对中国进行了两国 1950 年建交以来的首次国事访问。我从使馆临时被召回参加接待，作为翻译全程与总统夫妇同车，可以随时听到他在会谈、参观后的感受。我感到，这位总统一路上以一个政治家、哲学博士和经济、金融学家的眼光，对中国的改革开放进行认真观察和思考。他特别关注中国实行改革开放的内在逻辑和发展方向，不时将中国的社会主义与北欧社民党的"民主社会主义"进行比较。他对我当时"摸着石头过河"的做法印象深刻，对中国大胆而又艰辛探索的勇气表示钦佩。访问也使他与中国领导人建立了联系，此后一个时期，科与李鹏总理就一些重大和敏感问题多次通信。后来他告诉我，1988 年对中国的访问帮助他形成了"中国观"，这对他日后处理对华关系有很大帮助。

此言不虚。科在两国关系的关键时刻发挥了重要作用。1989 年北京政治风波后，以美国为首的西方国家对我实行"制裁"。但芬兰没有跟风，是唯一没有终止对华交往的西方国家。当年 11 月，芬兰外贸部长萨洛莱宁如期访华，新大使满撒拉刻意赶在我国庆前赴任，并作为唯一一位西方国家大使出席了所有庆祝活动。这些都源于科伊维斯托总统的政治智慧和决断。科在会见即将赴任的满撒拉大使时指示他，不管发生什么情况，都必须参加中方所有的国庆庆祝活动，包括天安门广场的活动。科主张，芬兰不参加国际上的反华示威，作为中立国家，坚持独立作出决策。芬兰从来不想在国际上当"法官"。科还以其远见卓识指出，"中国或许可以不需要世界，但世界肯定需要中国"。

我在同科的交往中，常常会向他请教一些历史问题，或对美俄关系等国际时政的看法，总能从他睿智的分析中得到启发。我在使馆宴请他们夫妇时，感谢他的远见卓识。他表示，一直在关注中国的发展，对

前总统科伊维斯托在使馆留言簿上的留言

中国在国际上发挥越来越重要的作用深表赞赏。他送我一本亲笔签名的回忆录，并在使馆留言簿上深情地写道，"一直深切怀念中国朋友"。我们也更不会忘记他对两国关系的贡献。

切身感受中国地位提升

到任后不久，我应邀出席了著名华人指挥家汤沐海在芬兰国家歌剧院的演出。那天有很多名人出席，盛况空前。演出后的酒会上，芬兰前驻华大使、外交部国务秘书满撒拉向我抒发了他的一番感慨。

他说，今天的演出令我联想起 1989 年北京政治风波之际我去中国当大使时的情形。斗转星移，一位中国指挥家，站在芬兰最高艺术殿堂的舞台中央，指挥在欧洲享有盛名的乐团演奏西洋歌剧，这非常形象地映射出当今中国与世界的融合和国际地位的提升。中国正快步走向世界舞台的中央。这一点我在芬兰任期内有突出的感受。

2006 年 9 月，温家宝总理到访芬兰。此行肩负着出席亚欧会议、中欧领导人会晤和对芬兰进行双边访问等三大任务。芬兰尽最大可能配合我方，满足我在政治、礼宾、新闻、安全等各方面的要求，访问取得圆满成功。尽管在四天的访问时间里两国总理已多次会见，当芬方得知温总理习惯清晨散步时，又在最后一天，安排时任总理万哈宁与温总理在赫尔辛基的"伙伴岛"散步，表达了朋友般的热情。

2009 年 5 月，时任国务院副总理李克强拟访芬。由于国内紧张的日程，我方提出的访问时间先后更改了几次。万哈宁总理在那段时间本已确定访问欧盟国家，但每次都按我方建议修改他的行程。我对此表示感谢和歉意。芬方表示，中国是芬兰重要的合作伙伴，李副总理远道而

马克卿大使在温家宝总理访问芬兰期间受权签署合作文件

来，体现了对芬兰的重视，理应优先安排。

我在芬兰常常会接到各种活动的邀请。芬兰人对我讲，任何活动如果没有中国大使出席，就显得不那么重要，或者不上档次。这使得我有机会拓展工作平台。我曾应邀作为唯一或"唯二"大使，为芬兰国防大学省部级培训班作"中国的昨天、今天和未来"的讲座，向议会外委会全体成员宣讲中国的外交政策。芬兰方面对我们提出见什么人、了解什么情况，都是有求必应。我与芬兰领导人或高层人士接触的机会也比较多，除正式场合外，还有一些私下的交往。距赫尔辛基40多公里的努尔米叶尔维县，为纪念第一位用芬兰语写作的小说家，每年都要举办"基维话剧节"，邀请我和使馆懂芬兰语的同事出席。这里也是万哈宁总理的家乡。有一年，总理和外贸部长等政要也要出席。那天我因处理急事耽搁了，当我赶到露天剧场时，发现包括总理和部长在内全场都在等着，他们热情地招呼我，等我落座后，演出才开始。剧间休息时，总理陪我喝咖啡，我对迟到表示歉意。他说，在这里你是贵客。作为文明古国的大使，你能来观看用芬兰语演出的经典话剧，是我们的荣幸。

当然在芬兰也不总是"鲜花和掌声"。特别是在 2008 奥运之年，西方围绕"3·14"西藏拉萨打砸抢烧暴力事件以及奥运火炬传递的炒作，在芬兰也引起比较大的反响。平时与政经学界以及媒体的交往，对我们做拨乱反正、增信释疑工作帮了很大的忙。

桑拿是芬兰人交往的一个重要形式。我在夏季常常邀请芬兰政府、议会的政要、外交部高官、企业界高管等到使馆的休闲场地一起度周末。那里有芬兰人最喜欢的湖边桑拿，用原木建成，并且按照传统方法烧木材。客人们一改往日的西装革履，一身休闲打扮，大家一起弹唱，一起学打麻将，一起烧烤。客人们欣然在使馆同事陪同下洗桑拿，然后跳到湖里游泳。在这种轻松愉快的氛围中加深了友谊，办成了不少事，也解决了一些难题。

"欢乐春节"越办越红火

在我的众多老友新朋中，企业家占有重要地位，他们不仅是两国经贸合作的主角，也是推动两国人文交流的主力。

当年的诺基亚可谓如日中天，在中国市场顺风顺水，一路凯歌，成为在世界 IT 特别是手机市场的龙头老大。但诺基亚与我使馆的关系并不密切，不太重视使馆的作用。我到任后恰巧刚卸任的外交部国务秘书松德贝里应聘到诺基亚担任主管大中华区的副总裁。我与松比较熟，很快就接上了头，再加上国内有关部门与诺基亚合作搞培训，也给使馆提供了机会。在我任大使期间，诺基亚与使馆的关系密切起来，每年圣诞节都会邀请使馆全体人员到其别墅联欢，而且积极赞助使馆主导的人文交流活动。

2006 年 11 月的一天，我应邀作为主宾出席诺基亚集团董事长兼壳牌集团董事长奥利拉的家宴。奥利拉是诺基亚崛起的功臣，在芬兰可算是"无冕之王"。当晚政经学界高朋满座，奥把我作为主宾，无疑提高了中国的"身价"。这个机会不是凭空而来的。奥利拉作为北京市长顾问团成员，每年都到北京开会。他向我提出，希望能有机会拜会我国务院主要领导。我与国内沟通，积极推动，得以成行。此后，诺基亚与使馆的联系更紧密了。

在企业家促进两国人文交流方面，有一件颇具戏剧性的事情。芬兰一家为诺基亚手机做配套产品的 IT 公司在中国发展得很好。公司董事长毕波先生非常热情、豪爽。他在赫尔辛基附近购置的一个岛上为我举行隆重的欢迎晚宴，邀请前总理阿霍和几位比较有实力的企业家出席。那天是用当季的小龙虾招待我们，这是芬兰给亲朋好友的最高规格了。按照芬兰人吃小龙虾的习惯，吃一轮，主、宾要讲一次话，唱几支歌。我作为主宾答谢，之后又与我同去的使馆政务参赞和政治处主任轮番致辞，气氛达到高潮。这时阿霍前总理起身发言。他说，大家都听到了，中国大使和她的同事都讲一口漂亮的芬兰语。请问在座哪一位芬兰人会讲中文？一句话把在场的芬兰人问住了。阿霍接着说，今天有几位在中国有生意的企业家，我提个建议，在赫尔辛基开办一所中芬文双语学校，支持这个动议的请起立。只见各位企业家都站了起来。大家还一起鼓掌，算是通过。这时我灵机一动，提出一直在我心中盘算的在赫尔辛基举办"欢乐春节"活动的想法。企业家们立马表示支持。这两项动议得以推动是欢迎宴会的意外收获！

在场的一位夫人是芬兰最大报刊《赫尔辛基新闻》的记者，她记述了关于开办双语学校和举办"欢乐春节"活动的情况并见诸报端。我趁热打铁，专门宴请赫尔辛基大市长巴尤宁，与他商讨开办双语学校和举办"欢乐春节"活动的设想。令我喜出望外的是，竟与他的想法不谋而合。经过一番策划，在赫尔辛基市和北京市的大力合作和支持下，在芬兰企业界的赞助下，在芬兰中国友好协会等各界的努力下，2007 年，

马克卿大使与赫尔辛基大市长夫妇（右一、二）及社会卫生部长杜拉伊宁在首届"欢乐春节"活动现场

"欢乐春节"活动首次在赫尔辛基市中心的广场登场。那年冬天少有的寒冷，但演出队沿街巡游，舞台上中芬民间艺术家的表演，大屏幕实时播放春晚，以及中国特色小吃，特别是压轴的烟花表演，吸引了 3 万人次参加，可以说是一炮打响。我很高兴地看到，迄今赫尔辛基的"欢乐春节"活动已举办 14 届，而且越办越红火，成为中芬人文交流的一个品牌。经过反复沟通和挑选，中芬双语教学也最终落在赫尔辛基一所小学，颇受芬兰人和旅居芬兰的华人华侨欢迎。

三年的时间匆匆过去，留下的满是愉快的记忆。2014—2018 年我在捷克任大使期间，多次经停赫尔辛基回国，邂逅了不少芬兰朋友，特别是已卸任的哈洛宁总统和赫尔辛基大市长巴尤宁。芬兰朋友半认真半开玩笑地说，马女士（Rouva Ma，这是芬兰人对我的称呼），看来你与芬兰已结下不解之缘。仔细想想，他们说的有道理。

｜作｜者｜简｜介｜

潘占林，1942 年生。黑龙江齐齐哈尔人。1964 年毕业于黑龙江大学。1966年毕业于北京外国语学院研究生班。先后三次在驻苏联使馆工作，经历了"8·19"事件和苏联剧变。曾在外交部苏欧司工作，任苏联处处长和参赞，见证了中苏关系历史性转折。历任中国驻吉尔吉斯斯坦、乌克兰、南斯拉夫联盟和以色列大使，亲历北约炸馆事件和南斯拉夫风暴。

第十届全国政协委员。著有《战火中的外交官》一书及其他文章。

战火中的外交官

潘占林

（原驻南联盟、吉尔吉斯斯坦、乌克兰、以色列大使）

1999 年 5 月 7 日，美国和北约悍然轰炸了中国驻南联盟大使馆。这一事件震惊了中国，震撼了世界……20 多年过去了，但人们并没有遗忘，也不可能遗忘。

我时任中国驻南联盟大使，亲历其事，惊心动魄，更是"才下眉头，却上心头"。

灾难在黑夜降临

在南斯拉夫的框架内，科索沃属于塞尔维亚共和国的一个自治省。科索沃阿尔巴尼亚族同塞尔维亚族的矛盾由来已久，尤其是南斯拉夫联盟总统铁托逝世后，这一矛盾愈演愈烈，不断激化。科索沃阿族建立了阿尔巴尼亚解放军，同塞尔维亚对抗。塞尔维亚派军警进行清剿，流血冲突不断，造成不少伤亡。与此同时，科索沃冲突不断国际化。1999年 3 月 24 日，美国和西方借口防止塞族军警在科索沃进行"种族清洗"，防止"人道主义灾难",北约开始对南斯拉夫联盟实施中空中打击。轰炸开始后,北约不断加大对南联盟的空击力度。北约已轰炸了45天,南联盟的军事设施已被炸过几遍,民用设施已被破坏殆尽,但南联盟当局仍不屈服。

北约轰炸以来,贝尔格莱德经常断水断电,整个城市一片死寂。为了工作需要,我馆利用一个备用的柴油发电机发电。使馆俱乐部设在半地下室的食堂里。这里平时是餐厅,到周末和节假日就成了大家的娱乐场所。每逢周末,使馆的同志们到这号称俱乐部的地下大厅里休息、娱乐。5月7日晚,俱乐部里聚集了20多人。掌管发电机的同志在完成同国内联系后,为了节省柴油,关掉了发电机。灯火熄灭后,大家用手电照明,陆续从俱乐部走了出来。

使馆研究室的一位负责人在院子里找到我,说:"今天是周末,让大家多玩一会儿,干嘛关掉发电机?"此时,又有一些同志围过来,等待我的回答。我看了一下表,已经是夜里11时15分了。考虑到自北约轰炸以来大家一直缺乏睡眠,感到身心交瘁,我说:"一个多月来,大家因轰炸睡不好觉,白天工作又紧张,都感到疲倦,今天索性早点休息,免得晨昏颠倒。"大家对我的话都有同感,也就纷纷散去。我回到大使官邸,点上一根蜡烛,坐在床上秉烛看书。我平时注意倾听大家意见,照顾大家的合理要求,可是那天晚上万幸没让重新开动发电机,没让大家回俱乐部,否则,会酿成怎样难以想象的惨剧啊!

谁都没有想到,一场震惊世界、前所未闻的劫难在午夜发生了。大约11时45分,忽然一声巨响,如晴天霹雳,就像发生了强烈的地震,整个使馆办公楼都摇晃起来,我所在的官邸也像波涛汹涌中的小船,颠簸起来。霎时间,固定的玻璃窗都被推到房子里来,里里外外的门都被气浪甩到外面，天花板下坠，屋子里的灯具破碎，玻璃横飞。碎玻璃、混凝土块，稀里哗啦地打在床上、沙发上，我在床上被颠了起来。在那一刻，闪过我脑海的第一个念头是：也许北约轰炸了我们大使馆旁边的南斯拉夫电力设计院，轰炸的冲击波殃及我们使馆。当时，这种情况在南联盟叫作"间接轰炸"。我立即穿好衣服，拿了手电，拔脚向外走。可是，门框两边的墙已经塌了下来，我只得从缝隙中钻出来。到外边一看，天哪，被炸的不是邻居，而是我们的大使馆！不是"间接轰炸"，是"直接轰炸"！

昔日美丽庄严的使馆已经面目全非，到处浓烟四起，烈火熊熊。大块的水泥构件从大楼的外墙摔到院子里，大楼南面的外墙已经全部倒塌，整个院内的草坪上已经堆满了废墟，水泥小路已经埋没在残砖断瓦里。使馆刚运来的五个大煤气罐在炸弹落下时也随之爆炸，外壳散落在使馆的院子里，有的挂在使馆周围的铁栅栏上，有的竟飞到了围墙外。面对这种景象，我的心受到强烈震撼！

纪念馆难一周年

我们这一代人，是新中国成立后成长起来的，没有经历过战争，没有经过铁与血的考验。北约开始轰炸南联盟之后，在这 45 天的时间里，我们在炮火中生活，开始懂得了战争，看到了南斯拉夫老百姓如何在炮火中熬煎。但是，我们总觉得，尽管轰炸不断，我们在使馆里还是安全的。没想到，美国和北约冒天下之大不韪，公然轰炸受国际法保护的大使馆。我走到院子里，看到有几位同志从大楼里跑出来。大楼四处起火，浓烟弥漫，楼梯遭到破坏。天花板上、墙壁上，钢筋、铁丝、各种建筑材料密密麻麻地垂挂下来。这些从楼里首先冲出来的同志都没有睡下，有的在一层办公室，有的在走廊里聊天。在炸弹落下的一刹那，在烟火腾起之际，有的从一层办公室的窗子跳出，有的攀着铁索从破损的楼梯下来。这是从浓烟烈火中突围的第一批，大约七八个人。我站在使馆大楼前，透过冒着浓烟的窗口，看见楼里的同志们在寻找出路。我十分着急，担心在慌乱中有的同志从楼上往下跳，或者采取其他鲁莽的行动，造成无谓的伤亡。于是，我在楼下高声喊："同志们，不要慌，要镇静！"

祖国利益高于一切

使馆到处是浓烟烈火，身处危楼的战友们随时都有生命危险。就在这生死攸关的关键时刻，大家首先想到的是自己的职责，是同志的安全，是不使国家蒙受不可弥补的损失，国家利益高于一切啊！

使馆的小郑和小王是负责使馆重要资财的。小王当时睡在五楼的值班室，小郑睡在四楼的宿舍。使馆大楼中弹后，小王透过烟尘，借助火光，从五楼下到四楼去找小郑。这时，小郑正从寝室出来，他已经受伤，脸上淌着血。小王一把拉住小郑往楼上跑。这时有人遇到他们，急忙问道："你们为什么还往上跑？"小王回答："有事，咱们是干这一行的。"他们俩在五层拿起 4 箱国家重要资财往楼下走，可是烟火升腾，火势越来越猛，把楼梯阻断，他们好不容易跌跌撞撞地来到三楼。使馆事先做了各种应急准备，这四箱重要的东西早已准备好，一旦发生意外情况，可以拿起来立即转移。人们都知道，这东西比生命更重要。在三楼，浓烟滚滚，烈火熊熊，再也无法下楼，小王和小郑躲进尚未起火的两位年轻同志的房间。这个房间窗下二楼有一个小平台。如何下到这个平台上呢？有人提议把一条一条塑料窗帘接起来，做成一条绳索。他们立刻动手做起来。塑料窗帘不好打结，还必须把打的结拉紧，防止脱扣。我们在下面的人找来一个梯子，从地面搭到二楼平台。这就是在匆忙中搭起的营救同志们的第一条通道。

这时，从各楼层一些同志陆续来到这个房间，其中有受重伤的，有轻伤的，也有没受伤的。但是，都知道保护这四箱国家资财最重要。于是，大家帮着让小郑和小王带着他们的"宝贝"，首先从三楼沿着刚做好的扶梯下到二楼平台，然后沿着梯子下到地面。南斯拉夫方面的急救车呼啸而至，我们把受伤的小郑送上救护车，保护国家资财的任务就落在小王一个人的肩上。

住在四楼的研究室主任刚刚躺下，就被爆炸的冲击波颠了起来。他伸手在黑暗中摸了摸，右边的墙壁没有了，左边的墙壁也没有了。他意识到事态的严重性，赶紧披上衣服往下跑。到了三楼，无法再往下走，他也钻进了两位年轻同志的房间。他下楼的时候，脚部被划伤。这时，人们把几个重伤员扶到了这个房间。一等秘书曹荣飞满脸是血，大声喊着："我什么都看不见了，什么都看不见了。"大家把他送上软梯，下面的人把他从梯子上接下来。办公室主任刘锦荣从软梯上下来，他头部、颈部和手臂受伤，鲜血淋漓。我们急忙把他俩送上救护车。文化参赞刘新权下来时，脚部扭伤。我当时想让他帮忙清点人数，但看到他一瘸一拐的，也只好把他送上救护车。

由于炸弹穿透到地下室，地下车库起火，火势越来越大，浓烟更加呛人，在危楼里多逗留一刻就多一分生命危险。大家先人后己，井然有序地向下转移。先是抢救重要国家资财，然后是重伤员，再后是轻伤员，最后是没有受伤的同志们。这是大家不约而同的章法，这是心灵的呼唤，这是渗透到血液里的使命：把生的希望让给战友，把死亡的危险留给自己。

在使馆大楼的东南角，五六位同志集中在二层张存良的房间里。使馆参赞李银堂本来住在馆外，北约开始轰炸南联盟后，转移到使馆的客房里。他以及使馆的人们哪里知道，最安全的地方成了最危险的地方。美国的炸弹从他旁边的屋里穿过，房间起火。他立即用湿毛巾捂住口鼻，冲出房间，顾不上眉毛被火燎着，额头擦伤，想夺路下楼。可是楼梯被火封锁，他又转回来，躲进尚未起火的张存良的房间。张存良负责领事和侨务工作，在他的房间里烟火不断从外面扑来。他们几个把褥单撕成条，连接成一条绳索。司机杨永锋、参赞李银堂拉着这条绳索下来，接着张存良和董健也攀缘而下。杨永锋在下到离地面两米高时，向下一跳，摔在水泥地上，骨盆和胳膊受伤。大家让他躺着别动，等候救护车到来。

南联盟方面的消防队迅速赶来了，急救车也纷纷赶来。这时，使馆办公楼前面已经从四面八方来了许多人，有南联盟总统府、政府、外交部的高级官员，有附近的居民，也有不少华人。使馆大楼五楼的几位同志，在浓烟烈火中找不到出路，只有等候外面同志的救援。这时，我们同在场的南斯拉夫人取得联系，他们火速派来消防云梯。五层楼的同志们沿着细小的云梯缓缓而下。楼房是那样高，云梯是那样细小，颤颤悠悠，平时人们一定会很害怕，可在那时，这是救命的唯一通道呀。

三人遇难，二十多人受伤

当曹荣飞从危楼得救后，人们却没有发现他的夫人邵云环的身影。在送曹荣飞上急救车时，有人焦急地问他：邵云环在哪里？但是，就在使馆被炸的刹那，他的眼睛受了重伤，满脸是血，什么都看不见，他哪能知道夫人的下落。有的同志知道，邵云环当天在使馆外的新华分社办公，很晚才回到宿舍。此时，她没有从危楼的自救通道下来，那就一定还在宿舍里。于是，我们就请消防队员帮助寻找。

南联盟的消防队员可以说身经百战，具有丰富的消防和救护经验。自从北约开始空袭南斯拉夫以来，他们经历了太多的类似事件：塞尔维亚社会党总部大楼被炸，他们急忙赶到现场，救护人员，扑灭烈火；塞尔维亚电视台被炸，那时正是深夜 12 时，也正是电视台工作最忙碌的时候，他们赶去救出伤员，从废墟中找出遇难者的遗体。此刻，他们头戴钢盔，身着防护衣，脚蹬高筒防水靴，手拿大手电和其他工具，在办公楼里搜寻。过了一会儿，他们把邵云环抬了出来。我和几位同志一起紧急将邵云环送上急救车。她满脸鲜血，已经停止了呼吸。

还有三位同志没有从危楼里出来，他们是《光明日报》记者许杏虎和夫人朱颖，以及武官任宝凯。许杏虎是 1998 年 7 月到贝尔格莱德任《光明日报》首席记者的。作为记者，他的业务是独立的，且住在馆外。北约开始轰炸之后，考虑到住处离南联盟军事设施比较近，不够安全，他就搬到使馆客房里。消防队员在楼里找不到他们，我们使馆人员戴上消防队员的钢盔，带领着去找。在许杏虎的卧室里，在坍塌的墙壁下，发现了许杏虎和朱颖的遗体。他们满身满脸伤痕，鲜血在泥土里已经凝固。

这时，轰炸声又重新响起。一颗导弹曳着火光从人们的头顶呼啸而过，大家本能的反应是纷纷卧倒。这颗导弹在离使馆几百米的贝尔格莱德旅馆爆炸。从地上爬起后，南中友协主席拉多舍维奇拉住我的手说，赶快撤退，这里很危险！尽管在大楼前烈火炙烤、浓烟呛人，但还有同志在危楼里，我怎么能离开大楼呢？我谢绝了拉多舍维奇的好意，坚持在楼前指挥抢救。紧接着，在使馆大楼前的南斯拉夫安全局局长马尔科维奇接到一个手机电话。他告诉我，北约战斗机又从意大利基地起飞，可能有第二次轰炸。他立刻布置封锁现场，要大家全部撤退。轰炸期间获得的常识告诉我，第二次轰炸是针对救援人员和现场人员的，杀伤力往往比第一次还要大。聚集在使馆大楼前的人群呼啦啦地散了。在使馆大楼前和周围，塞尔维亚内务部布置了岗哨，严禁人们（包括使馆人员）进入使馆大楼。但是，我们使馆人员还有人下落不明，我怎么能离开呢？

南联盟外交部亚太左局局长杨科维奇告诉我，南联盟外交部已经为使馆人员在洲际旅馆订好了房间，后来考虑到安全问题，又转订了西方同南斯拉夫合资的凯悦旅馆。我考虑，大家已经挨了一次炸，不能再让他们第二次挨炸，应该选一个相对安全的地方落脚。这样，留下李银堂和董健在使馆前面值班，其余获救的同志全部转移到凯悦旅馆。大家搭乘旅南华人以及记者的车来到旅馆，都不肯回房间，坐在旅馆的前厅里，等候使馆那边的消息。我知道同志们经过这突如其来的灾难的震撼，又感受丧失亲爱的同志和战友的伤痛，目睹自己赖以生存的使馆遭到摧残，拖着紧张拼搏之后疲惫不堪的身躯，当前大家最需要的是精神支撑。我把同志们召集在一起，对大家说：今天我们使馆遭到浩劫，这样的事情以前谁都没有经历过，对每个人都是第一次。既然灾难已经降临，我们要挺起胸来，迎接这一挑战。使馆被炸塌了，但我们的意志不能垮。党中央、祖国人民非常关心我们。中央已经决定派特别小组乘专机前来处理善后事宜，接回烈士的遗骨，伤员也将回国治疗，部分同志可能回国休整。我要求大家回房间休息，明天大家都要打起精神，还有很多善后事宜等待处理。

美国是如何轰炸使馆的

在事发当时，外交部领导打电话问我：是几颗炸弹炸的使馆？我当时似乎只听到一声轰天巨响，但同志们提醒我是三颗，大家猜测是巡航导弹，那时是没法弄清楚的。

事发后两天，我陪同从国内来的特别小组组长王国章一起查看，认为一共是五颗炸弹落在大使馆和大使官邸。在使馆东南角，一颗炸弹斜穿大楼，从顶层一直穿透到一层，在使馆墙角下爆炸，炸出一个五六米深的大坑。这边是使馆高级外交官的宿舍，受破坏十分严重，半边山墙向外倒塌。邵云环在这里牺牲，曹荣飞、刘锦荣和小郑在这里受伤，任宝凯武官倒在宿舍旁的走廊里，这一带死伤的加在一起有10余人。第二枚炸弹在使馆的中央，穿透楼顶，越往下破坏力越大。我在三楼的办公室受到严重破坏，办公室里边一个小卧室中弹起火，屋里家具和床上用品全部化为灰烬，床的铁架子也被熔化。我有时在这个小

潘占林大使查看大使官邸未炸弹坑

屋里休息，幸好那天晚上我没有睡在那里。炸弹在二楼穿透会计室，使馆多年账目被焚毁，其他物品也都被烧毁。炸弹接着下行到一楼大厅，大厅被炸得一片狼藉。自北约开始轰炸后，有七八个同志就睡在大厅里，用沙发当床。他们认为一楼方便，离大门很近，机动灵活，一旦有事，便于应对和转移。幸运的是，那天晚上他们都回到了自己的宿舍，没有睡在大厅里。第三颗炸弹落在使馆的西北角，层层穿炸，许杏虎和夫人住的客房就在办公楼的西北角，他们的房间被炸毁，两人不幸遇难。第四颗炸弹是从窗子钻进地下室，在俱乐部大厅里爆炸，整个地下室钢梁、铁架、破墙、乱砖搅成一团。假如那天晚上在俱乐部的人们不因为断电而离开地下室，假如当时我同意重开发电机继续发电，那些在地下室的人们可能无一幸免。那么，在这场劫难中牺牲的人将远远不止这三个人。

　　查看大使官邸被炸情况时，发现第五颗炸弹落到大使官邸。这颗炸弹在我住所的中央落下，穿破屋顶、二层楼板、一层地砖，一直钻到地下。幸运的是，这颗炸弹没有爆炸。它的巨大冲击波使官邸遭到严重损毁。但是，如果这颗炸弹爆炸，整个官邸将化为残砖断瓦，那么牺牲者的名单上，还会再添上一个名字——潘占林。据南斯拉夫权威专家说，美国这种炸弹失灵的概率小于千分之一。

　　五年之后，为了将这个"瘟神"移走，塞尔维亚政府拨款15万美元，军方做了长达几年的准备工作，同贝尔格莱德的一家公司合作开始

炸馆后第一次升旗仪式

了"排弹"工程。据了解，排弹专家马尔蒂诺维奇动用了 30 多人，两辆推土机和两辆挖土机，在两周内挖掘了 2500 多方土，挖出一个面积 10 多平方米的大坑，那个沾满泥巴的灰色"瘟神"终于被排除。马尔蒂诺维奇向记者介绍说，美国的这颗炸弹全长 2.6 米，重量达 950 公斤，装着 450 公斤高效炸药。幸亏当时它没有爆炸，否则肯定会将大使官邸彻底摧毁。美军 B-2 隐形轰炸机投下的这枚炸弹击穿了中国使馆内两层楼的大使官邸，又打透官邸地下室的地面，80 度斜角钻入地下，接着又在地下沿弧形轨迹钻行 14 米，并掉头向地面突进了一段距离，遇到官邸地基的坚硬立柱后停了下来。炸弹在地下钻行的过程中，引信被点燃烧毁了，弹体上的全球定位制导套具已脱落。据悉，这种炸弹又称 GUB-31 型精确制导穿透炸弹，由美国波音公司研制的全球卫星定位系统制导，具有全天候、自动跟踪的功能。

目前，中国驻塞尔维亚使馆已另选址重建。这块遭美军恶意轰炸的土地将移作他用。在被炸使馆的旧址前面立起一块石碑，上面刻字：1999 年 5 月 7 日中国驻南联盟被炸使馆遗址，3 人遇难，20 多人受伤，刻石留念。

| 作 | 者 | 简 | 介 |

　　周晓沛，1945年生。浙江乐清人。1969年毕业于北京大学俄罗斯语言文学系。1971年到北京外国语学院进修。1973年起在外交部工作。曾任外交部苏联东欧司苏联处处长、东欧中亚司司长，中国驻俄罗斯使馆公使，驻乌克兰、波兰、哈萨克斯坦特命全权大使。

　　现任外交部外交政策咨询委员，中俄友好、和平与发展委员会老朋友理事会中方主席，外交部老干部笔会副会长，外交学院兼职教授。著有《中苏中俄关系亲历记》、《大使札记——外交官是怎样炼成的》、《别样风雨情缘》。主编"一带一路"丛书（中、外文版）"我们和你们"系列之《中国和俄罗斯的故事》、《中国和哈萨克斯坦的故事》、《中国和乌兹别克斯坦的故事》、《中国和波兰的故事》及《世代友好——纪念中俄建交70周年文集》等。曾荣获波兰共和国高级十字功勋勋章、哈萨克斯坦共和国荣誉证书和独立20周年奖章、外交部优秀外交官称号、优秀共产党员奖章和老同志奉献之星荣誉证书。

从桑拿外交到能源外交

周晓沛

（原驻乌克兰、波兰、哈萨克斯坦大使）

人总是有梦想、有追求的。我们这一代外交人都是在党的亲切关怀、培养和教育下成长起来的，我们的梦想就是忠诚爱国、不辱使命、甘于奉献，想方设法去做那些看似难以做到的事，最大限度地维护国家尊严和利益，不论遇到多大困难，不怕需要多长过程！这正是新中国外交官的价值和魅力之所在，也是我们矢志不渝的初心和使命。

没有"秘密"的桑拿外交

外交无小事。有这样一件事令我终生难忘。刚进外交部不久，领导让我誊抄文件，因为字迹潦草，也未核对，受到严厉批评。开始还不理解，当看了周恩来总理阅退回的手抄件，上面都是密密麻麻的批注，包括打错的标点都改了过来，我如醍醐灌顶，这才老老实实地一笔一画重新认真誊写。从此牢记这个教训，再未犯类似错误。

20世纪七八十年代之交，中苏关系处于调整变化的微妙时期。而当时两国官方几乎没有交往，相互间很难进行正式交流，更无法传递信息。在这种特殊背景下，"КИНОКАНАЛ"（电影渠道）应运而生。所谓"电影渠道"，是指我们外交部苏欧司和苏联驻华使馆之间各有两名联络员，以借放苏联故事影片为名，进行定期接触，释放某些信息。譬如，双方开始酝酿改善关系时，苏方十分着急，想加快进程，中方通过这一渠道转告对方，不能急，要"小步走"。1982年苏联领导人勃列日涅夫去世后，安德罗波夫就任苏共中央总书记，主动提出要派主管经贸的第一副总理阿尔希波夫访问中国。开始时，我方对此没有回应。苏方就通过"电影渠道"向我们放风，推动促成这一重要访问。在借还苏联影片时，双方联络员可以进行自由交谈，起初在对方大使馆接待室内，后来改到外面中餐厅见面，双方边吃边聊，更加自在方便。正如苏方当事人所说，这一渠道开启了相互关系"解冻"的积极进程。

1994年至1996年，我在中国驻俄罗斯大使馆担任公使期间，为了加深与俄罗斯朋友的关系，定期邀请他们到使馆洗桑拿浴。除了俄外交部主管局同事外，有时还包括总统府官员和新闻界朋友。作为正式交往的一种补充渠道，在热气腾腾的桑拿房中，双方都赤裸松弛，没什么"秘密"可言，更易坦诚相见，被俄罗斯朋友笑称为"光屁股外交"。实际上，这是"电影渠道"在新形势下的某种延续，而且内容更为充实丰富。

作为一种非正式接触管道，双方交谈内容几乎无所不包，除了一般性交换意见外，有时也涉及重要的敏感问题。在准备高访的过程中，我们主要通过正常的外交途径来讨论解决各种问题，但有时遇到一些不方便直说的难题，也可借助桑拿外交。如有一次叶利钦总统访华前夕健康状况不佳，对方就在洗桑拿时"顺便"提到，希望在欢迎国宴上不要

中俄老朋友俱乐部

上茅台。我们立即将此信息报告北京。又有一次，叶利钦访华正值俄国内大选前夕，我国领导人在谈话中两次提到，希望俄罗斯在叶利钦总统的领导下，中俄两国关系平稳、健康地向前发展。在洗桑拿时，我询问他们是否明白其中的含意？对方说，无论外交部，还是总统府，都注意到了这句话的分量，并认为这种支持反映了两国最高领导人之间的信任关系。中俄实行国家元首定期互访机制后，俄方想推动建立两国总理定期会晤制度，但又没有把握，就利用桑拿渠道先进行试探。俄方一再强调，两国总理会晤制度与总统互访机制不会有什么冲突，相反，有助于落实两国最高领导人达成的协议。在我方表示愿意就此问题进行探讨后，俄外交部正式提出建议，双方很快就此达成了协议。

"莫道桑榆晚，为霞尚满天。"我们从外交第一线退下来后，成立中俄老朋友俱乐部和老朋友理事会，依然定期见面聚会。作为数十年来两国关系发展的见证者、参与者和推动者，双方同一"战壕"的老友虽年逾古稀，仍老骥伏枥，各有所为，以满腔热忱致力于两国友好交流与合作，包括联手出版纪念文集、外交回忆录，参加各类中俄关系问题研讨会并建言献策，借助新媒体积极发声，为新时代中俄关系传递正能量。

争取申奥、申博的宝贵一票

我在波兰工作三年，至今最难以忘怀的是，先为北京"申奥"、后为上海"申博"争取赢得驻在国的宝贵支持。我到波兰不久，国内要求驻外使馆为北京市申办 2008 年奥运会做工作，确保"申奥"成功。记得上一次仅几票之差，我们痛失了 2000 年奥运举办权，此番怎么也要梦想成真，这也是我们驻外人员的共同心愿。

　　我先拜会了波兰体育部长，表示希望能有机会与波兰国际奥委会委员舍文斯卡女士见个面。体育部长说，没问题，将立即予以协助安排。没过多久，舍文斯卡即复告使馆，她愿意会见大使。本来我提出准备前往拜会，她却表示，应该由她亲自来使馆拜会中国大使。我当即表示欢迎。会见那天，我提前在使馆门前迎候。虽然是初次相识，但一见如故，谈得非常投机。舍文斯卡品尝西湖龙井茶后，勾起了她1989年秋天曾访问杭州的美好回忆，并说十多年来一直关注着中国的发展变化。作为国际奥委会委员，收到所有申办城市的报告并仔细研究后，觉得北京市这次的申办工作比上次有了很大进步。虽然现在不能说出将投票给哪一个城市，但个人认为北京获胜的希望很大。我对她长期以来关心中国体育事业及所作的贡献表示感谢，对其钟情北京市深表敬佩，简

舍文斯卡女士（左五）到使馆做客

要介绍了近几年中国发生的巨大变化及北京市申办奥运的精心准备情况，并欢迎她有机会再次访华。她欣然表示，肯定有机会再去中国。后来，我邀请舍文斯卡和丈夫以及波兰体育部官员、武术界朋友一起来使馆做客。席间，在欢快的传统民乐伴奏下，从茅台酒的传奇历史到每道美味佳肴的经典故事，个个谈笑风生，轮流祝酒，气氛轻松融洽。有意思的是，自始至终没有任何人提及奥运这个词。过了不久，波兰友人来使馆拜会我，称受舍文斯卡女士之托转告：她已决定将按自己的意愿，到莫斯科去投神圣的一票。我也转告她：不论北京市能否赢得2008年奥运会的举办权，我们都感谢波兰朋友的理解和支持，并约定从莫斯科返回后再次聚会。

当在莫斯科举行的国际奥委会会议庄严地宣布投票结果后，某记者责问舍文斯卡是否投票支持了中国？这位久经沙场的体坛宿将回答得非常"外交"，称她只是按照自己的意愿投了神圣的一票。根据有关规则，这是秘密投票，所以不能透露具体情况。回到华沙后，舍文斯卡专门就北京申办奥运会成功而举行新闻发布会。她表示，确实收到国内一些组织和个人呼吁不要投票支持中国的要求，但投票不是政治决定。遵照有关章程，国际奥委会委员不应屈服于任何政治组织或政府的压力。此次投票结果，既是国际奥委会的多数意见，也是她本人独立自主的选择。她对那些反对北京举办奥运会的抗议行为表示惊讶，相反，认为应当祝贺北京获得举办权，而且深信2008年奥运会将是一届美好的盛会。

2003年夏，我因调任驻哈萨克斯坦大使而离开华沙。告别时，我对舍文斯卡说："五年之后，我将在北京欢迎你。"她紧紧地握着我的手说："我们一定在北京再见！"

2008年8月，我和舍文斯卡女士如约在北京相见。当时我已从外交第一线退下来了，专门前往波兰驻华使馆。见面时，我们俩都非常激动。她颇为感慨地说："事实证明，我当初的选择是完全正确的！"

2002年春，国内要求使馆就上海市申办2010年世博会做好所在国的工作。凑巧的是，波兰也是2010年世博会的申办国之一。在互为竞争对手的情况下，如何有针对性地做好方方面面的工作，确保对我"申博"的支持，这是一个较为棘手的难题。经过认真研究，向波方提出在被淘汰情况下相互交换支持的建议，并约见波兰经济部主管副部长，深入交换了意见。当天下午，我到波兰外交部会见主管司长，通报了与经济部官员会见的情况，并希望外交部从两国关系的大局出发予以政治上的支持。此后，又分别拜会了波兰政府主管对外关系的国务秘书和分管经济的副总理，介绍了上海市申办世博会的情况，并希望能得到波兰政府的支持。他们对友好竞争、相互支持的建议，都很感兴趣。

副总理科沃特卡是波兰著名经济学家，曾访问过中国。他还将一份演讲中文译稿和《全球化与后社会主义国家大预测》专著俄文译本送给我。经我们使馆推介，世界知识出版社很快翻译出版了该书。这位副总理喜欢中餐，我邀请他和夫人到使馆品尝中国厨师的手艺。不过在宴请时，出了两个"小事故"。为了招待好贵宾，我动用了使馆珍藏的茅台，那是存放在主楼地下室的一箱1982年出产的贵州陈酿茅台酒。因时间久，酒变稠，颜色也发黄，味道十分醇厚。本人不喜欢喝酒，又是一个老胃病，但我工作过的几个国家都是爱喝酒的，作为主人不能不敬酒，人家都是一饮而尽，我只能象征性地抿一小口，有时还惹得客人不高兴，说"不平等"。招待员替我想了个好办法，每次上酒时他都端着两瓶茅台，一瓶是给客人喝的真茅台，另一瓶里边装了矿泉水，是专为我特制的。这样，我就可以放心地去"干杯"了。这一次，我特意请了老朋友、总统顾问古拉尔赤克大使作陪。他是地道的中国通，在北大留过学，几次在波兰驻华使馆工作。他坐在我的左手，喝着喝着，突然盯着我的酒杯看，然后悄悄地用中文说："大使阁下，你杯中酒的颜色好像不对？"我只得坦白说："患过两次胃溃疡，大夫不让喝，只得以水代酒，请包涵。"他笑着说："没问题，我会保密的。"我喝了那么多年假酒，唯有这次穿帮了。还有一件事，我想把真海参当假黄瓜没有得逞。副总理夫妇都爱吃中餐，但他本人是一位素食者。为让他们吃到正宗的中国菜，我让厨师做了一道他拿手的葱烧海参，还交待不要切开，外形要像小黄瓜。刚好波兰语中的海参就叫"海黄瓜"，他夫人吃了后赞不绝口，我就用波语对副总理说："这是海黄瓜，可以品尝一下。"他半信半疑地又起了一整块海参，仔细看了一会儿，又闻了一下，说了声"野味"，就转让给夫人了。

为了给弗罗茨瓦夫市申办世博造势，波方邀请驻波使节参观访问弗罗茨瓦夫市，宣传该市的古老文化和现代成就。在抵达弗罗茨瓦夫市参观的第二天，数名电视记者找我采访，问及对弗罗茨瓦夫市的印象以及与上海相比，哪个城市更有希望在"申博"中取胜。我称赞了弗罗茨瓦夫的古老文明、近几年来的巨大发展变化和所取得的瞩目成就，希望该市能与中国城市加强交流合作。关于后一个问题，我回答说："作为驻波兰大使，我希望弗罗茨瓦夫市获胜；作为中国大使，我希望上海市获胜。我相信，有着传统友谊的中波两国人民会在这次平等竞争中相互理解、相互支持。"当天晚上，地方电视新闻中播出了这次采访，次日的报刊也都予以客观报道。

在世博会150多年的历史上，2010年上海世博会成为第一个在发展中国家举办的综合性世界博览会。无论是"申奥"还是"申博"成功，

周晓沛大使代表政府主持世博会国家馆日活动

从根本上说，这是我国的国际地位和综合影响力进一步提升的结果。2010年，我有幸担任上海世博会中国政府副总代表。八年前，我们许多老大使都在国外为上海"申博"出过力，现虽进入花甲之年，仍怀有深厚的世博情结，甘当一名普通志愿者，为世博外交成功奉献一份力量。无论是代表政府主持国家馆日正式活动，还是陪同参加外宾接待全过程，有时从早到晚连轴转十来个小时，去机场迎送也常是深更半夜，都能认真、热情地做好每一项具体服务工作，努力以自己的一言一行来体现老外交官的精神风貌和我国的公共外交。我在接受上海媒体和人民网采访时强调，世博外交有力地提升了我国软实力，有利于更快地走向世界，更好地融入世界。

能源外交的一次重大突破

2003年9月，我到哈萨克斯坦工作。赴任前，国务委员唐家璇在中南海办公室会见我，郑重交代说："你这任大使的一个重要任务，就是推动加快中哈原油管道建设，做好能源外交这篇大文章。"

到任第三天，我前往拜会有 20 多年交情的老朋友哈萨克斯坦外长托卡耶夫，直截了当地谈了中哈能源合作的前景及今后的打算，强调这是两国领导人的重大决策，希望他能与我一起共同推动完成这一世纪工程。托卡耶夫很痛快地表示同意，还称他曾当过总理，会在力所能及的范围内运用自己的影响给予帮助。第五天，我向纳扎尔巴耶夫总统递交国书，双方谈话的主要内容就是两国能源合作。纳扎尔巴耶夫不仅完全赞同尽快建成哈中原油管道，而且主张铺设通向中国的天然气管道。

经过双方共同努力，2004 年 9 月 28 日在阿塔苏举行开工仪式。我在致辞中强调，在中华人民共和国成立 55 周年前夕，历史上第一条中哈原油管线正式开工具有重要象征意义，希望在 2005 年哈萨克斯坦国庆前能顺利完工，并深信这条输油管道将成为连接中哈人民友谊的纽带，成为密切两国务实合作的桥梁。仪式后，我们一起到工地的帐篷内喝香槟酒庆贺。

哈萨克斯坦冬季最低气温达零下 40 多摄氏度，一年中实际施工时间只有八个月。这对一条长达 1000 公里的跨国大口径石油管道的建设来说，工期的紧张程度可想而知。为了保证按时完工，我邀请双方石油管道公司总经理一起乘直升机赴现场考察了解工程进度，并慰问双方工人。

为了保障中哈管道建成后的输油量，中油决定收购加拿大控股的哈萨克斯坦 PK 石油公司。就在双方准备签订协议的节骨眼上，哈一位议员对媒体发表讲话，反对出售 PK 公司，呼吁阻止政府的"卖国计划"。此人是一个反对派领袖，我到任时拜会过他。经反复考虑，我以个人朋

周晓沛大使出席中哈原油管道开工仪式并视察管线

友的名义直接给这位议员打电话，说自己快要离任了，想请老朋友到一家中餐厅聚聚。"鸿门宴"上，我们双方都只谈友谊。我说，两年前我去贵党总部拜会过，一年前应邀参加过贵党的代表大会，你也经常出席使馆的活动，可以说我们之间并非一般的交情。目前中哈关系很好，主席先生一向主张对华友好，希望继续为推动两国关系作出贡献。他对大使重视该党并请他做客表示感谢，特别提到，当时他向使团中所有驻哈大使都发出了邀请，但唯有中国大使出席了他们的党代会，令其十分感动。最后告别时，我拉他到一边，说了几句悄悄话，通报有关收购 PK 公司的实情，并强调这是双方互利共赢的交易。他解释说，原先不了解情况，现在不会再反对了，请大使放心。

除了直接找这位议员做工作外，我先后约见哈外长、总理及有影响的议会党团领袖，进行内部沟通说明。但此事最终仍需由哈总统拍板定案，刚好利用辞行拜会之机，着重谈一下这个问题。会见时，纳扎尔巴耶夫讲了一番临别好话后，站起来向我授予共和国荣誉证书就准备离开。我赶紧说，总统阁下，我还有重要事情向您汇报。他又重新坐下。我说，就在一个月前，我沿着中哈原油管线进行了实地考察，两年前阁下交代的修建管道的任务按期完成已经没有任何问题。为了保障足够的油源，中方准备收购 PK 公司，恳请总统给予支持，以让我这任使命画上一个圆满的句号。讲到"圆满句号"时，我有意加重了语气。纳扎尔巴耶夫听后笑了笑说："没有问题。"当时，就我们俩在场，我又确认了一遍："能否这样报告北京——贵国政府已经同意。"他答："可以。"一下子我感到如释重负。

2005 年 12 月，我国历史上第一条直通境外的陆地原油管道在不到一年时间内顺利建成，并于 2006 年开始进行商业性输油。这是我国对境外资源开发利用的一次重大突破，也是我国能源外交的一次成功尝试。在国际上围绕能源竞争愈益激烈的背景下，建设中哈原油管道不仅对保障我国能源安全具有深远意义，对后来谈判建成中俄原油管道和中国中亚天然气管线等都产生了积极影响，而且也为共建"丝绸之路经济带"迈出了重要一步。

记得周恩来总理说过，外交是"一门艺术"。国际形势瞬息万变，外交工作错综复杂，做一名合格的外交官并不容易。年轻时，常听老大使们说在国外工作"如履薄冰，如临深渊"，觉得不可理解。当了三任大使之后，我才深切体会到当大使难，当一名合格的好大使更难。都说"十年磨一剑"，而外交这一行恐怕要有几个十年的砥砺历练、知行合一，实际上是终身磨一剑，方能在外交事业的伟大进程中实现自己的初心和使命！

｜作｜者｜简｜介｜

傅全章，1939 年生。湖北仙桃人。北京外国语学院俄语系毕业。1965 年毕业后被分配到外交部苏欧司。1974 年任中国驻苏联使馆随员。1980—1984 年任苏欧司二秘。1985—1989 年重赴驻苏联使馆任一秘。1990—1992 年任国务院外办处长。1993—1996 年再赴莫斯科任使馆政务参赞。其间多次工作调动，但均从事与外事有关的国际问题调研。1996—1998 年初再返欧亚司，作为司领导成员，主管综合处、乌克兰白俄罗斯处，以及全司调研。1998—2001 年出任中国驻塔吉克斯坦大使。

2001 年退休。曾任中国一中亚友协副会长、中国国际问题研究基金会研究员、国务院发展研究中心欧亚社会发展研究所研究员。先后为《国际先驱导报》、《世界知识》、《军事文摘》、《时事报告》、《欧亚发展研究》、《国际问题纵论文集》、《世界问题研究》等学术刊物撰稿 30 余篇。

最后一次"上海五国"杜尚别峰会

傅全章

（原驻塔吉克斯坦大使）

2000 年 7 月 5 日，中国、塔吉克斯坦、俄罗斯、哈萨克斯坦、吉尔吉斯斯坦五国元首齐聚塔国首都杜尚别，成功举行了第五次"上海五国"峰会，这也是最后一次五国峰会。20 多年后的今天，作为时任驻塔吉克斯坦大使参与了有关峰会筹备的全过程，怀着激动的心情回首这一难忘的时刻。这个日子的重要意义在于它记载了杜尚别会晤那承前启后、继往开来的伟大历史业绩，次年成立的上海合作组织及其首次元首会议在很多方面把最后一次"上海五国"杜尚别峰会的建议和构想变成了现实。从这个意义上说，杜尚别峰会将作为上海五国合作机制发展途程中璀璨一页永载史册。

"上海五国"杜尚别首脑会晤成功举行，是中国推动，东道国塔吉克斯坦执行，俄罗斯、哈萨克斯坦和吉尔吉斯斯坦协调配合结出的硕果。此次会晤碰到了前所未有的会址安全问题，商定会晤日期也费了不少周折。然而，五国克服了技术上的诸多困难，准确把握地区安全这一会晤主题，就此达成了广泛共识，确定了今后地区合作方向，发表了具有重大历史意义的《杜尚别声明》，使五国新千年首次盛会获得巨大成功。

通向杜尚别会晤之路一波三折

首先，最令人担忧的安全问题成为举行杜尚别首脑会晤的最大障碍。1999 年 8 月，在吉尔吉斯斯坦首都举行的第四次"上海五国"元首峰会时，江泽民主席倡议第五次会晤在塔吉克斯坦首都杜尚别举行，俄总统叶利钦当即做了支持的明确表态，哈总统纳扎尔巴耶夫、吉总统阿卡耶夫也表示赞同。早就盼望这一天的塔总统拉赫蒙更是感到无比欣慰，随即举全国之力开始筹备工作。然而，历经五年内战浩劫的塔吉克斯坦尽管与武装反对派签署了和平协议，走上了民族和解之路，但各地还有零星武装冲突，社会安全形势依然十分严峻。这时，成员国中有的提议易地举行会晤。这可急坏了拉赫蒙总统。五年内战使塔吉克斯坦成了苏联解体后最为炽烈的热点和战乱的代名词，塔国领导人多么希望来一场有中国和俄罗斯两个世界大国牵头举行的国际盛会，一洗国家被战乱弄得灰头土脸的模样，向国际社会展示实现民族和解后的崭新形象。然而，就在这一节骨眼上杜尚别接连出事：先是我驻塔使馆经商参处办公楼被内讧的塔方军警在交叉路口火并时的流弹击中；接着，杜尚别市长、议会上院议长乌巴伊杜洛耶夫座车挨了定时炸弹受伤住院，同车的安全部副部长当场身亡；随后杜市的舍罗吉大街的一幢俄驻塔边防军军官的宿舍楼发生地雷爆炸，所幸无人伤亡。此外，包括"东突"在内的恐怖分子也在中亚一带蠢蠢欲动，扬言要趁"上海五国"首脑杜尚别会晤之机寻衅滋事，叫嚣要向出席会议的领导人动手。这为易地会晤的提议提供了新的有力证据，于是又有了移师北京的建议。我方经过缜密考虑，秉持公道，明确表示继续支持塔作为轮流主办国的立场不变，中方的定力给塔吉克斯坦以极大助力，也稳定了五国人心。与此同时，我敦促东道国塔吉克斯坦尽力改善国内安全形势，采取强有力措施切实保障与会元首们的安全。

这次塔方下了极大决心，做了最大努力整顿社会秩序。先是调集警力，加强打击各种团伙犯罪活动，使首都治安迅速得到好转。与此同时，把首都满街的持枪军人换成不带枪的民警，使多年战乱形成的紧张气氛为之一扫。与此相配合，塔方成功开展了一系列重大外交活动，以展示国内政治形势稳定。4月，邀请白俄罗斯总统卢卡申科来访，精心设计了贵宾在塔总统故乡丹加拉受到群众热烈欢迎的场面，显示从城市到农村一片祥和安宁景象。特别是6月中旬，即五国首脑会晤前夕，在杜尚别出色地组织了中亚经济体四国首脑会议，并趁机安排哈、乌两国总统顺访，取得了圆满成功，表明塔国举办大型外交活动的安全形势和安保能力毋庸置疑。在此期间，江主席访塔先遣组也抵达杜尚别，经过详细考察，认为塔方安保部署思路清晰、措施得当、安全有保证。至此，横亘在通往五国首脑会晤道路上的障碍被彻底清除。

其次，与安全同样重要的是会晤时间问题。各国元首无疑都是世上最忙的人，工作日程爆满，要找到对五国元首都合适的时间，协调起来自然极其困难。这看起来是个技术问题，但实际反映的是政治问题，各国都要力争发言权，尤其大国希望自己提的时间受到东道国优先重视。3月29日，我方提出5月19日或20日的具体建议与塔方意见惊人的吻合，哪知俄方认为该时间对俄有困难，建议改在5月底。原来是中塔两家定的日子事先未跟俄商量，不得不反过来做俄方工作，最后俄好不容易赞同了中方建议的日期，哈、吉两国也相继认可，似乎松了口气。可未过几日，新问题又产生了，我领导人因工作安排上的调整需另商五国首脑会晤时间。为化被动为主动，我照会四国说明原因表示歉意。为避免出现第一次情况，我主动同俄反复协商，提出了7月5日的具体建议，塔、吉随即表示赞同，可哈方坚决不同意，理由是这天纳扎尔巴耶夫总统要留在家里为自己庆寿。怎么办？刚好6月在莫斯科召开独联体首脑会议，这为俄、哈总统就此取得一致意见提供了契机，一块石头终于落地。

拉赫蒙总统会见傅全章大使（右）

7月5日这一天，"上海五国"首脑在杜尚别欢聚一堂，一方面举行历史性的第五次首脑会晤，同时喜气洋洋地为纳扎尔巴耶夫总统祝寿，为这次聚会平添了喜庆气氛。

会晤把五国合作推进到一个崭新阶段

好事多磨，通向杜尚别之路尽管曲折而艰难，但它为"上海五国"从机制过渡到"上海合作组织"举行了关键性的奠基礼。

1996年4月26日，中、俄、哈、吉、塔五国领导人聚会上海，隆重签署了《关于在边境地区加强军事领域信任的协定》，从此，"上海五国"领导人会晤机制应运而生。此后，这一会晤机制逐步完善，不仅对建立五国永久和平边界和发展睦邻友好关系意义深远，而且开启了一条通向区域合作的新路径。

"上海五国"发展到2000年已经走过了四年时间，各方都在思考如何根据地区与国际形势的发展丰富合作内涵，提升合作水平，进一步促进地区的安全与稳定及地区经济合作与繁荣，同时联合在国际上发声，占有其应得的国际地位。这就使杜尚别会晤不仅是前四次会晤精神的继续，而且是依形势变化具有自己承前启后的鲜明特色。

地区安全成为第五次会晤的主要议题。五国元首高瞻远瞩，经过深入讨论，进行周密部署，把地区安全合作推进到一个新阶段。中俄地跨欧亚大陆，哈、吉、塔地处欧亚接合部，这令五国不能不优先关注来自域内外各种干扰和破坏本地区和平稳定的因素。民族分裂主义、国际恐怖主义和宗教极端主义等三股恶势力在俄车臣、塔吉克斯坦相继遭到失败后，又将矛头对准乌、吉、塔三国交界的费尔干纳盆地，频频制造流血事件，企图制造中亚新热点，一举摧毁中亚世俗政权。某些外部势力也极力利用车臣流窜匪徒及"东突"分子在中亚及其周边兴风作浪，严重危害地区和平与安宁。面对这一严峻形势，五国首次在《杜尚别声明》中把民族分裂主义、国际恐怖主义和宗教极端主义明确定义为三股恶势力，指出"三恶"对地区安全、稳定与发展构成"主要威胁"，决心予以"联合痛击"。为此，五国将尽早制定相应的多边纲要，签署必要的双边和多边合作条约和协定，定期召开五国执法、边防、海关和安全部门负责人会晤，视情在五国框架内举行反恐怖和暴力活动演习。就是说，五国将从共表决心的声明发展到签署具有约束力的法律文件，将大大深化五国维护地区安全的合作力度。特别是拟安排联合反恐怖和暴力活动演习，以及支持吉尔吉斯斯坦关于在比什凯克建立反恐怖机构的倡议，更是全新的重大举措。这一切涉及政治、外交、军事和军技等各领域的合作，将对地区安全与稳定作出更大贡献。

此次峰会另一新亮点就是首次提出举行政府首脑级会晤的倡议，以推动多边经贸及经济合作。如果说，"上海五国"机制对保障本地区的和平与稳定发挥了极其重要的作用，那么该机制内的双边和多边经贸与经济合作则无多大建树。于是五国都对此会晤寄予厚望。这是因为，经贸和经济合作是五国关系进一步发展的物质基础，也是融入经济全球化的必要条件，而五国经济发展和经济联系的加强又能促进地区的和平与稳定。五国拥有广阔的市场、丰富的能源及其他各种资源，加上雄厚科技潜力，互补性很强，因而五国进一步拓展经贸和经济合作的前景十分美好。中国西部大开发的逐步实施，又为五国之间的双边及多边合作提供了良好机遇。为此，声明吁请各方在平等和互利合作基础上全面鼓励在五国框架内理顺和发展经贸伙伴关系，特别是各方一致响应哈萨克斯坦提出的关于举行以经济合作为主旨的五国政府首脑会议的倡议，这对促进五国双边及多边经贸合作、繁荣地区经济具有极其重要的意义。

此次会晤还有力地促进了五国在重大国际问题上的密切合作。五国在维护国家独立和主权、地区安全乃至世界和平与稳定方面有着共同战略利益，因而此次就广泛的国际问题，如坚决捍卫联合国宪章的宗旨和原则、反对以"人道主义"和"保卫人权"为借口干涉别国内政、反对未经联合国安理会批准使用武力或威胁使用武力、反对违反1972年《反导条约》建立国家导弹防御系统等，达成了广泛共识。这完全顺应了反对霸权主义和强权政治、推进世界多极化的时代潮流。

"上海五国"杜尚别会晤的承前启后贡献令人惊叹，其对地区安全形势的准确预判和建议举行政府首脑会议推动五国经贸与经济合作的构想，分别在上海合作组织成立的2001年6月15日签署的《打击恐怖主义、分裂主义和极端主义上海公约》中得到体现及其后在上合组织框架内建立的政府首脑会晤机制里得到落实。

杜尚别会晤多个引人注目的首创

一是创建"上海五国"框架内的外长会晤机制。为出席这次开创性会晤，正在欧洲参加一场国际会议的唐家璇外长匆忙乘包机赶赴杜尚别，受到翘首以盼的俄、哈、吉、塔四国外长的热烈欢迎。2000年7月4日是紧张而富有成果的一天，外长们总结了"上海五国"几年来的发展历程，就国际和地区问题充分交换意见并取得广泛一致，为第二天即将举行的元首会晤做最后冲刺的准备，发表了具有历史意义的五国外长联合公报。继国防、安全部门领导人会晤机制之后启动的外长会晤新机制，是五国合作机制化的又一重要步骤。五国外长会晤机制顺理成章地为一年后成立的上海合作组织所继承。

二是首次提出关乎"上海五国"发展方向的名称问题。塔吉克斯坦媒体在报道五国元首会晤的文稿中没加任何解释，竟将五年来一直沿用的名称"上海五国"会晤机制擅自更名为"上海论坛"。中方敏感地意识到问题重要性,但外交动作要恰到好处,决定由驻在国大使非正式地向塔方提出。在与塔外长纳扎罗夫的一次接触中,我顺便指出塔媒体上的"上海论坛"提法不妥。塔外长一方面说媒体不代表官方,同时又称由于乌兹别克斯坦与会,五国变为六国,故沿袭多年的旧名称不再适用了。我指出,"上海五国"机制是各成员国一致同意并沿用五年之久的名称,名称关系到该机制今后的发展方向问题,中国不希望其"空心化",而希冀其"实化"。经同塔外长谈话后,塔方媒体随即回到了原来的名称提法。可喜的是,五国首脑在大会演讲中对把"上海五国"机制变成"多边合作的地区结构"的设想惊人的吻合。这为未来将"上海五国"从机制升格为组织作了先期预演。

三是乌兹别克斯坦应邀与会首次引发扩员问题。邀请乌方作为观察员与会,是普京总统提出来的,意在借助"上海五国"机制拉近俄乌关系并改善哈、吉、塔与乌不睦状况。我方则认为,乌与会有利于扩大地区合作和推动世界多极化的发展。中俄出发点虽有所差异,但同意邀乌与会一拍即合。哈、吉、塔也把邀乌方与会视作缓和关系的契机。因此,五国一致热情邀请乌方作为观察员与会。乌总统卡里莫夫不负众望,在大会发表了长篇讲话,其精神与"上海五国"首脑的发言完全一致,表现了一个中亚大国与时俱进的气度。

从乌方的积极态度来看,下次与会成为正式成员是完全可能的,从而引发了扩员问题。"上海五国"机制不同于国际上某些封闭性组织,它是开放性的,这是一些国家提出加入的前提条件。但该机制毕竟还很年轻,新产生的扩员问题促使五国把制定扩员的原则和标准尽快提上议事日程。不过,令人欣喜的是,五国对接纳乌方作为正式成员意见十分一致，而对接纳其他国家则暂取谨慎态度。这里有一点是十分清楚的，有多个国家排队要求加入，说明"上海五国"机制在国际上的影响和吸引力日益增长，有着强大生命力，它的进一步发展壮大是不可阻挡的。

一个崭新的地区组织呼之欲出，它已是躁动母腹中的胎儿，它是大海上已显现桅杆的帆船，它将如一轮红日在东方地平线上冉冉升起，这就是人们期待已久的——上海合作组织。

┃作┃者┃简┃介┃

　　吴虹滨，1950 年生。安徽泗县人。1968 年上山下乡，到海南岛橡胶农场（后改为生产建设兵团）劳动。1973 年到北京外国语学院俄语系学习，1977 年毕业后被分配到外交部。

　　曾先后在中国人民对外友好协会、中国驻苏联大使馆、外交部机关工作，历任随员、三秘、二秘、一秘。1984—1985 年奉派到苏联国立白俄罗斯大学语言系进修。苏联解体后曾在中国驻白俄罗斯使馆任参赞。2001 年起先后任中国驻塔吉克斯坦、白俄罗斯、土库曼斯坦大使。

　　2011 年退休。现任中国中亚友好协会副会长。

贯穿亚洲大陆的蓝丝带

吴虹滨

（原驻土库曼斯坦、塔吉克斯坦、白俄罗斯大使）

2009 年 12 月 14 日，中国国家主席胡锦涛、哈萨克斯坦总统纳扎尔巴耶夫、乌兹别克斯坦总统卡利莫夫、土库曼斯坦总统别尔德穆哈梅多夫齐聚阿姆河右岸的中石油阿姆河公司天然气处理厂，共同开启了由土经乌、哈到中国的中国—中亚天然气管道。高压天然气流发出轻轻的咝咝声，将奔行 1800 多公里进入中国，再沿西气东输二线一路前行，穿西北、进华北、入华南，最终抵达广州和香港，供应中国东部和南部的广大用户。

在地图上，这条象征输气管线的蓝色粗线，宛如一条丝带贯穿亚洲大陆，成为 21 世纪和平、稳定、发展的新丝绸之路。

中立国的必然战略选择

土库曼斯坦号称拥有 24 万亿立方米的天然气储量，有"国人可坐吃二百年"的说法，老百姓更夸张地说，"用棍子随便在地上一戳都能冒出天然气"。但天然气的勘探、采集、加工、运输都需要巨大的先期投资和先进的技术与设备，也需要稳定、巨大的销售市场。当国际资本兴高采烈地勘探和开采石油、大力推进船运液化天然气的时候，中国方面已经把深邃的目光投向了中亚，修建一条联结相关国家的石油及天然气管道被纳入长远能源战略规划之中。

土库曼斯坦巨大的天然气资源引起了一系列外交和经济博弈。各路国际能源资本集团蜂拥而至，形形色色的说客踏破门槛。一向标榜经济自由的几个大国甚至直接由官方出面，不断向刚刚独立的土库曼斯坦政府施压，提出了多种天然气管道路线方案，包括欧洲抢先提出的纳布科线，美国主使由阿塞拜疆提出的跨里海线，连接土库曼斯坦、阿富汗、巴基斯坦和印度的 TAPI 线，供应伊朗的专线，通向俄罗斯的中亚—中央线和环里海线。这些计划既透着对能源安全的渴望，也充满了地缘政治的激烈角逐。面对来自四面八方的诱惑和压力，土库曼斯坦首任总统尼亚佐夫却不动声色，坚持中立的国策，要找一个可靠的长期战略合作伙伴，保证国家的长期稳定发展。

中国在土库曼斯坦独立后立即予以承认并与之建立了外交关系，坚决支持尼亚佐夫总统制定的国家永久中立原则，推动各层次、各领域的双边合作。年轻的土库曼斯坦初登国际舞台就面临巨大压力，一些国家竭力给它扣上"专治"、"独裁"、"违反人权"的帽子。而中国在双边和多边外交场合都旗帜鲜明地支持土库曼斯坦的内外政策，中国的历任驻土大使不但广交社会各阶层的朋友，积极做政府高层的工作，而且都和总统本人建立了亲密关系。中国的友好和真诚赢得了土库曼斯坦人民的信任，也为后来包括天然气开发在内的双边合作奠定了坚实的基础。其实，各方推荐的计划，或是市场太小，解决不了土库曼斯坦的困难；

或是人齐马不齐，根本就是纸上谈兵；还有的是大国地缘争夺的工具，小国陷进去将左右为难。只有中国，市场广大，经济繁荣，社会稳定。中国的油气勘探开发技术，物美价廉的各种专用设备，中国石油人的认真和吃苦耐劳精神，让土库曼人赞叹不已。中国巨大的能源需求，改革开放的理论和成功实践更让年轻的土库曼斯坦国折服。首先与中国合作，是土库曼斯坦必然的战略选择。

经过仔细观察和缜密思考，尼亚佐夫总统决心首选与中国合作。1992 年，尼亚佐夫总统在首次访华前就对新华社记者说，从长远看，土库曼斯坦主张修建经过中亚国家通向中国的天然气管道。此后，尼亚佐夫直接向中国领导人提出供应管道天然气的建议。随着中国改革开放越来越广泛深入，经济持续快速增长，对能源的需求也相应急剧增长，而管道天然气远比船运液化气更经济和安全。中土开展天然气合作，是对双方都有利的必然选择。开辟新的稳定可靠的能源供应渠道，已经提上了中方的具体工作日程。

2005 年 5 月，胡锦涛主席在莫斯科出席苏联卫国战争胜利 60 周年活动时，同土库曼斯坦总统尼亚佐夫举行了会晤。土方明确提出，可以修建从土国到中国的天然气管线。胡主席回国后，国内的相关部门立即行动起来。外交部和国家发改委在北京召开了一次小范围的驻外使节会议，专门研究能源对外合作问题。时任驻土库曼斯坦大使详细介绍了该国的天然气储量和开放情况，建议开始与土方谈判天然气领域合作，得到国家发改委的高度重视。

2005 年 7 月，中方邀请土政府副总理兼油气工业部部长访华。2006 年 1 月，国家发改委副主任兼国家能源局局长张国宝率团访土，外交部派人参加。在谈判前，尼亚佐夫总统会见了中国代表团的主要成员和中国驻土大使，亲自介绍土库曼斯坦天然气储量、分布等情况。土库曼斯坦法律规定，陆上油气田不能让外国公司以产品分成方式开发。可是为保证中方要求的年供 300 亿立方米，总统批准在土国阿姆河右岸气田划出一个区块，让中方以产品分成方式独立勘探开发，其他气田区块可以让中方以技术服务方式参与开发。后来，双方达成了为期 40 年、年供气 300 亿立方米天然气的互利共赢的协议。当时，这个量占我国年进口天然气总量的近三分之二，可以大大缓解能源供应的紧张局面。

与土方达成协议，只是整个中国—中亚天然气管道谈判的一部分。管道必经乌兹别克斯坦和哈萨克斯坦，而它们各自提出自己的利益需求也是很自然的。在随后的几年里，中国和哈、乌两国进行了艰苦但友好的协商，就天然气的开发、过境运输等一系列问题达成了一致。为促进这一历史构想尽快实现，2006 年 4 月尼亚佐夫总统访华，和胡锦涛主席签署了建设中土天然气管道的协议。签约后不久，尼亚佐夫就病逝了，但他坚持对华友好合作、优先向中国出口天然气的政策，被新任总统别尔德穆哈梅多夫坚持下来。这位新任总统十分重视对华关系，多次访问中国。习近平任中共中央总书记和国家主席后，提出了建设"丝绸之路"经济带的倡议，并访问了土库曼斯坦。

在两国领导人亲自推动下，中国自土库曼斯坦进口天然气的数量不断增加，目前协议额已达 680 亿立方米 / 年。这条联结四国的天然气管线在中国境外为 1800 公里，境内为 5000 余公里。从气源地附近的土库曼古城马雷起，经历史名城布哈拉、阿拉木图、西安、北京，其基本走向竟和古代丝绸之路北线基本吻合，成为维持 21 世纪亚洲大陆和平、稳定、发展的新丝绸之路。

"总统项目"必须按期完工

谈判签约之后，保障中国—中亚天然气管道按期完工成为驻土库曼斯坦使馆的中心任务。2008 年 9 月，我从驻白俄罗斯大使转任驻土库曼斯坦大使，接过了这个重任。我接到的是死命令：2009 年底必须通气。

此时，中国石油天然气总公司作为工程总承包方，调集精兵强将，开始了艰巨的工程建设。在这条管线的源头——阿姆河右岸的茫茫沙漠里，夏天地面烤鸡蛋，冬天北风刺骨寒。来自川庆钻探油建公司的三千巴蜀汉子，打探井、铺管道、建工厂，创造出许多令当地同行咋舌的奇迹。最初的日子里，这些来自南国的汉子们只能喝凉水、啃硬馕，却在缺少装卸机械的条件下及时卸运了大量物资。焊工们在六七十摄氏度的高温下，每人每天完成的焊缝达 120 米，光焊条就要用 8 公斤。年处理能力达 55 亿立方米的天然气处理厂，按设计需两到三年建成，"川军"只用一年多就拿下了。在乌兹别克斯坦、哈萨克斯坦广袤的土地上，管线以前所未见的速度不断延伸。仅仅三年，这条跨亚洲天然气管线就建成了。

建设天然气处理厂的所有材料，包括每一根钉子，都要从国内运来。如果全部车皮相连，可以从北京排到西安，最多时土铁路边境站积压近千节车皮。催土方改变传统，与中方同步工作成了我的日常工作。为保证工程进度，我借一次外事活动的机会直接对别尔德穆哈梅多夫总统说，建设优质的天然气工程，保证 2009 年底通气是我们两国领导人共同制定的目标，所以应该把这项工程称为"总统项目"。总统当然明白我的用意，痛快地同意了。此后我就到处挥舞这把"尚方宝剑"，解决了不少工作中的难题。冬天到了，工程所在地的州政府突然通知中石油阿姆河公司，要按惯例断电检修供电线路，这使已经建成的部分管道面临冻结、破裂的危险。中石油阿姆河公司无论如何也无法说服地方政府。我直接找政府副总理兼外长，陈说利害，最后由中央政府下令保证工程用电，危机这才过去。核心工程天然气处理厂几近完成时，我到现场考察，发现偌大的易燃易爆项目居然没有武装警卫，而工厂周边的沙漠直接毗邻阿富汗。我又到政府相关部门奔走，引起高层重视，专门组建了一支几十人的武装卫队，由一名上校指挥。

在十几个月的时间里，我往沙漠腹地的施工现场跑了 11 次，沟通中土双方，协调解决各种问题。但是，对工程进展最有力的保障，是和土政府高层，特别是和总统本人建立起互信的密切关系。别尔德穆哈梅多夫是个对中国态度非常友好的政治家，他还对中国文化很感兴

吴虹滨大使（右二）考察施工现场

趣。在和他的交往中，他时常给我善意的意外。我抵达土库曼斯坦的当天就得知，次日上午9点递交国书。我们夫妇到了使馆下车的第一件事就是开箱子拿国书，整理衣服，忙得不亦乐乎，整个使馆也高速运转起来。第二天土总统府的礼宾官来接我，自我介绍说曾去过中国，我们一路聊得热火朝天。走进仪式大厅时，别尔德穆哈梅多夫总统已经等在那里了。我按规矩立正站好，捧起国书准备诵读，总统却大步走过来同我握手，接过国书递给礼宾官，拉着我的手走到沙发边坐下说话。我转达了胡锦涛主席对总统的问候，总统高兴地表示感谢并让我转达他对胡主席的问候，然后很快聊起两国元首都关心的话题——中土天然气管道。他告诉我，已经下令突破有关法律规定，正在土开展业务的中石油可以不用遵循外国企业必须雇用不少于总员额70%的当地人的条款。总统说完，旁边的外长告诉我，可以立即到土外交部向副外长送交国书副本，当天就可以正式开始履行大使职务了。这是我见过的最不讲礼仪、最热情友好的最高外交礼仪。

过了几天，我去出席中国援建的丝绸厂剪彩仪式。能用上自己的丝绸是土国人民的大喜事，所以别尔德穆哈梅多夫总统也亲自出席。剪彩后来宾们欢宴庆祝，总统突然笑嘻嘻地提议让中国大使表演一个节目。在这个日子里，总统显然是想借此在各国外交官们面前凸显一下土中之间的友好关系。事出意外，我脑子飞快地转了转，决定展示非常有中国文化特色的太极拳。在各国使节和群众的注视下，我敛神聚气，打了一套八十八式太极拳，表现出其行云流水的意境和欲前先后、欲左先右的技击特点，博得热烈掌声。这次表演显然给喜好中国文化的总统留下了深刻印象。不久，土外交部又通知，总统点名要我在一个大型庆祝活动上表演。这次我展示了行似游龙、吞云吐雾的武当太极剑，又一次

吴虹滨大使考察中土天然气管道

诠释了中国武术的深邃文化底蕴。

半年后的一天，总统突然邀我一起乘直升机去视察天然气处理厂工地。机上只有总统、副总理兼外长和我三个人，一路上的话题始终是天然气合作。我把中国对与土库曼斯坦就天然气合作的政策精神概括为：长期合作，稳定购买，均衡输气。这进一步打消了土方的一些疑虑。总统高兴地说，美国和西方国家主要的石油公司纷纷提出要参与土库曼斯坦的陆地天然气开发，提出了一些相当优惠的条件，但是土库曼斯坦坚持只同中国合作开发陆地天然气，这是前总统尼亚佐夫的遗志，也是现在国家的战略抉择，并非权宜之计。我意识到，今天的视察也是一次"战略飞行"，总统是借今天同我的谈话再次向中方表明他本人坚持对华友好和长期合作的决心。

到了工地，登上近于完工的厂区主楼，在我们目前呈现出一片在阳光下熠熠生辉的厂房、反应塔、管道。一年前，这里还是一片漫漫黄沙，几乎没有人相信中国人能在两年内建成一座亚洲最大的天然气处理厂。中国石油人和土库曼伙伴们一起创造了一个奇迹，工程的进度和质量让总统极为满意。在返程的飞机上，他深情地注视着掠过的座座沙丘，像吟诗一样轻声说道：这就是我们的国土啊！黄沙漫漫，藏宝无尽，我们的人民何等幸福！

精心准备的意外礼物

经过两年的奋战，中土天然气项目一期工程终于完工。2009 年 11 月初，别尔德穆哈梅多夫总统约见我，说按约定，土库曼斯坦、乌兹别克斯坦、哈萨克斯坦和中国的国家元首将于 12 月 14 日共同出席管道开通仪式，胡锦涛主席是主要客人，贵客胜于亲兄弟，土库曼斯坦将以最隆重的方式欢迎胡锦涛主席。总统还真是个言必信、行必果的人。我做前期考察时发现，针对我提出的安全方面的关切，土方在极短的时间里把胡主席车队去工地必经的一个旧村镇的道路取直，路旁几十米内的破旧房屋全部拆除。机场至仪式现场的 80 公里公路重新铺了沥青，沿途沙丘都会有警戒哨和装甲车。

12 月 13 日，从机场开始，沿途居民点的 4 万人上街欢迎。仪式现场有几千人载歌载舞，土库曼姑娘跳着中国舞蹈。四国元首一起动手转动阀门时，各国记者冲破安全线一拥而上抢镜头。我这个大使本应"护驾"，却被远远地挤到外围，用尽全力也冲不上去。跟随胡主席的几位中央领导同志也只能望着我苦笑，毫无办法。当天晚上，胡主席下榻的宾馆前又聚集了载歌载舞的人群，中土两国石油工人列队欢呼。乌、哈两国总统离去后，别尔德穆哈梅多夫亲自到宾馆接胡主席去机场。总统悄悄告诉我，他"为尊敬的老大哥胡锦涛主席准备了一个意外的礼物"，但却不告诉我是什么。两位领导人携手走出宾馆时，他手一挥，一阵轰响，天空升起了灿烂的礼花。人群欢呼起来。从宾馆到机场20分钟的路上，礼花一直不停。好一个意外的礼物！

回到使馆，我为中石油阿姆河公司举行了庆功宴。酒酣耳热之际，我把白天酝酿的一首诗写出来赠送给中石油的英雄们：

> 齐鲁英雄巴蜀汉，
>
> 龙吟虎啸出阳关。
>
> 金盔千顶战阿姆，
>
> 蓝流万里送华南。
>
> 豪情敢吞三百亿，
>
> 壮志能撑四十年。
>
> 庆功宴罢含笑问，
>
> 何处还有大气田？

那天晚上，大家都喝醉了……

至2019年底，10年间土库曼斯坦向我国出口了2500多亿立方米天然气，我国受益人口达5亿，远在南海边的香港每年也消费10亿立方米土库曼斯坦天然气。土库曼斯坦获得了稳定的巨额外汇收入，乌兹别克斯坦和哈萨克斯坦不但收取可观的天然气过境费，还利用这条大动脉向中国出口自己的天然气。这条联结四国的蓝色能源丝带，正造福中国和中亚人民，为促进地区的发展合作发挥着巨大的作用。

|作|者|简|介|

张宏喜，1941 年生。河南省民权县人。郑州大学中文系毕业。1964 年入外交部。曾任政策研究室科员，外交部五七干校学员，驻泰国大使馆随员，领事司科员、副处长、处长、副司长、司长，驻坦桑尼亚大使，驻纽约大使衔总领事。世界知识出版社社长。第十届全国政协委员。

2009 年退休。著有《相知纽约》、《基辛格——美国常青藤外交老人》、《钓鱼台国宾馆文化追踪》、《新中国外交创始人、奠基者周恩来》。发表文章数十篇，关于周恩来的文章 30 多篇。

改革开放使我国的领事工作发生巨变

张宏喜

（外交部领事司原司长，驻坦桑尼亚大使）

在我 45 年的外交生涯中，有 22 年从事领事工作。回顾以往，深为我国的外交工作成就而高兴，为我国领事工作的进步而欣慰。能成为我国的外交官是我的荣幸，作为我国的领事官我感到十分光荣。我国新一代领事工作者面貌一新，进入新时代大国外交的我国领事工作任重道远，前程似锦。

领事工作在外交工作中的位置

现行的领事制度产生于欧洲。在领事司老司长聂功成主持编写的我国第一部关于领事工作的专著《新中国领事实践》中说："'领事'一词最早出现在公元 5 世纪末。"那时欧洲出现了很多城邦，某城邦的商人到另一个城邦经商，他们选举了一个可以协调内部和对外交往的头，就叫领事（consul）。领事是商人们选举出来而非官派的，所以联合国《维也纳领事关系公约》说："各国人民自古即已建立（established）领事关系。"后来国家认为这个角色很重要，就改为国家派遣。

我国古代有"领事"一词，含有"管事之人"的意思，但与外国所选所派"领事"不是一回事。早期有人曾将英国所派"领事"翻译为"管事"，有一定道理。我国有同乡人在他乡设"会馆"的历史，如开封的"山西会馆"、北京的"广肇会馆"等。这种办法还运用到外国，特别是东南亚华侨华人众多的国家，成立各种会馆、商会、同乡会、宗亲会等等，其作用有些类似欧洲的"领事"，即帮助本乡人。

欧洲领事的产生早于派遣常驻外交代表上千年，现在的外交制度始于 15 世纪，16 世纪以后普遍实行，大使是欧洲国家王室与王室之间互派的正式代表。联合国《维也纳外交关系公约》说："各国人民自古即已确认外交代表之地位"。领事产生于民间选举，大使为官方派遣而被人民确认。

派遣大使的办法出现后，领事制度曾一度衰落，但当帝国主义进入开拓殖民地阶段，他们发现领事是个争夺殖民地的好工具，于是领事制度再次兴盛。后来外交、领事两套人马合二为一，但领事官衔系列仍加以保留，外交官衔、领事官衔二者可以互换。现在的领事官是外交官的一部分，但仍保持原有的传统特点。目前，包括我国在内的很多国家的驻外大使馆的领事公使或领事参赞兼任总领事，作为公使或参赞他是外交官，可以从事外交活动，作为总领事他是领事官，可以执行领事职务。联合国《维也纳外交关系公约》与《维也纳领事关系公约》分别对外交官与领事官的职责做了规范，有共同点也有不同点，领事官的职责中列出了多项具体涉及本国公民民生的内容。联合国在外交关系公约之外还要再专门订立一个领事关系公约，就说明领事工作有它自己的重要性与特殊性。

《维也纳领事关系公约》规定，总领事或领事馆长在其领区内可以在寓所及交通工具上悬挂本国国旗，这表明在其领区他是代表国家的。大使馆的领事公使、领事参赞却不可，因为只有大使代表国家，可以在寓所及交通工具上悬挂本国国旗，其他外交官不可以。大使不在时，代办或临时代办执行馆长职务，可以挂国旗。

曾任驻菲律宾使馆的领事参赞兼总领事林国章对我说过，他要到菲律宾一个地方去访问，接待他的地方官员特别提醒他要用总领事头衔，因为他们接待总领事的规格要高于参赞，这是他们那里的惯例。

我曾参观过美国驻我国大使馆领事部，在其领事参赞兼总领事办公室，看到了除美国国旗外还有一面旗帜，感到奇怪。主人将旗帜展开给我看，上面有 13 颗星，他解释说："这是美国驻外总领事旗帜，是美国东部 13 州宣布独立时决定制作此旗帜的，所以只有 13 颗星，至今仍然有效沿用。"

我在澳大利亚工作时，结识了英国驻澳大使馆的领事部主任，是一位年龄挺大的老一秘，他的名片上有好几个大写英文简称，我问他这些是什么意思？他说每一个代表一个荣誉称号，表明他这个领事享有很高的社会地位。

有人说对领事官的要求比外交官低，但在美国人 L.T. 李著《领事法和领事实践》一书中，作者引用一位欧洲亲王的话说："在已经成为一位干练的公使以后，他还应当知道怎样多的事情，才能充当一位出色的领事啊！因为领事的职务是毫无止境地多种多样的，它们完全不同于其他外事人员的职务，它们要求很多实际知识，为了得到这些知识，特别的教育是必要的。"这话有道理，因为领事是与老百姓打交道，老百姓生活中会遇到什么问题，领事官就会面对什么问题，如知识与经验缺乏，就难以胜任。历史上欧洲的领事可以担任法官，审判案件与裁决争端。直到现在，领事工作仍涉及各方面的法律规定，领事官不能不注意尽可能开拓自己的法律知识面。

新中国赶走帝国主义国家的领事大快人心

鸦片战争后帝国主义国家群起瓜分我国，领事就成为他们侵略中国的工具，通过不平等条约派遣领事，攫取各种特权，包括强行圈划国中之国的租界、享有治外法权与领事裁判权，甚至在租界内派遣驻军等，成为强加给我国的民族耻辱之一。所以我国不少文章、文艺作品、影视剧，常常把外国领事描写为侵略者、特务、间谍、坏蛋，憎恨与防范他们，这是符合在我国发生过的历史事实的。在很长的时期内，一提外国领事，我国老百姓就特别反感。

据 1935 年的民国《外交年鉴》，当时共有 77 个国家，在我国 47 个城市，设了 196 个领馆和领事办公室。连一些穷乡僻壤都有外国领事机构，如吉林省有个洮南县，日本早就在这里设过领馆。跑到这么个小地方设领做什么？是为了专门刺探俄国掌管的中长铁路的情报，以达到与俄争夺最后霸占我国整个东北的目的。当年日本竟在中国设了 44 个领馆（现在仅有 7 个），可谓不惜工本。外国在西藏、新疆设领，其分裂我国领土的用意就更加明显。

毛泽东为新中国制定的外交政策之一是"打扫干净屋子再请客"，肃清帝国主义、殖民主义的影响，洗刷强加给我们的历史耻辱，成为新中国外交的首要任务之一。1948 年 11 月 10 日，周恩来起草的中共中央致东北局电指出，英、美、法等国政府未承认我们的政府，我们对他们现在东北的领事亦应采取不承认而只承认为普通侨民的方针。之后，对驻北京、上海、南京等地的原外国领事、外交人员都照此办理。1949年1月，中共中央关于外交工作的指示进一步明确，在原则上帝国主义在华的特权必须取消。北京市军管会将美国、英国、法国、荷兰在东交民巷的军营予以收回接管。其他城市先后都采取了同样措施。我国人民大快人心。

逐步发展的我国领事工作

新中国成立时毛泽东宣布："中国人民从此站起来了！"新中国的外交要"另起炉灶"。周恩来受命兼任外交部长，领导外交部开启了中国外交新篇章。领事工作是外交工作的一部分，也开始了我们中国领事工作的前进步伐。我国领事工作经历了几个发展阶段。

1949—1955年，领事工作起始阶段。1949年外交部成立时，办公厅中的一个处负责礼宾工作和领事工作，制定了《关于领事工作任务的初步规定》，完成了当时的颁发护照、签证等工作。按平等互利原则，与苏联等社会主义国家及印度尼西亚、印度、缅甸、瑞典、瑞士等国商谈解决互设领馆问题。

当时我国外交的重点是使世界了解新中国，也就是突破帝国主义国家对新中国的围堵扼杀，谋求我国在世界上的应有地位。于是毛泽东成功访问苏联，签订了《中苏友好同盟互助条约》，对世界格局产生了重大影响。之后周恩来出席日内瓦会议、万隆亚非会议，访问亚欧11国、亚非欧14国等，扩大了我国的影响，使世界刮目相看屹立在世界东方的新中国。刚建国不久发生了朝鲜战争，外交事务很多，且人员不足，故领事、礼宾事务由办公厅兼管。

1955—1966 年，领事工作步入正轨阶段。1955 年领事工作和礼宾工作从办公厅独立出来，分别成立了领事司与礼宾司，从此领事工作开始步入正轨，包括组建领事干部队伍，按业务性质划分内部机构，提高专业水平，负责保护我国在国外的公民，发展同其他国家的领事关系，增设驻外领馆，制定我国的初步领事法规，探索建立符合我国国情的领事工作体系。如 1956 年 10 月，为规范我国的领事工作，领事司着手起草《中华人民共和国领事条例》及若干规定。至 20 世纪 60 年代初，除完成日常的护照、签证工作外，我国在 8 个国家设立了 14 个领事机构；13 个国家在我国设了 30 个领事机构。分别同苏联、东德、捷克斯洛伐克签订了领事条约。

这期间发生了中苏关系恶化、中印关系恶化，在中央与外交部领导下，领事司就领事问题同对方开展了必要斗争。1965 年同印尼排华进行了斗争，并参与撤侨、安置归国华侨等项工作。

1966—1978 年，领事工作进入艰难阶段。其间，曾撤销领事司，业务由礼宾司兼管，后来又与条法司合并为条法领事司。我国驻外国领馆由 17 个减到 7 个，外国驻华领馆由 35 个减到 6 个，这反映了当时领事工作的萎缩状况。

但另一方面也要看到，我国外交包括领事工作，在那期间并非一无是处，相反还取得了重大进展，例如我国恢复了在联合国的合法席位，打开了中美关系、中日关系，一批国家同我国建交，我们同美国、加拿大、日本、澳大利亚等建立与发展了领事关系，增设了领馆等等。

总的来说，新中国的前 28 年是我国领事工作在曲折中艰难探索的时期。新中国成立初期，以美国为首的西方国家对我国采取不承认、围堵、禁运政策，那时我国主要是同社会主义国家与周边不多的几个友好邻国以及欧洲中立的瑞典等交往。后来对外关系扩大到非洲友好国家。据领事司统计，共和国成立以后的 28 年中，我国出国人数总共才 28 万人次，除了政府所派出国访问人员、援外的因公人员外，基本没有多少私人出国经商、留学，更谈不上旅游。在此情况下我国的领事工作虽有一定发展，但总体上进展不大，甚至还有停滞与萎缩。

改革开放后领事工作发生巨变阶段。1978 年党的十一届三中全会决定我国以经济建设为中心，实行改革开放，我国内外政策进行了重大调整，开始大规模经济建设，后来加入世贸组织，打开大门与世界各国进行全方位交往。政治、经济、文化、教育、体育、军事等等交流，越来越多。出国访问、工作、经商、留学、旅游、从事工程建设等等的人数直线上升。新中国成立头 28 年每年平均出国 1 万人次，至 2019 年，我国移民局统计当年出入境 6.7 亿人次。其结果就是领事工作铺天盖地而来，领事司的内设机构，从四个处不足 50 人，到后来的九个处与一个副司级的领事保护中心，人数之多超过许多地区业务司。我已退休多年，对现有国内外的领事工作人员数目无法估计，因有国家在编的外交人员，有不在编的由各单位、各使领馆自己决定聘用的雇员，外加各个使领馆联系的驻在国各地的协助我们联系华侨华人的联络员等等。这就是说我们已经构建了一个巨大的领事保护网络，我们的领事保护中心可以做到一年到头每天 24 小时值班，全世界、全天候、全方位给我们在国外的侨胞、留学生、旅游者、工作者、访问者等等提供服务与保护。遇有战乱、天灾、意外等等，凡有急事，即可从中国领事服务网上查到外交部全球领事保护与服务应急呼叫中心，拨打电话 0086-10-12308/59913991。无论走到哪里，祖国始终与你心连心。

2007 年 8 月，时任外交部副部长戴秉国向领事保护中心授牌

　　不仅中国公民，凡在中国境内的外国公民，我国外交部领事司亦然保护他们的合法权益，并为他们来华访问、旅行、经商、留学等提供咨询与帮助。但请外国人士注意，进入中国务必遵守中国法律。

　　改革开放后，我国对与其他国家发展领事关系持开放态度，其中包括我国与 49 个国家签订了领事条约或协定；与 147 个国家签订了不同类型的互免或简化签证协议，我国护照的含金量越来越高，为我国旅游者颁发落地签证或免签的国家越来越多；我国在外国设了 90 个领事机构，外国在我国内地设了 200 多个领事机构。这些数字皆达历史最高位，说明中外领事关系有了长足发展。有些数字处于更新中，最新准确数字请查外交部网站有关资料库。

因为有了以上巨变，当利比亚、也门等国遇到战乱，新西兰、日本等国遇到天灾，我们中国可以动用海陆空各种交通工具，使用各种手段，拯救我同胞于危难之中，必要时我领事官员会冒着风险亲临现场，伸出援助之手。至于日常遇到的已达每年几十万件的个案，"一枝一叶总关情"，每案都认真去办，从一个人到成千上万人，都在祖国心中。

走到今天这一步，是历届党中央的英明领导，党和国家领导人以民为本，与人民心连心，给我们国家指明了前进方向，为我国外交制定了正确的外交政策，使我们的国际地位大为提升，国际环境不断改善，为我们的领事保护提供了坚强后盾与基础，创造了有利条件。

走到今天这一步，是我国人民艰苦奋斗得来的，没有全国人民的团结与勤奋哪有今天的国家实力！尤其是改革开放后我国经济实力的突飞猛进，科技的日新月异，给外交、领事工作带来了根本保证。在提供领事保护以及平日的工作中，不花费大量经费和采用先进技术设备，如何到世界的角角落落去联系寻找我同胞，并帮助与保护他们！

走到今天这一步，是我们几代外交人员和领事工作者奉献的结果。搞外交不光是西装革履、杯觥交错，还有枪林弹雨、出生入死，而后者是领事官员最容易遇到的情景。

从亲身经历我有这样的看法，首先，是改革开放的大潮逼着外交部解放思想、克服保守而向前发展领事工作的。与此同时，如无外交部特别是领事司本身的主动积极改革，也是无法适应改革开放的形势的。这里必须为新中国老一代特别是头一批领事工作者记上他们的功劳，包括首任领事司司长张灿明与之后的司长秦力真、聂功成等。在他们的年代，领事工作上升不到国家层面，甚至绝大多数事务写不进部领导的工作日程，在相当大的程度上要靠这些老领事司的同志们奋斗。例如上述提到的 1956 年起草的《中华人民共和国领事条例》被搁置 20 多年，到 1980 年才又捡起，经修订于 1983 年作为试行发到各驻外使领馆执行。直到 1979 年我被分配到领事司时，我原来的领导、朋友皆劝我不要去领事司，说那里的工作意思不大，在部里没有地位，人们都不愿意到那里工作。很长时间内，不但社会上老百姓总不忘旧中国外国领事留下的恶劣印象，就连不少外交部的人包括某些领导层，都对领事工作缺乏了解与理解。我国派往外国的驻某地首任总领事竟给国内报告，建议取消该馆，因对方限制很严，他在那里无事可做，可见当时一些外交官、领事官本身的思想状态。可那些老领事司的人在研究了外交史、领事史后，发现这是国家需要、人民需要的外交工作必不可少的重要组成部分，长时间在领事工作岗位上坚守。

到了邓小平提出改革开放的伟大决策后，时机到来，老领事工作者指出，我们同样可以用领事工作为我们的改革开放、国内经济建设、完成祖国统一大业等等服务。帝国主义侵略我国时曾把"领事"作为侵略工具，但时代变了，当我们掌握了自己的命运后，"领事"可以变成为我们自己服务的宝器。结果，在邓小平理论的指导下，许多陈旧观念清除了，对领事制度有了全新的看法。在 1975 年我国加入《维也纳外交关系公约》后四年，我们解除了对《维也纳领事关系公约》的顾虑，加入了该约，标志我国领事工作进入了一个新阶段。之后，各种具体改革措施与先进设备技术应用接踵而至，使我国的领事工作发生了巨变，不断提升，发展到现在的高水平，基本满足了我国的需要，使人民越来越满意。

令人高兴的是，2014 年世界知识出版社出版了领事司编著的 80 万字的《中国领事工作》上下册，详尽地阐明了领事工作的范围、知识，记录了新中国领事工作的发展成就，可谓我国领事工作的百科全书。从老一代领事工作者出版《新中国领事实践》到这部新作，人们可以看到几代领事官员们在党的领导下努力奋斗的足迹与成果。真是长江后浪推前浪，现在的领事工作者年轻有为、知识面宽、思路开阔。他们不忘初心、不负韶华，继承前人的光荣传统，创造了新的辉煌。

我国领事工作面临新挑战

诚如王毅国务委员兼外长所说，领事工作是最接地气的外交工作。领事工作之所以重要就是因为它涉及人民切身福祉与国家大局安定，所以是外交工作中必不可少的组成部分。但也要实事求是地看到，在大多数时间它是一种日常工作，只有在因领事事件引发，成为大规模影响世界、区域或国家之间关系的严重政治、外交事件时，才能上升到国家层面去处理的热点问题。平日里，每年几十万的个案就由外交部与外交部里的领事司担职尽责予以处理。

从这个角度客观地看问题，领事工作一般不会成为一个国家的外交重点，而只是日常工作。一个国家的外交重点，无疑是处理包括主权、领土、安全、发展等最关本国根本利益的重大事情，是处理大国关系、盟国关系、周边关系、热点问题等。但领事官员不可因此而对自己的职责掉以轻心。一旦自己的工作出了差错，会给同胞造成极大痛苦，会使事情闹大而不可收拾，使外交大局受到干扰，给国家与人民造成严重损失。一句话，领事工作虽然平凡但责任大如天，服务与保护本国公民是领事官员的天职。要干这一行就要有这样的情怀志向和精神境界，否则就很难在工作中出色完成任务，成为优秀的领事官。用这样的胸怀思考问题，领事工作者就会感到，作为中国的领事官员，是与其他外交人员一样，无上光荣而值得自豪的！

2017 年 10 月，党的十九大胜利召开。大会把习近平新时代中国特色社会主义思想确立为党必须长期坚持的指导思想，提出推动构建新型国际关系，推动构建人类命运共同体，明确了进入新时代中国外交努力的总目标。习近平新时代中国特色社会主义思想特别是习近平外交思想，就是我们外交工作包括领事工作的根本指导思想。

走进新时代大国外交的我国领事工作正面临新的挑战，前面会发生什么天灾人祸，大小战争会何时爆发，别国的政局会出现什么动荡，突发事变会什么时候降临，每个在国外的我国公民会遇到他自己难以克服的何种困难，都是无法预料的。除了应对突发事件外，我们平时应该如何防患于未然，主动出击做工作，是个新课题。我们能不能做到不忘初心、不辱使命、不负众望、不负韶华，不是看过去的成功，而是决定于我们今后的实际行动，一个一个办好每一件或大或小的领事工作。我国的领事工作没有最好，只有更好。

|作|者|简|介|

吴德广，1938 年生。广东潮州人。1965 年毕业于外交学院。同年调入外交部。先后任礼宾司科员、驻卡拉奇总领事馆职员、礼宾司国宾接待处副处长、驻日本使馆一秘、礼宾司处长、参赞、司领导成员、中国驻古晋首任总领事。曾任外交部老干部笔会副会长兼秘书长、北京潮人海外联谊会理事。现为外交部老干部笔会顾问、北京马来西亚归国华侨联谊会咨询委员会委员。

主要著作有《世界各国国旗》、《最新各国国旗国徽》、《从礼宾官到总领事》、《花园国度——马来西亚》、《犀鸟情思》、《礼宾官背后的外交风云》、《礼宾轶事》，主编有《礼宾——鲜为人知的外交故事》等。

新中国外交礼宾改革历程

吴德广

（外交部礼宾司原参赞，驻古晋首任总领事）

早在中国革命胜利前夕，毛泽东主席即指出，今后外交上应"另起炉灶"，"打扫干净屋子再请客"。这里主要是讲新中国的外交政策和对外关系，其中也包括外交礼宾工作。

新中国成立后，毛泽东主席和周恩来总理等国家领导人高度重视外交礼宾工作，对新中国礼宾独特风格的确立和形成倾注了大量的心血。周恩来时任政务院总理兼外交部部长，不仅是外交事业的创始人、奠基者，也是礼宾工作的奠基者和光辉楷模。

1965年，我从外交学院毕业后调入外交部礼宾司。在那里，我三进三出，任职约20年之久。两次在驻外使领馆工作，也是当礼宾官。透过我个人的外交礼宾风雨情缘，从某种意义上也折射出我们党领导下新中国外交事业的辉煌成就，我们伟大祖国的无穷魅力。

毛主席指示要进行礼宾改革

"礼宾"顾名思义，即以"礼"待宾客。新中国成立初期，新任驻华大使向毛泽东主席递交国书后，都是由主席出面宴请大使夫妇，政务院总理兼外长周恩来陪同；外国驻华使馆举行的国庆招待会，毛主席等国家领导人也去参加。1951年初，毛主席提出，今后不再出面宴请新来的驻华大使，也不参加驻华使馆举行的国庆招待会。随后，新来的外国驻华大使向毛主席递交国书后，改为由外交部副部长出面宴请。关于改革驻华使馆国庆招待会主宾的安排，曾变化、调整多次，但一般情况下不再安排国家领导人或正部长作为主宾出席。

1950年2月，外交部制定了《各国使节呈递国书的暂行办法》。上述办法实行四年多后，毛主席感到有些程序太烦琐，既浪费人力，又浪费时间，便向周恩来提出进行简化改革。周恩来向外交部领导传达了主席的指示，并指示参照已建交国家的做法，进行简化改革。1954年12月，对原呈递国书暂行办法进行了修改，删去了一些烦琐程序，减少了参加人员，将大使的颂词和主席的答词改为事先互相交换。1965年，经了解，西北欧多数国家和古巴、摩洛哥等国都没有致颂词、答词的习惯，礼宾司建议取消致颂词和答词的做法；取消酒点招待，改为仅用烟茶；将呈递国书，改为递交国书。

1965年3月，毛主席指示对接待外宾工作进行改革，主要有以下几个方面的内容：

宴会的规格不要太高。毛主席曾专门对汪东兴谈过，招待外宾的宴会规格太高，且不看对象，千篇一律地都要上燕窝、鱼翅那些名贵的菜，花钱很多，又不实惠，有些外国人根本就不吃这些东西。我们请外国人，热菜有四菜一汤就可以了。宴会的时间也不要太长。听说外国人的宴请就比较简单，我们应研究借鉴。

陪同人员不要太多。毛主席每次接见或宴请外宾时，事先都亲自交代让哪些人参加。毛主席说过，他不喜欢人多，说人少坐得靠拢，谈话方便。有一次，在武汉宴请阿尔巴尼亚外宾，交代两桌就行了，但联络的同志安排了四桌，事后受到毛主席的批评。

赠送的礼品不要大手大脚。毛主席说，我们送外国人的礼物花钱多，规格高，吃、穿、用的东西多，有纪念意义的东西少。其实，送礼不在多少，而要送有民族特点，能长期保存的东西。送礼要自然大方，但不能没有个边，大手大脚，大少爷作风。不能靠多送礼的办法拉友谊，友谊要靠政治。

收受礼品应该交公。毛主席说，我们给外国人送礼，花的是国家的钱，外国人送给我们的礼品也要归国家，不应当归个人所有。送给我的礼品要好好处理：有展览价值和纪念意义的，找个地方陈列出来；没有展览价值的一些日用品，可以内部作价处理，或者交给国家使用；还有一些吃的东西，可以分给工作人员尝尝。汪东兴曾说，有些水果之类的东西，曾建议给毛主席家里的人和小孩子吃算了，毛主席不肯，并且说，你们为老百姓做事，为我服务，有功劳，应该吃。

根据毛主席的指示精神，外交部礼宾司等单位经过讨论和调查研究后，起草了关于外宾接待工作礼宾改革的几点措施的请示。请示报告经陈毅、周恩来审批后，国务院外办向中央各部门和各地方外办转发了外交部文件。

周总理要求进行"礼宾革命"

外交部礼宾司于 1954 年正式成立。"外交无小事"是新中国外交官耳熟能详的一句名言，就出自周总理与礼宾司司长柯华的一次单独谈话。周总理强调，外交无小事，遇事多请示。不像你当市委书记，那是一方诸侯，权力大得很，许多事情可以自己做主。而外交上每件小事都疏忽不得，都关乎国家大事。周总理给我们上了一堂生动的外交课，外事无小事，礼宾也无小事。

1965 年 7 月，我到外交部礼宾司不久，一天下午司领导让我随一位老同志去中南海西花厅，协助安排周总理会见巴基斯坦驻华大使罗查先生。在这里，我第一次见到周总理。此后，我又有机会数次见到周总理，聆听他的指示和谆谆教诲，学习周总理对外交礼宾的重要指示。有一次，周总理要礼宾司同志记住"礼宾革命"四个字。之后，礼宾司就用红纸剪出这四个大字，贴在办公室的墙壁上。

所谓"礼宾革命"，我体会，实际上是周总理倡导的我国礼宾工作的重要指导思想。意思是礼宾工作不能墨守陈规，应根据不同情况、对象及要求，不断进行革新、完善和提高。周总理强调，礼宾是一项政治性和政策性很强的工作，它是外交的重要组成部分。礼宾是外交工作的寒暑表、先行军，是国家的窗口。外交礼宾是国家行为，是执行国家对外政策的一种载体形式，事关国家民族尊严和领导人的形象，是国家对外关系最直接的体现。周总理指出，历史上的礼宾制度大致可分为两类：一类是封建帝国的，一类是资本主义的。过去有很多礼宾规格是资本主义国家定下来的，我们学了一些这类东西，同时还学了其他社会主义国家的一些。我们不能完全照搬这套礼宾程序，也不能完全废除，但可以打破一些，要进行改革，要更多地发挥创造性。这也就是说，礼宾改革的目标是既与国际上公认的习惯做法相一致、相衔接，又要具有社会主义中国的礼宾风格，为更好地贯彻我国外交政策和发展对外关系服务。

从 20 世纪 60 年代中期开始，周总理对我国礼宾工作进行逐步改革，内容大体有如下几个方面：一是删繁就简。删除礼宾安排方面一些过于烦琐的礼仪和程序，例如，国宾来访时双方领导人在机场讲话、外交使节在宴会上轮流向宾主敬酒、大使递交国书仪式上双方互致颂答词等，都加以简化。这些改变不影响原有仪式的隆重，却减少了程序，缩短了活动时间，对各方都有益处。二是创新开拓。根据我国的情况和对外工作的需要，采取一些独特做法。如新中国成立后，为体现大小国家一律平等，国宾来访时安排群众欢迎仪式；为支持越南和巴勒斯坦人民的正义斗争，给越南南方解放组织和巴勒斯坦解放组织驻京代表机构以

1970 年 3 月，柬埔寨国内发生推翻西哈努克亲王的政变，中国政府仍以对待国家元首的礼仪接待

大使馆相同的地位和优遇等。三是有的放矢。周总理经常教导我们说，礼宾安排要有针对性，不强求一致，注重实效，要根据客人的具体情况来决定。

虽然"礼宾革命"很多是简化程序，减少繁文缛节，但又不等于完全简单化，而是从实际出发，审时度势，敢于创新，服从政治大局。

例如，美国总统尼克松访华和联合国恢复我国的合法席位以后，不少第三世界国家的领导人要求访华，其中一些国家领导人希望我国为他们提供接送的交通工具。按照国际上传统做法，接待国不为外宾提供境外的交通工具。对此，礼宾司议论很久，提不出什么好方案。周总理批评我们对"礼宾革命"在思想上还是没想通。他说，第三世界国家领

吴德广在首都机场迎接巴勒斯坦领导人过境，与阿拉法特握手

导人要来中国，不能拒之门外。这次联合国恢复我国合法席位，就是他们投的赞成票，这是政治上对中国最大的支持，礼宾司怎么这个政治账都算不过来？对这些国家的要求，我们应该给予满足，要派专机出国迎接。他要求礼宾司的领导马上去办，并写报告送给他批。通过这件事，我感慨良多。

在礼宾司工作的日子里，我亲历过多项礼宾改革实践。主要是顺应形势的发展，改革以往的某些礼宾程序；保证恰当的礼遇规格；更加注重实效，提高工作效率；精打细算，节省外事开支。

创新外交礼宾的独特风格

20 世纪 80 年代以后，根据形势的变化和对外工作需要，继续稳步推进礼宾改革。按照破除迷信、反对铺张浪费和形式主义的原则精神，对访华国宾迎送、国宴、国礼等进行一系列礼仪深化改革探索。

20 世纪 50—70 年代末，我国欢迎外国国家元首和政府首脑访华的仪式在首都机场举行。国宾进入市区，通常组织成千上万群众在北京市区夹道迎送。几乎每一位访华的外国元首或政府首脑，都受到了这样的接待。随着我国外交事业大发展，国宾和其他重要外宾访华迅速增加。为节约大量人力、物力和时间，同时借鉴外国迎宾场所设在总统府、议会大厦或国宾馆等地的习惯做法，增加迎宾的隆重气氛，改在人民大会堂东门外广场举行正式欢迎仪式。礼宾司十分重视这项迎宾改革，还组织一次正规试验，请万里副总理扮演贵宾，检阅三军仪仗队，然后在人民大会堂东大厅举行正式会见等，40 分钟全部程序顺利完成。

1980 年 9 月 11 日上午，新西兰总理莫尔顿偕夫人对我国进行正式友好访问时，就在人民大会堂东门外广场举行欢迎仪式。场面热烈，飘扬的两国国旗相互辉映，鸣礼炮 19 响，奏两国国歌，两国总理检阅三军仪仗队。中方领导人陪同国宾检阅仪仗队后再次登上检阅台，检阅三军仪仗队分列式，然后与参加仪式的双方人员离开迎宾场地，进入人民大会堂。国宾沿着铺就的红地毯检阅三军仪仗队，威严壮观，实际上比机场的迎宾仪式显得更加隆重。由于第一次在天安门广场举行这种仪式，观看的群众特别多。国家领导人称这项礼仪改革效果好，节约他们很多时间和精力。群众也纷纷写信，赞扬和拥护这项改革，说在人民大会堂举行国宾欢迎仪式，给人面目一新之感，是一项很好的改革。随着各国民航交通日渐发达，考虑到节省人力、物力、财力以及专机安全责任等因素，并同国际各国礼仪实践接轨，停止了向外国元首和政府首脑访华提供往返专机。

新世纪之后，在我国举行的中外领导人峰会或国际会议越来越多。根据具体情况，灵活进行礼宾安排。值得一提的是，礼仪大使随之诞生。他们的任务之一，就是代表政府迎送来访的国宾，越来越活跃在中国主持或参与的多边外交的重要舞台上。例如，2008 年在北京举办奥运会，各国领导人进出北京，由礼仪大使热情迎送；2010 年上海世博会，礼仪大使率先垂范，向外国贵宾展示东道国的热情友好和周到细致的精神。礼仪大使的诞生，开创了我国迎送国宾史上的新篇章。

国宴"瘦身"，更加简约，既不失好客，也符合国际惯例。20 世纪 60 年代，欢迎来访国宾，通常设宴席 50 多桌，除来访国宾一行外，还邀请各国驻华使节夫妇，外交团就占了 20 多桌，加上外国常驻记者及中方陪客，济济一堂。随后经几次调整，欢迎国宴由原来约 50 桌的规模，缩小至约 10 桌的规格。宴会时间为一小时。

进入新时代后，在继承优良礼宾传统的基础上，要求开拓创新，更加细致讲究。强调国宴必须有新意、创意，根据多国国宾、不同喜好、多种忌讳的具体情况，做出通盘规划布局，展现中华饮食文化，折射传统工匠精神，体现中国特色大国外交的新理念、新气象。

例如，2017年5月，"一带一路"国际合作高峰论坛在北京举行。这是中国首倡主办的层级最高、规模最大的主场外交，接待隆重热烈、周到热情。礼宾方案充分体现中国举办主场外交高效、严谨、细致的组织水平，共商、共建、共享的合作理念，以及开放、透明、包容的办事风格。此次论坛共有29位外国国家元首和政府首脑、60多个国际组织的负责人和300多位部长级官员参加，共1680位嘉宾。5月14日晚，习近平主席在人民大会堂大宴会厅举行欢迎宴会，700位中外嘉宾出席。宴会主桌装饰造型以"一带一路"沿线国家的独特自然风光和灿烂历史文化为主题；餐具以张骞出使、郑和下西洋、敦煌飞天等历史元素为题材，用浮雕珠光珐琅彩工艺陶瓷特制；座位卡、菜单、曲目单采用代表海上丝绸之路的帆船造型，印有国徽图案。国宴菜品兼具中西方特色，包括冷盘、点心、热汤，热菜有花好月圆、菌香牛肉、富贵龙虾、香草鳕鱼。国宴用酒为国产长城干红和干白葡萄酒。席间，由国家交响乐团演奏各国耳熟能详的代表性乐曲，令在场嘉宾倍感温馨、亲切。还精心设计集体合影，留下珍贵画面和历史印记。整场晚宴，可谓是一场融入历史、文化、美食、艺术和音乐的视听盛宴。

20世纪五六十年代我国领导人出国访问，机场送迎规格高、人数多，通常安排一两位国家领导人及有关部委负责人等十来人或数十人前往机场送迎。自1986年6月起，我国国家领导人出国访问减少了党政领导人送迎人数，改变过去首都机场送迎人数过多的情况。自1991年起，迎送地点改在人民大会堂。2002 年后进一步改革，党和国家领导人出访不举行送迎仪式。直至新世纪，我国领导人出访送迎仪式的改革尤其引人注目。例如，国家主席出国访问，乘坐的专机抵达东道国时，国家主席走下专机舷梯，同迎接的官员及使节等逐一握手，随后即乘车离开机场，整个过程仅持续几分钟，机场没有群众欢迎队伍。这是我国领导人出访礼宾改革的一项新举措。

在中央几代领导人的亲切关怀、悉心指导和外交部直接领导下，经过礼宾人的不懈努力，继承和发扬中华文明"礼仪之邦"的优良传统，既从现实国情出发，又借鉴国际惯例，不断改革创新，着力提高规范化和科学水平，制定成国家礼宾法律法规，建立了一套比较完整的外交礼宾体系。

从我数十年来的切身体验看，新中国的外交礼宾，经历了破旧立新、初创、发展，不断改革、完善，到与时俱进、开拓创新的各个历史阶段，始终凸显中国特色和中国风格，已成为中国特色大国外交的一个重要组成部分。

后 记

　　《筚路蓝缕——新中国外交风云录》并非一般的回忆录，而是 41 位老外交人在长期外交生涯中最难忘、精彩的亲身经历（包括亲闻见证）的真实写照，都是活生生的真人真事。当你一打开细细阅读，就会被其中扣人心弦的情节所吸引：外交场合怎样斗智斗勇，小球如何转动大球，为什么只握手、不拥抱，记者怎么当上了大使，为啥逼着美国总统道歉，为何对外工作如同"扳道岔"，"徐贻聪黄瓜"是怎么回事，"铁杆朋友"是怎样练成的，怎么会五星红旗始终在心中飘扬，"文装解放军"到底怎样不辱使命，"世界怎么了，我们怎么办"……

　　众所周知，弱国无外交。近 200 多年来，内忧外患、积贫积弱的旧中国外交是一部屈辱悲惨的血泪史。从清朝的西太后、北洋军阀袁世凯，到国民党的蒋介石，哪一个不是"跪在地上办外交"？新中国成立后，中国人民从此站起来了！遵照毛泽东主席的指示，我们要掌握自己的命运，不为过去任何屈辱外交传统所束缚，对外关系和外交队伍都要"另起炉灶"，向世人展示有五千年文明史的新中国外交的独特风骨。

　　透过文集中一篇篇翔实记述跌宕起伏的外交史片断，复原了新中国外交的大体演变脉络、发展轨迹及其宏伟壮丽的画卷。在世界史上，新中国最早提出大小国家一律平等的思想，最先倡导并践行和平共处五项原则，即：互相尊重主权和领土完整、互不侵犯、互不干涉内政、平等互利及和平共处的原则。70多年来，基于沧桑变迁、时移势易，从"一边倒"、"一条线"、"大三角"，反对霸权主义、维护世界和平，到"韬光养晦、有所作为"，提出"和平与发展"是当今时代两大主题；坚持独立自主的和平外交政策，强调大国是关键、周边是首要、发展中国家是基础、多边外交是舞台；主张"和谐世界"理念，"与邻为善、以邻为伴"，"睦邻、富邻、安邻"，建立相互尊重、公平正义、合作共赢的新型国际关系；创新中国特色大国外交理论，倡议共建共享"一带一路"，推动构建"人类命运共同体"。在乱象丛生的新形势下，更要求增强忧患意识，始终保持头脑清醒，坚定不移走和平发展道路，坚定不移奉行独立自主的和平外交政策，坚定不移维护国家主权、安全、发展利益，坚定不移为实现中华民族伟大复兴的中国梦服务。

在世界任何一个国家，外交都是崇高、神圣的职业。之所以崇高，是因为外交官承担着独特而重要的使命，对外代表国家和政府履行职责；之所以神圣，是因为外交官必须以自己的一言一行，捍卫国家利益和民族尊严。作为外交官，首先必须忠于祖国，而且是绝对的忠诚。如果说外交官有什么不同于其他人的地方，那就是更要百分之百地爱国，并把对祖国的忠诚化作报国为民的实际行动。作为新中国重大外交事件的亲历见证者，他们结合自己几十年外交生涯中的各种外交案例和故事，包括重要双边、多边关系，涉及亚、非、拉、欧亚、欧美等各个地区，记录了外事工作者苦乐人生中有意义的细节及感悟，反映不同时代中央领导人在错综复杂国际背景下的英明决策及外交事业不断与时俱进、开拓创新的风雨历程，体现这个特殊群体忠诚爱国、不辱使命、甘于奉献的风范魅力，为宣示新时代中国特色大国外交传递满满的正能量。

组稿、编辑的过程本身对我也是一个再学习、再提高的过程。对比许多老一辈外交家，无论为人、处事，还是外交经验、斗争艺术，都有很大的差距，确实值得学习弘扬。心想，假如再有来世的话，我还要当外交官，并相信肯定会不一样。尤其看了毛主席向田中首相送书那段对话，我更深感读书太少、所学知识太浅薄。毛主席指着中南海书房中堆积如山的书籍说，我有读不完的书。每天不读书就无法生活。并将《楚辞集注》六卷作为礼物送给田中。田中紧握毛主席的手，不住地鞠躬，说道，毛主席知识渊博，还这样用功。我不能再喊忙了，要更多地学习。

令人敬佩的是，在新冠疫情肆虐蔓延的特殊情况下，多位高龄的作者们在居家隔离期间，有的还住在郊区养老院或滞留外地，仍踊跃投稿，克服各种困难，齐心协力提前完成数十万字的书稿任务，力求以最佳创作向党的百年华诞和二十大献礼。在此，谨对诸位热心的作者朋友，一直予以大力支持的外交部和人民出版社表示衷心的感谢！

2021 年 7 月 1 日于和谐雅园

责任编辑：陆丽云

封面设计：曹　春

图书在版编目（CIP）数据

筚路蓝缕：新中国外交风云录／周晓沛主编；李肇星，田曾佩等　著 .—北京：
　人民出版社，2024.3（2025.9 重印）

ISBN 978－7－01－026146－1

I.①筚…　II.①周…②李…③田…　III.①外交史－中国－现代

　IV.① D829

中国国家版本馆 CIP 数据核字（2023）第 236371 号

筚路蓝缕

BILULANLÜ

——新中国外交风云录

周晓沛　主编

李肇星　田曾佩 等　著

人 民 出 版 社 出版发行

（100706　北京市东城区隆福寺街99号）

北京汇林印务有限公司印刷　新华书店经销

2024 年 3 月第 1 版　2025 年 9 月北京第 2 次印刷

开本：710 毫米 ×1000 毫米 1/16　印张：31.5

字数：388 千字

ISBN 978－7－01－026146－1　定价：129.00 元

邮购地址 100706　北京市东城区隆福寺街 99 号

人民东方图书销售中心　电话（010）65250042　65289539